U0142403

學 術 專 著 研 究

兩岸鄉村發展與農村治理

王振寰、王瑞琦、陳永生 主編

主編序

　　中國的崛起，應該是21世紀的大事。從1978年鄧小平的改革開放開始，中國以「摸著石子過河」的方式，透過讓少部分人／地區富起來的策略，至今中國已經脫貧，預計今年的全年全國生產毛額應該可以超越日本，成為世界第二經濟大國。中國的龐大人口數，也使其從一個依賴便宜勞動力進行工業化的國家，進而成為「世界工廠」，並逐漸邁向「世界市場」的地位。的確，中國今年的汽車產量將會超過美國，成為世界第一汽車大國；而手機和寬頻的使用量，也已經是世界第一。在短短的三十餘年，中國已經脫胎換骨，成為經濟強權。

　　然而在亮麗的經濟發展背後，中國的發展模式，卻也出現了隱憂。明顯可見的就是經濟快速發展集中在沿海地區，而內陸的大部分地區仍然貧窮落後；城市高度發展，但鄉村仍然嚴重落後，城鄉發展嚴重的不均衡；這樣的東／西、城／鄉差距導致中國成為當今全球貧富差距最高的國家。這些隱憂已經引起中國政治高層的關注，因此而有西部大開發、東北振興等的區域經濟發展策略的出現。進一步，「和諧社會」口號的提出，更是提醒地方政府首長，在積極發展經濟的同時，需要注意到社會的不均與和諧。

　　在中國嚴重的城鄉和內陸／沿海不均的諸多問題中，三農（農民、農村與農業）問題，更是當今中國政治經濟發展最為艱困的難題。不只內陸的農民生活困苦，沿海的農民也遭遇到類似的困境。如何讓沿海的富裕能擴散到內陸，讓城市的財富帶動鄉村的發展，是中國政府和學界

苦苦思索亟需克服的發展困境。在這樣的背景下，台灣農村發展的經驗成為他們亟欲參考和學習的對象。

　　戰後台灣經濟的發展，是一個令世人稱羨的成就，也就是經濟快速發展但又極為平均；在這均富的背後，就是一個穩定而又富裕的農村發展；雖然台灣急速的工業化，同樣也造成鄉村人口大量往城市移動，但城市工業化的同時，鄉村卻也同步發展而未衰敗。這樣的經驗，被中國學者稱羨，也亟欲學習。其中，包括台灣的農村工業化、農會組織、農會的合作社、農業產銷制度、產銷班的建制、四健會等等的作法，一方面讓農民組織起來，另方面則以政府的介入來組織市場，使得農業的發展不會直接受到市場波動的決定。種種的措施，讓台灣的農業發展出獨特的道路。

　　就在這樣的背景下，一些中國的學者陸續到台灣考察農業發展，其中中國社會科學院社會學所社會政策研究中心楊團主任最為熱心，她多次來台蹲點，以政治大學國際關係研究中心為基地，至各地仔細考察台灣的農會制度，其對台灣農會運作的理解，甚至超過很多台灣的學者。也在這樣的瞭解和背景下，楊團主任和國關中心的王瑞琦研究員，共同促成了兩岸農村研究學者在政大的對話，開啟了兩岸農村研究的合作平台。現今政大國關中心的同仁，仍在這合作的平台下，持續的進行兩岸農村的比較研究，也希望將台灣的農村發展經驗移植大陸。我深信，兩岸學者如此的持續對話，不只對於兩岸農村的發展有利，也更有利於兩岸關係的長遠發展。因此，這本書應該只是兩岸農村研究合作的起頭，後續我們還可預期會有更多合作和書籍的出版。

　　最後，感謝王瑞琦、陳永生、于有慧的費心籌備會議，楊團主任的熱情協助，劉富善教授的熱烈參與，以及本書所有作者的參與，使得本書得以問世出版。

王振寰，講座教授
國立政治大學中國研究中心主任

編序

　　2008年6月，國立政治大學中國農村研究團隊在中國大陸研究中心頂尖大學計畫的支持下成立。8月，政大四位老師赴湖北省農村進行三週的田野調查，看到了當地豐富的資源，看到農民的辛苦和需求，也親身感受到城鄉差距的懸殊，以及潛藏於現今中國亮麗的數字背後的深層問題，深深體認到，不進中國農村，不知中國農村，不知中國農村，就不能深入瞭解中國城鄉差距和不平等問題的本質。

　　在田野調查的最後兩天，政大師生參加了中國綜合農協組織的成立典禮。這個組織是依據台灣農會發展的經驗與制度建構，旨在建立一個能夠提供各項服務、福利，並且承擔農村人力資源發展等多功能的綜合性農民團體。近年，這類組織在中國正萌芽發展，其共同的信念是中國農村問題解決的根本之道在於引進民間社會資源，以喚醒並活化農村中沉眠已久的內在動力。但是也由於才在起步，這些新興組織亟需自我提升與擴展。

　　有感於這些新興組織和中國農村發展的需求，同時亦為兩岸農業交流發展盡一份心力，2009年4月24、25日，國立政治大學中國大陸研究中心、國際關係研究中心共同舉辦了「兩岸農村治理與鄉村發展研討會」，邀請台海兩岸與香港40多位學者專家共聚一堂，就兩岸鄉村的發展進行對話。會後，16位學者根據會議的學術對話，或重新修整論文，或提出新論述，分析、探索台海兩岸鄉村治理的過去、現在和未來，為此特出版此專書以饗兩岸關心農村發展之人士。

　　本書區分為四大部分。第壹篇為總論，以中國人民大學農村發展學院溫鐵軍院長有關1980年代之後中國農村治理三次危機的專題分析，來開啟本書的論述。接續為董建宏教授從台灣農村土地地權形式轉變的歷史沿革與商品化過程，分析當前台灣農村治理與規劃。第三章是楊團教授多年投入農村與在台灣兩個月的蹲點訪談研究所得，分析台灣農會發展經驗在中國農村的適用性與湖北省建始縣試點情形。

　　第貳篇是關於農民組織與轉型。讀者可從畢天雲教授對於現今中國農村組織分類與分析，瞭解中國政府、民間力量、農民、非政府組織、學者與農民的相互合作關係。接續的三篇聚焦在專業合作社發展中的問題：全志輝、溫鐵軍所看到的是一個「大農吃小農」、盤剝小農利益的合作社；施育曉著重在政府的過度介入對於農民參與空間所造成的壓縮；于有慧的田野調查則發現小農、地方精英、幹部之間對於農民組織化解讀差異，使得政府的「大戶帶小戶」的政策面對挑戰。在瞭解中國農村合作社的困境與出路，再讀林寶安教授分析台灣農會定位的變遷，質疑政府在修法的過程中對於農會行政機構化與去合作社化，並為農民權益發聲，可深切體會到兩岸鄉村治理發展的差距，以及中國的學者們為何高度肯定台灣農會的歷史發展和經驗。

　　第參篇為農業金融與工業化，共四章，也相對反映了這個研究領域發展的寬廣空間。丁文郁教授指出台灣農會信用部在地化經營特質，令其得以在本次全球金融海嘯中未受到波及，並期待見到一個自成一格的農業金融體系。劉志偉博士從1960年代之後糧食政策的轉變，分析台灣農業的工業化。相對之下，從高向軍、李金珊、李湘銘的分析顯示中國的農村金融體系的建立才在起步之中，等待著政府更明確的政策，引導農民的參與、合作，與農民共同管理。

　　第肆篇為農村社會與人力，分五章。顏愛靜教授從永續發展之農地政策觀念，以集村興建農舍個案最多之新竹地區為例，分析台灣集村興建農舍之實施現況及其所面臨的問題，並從生產、生活、生態等三個面

向，檢視該制度的施行成效。湯京平等以九二一地震後某社區營造集體行動為例，強調雖然外部資源的挹注是草根類組織努力存續要件，但是公共政策即興的資源挹注，可能改變了既有的社會關係與行動者的誘因結構，導致維繫行動的要素被破壞，社造的集體行動反而難以維繫。第三、四章，兩位大陸學者分述近年在農村大力推動的中小學布局調整政策與中國扶貧政策。最後，施正屏教授從台灣學界的角度論述中國對於城鄉二元發展下的農村勞動力移轉之政策。

　　本書之出版要感謝中國大陸研究中心與國際關係研究中心，對於中國農村團隊研究與「兩岸農村治理與鄉村發展研討會」的支持，感謝所有與會的海峽兩岸的學者專家的參與，以及前行政院農委會主任祕書，現任台灣大學農業經濟系劉富善教授的在舉辦會議前後各項的支持和知識上的分享。最後要感謝編輯助理吳瑟致同學的協助編輯。

王瑞琦

2010/2/2

目錄

第壹篇

農村問題：
農村發展總論

1

鄉土中國經濟基礎的「三農」與上層建築的「三治」*

溫鐵軍、董筱丹**
（中國人民大學農業與農村發展學院教授、博士生）

目次

主要論點（The Arguments & Hypothesis）

本文試圖驗證的理論假說，產生於作者依據包括中國在內的發展中國家的經驗教訓對制度學派關於交易費用和制度變遷理論的揚棄。

其一，市場經濟條件下包括政府在內的任何外部主體都會遇到與分散小農經濟之間交易費用過高所必然產生的「負外部性」所導致的制度成本問題。

其二，占主導地位的利益集團為增加收益而推進的任何制度變遷中，都會內在地產生不同主體之制度收益與成本的不對稱性——制度收益被主導集團獲取而制度成本則向弱勢群體轉嫁——這是世界上弱者恆弱的基本制度原因。

一、「三農」與「三治」相關——建立鄉土中國的問題意識

（一）鄉土中國「三農」與「三治」問題的歷史背景與國情矛盾

在人口與資源關係高度緊張的基本國情矛盾約束下，中國人不僅只能依託全球10%的耕地和5%的水資源維持20%人口的生存，而且是在不能如

＊　　本文研究與寫作受到中國國家社科基金重大專案「完善社會管理與維護社會穩定機制研究——農村對抗性衝突及其化解機制研究」（07&ZD048）、國家社會科學基金重點專案「新農村建設的目標、重點和政策建議」（專案編號06AJY003）和中國人民大學「985工程」二期建設專案「中國農村發展研究哲學社會科學創新基地」專案的支援。三治問題指：村治、鄉治、縣治這三級鄉村治理結構問題。

＊＊　本文是中國人民大學溫鐵軍教授為紀念農村改革30年組織撰寫的系列學術論文之一。第一作者提出了核心觀點，主持有關討論並修改定稿，第二作者承擔了資料收集和文字起草等工作；課題組仝志輝、劉相波、王平、程存旺、邱建生、童波、賀瀟、袁月興、袁清華、白亞麗等參與了資料收集和案例調查。

殖民主義向海外轉嫁矛盾的約束下，內部化地完成了工業化原始積累並進入產業資本擴張（溫鐵軍，1996）。此期間因極大地得益於通過農業集體化為組織載體的集中體制向「三農」轉移制度成本、完成了國家工業化原始積累而形成的產業資本，於隨後擴張階段得以延續這一「路徑依賴」：在農村以大包乾為名完成了去組織化的改革以後，因缺乏組織載體、制度成本向三農轉嫁所造成的衝擊更為劇烈；因宏觀波動導致的經濟關係緊張，每次都缺乏緩衝地直接加劇了農村的社會關係緊張。

在農村改革30年後的新世紀來臨時，制度演進的資源「硬約束」——日益嚴峻的國情矛盾更加突出！不僅2億多農戶8億多農民人口分散經營「細碎化」土地大致如舊，而且人均和勞均耕地面積，農業產值占比與農民收入相對增速都大幅度下降。如果技術進步對生產力的實質性促進不足以緩解這種資源「硬約束」，則經濟基礎與上層建築的矛盾，就只能愈益表現其本屬哲學意義的對抗性；雖然並非自始至終表現為緊張衝突狀態，但卻必然與外部環境變數高度相關。

（二）「三治」問題的歷史與國際比較：一個經典理論的基本問題

豎看歷史，建之於小農村社制內部的鄉村自治自清末民初以來在百年工業化、城市化進程中逐漸衰變；且無論何種主義，迄今為止的國家政權建設[1]過程中，對「三農」與「三治」（縣治／鄉治／村治）問題向無良策，遂使長期困擾中國精神文明和政治文明進程。

放眼全球，凡屬「後發內生型」追求工業化的發展中國家，客觀地由於既不再具有向海外轉嫁矛盾的條件，又都要從「三農」提取剩餘才能進入資本原始積累。於是只要是明眼人就會看到，越是上層建築方面自由化程度高的後發國家，就越是不得不在與傳統小農之間交易成本過高造成的

1　本文只能在語意不清的情況下暫時借用「國家政治建設」（State Building）這個源自英文的概念，儘管很難有準確對應的中文。有關的討論，參見張靜（2001）。

負外部性制度陷阱中痛苦地難以自拔；無論其理念相對於其國情是否具有普世價值[2]。

鑑於縱橫比較可知，中國農村「三治」問題才既是近代以來的百年難題，也與其他大多數發展中國家的社會關係高度緊張具有一定程度的本質不同。任何在鄉土中國構建制度的努力，都必須考慮上下層文化、即正規制度與鄉土文化之間，怎樣才能最大相容或最小衝突；也因此，在數千年的小農村社制的灌溉農業文明之中內生的「中央化」集中體制[3]，概由低成本地維持鄉村自治才得以形成「穩態結構」基礎，這一改革之初被認為是負面的制度經驗，今天或許值得重新審視。

綜上，本文討論的很可能是在鄉土中國語境中理解外來的馬克思主義基本理論的最大難點：在高度分散、剩餘過少的小農經濟基礎短期內難以根本上有效改變的制約條件下，到底是「低成本」地重新構建農村上層建築，還是繼續維持運行成本和交易費用已經過高的上層建築？

無論認同何種主義，面對當前衝突迭起的農村治理局面都不能再局限於理論問題的爭論，而更要直面現實中的「世紀難題」——包括政府在內的任何外部主體都遇到與分散農民之間交易費用過高所導致的制度成本問題，由此產生的市場經濟的複雜「負外部性」遺留至今且不斷惡化！

如果本文在理論上有所創新，也僅僅在於構建了一種具有一定解釋力的邏輯相關——通過對近30年中國宏觀經濟的週期性波動與鄉村治理危機之間的相關關係的分析，揭示了外部環境對於鄉村治理的影響；進而得出對於化解中國農村「治理危機」的初步認識：要為鄉村良性治理的回歸營造良好的外部條件，關鍵在於如何辯證地處理上層建築與經濟基礎相適應的問題。

---

[2] 作者雖深信自由之可貴，卻並不意味著盲目接受「自由化」；特別是在瞭解其意識形態背景的情況下！

[3] 本文在借用「中央化」（centralization）這個與「去中央化」（decentralization）相對立的概念時，與使用其他從不同語境的英語翻譯過來的詞語時感受的尷尬類似。有關概念和相關討論可參閱《世界銀行發展報告》，2000年。

二、近三十年來宏觀經濟波動下的「三農」與「三治」對立統一

（一）宏觀環境、經濟體制與農村治理

改革之前30年，是歷經百年戰亂和屈辱獲得政治獨立的中國進行國家工業化的資本原始積累時期；農村集體化作為農產品統購統銷和財政統收統支等國家資本原始積累制度的組織載體，與服務於政府集中進行工業化建設的一整套制度中的其他重要方面互相依存。儘管每一次宏觀經濟波動都對上述體制平穩運行構成威脅，但每次都得以化解，其重要條件，主要是政府依靠意識形態化的政治動員以及城鄉二元對立體制下的其他非常規手段，將城市經濟危機爆發時的大規模失業等問題向「三農」轉嫁；直觀表現即為1960年以後的3次知青下鄉運動。[4]

到1970年代末，隨著政治結構和國內外形勢的重大變化，處於權力實質性代際更替時期的執政者礙難沿用原來的意識形態或運動手段應對經濟波動，相反，還要以允許數千萬知青回城「待業」、提高農產品收購價等懷柔政策來穩定新政權──但政府卻由於沒有承擔相應成本的政策準備，只好進一步「退出」──農業由於相對愈發不經濟而被財政率先「甩包袱」──農村改革的客觀結果，是政府從農業生產領域「退出」同時發生的農村「去組織化」，然後財政部發文「打補丁」地構建了以「自收自支」為主的農村基層政府財政體系。由此，引發了延續至今的複雜的矛盾衝突。

這一客觀條件下主觀順勢引致的制度變遷的收益已經得到高度評價（參閱林毅夫，1994），而其打破了人民公社體制下農村經濟基礎與上層建築的相互約束的對立統一機制帶來的制度成本至今缺乏分析。

本文認為，主要在於：去組織化以後的農村經濟基礎和上層建築按各

---

[4]　關於改革之前的經濟週期分析，最早見於溫鐵軍1988年在《經濟學週報》上發表的「危機論」，現收入其文集《我們到底要什麼》，華夏出版社，2004年5月第一版。

自邏輯分別運行的結果，恰恰是這一哲學意義上的矛盾的對抗性加劇。

（二）1970年代末的宏觀經濟波動與農村治理危機

1. 1970年代末的城市經濟危機與農村改革

　　中國1970年代兩次從歐美日引進投資，導致1970年代中後期財政出現大幅赤字：1979年赤字達135.41億元，1980年宏觀緊縮赤字仍達68.90億元，兩年赤字累積超過200億元，相當於1980年的財政收入1159.93億元的17.61%。[5]

　　在改革之前的財政統收統支體制之下，嚴重赤字導致經濟危機，以「待業青年」為名的失業人數高達4千萬，已經直接威脅城市的社會政治穩定；對此，政府只能在財政「甩包袱」的同時，輔之以「休養生息」為名的讓步政策。[6]

　　1980年，負責中央經濟工作的領導提出：「工業、農業都要甩掉一些包袱⋯⋯甘肅、內蒙古、貴州、雲南等省，中央調給他們糧食很多，是國家很大的負擔。可不可以考慮，⋯⋯地廣人稀、經濟落後、生活窮困的地區，索性實行包產到戶之類的辦法。讓他們自己多想辦法，減少國家的負擔」[7]。

　　此處，借鑒制度學派的理論可知，包產到戶作為一種制度安排，是急

5　根據實證研究，1953-1980年，中國國內生產總值增長速度與經濟建設支出增長速度之間的相關係數達到0.80，經濟建設支出與財政支出增長率之間的相關係數達到了0.95，基本建設支出與財政支出增長率之間的相關係數為0.90，說明了計劃經濟體制下財政收支與國民經濟增長、國家工業化之間的「三位一體」的關係。資料來源：《中國統計年鑑》。以下如無特殊說明，本文中資料均來源於此。

6　1979年4月5日，李先念在中央工作會議上描述就業形勢時說：「大批人口要就業，這已經成為一個突出的社會問題，如果處理不當，就會一觸即發，嚴重影響安定團結。」參見1979年4月5日李先念在中央工作會議上的講話，《三中全會以來重要文獻彙編》（上），頁148。

7　根據杜潤生先生的自述，1980年4月中央召開編制長期規劃會議前的徵求意見會上，杜潤生跟時任副總理兼國家計委主任姚依林建議「在貧困地區搞包產到戶，讓農民自己包生產、包肚子，兩頭有利」，姚依林到鄧小平那裏彙報時提到「工、農業甩包袱」。參見杜潤生（2005）。

於擺脫財政危機的政府在農業相對於城市工業而言日益顯得「不經濟」[8]的條件下，通過向村社集體和農民在土地和其他農業生產資料所有權上的讓步，甩出農村集體管理和農民福利保障的一項制度交易。從那時的農村政策當事人對中央文件的詞語統計中可知：1982年起政府連續發出的5個「一號檔」共有三十幾個「允許允許又允許」和「可以可以也可以」；表達出前所未有的讓步政策。

但，由於傳統體制和意識形態的約束，各地仍然不能短期就形成全國一風吹地甩掉財政包袱的局面，某些機械化作業面積較大的省和地區（如黑龍江和山東的煙臺地區）的地方領導幹部甚至拒不執行大包乾政策。這使得1984年由中央直接出面在全國以政治形式徹底推進大包乾[9]。

2. 大包乾之後農村第一輪治理危機

任何事物都有兩面性：一方面大包乾帶來的農村財產關係全面調整，政府從無利可圖的農業領域退出的同時、也把土地和勞動力要素基本上歸還給農民與村社，使農村利益主體由過去的約70多萬個生產大隊480多萬個生產隊變成了2億多個農戶，這對農村經濟增長起到了重要作用；但另一方面，分散小農經濟內含的經濟、社會活動複雜性與多樣性與過去不可同日而語，加之政策推進力度大、轉變快，許多具體問題在國家政策上並

---

[8] 農業生產之所以相對不經濟，也是外部環境作用的產物——中國從1972年起逐步恢復了與歐美日的外交關係，開始從這些國家引進並上馬了以輕工、石油化工和一些支農工業為主的新項目，在政府壟斷條件下，化肥和農機等支農工業品產量增加並且「統銷」到農業，導致農業生產成本大幅度增加，但同時「統購」的農產品價格卻保持不變，因此，儘管糧食單產增加了，人民公社卻是在高負債和低效益中運行，以至於到了1970年代末期，農村公社由於長期被提取剩餘而嚴重虧損，成為國家財政危機時必須甩的「包袱」。（溫鐵軍，2000）

[9] 當時的這種改革，被剛剛重建了實事求是的思想路線的人們說成是「財政甩包袱」。參與過80年代初期改革政策研究的人們都知道，當年最有效的「三大改革」是：其一，「撥改貸」，即由銀行代替財政來承擔企業的投資職能（這就必然帶來「利改稅」的後續改革）；其二，農村改革；農村改革之所以是從地方開始，也是因為中央和地方分權的條件下，地方政府採取了自我決策。第三，「財政分灶吃飯」，實行中央與地方財政分級承包，主要因為中央財政不可能再承擔地方政府的開支。而在當時的檔中，關於城市經濟改革仍然像過去那樣延用了對國營企業「加強管理」的提法。

沒有給出明確指示，農村矛盾生長點大量產生。同期，原先的公社和大隊、生產隊幹部賴以發揮職能的組織制度基礎不復存在，因自身利益受損或權力喪失而消極抵抗，也導致農村社會矛盾和財產損失大量增加，甚至發生衝突。

最早提及農村資源糾紛的是1986年的最高人民法院工作報告，從側面反映了1980年代中期農村民事糾紛大量增加；1985年，全國各級人民法院共受理一審民事案件84.6萬多件，比上年略有增加。由於生產關係的某些調整和財產關係的某些變化，爭土地、山林、水利等生產資料的糾紛，比上年上升了12.7%。1986年，全國各級人民法院受理民事案件98.9萬多件，比上年增加16.9%；財產權益糾紛，特別是債務、賠償、房屋糾紛以及土地、山林、水利糾紛案件則成倍地或大幅度地上升，已占民事案件總數的50%以上。1988-1992年，全國法院共審結土地、山林、水利糾紛等案件166234件，這些案件多發生在農村。[10]

由此可以認為，家庭承包制導致農村財產關係變化與治理結構的雙重負回饋，客觀上使1979-1980年的經濟危機演變成了農村改革以來的第一輪治理危機。

3. 農村第一步行政管理體制改革及「放權讓利」的制度安排

出於應對人民公社政社合一的治理結構解體和基層幹部對大包乾消極反抗或「行政不作為」的狀態的需要，1984-1986年全國完成了「撤社建鄉，撤隊建村」的第一步農村行政管理體制改革，逐漸填補了大包乾後農村的治理空白[11]。

本來是在赤字財政的壓力下施行的農村「政治改革」，其客觀後果卻是史無前例地構建了中國歷史上人員數量最龐大的農村基層政府。而且，與之最不對應的是國家沒有相應安排必要的財政資源——1986年財政部下發《鄉（鎮）財政管理試行辦法》，雖然名義上將鄉鎮財政預決算正式納

10　資料來源：歷年《最高人民法院工作報告》，轉引自中國人民大學圖書館人民資料庫。

11　具體的政策出臺過程參見趙樹凱(2007)。

為國家統一管理，但卻要求鄉鎮政府自行「統籌」。這可以看作政府讓渡土地和勞動力要素而通過向農村基層政府下放收費權、甩出維持基層政權運行的財政負擔的一項制度交易。

　　這種在30年改革中經常產生於上下博弈的「放權讓利」的制度安排，在中國的積極作用另當別論[12]；對於農村治理的實際影響是，這不僅讓鄉級政府和事業單位從此按照城市體制吃上「皇糧」，連本來應該歸於自治體制的村級幹部，也成了享受由上級決定的「補貼工資」的「准財政供養人口」。不過，當時新組建的鄉鎮政府和村級組織的自我膨脹尚未開始，又正值農村經濟發展的黃金時期，尚可承擔其運行成本。但其後的事實表明，正是這一制度安排，成為農民負擔加重的濫觴。

（三）1988-1992年的宏觀經濟波動及農村治理危機

1. 宏觀經濟環境及其對「三農」的影響

　　市場化改革必然要求市場化定價。1988年中國試圖推行「價格闖關」之際發生了嚴重的通貨膨脹，繼而在1989、1990年國內生產總值增速由前兩年的10%以上降到低於5%，發生了改革以後的第一次滯脹形態的週期性經濟危機。

　　面對經濟危機的決策層提出了與1980年曾經有效的「關停並轉」類似的「治理、整頓、充實、提高」，後果也與任何經濟體制條件下經濟危機爆發導致的情況類似——農村鄉鎮企業和城市中小企業首先陷入資金短缺和經營困難，1988-1990年鄉鎮企業的發展速度驟然下降，尤其是1989年，消除物價上漲因素後實際為負增長，增速比上年下降了18個百分點。

　　市場化條件下，經濟蕭條還必然地出現需求下降導致農產品賣難、農民收入大幅下降——1980年代末，農產品市場出現整體性供大於求，主要農產品生產效益出現大包乾以來的首次下降，導致農民現金收入連續3年

---

[12] 中國改革體現的放權讓利，被西方歸納為「去中央化/分權（de-centralization）」並予以積極評價。參見《世界銀行2000年發展報告》，2000年。

增長速度下降。

2. 農村治理危機發生與化解

　　雖然農村經濟基礎更加脆弱，但在經濟危機爆發前的高增長時已經膨脹起來的農村基層政權對現金的需求卻是剛性的，成本過高的農村治理體系再一次表現出了與剩餘過少的小農經濟基礎之間的對立性質，並且很快就演變為尖銳對立——鄉級財政要解決規模增加了的人員的基本開支，只能依靠「加強徵收」（這既是指對小農經濟剩餘索取的相對程度增加，也意味著徵收手段的加強甚至非正常化），農村幹群關係逐漸惡化。1990年代初出現了村民暴力反抗稅費徵收的事件，標誌著大包乾以來的第二輪鄉村治理危機爆發[13]。

　　對於農村治理危機，佔有這種制度變遷收益的主流方面意識形態化地解釋為大包乾以後農村基層組織渙散，相應地提出了一系列加強基層組織（如黨、團、治安組織）建設的措施。但只要沒有足額經費支持，這些自上而下的政策無一例外地成為增加對農民收費的藉口。

　　直到1992年鄧小平南巡講話之後，中國經濟開始復蘇並隨即轉入高漲。在其帶動下，農民進城務工增多，帶動城市農產品需求回彈和農產品價格非常規增長[14]，農戶的外出打工收入和農業經營收入出現雙增長（溫鐵軍，2003），鄉村幹群矛盾逐漸弱化，農村第二次治理危機隨之緩解。

13　1990年代初，農業部中層幹部范小建（現任國務院貧困地區開發領導小組辦公室主任）曾經騎自行車考察20多個縣，做出關於農民負擔過重的調研報告，但這份斗膽直言的報告命運多舛（遺憾的是該報告屬於「內部」性質，不能公開引用）。有些部門的決策者還是將陳舊意識形態套用到農村發展中的現實問題，強調要加強農村基層組織建設，號召和推動農村教育、醫療現代化發展等。但，所有這些「加強」最終都成了加重農民負擔的理由——因為，所有的上級檔只要是沒有足夠的配套資金，就可能導致已經開始濫用國家權力卻沒有監督和節制的基層政府、村級組織對村民橫徵暴斂。

14　為保證糧食供給，1994-1996年政府實行了「省長米袋子」、「市長菜籃子」等含有增加財政支農資金的工程，並連續兩次大幅度提高糧食收購價格，累計提高幅度達到105%。

（四）1990年代末的宏觀經濟波動及延續至今的農村第三次治理危機

　　從1994年出現CPI高達24.1%的通貨膨脹到1998年以通貨緊縮為標誌的經濟蕭條，既是宏觀調控「軟著陸」於1997年獲得成功，又是同年發生的東亞受國際熱錢衝擊發生金融危機的「輸入性緊縮」雙重作用的結果。

　　在中國更多地融入國際金融資本主導的經濟全球化進程、國內出現全局性產能過剩以及「再意識形態化」的市場化導向[15] 方興未艾的大背景下，農村改革開放以來的第三輪治理危機，是1990年代以來多方面矛盾累積的結果，只不過，這次是較長時間的經濟蕭條將社會穩定這一本已脆弱的平衡打破了。

1. 1990 年代宏觀經濟週期對農村經濟基礎的影響

(1)農產品潛在過剩危機爆發。1994-1996年經濟過熱階段政府大幅拉高糧價，刺激了基本農作物生產迅速增長，中國在1996年提前四年實現了原定2000年實現的一萬億斤的糧食產量目標；但從人口總量和消費結構兩方面講，糧食消費需求都沒有可能提前4年擴大——1997年宏觀經濟下行，城市需求相對減少，糧食供給潛伏的短期過剩矛盾顯露，導致糧食價格和農業效益雙下降（見圖4）。

(2)鄉鎮中小企業經營狀況再次惡化，鄉鎮企業大面積負債並且資金鏈條斷裂，基層政府自發仿效「甩包袱」政策，紛紛以轉讓債務為條件對鄉鎮企業進行私有化改制。實證研究表明，1991-2006年15年間，中國宏觀經濟增長率與鄉鎮企業就業人數增長率之間存在著強相關關係，皮爾遜相關系統為0.642[16]。改制後脫離了社區屬性的鄉

15　作者注：無論過去強調計劃經濟還是現在強調市場經濟，中國理論界及主導部門都存在把經濟體制意識形態化以維護「話語正確」的傾向性問題；可以譯為「secondary idealization」或者「over-policization」。

16　考慮到2003年以來資料口徑不統一問題，以1990—2002年間的GDP增長率和鄉鎮企業就業人數增長率進行相關分析，二者的皮爾遜相關系統為0.648，同樣支援正文結論。

鎮企業，不再以社區就業最大化為目標，在「資本增密排斥勞動」的機制下吸納就業人數下降，並且不再承擔農村社區福利開支，使得宏觀經濟高漲期間農民一度分享的收益明顯減少[17]。

(3)1990年代的化解城市危機為導向的一系列改革，包括1998年展開的以降低國有銀行風險為主要目標而進行的農村金融改革，為拉動內需而進行的教育、醫療等領域的「產業化」改革等，都成了將農村稀缺資源抽向城市的「抽水機」。

2.「自收自支」的鄉村治理模式再次呈現危機

農村上層建築方面的剛性支出需求並不隨著經濟運行陷入低谷而自發縮減，反而持續膨脹。一方面是鄉鎮基層人數進一步增加，另一方面，1994年財政體制分稅制改革後，上級政府各部門基本上採用「財權上收、事權下移」的方式，將難以通過簡單市場化「甩」掉的農村的基礎設施、義務教育等公共物品的供給責任逐級下推，農戶最終成為農村公共物品的主要供給主體。例如，「教育集資」一度在農民負擔中占相當高比重。1990年代末直至2004年中央政府宣佈取消農業稅之前，儘管各地「不准加重農民負擔」的檔密集出臺，客觀上卻反映了「農民負擔不斷加重」的事實。[18]

---

[17] 早在1986年，當時的國務院農村發展研究中心發展研究所著名的青年學者杜鷹（現任國家發改委副主任）、周其仁等就發表了200家大型鄉鎮企業調查報告，指出鄉鎮企業的創辦動機不是利潤最大化，而是社區就業最大化的。至於資本增密排斥勞動的機制問題，則是該所所長陳錫文（現任中央農村工作領導小組辦公室主任）提出的。

[18] 根據社會學的文獻資料研究方法，一段時期內關於某種主題的政策出臺頻率，一定程度上與社會上該問題的嚴重程度成正比，根據對《人民日報》1946年創刊以來的政策法規資料索引，1990年政府工作報告中首次談到農民負擔過重問題，此後連年提及，但語氣輕重和頻繁程度不同；1993年的政府工作報告中非常明確地指出：「相當一部分地區農民種糧增產不增收，亂集資、亂攤派加重農民負擔的情況相當突出。」以下《關於增加農民收入、減輕農民負擔情況的報告——1999年10月30日在第九屆全國人民代表大會常務委員會第十二次會議上》（農業部部長陳耀邦）中的內容，可側面反映1990年代末農民負擔的嚴重程度：「繼1996年下發《中共中央、國務院關於切實做好減輕農民負擔工作的決定》之後，去年以來又出臺了若干政策規定。去年7月，中共中央辦公廳、國務院辦公廳下發《關於切實做好當前減輕農民負擔工作的通知》，明確提出1998年農民承擔的提留統籌費絕對額不得超過1997年的預算額；黨的十五屆三

　　另一個不應忽視的變化是：1999年為了配合農村金融改革、消化糧食系統在農業銀行占壓資金而開展了糧食流通體制改革；其諸多利於國有糧食部門壟斷糧源的政策中有一個「戶交戶結」的措施——將農戶剩餘提取方式由過去經由糧站統一為鄉村扣除糧款改為農戶自行交糧結賬後、鄉村幹部再去挨家挨戶收取現金——在貫徹中成為引發衝突的一個機制性變化：基層政府與分散農戶之間的交易成本凸顯，矛盾陡然顯化[19]。

　　於是，經濟關係緊張再次導致社會關係緊張，並且比以往有過之而無不及——當正常的徵收手段不足以滿足需求，基層政府普遍動用了協稅、貸款、集資，個別甚至使用黑社會等非正常手段；通過侵佔土地發包收入或徵收補償款、冒領國家移民、退耕還林等補償款等方式變相徵收的情況，也大量發生。國外的主流研究做了現象歸納，認為由於政權的內卷化（杜贊奇，1995），鄉村基層工作人員部分地出現「劣紳化」趨勢，並與地方政府形成「劣紳＋精英」結盟[20]；進一步形成鄉村治理中的「精英俘獲」和「扈從關係」（世界銀行，2005）[21]。

　　中全會把減輕農民負擔確定為農村工作基本方針之一，明確規定農民承擔的合理負擔一定三年不變；今年3月，國務院辦公廳轉發農業部等部門《關於1998年農民負擔執法檢查情況的報告》；7月，國務院辦公廳又轉發了農業部等部門《關於做好當前減輕農民負擔工作的意見》；10月中旬，國務院減輕農民負擔聯席會議召開『全國減輕農民負擔工作電視電話會議』，溫家寶副總理就進一步減輕農民負擔提出了明確要求。」

[19] 1998年開始執行的市場化取向的糧食流通體制改革，明確禁止糧站代收「三提五統」。改變了過去政府「在糧站門口擺五張桌子，前四張桌子分別收取鄉里邊的『五保統籌』、計劃生育費、民兵訓練開支、教育統籌，最後第五張桌子才能結算農民交售的糧食還剩多少餘款」的鄉村行政和組織費用徵收方式，那些沒有集體工副業或者沒有足夠的機動地的鄉村，只能通過基層公共組織去農民那裏斂錢。事實上，由於農戶高度分散且自給自足，讓鄉村幹部挨戶斂錢是非常困難的，今天農民說趕集去了不在家，明天說錢在子女手裏，沒有強制手段常常拿不到錢。從這個角度看，農村的幹群矛盾部分是小農經濟下「政府」「過度動員」農戶資源、而又無法解決與分散小農戶之間高昂的交易成本問題的結果（溫鐵軍，2003）。

[20] 比如1999年3月22日中組部下發《中共中央組織部關於加強農村基層幹部隊伍建設的意見》，2000年2月9日《人民日報》刊發《中共中央辦公廳、國務院辦公廳關於福建、湖南、山東、江蘇、海南省少數農村基層幹部粗暴對待群眾典型案件的情況通報》；分別從正、反兩方面反映了農村基層幹部的「劣紳化」。

[21] 世界銀行《2005年世界發展報告》討論政府尋租行為時，用「俘獲」（capture）和「庇護者—扈從（clientism）關係」指稱在政策制定中由於不公平資訊分佈和對決策的影

　　本文指出，這時農民上訪和農村群體性事件大量發生的情況表明，矛盾的主要方面確實是客觀事物變化的主導力量。某些地方政府在有些情況下，動用國家專政機器甚或黑惡勢力等手段來制止群體事件，造成衝突升級甚至發生人員傷亡，農村治理危機更趨嚴重。[22] 直到中央政府於2004-2006年正式取消農業稅——政府在稅收不斷增長的條件下，終於接手了本來應盡卻長期未盡的提供農村公共品的責任——並不斷加大惠農政策力度，矛盾才相對緩和。

　　不過，就在這種上層建築終於積極地做出適應經濟基礎的挑戰的同期，鄉村社會衝突、特別是對抗性衝突的發生也出現了結構性的變化——負擔過重導致的衝突大幅度下降，因全球化、資本化力量向農村的擴張而導致的土地征占和其他財產性衝突大幅度上升，2005年全社會群體性治安事件增加到86,000多起，將近1993年8709起的10倍；因征地、財產、環境等引發的衝突占全部衝突的一半以上（2006年資料）。

　　這意味著：儘管，隨著免除農業稅費，農村上層建築發生了重大「量變」——各地以大規模「撤鄉並村」為主要內容鄉村治理結構的自發調整持續進行；但，人民公社解體以來存在了20多年的鄉村兩級治理體系如何實質性改變其內在運行邏輯，仍屬懸疑。

　　中國改革30年來條塊分割的政府體制下得以強化的各種涉農利益集團

響，政策向某些集團傾斜，從而損害其他集團的利益。另據謝嶽（2005），「庇從關係」，也叫「保護主義政治」，指中國鄉村社會在集權體制下的轉型中出現的在「保護者—被保護者」的利益交換關係網內將公共權力私人化運用。這種私利性關係網絡的擴張，在某種程度上阻礙了村民自治制度的正常運行和村民自我管理的良性發展，造成了合法的制度化權威的邊緣化，「保護者」以國家權力行使者的名義向「被保護者」提供排他性服務，從中獲取經濟政治回報，往往使公共資源最終只服務於少數人的私人利益。

[22] 康曉光（2002等）認為，上世紀九十年代以來，中國社會形成了「精英聯盟」，即政治精英、經濟精英與知識精英們的聯盟，精英聯盟使社會利益分配向精英群體傾斜，同時也形成國家政權總體穩定的基礎；農村中的對抗性衝突，屬於大眾處於被剝奪的狀態而製造的「局部」反抗。精英聯盟是內生的而且非常穩定的，一旦形成就很難被打破。楊鵬（2005）則認為現在進入了「精英間衝突」和「精英與大眾衝突」的「雙重衝突」時代。儘管兩人對於精英之間的競爭格局持有不同的判斷，但對於農村群體性事件，都認為是精英（或精英聯盟）與被剝奪的大眾之間的矛盾衝突。

已經形成，儘管執政黨在明確了「科學發展觀」的經濟方針之後，進一步強調了「構建和諧社會」的政治路線，甚至指明了「正確處理新時期人民內部矛盾」的方法；但在各地仍然事實上繼續巧取豪奪農民資源以招商引資、繼續「以資本為本」的發展主義導向、和已經形成的劣紳勾結導致「精英俘獲」的利益結構制約下（康曉光，2002；楊鵬，2005），第三次鄉村治理危機的複雜化趨勢仍有待於深入觀察。預防、管理、轉化農村對抗性衝突的複雜性與艱巨性自不待言；而這，也正是本研究的重大現實意義之所在。

三、小結

一般地，單純市場經濟條件下，分散小農經濟的脆弱性表現為家庭收入嚴重依賴宏觀經濟：宏觀經濟高漲時收入增加，經濟蕭條時則恰好相反，而且幾乎總是增加得「少」，減少得「多」（見圖1-1、圖1-2）。

圖 1-1　1978-2006 年農業經營收益與宏觀經濟波動的相關性

資料來源：國家發展和改革委員會價格司編：全國農產品成本效益資料彙編（2007），3—5、10—12、45—47、52—54、66—68 頁，中國統計出版社，2007。

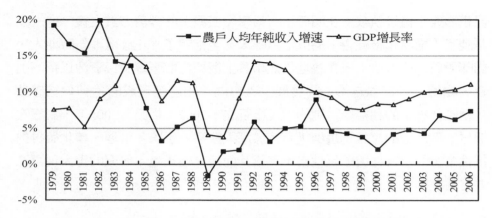

圖 1-2　1979─2006 年農戶收入與宏觀經濟波動的相關性

　　國家權力下沉鄉村的治理意願，毫無緩衝機制地訴求於小農經濟基礎及未能免疫于「帕金森定律[23]」的「現代」上層建築，結果就是、恐怕也只能是「黃宗羲定律[24]」的再現──除非政府支付這種過高成本治理結構的全部開支，並對其隱含的制度成本承擔化解之責。

　　即使在後農業稅費時代，沒有以組織化為載體的對農民普遍賦權，很難對農村經濟基礎的改善做出樂觀預期，農村經濟基礎與上層建築之間的哲學意義上的對抗性矛盾還沒有被正確認識，更沒有據此形成合理的政策導向。儘管 2003 年以來中央政府惠農財政支出大幅增加，但由於與分散小農交易成本太高而難以落地為「政府善治」，城鄉收入差距仍在加大。

　　從制度變遷過程來看，農村上層建築的這種變革並非是從「現實」的經濟基礎內在生髮出來的，而是深居城市的上級政府在現代化目標之下人為地「外加」的、客觀上服務於部門利益和「條塊分割」體系的現代科層治理結構。這個顯然違背馬克思主義「經濟基礎決定上層建築」之基本原

---

[23]　1958 年，英國歷史學家、政治學家諾斯古德‧帕金森（C. Northcote Parkinson）出版了《帕金森定律》（*Parkinson's Law*）一書，對於機構人員膨脹的原因及後果作了非常精彩的闡述，認為官僚機構都具有自我系列和持續膨脹的一般規律，也被稱為「金字塔上升」現象。

[24]　黃宗羲（1610─1695 年）是中國古代研究賦稅制度最深入、最系統的學者之一，他在《明夷待訪錄‧田制三》中指出中國歷代稅賦改革，每改革一次，稅就加重一次，而且一次比一次重；現代學者秦暉將其總結為「黃宗羲定律」。

理的制度安排，除了導致農村週期性治理危機外，還導致鄉土社會的整合成本越來越高，基層良性治理難以形成。其巨大的制度成本日益表現出對國家整個工業化、城市化進程的反作用。

●●● 參考文獻 ●●●

趙樹凱 (2007)。縣鄉改革的歷史審視。**中國發展觀察**，2007(9)。

秦暉 (2002)。並稅式改革與「黃宗羲定律」。**農村合作經濟經營管理**，2002(3)。

溫鐵軍 (2004)。**危機論：我們到底要什麼**。出版地點：華夏出版社。

張靜 (2001)。國家政權建設與鄉村自治單位——問題與回顧。**開放時代**，2001(9)。

溫鐵軍 (2000)。**中國農村基本經濟制度研究**。北京：中國經濟出版社。

溫鐵軍 (1996)。制約三農問題的兩個基本矛盾。**戰略與管理**，1996 年秋季號。

溫鐵軍（2003，月）。**政府和集體「退出」之後的農村組織問題**。論文發表於主辦者主辦之「第三屆中外農業現代化比較」國際研討會，2003，會議所在地點。

溫鐵軍 (2003)。中國糧食供給週期與價格比較分析。**中國農村觀察**，2003(3)。

張小虎 (2002)。轉型期中國社會犯罪率態勢剖析。**寧夏大學學報（人文社會科學版）**，2002(1)。

諾斯古德・帕金森 (2004)。**帕金森定律**。出版地點：甘肅文化出版社。

杜贊奇 (1996)。**文化、權力與國家**。江蘇：江蘇人民出版社。

林毅夫 (1994)。**制度、技術與中國農業發展**。上海：上海三聯書店。

杜潤生 (2005)。**杜潤生自述：中國農村體制變革重大決策紀實**。出版地點：人民出版社。

李先念 (1982)。1979 年 4 月 5 日李先念在中央工作會議上的講話。載於中共中央文獻研究室（主編），**三中全會以來重要文獻彙編（上）**。北京：人民出版社。

周其仁等 (1988)。**改革面臨制度創新**。北京：三聯書店出版社。

歷年《最高人民法院工作報告》。

歷年《中國統計年鑒》。

國家發展和改革委員會價格司編 (2007)。**全國農產品成本效益資料彙編**（2007）。
　　北京：中國統計出版社。

農業部部長陳耀邦 (1999)。**關於增加農民收入、減輕農民負擔情況的報告**。1999
　　年 10 月 30 日，第九屆全國人民代表大會常務委員會第十二次會議。

財政部 (1986)。**鄉（鎮）財政管理試行辦法**。

世界銀行 (1999)。**2000 年世界發展報告**。

世界銀行 (2004)。**2005 年世界發展報告**。

中組部 (1999)。**中共中央組織部關於加強農村基層幹部隊伍建設的意見**。1999 年
　　3 月 22 日。

中共中央辦公廳、國務院辦公廳關於福建、湖南、山東、江蘇、海南省少數農村
　　基層幹部粗暴對待群眾典型案件的情況通報（2000 年 2 月 9 日）。**人民日報**。

謝嶽 (2005)。中國鄉村的「保護主義政治」及其後果。**當代中國研究**，2005(4)。

楊鵬。**精英聯盟的破裂與政權的危機──北京嘉利來房地產有限公司案的分析**。
　　取自 http://www.tecn.cn/data/detail.php?id=6722。

康曉光 (2002)。中國：改革時代的政治發展與政治穩定。**當代中國研究**，
　　2002(3)。

康曉光 (2007)。**作為內生博弈規則的精英聯盟──關於當前中國大陸政治結構的
　　博弈論解釋**。取自 http://www.nporuc.org/html/section/papers/20071201/49.html。

2 農村土地商品化與國家農村治理治理想像——對台灣農村土地使用與所有權轉變的一個初步歷史分析

董建宏
（國立中興大學農村規劃所助理教授）

目次

一、前言

　　當代資本主義社會確信，所有權的私有化是啟動經濟發展的基本法律與社會要件。對於農業產業來說，農村土地地權的私人擁有，也是部分經濟學者對於農業經濟發展的觀察起點。例如：在蘇聯歷史上，布哈林（Nikolai Ivanovich Bukharin）就以開放土地租貸等措施政策，獎勵中、富農生產，降低戰時共產主義（War Communism）與全面國有化對農民生產意願的傷害。而中國的鄧小平更是以開放農村小農生產，作為改革開放的起點。在台灣，自1949-1951年間所頒佈的一連串農村土地改革法令與政策，更被視為是鞏固台灣經濟發展與國民黨政權在台統治的關鍵。而這一連串有關台灣農村土地的政策，其核心就是農村土地所有權（地權）的再分配。

　　而回顧台灣歷史發展，自荷蘭時代以降，荷蘭東印度公司便通過與原住民之間的封建臣屬儀式，確認了彼此之間的土地所有權限與支配權限的關係，並且依賴法律的規範與仲裁，以及近代商業契約的形式，保障原住民與漢人之間的土地買賣。及至明鄭時期的王田制度，將部分的土地以國有方式，鞏固其漢人殖民經濟體系；清代則以創建「大、小租權」與蕃租權作為清代政府治理的模式；日本殖民時代則通過舊慣調查與土地丈量，消滅了大租權，確立了日本的殖民經濟體系；再到國民政府初期，以土地改革進一步消滅小租權的地主，徹底零散化台灣農村的地權，並確立了小農的經營型態。這些土地所有權的變遷，都對台灣的農村治理與農業發展產生了重大的影響。

　　從空間治理與規劃的角度來看，空間與土地地權的私有化，以及其變遷過程，其目的無非是要將資本主義體系關鍵的社會過程—商品化，銘刻在實質的生活空間之中，並進一步通過對於這些地權的轉變，觀察到該市民社會與國家統治機制的互動與衝突。

　　台灣社會在歷經不同的殖民統治，與不同時期的資本主義體系的轉變之後，逐步的將資本主義的核心理念：商品化，帶入農地所有權的轉換中，一方面刺激農業生產與產品的多樣化與商品化，一方面也促使農地本

身即成為一項可交換的商品，為日後台灣工業化與都市化的發展過程，提供重要的資本財。也因此農民對於土地的持有，不再以生產為其主要的考量。因為土地面積過小已經使得生產成本過高，反而是土地本身作為稀罕與壟斷性商品的特質，才是農民或其後代繼續持有的關鍵。但是如此，卻造成台灣農村公共建設與空間改革的困境。在農地私有化與商品化的前提下，國家無法依據國土與自然生態環境的最佳發展，對農村實質空間進行規劃管制與發展，最後造成農村實質地景的碎裂，農村生活陷入困頓。

　　以下本文將從土地商品化的爭議，來觀察與分析，台灣土地地權的轉變與資本、國家治理機制的變化。並通過這樣歷史的考察，作為未來進一步討論台灣當前所面臨的農村規劃與治理困境的物質基礎。

二、土地的商品化與國家治理的挑戰

　　從農業生產來說，土地是大地空間的實質存在，也是人類以及萬物賴以生存的實質環境（physical environment）。在傳統的農業社會，都把土地視作是國計民生的關鍵。因此，中國哲人孟子說：「諸侯有三寶：土地、人民、政事。」而管子更強調：「地者，萬物之本源，緒生之根範也。」重農學派的代表之一，愛爾蘭裔的英籍銀行家康悌隆（Cantillon）則提出重農主義的要義：「土地，是取得財富的泉源或資財。」（Higgs, 1896，陳新友譯，1972：12）但是，社會歷史的演進，正如同康悌隆所論證的，因為土地所有權屬於少數人所有，因而在滿足了農民與勞動者之要求後，剩餘生產物就屬於土地所有者自由處分。因此，這些地主階級如何消費剩餘產物的模式，便決定了國民生產的性質。也就是說，財富的產生來自於如何生產地主階級所意圖消費與積累的產物。而土地，就如同威廉・配第（William Petty）所宣稱的，是「財富之母」。所以，土地不再只是一個生產的基地與工具，它的使用狀況的轉變，更關係著財富的積累。

　　正如同Marx對重農學派的分析，其對於現代政治經濟學最重要的貢

獻，就是將財富的來源，從重商主義的流通面，轉移到生產面，並且因此將農業生產的兩個主要要素：土地與勞動，視為是財富創造的基礎。通過對於土地與勞動，特別是農業生產的研究，重農學派將地租因此視之為「剩餘價值」的形式，也是唯一的形式。然而，Marx也明確指出，重農學派一個嚴重的缺陷，便是因為無法清楚看到，當時農業生產的機制，是以滿足地主階級的經濟利潤的積累來運作，也就是土地的所有者其實是以封建領主的面紗，來遮掩其身為大農業資本家的真實身份，進而以地租的形式來掠奪佃農（亦即資本主義農業生產模式下的勞動者）所產出的剩餘價值。

　　從這樣的理論與歷史角度出發，我們進一步想探討的是，土地所有權的變遷，與地租形式的轉變，以及這樣的變動對於國家治理機制的意義與挑戰。為何要這樣發問？其問題意識的提出，其是就是因為Marx在論絕對地租時，清楚的指出，土地所有權的壟斷是產生絕對地租的原因。土地所有權對於絕對地租所起的作用，不同於它對級差地租所起的作用。在級差地租的場合，土地所有權只是商品價格中早已存在的超額利潤轉化為地租的原因。「在這裡，土地所有權並不是創造這個價格組成部分的原因，也不是作為這個組成部分的前提的價格上漲的原因」。但在絕對地租的場合，如果最壞土地不提供地租，就不可能讓人耕種，那末土地所有權的壟斷就是引起這個價格上漲的原因。因此，「土地所有權本身已經產生地租。」[1]（宋圭武，2007）而因為這樣一種所有權的壟斷，因而將導致生產力與勞動者利益的衝突，進一步將影響國家治理的穩定。因為，當土地所有權的壟斷，導致土地擁有者將土地轉移到其他生產模式（例如：提供為工業生產所需基地），勢必對於仰賴農耕土地為生的農業生產者造成嚴重的生活利益衝突。而這樣一種衝突，進一步的將衝擊到國家治理的穩定性。

　　正如同重農學派所身處的時代，在面對波旁皇朝，路易十四與貴族們的奢華浪費，以及無窮盡的征戰，這些重農主義者已經感受，到作為國家

---

[1]　http://big5.ce.cn/gate/big5/blog.ce.cn/html/54/100254-10596.html。

經濟的直接生產者的農民，他們的不滿與憤恨。正因為這群重農主義的學者觀察到了農民的憤怒，也正如Marx所諷刺的，他們卻也因為跳脫不出身為封建體系的守護者，使他們一方面高舉農業生產的大旗，強調農業生產才是富國之道；另一方面，卻不斷貶抑工商業的發展，以期降低貴族們奢華的消費行為，避免造成農民更大的憤怒，最終將衝垮法國波旁王室的存在。

重農學派的重要代表人物Quesnay在面對法國逐漸顯現的經濟困境，提出了經濟表（Tableau Oeconomique）的著作，並希望法國王室政府以一種單一、簡單、直接的稅直接對土地課徵。因為當所有的生產財富的主要產業是生產原料物資的產業，亦即農業，那麼對於農業主的土地進行單一稅的課徵，便可以透過商業貿易機制，將稅賦逐級轉移到所有人。換言之，只要對地主課稅，就可以透過市場的交換機制，跟所有的人課徵到國家應收受的稅金。也就是說，Quesnay以及重農學派的諸多學者，均認為君王與地主事實是土地的共同所有人，包括相互的權利義務關係與利害關係。因此，如果王室對地主課徵超過其應得之利益，勢必將會損害其合夥人（即地主），也勢必損害王室自身。因為，稅賦最後是會通過市場交易的機制，轉移到實質農業生產者，以及仰賴農業生產的龐大工商業者。在自然秩序的法則下，他們認為統治者的任務，就是在維持自然秩序的穩定。而這個自然秩序，當然暗示當時的農業生產秩序。對重農學派來說，他們已然看到了土地所有權的轉變，以及土地所有權在商業活動與原始資本主義的「誘使」下，以及開始朝向商品的方向在發展了。而這樣的發展，卻危及了法國王室的統治，因為它破壞了農業生產體系。因此土地的商品化，讓國家的治理機制必須有所調整，不然，商品化的結果將會吞噬僵化的國家治理機制。

經由對重農學派的簡單討論，我們理解了土地所有權的特殊性，以及隨著生產力與歷史的演進，對於國家政權的挑戰。事實上，隨著資本主義的進一步的演進，非但土地作為空間的實體，已經逐步的完成商品化的程序。空間自身作為一個三維的存在（實質與抽象），也開始通過金融資本的借貸，以及營建業的興起，成為資本社會中的一項特殊商品。這個（空

間）商品的特殊性，在於商品本身不但是營建部門生產的結果，也是支援其他生產部門「再生產」／集體消費的重要商品。因為對工業資本主義體系來說，空間的使用與建設，使他們一方面可以通過建設讓資本找到一個積累的新場所；另一方面，也通過空間的建設，特別是集體消費商品的建設與規劃（例如：國宅、大眾運輸系統、教育機構、公園綠地等），讓備受資本壓迫的勞動者，可以找到休憩的場域，以利勞動力的恢復與提升，進一步協助資本的再次積累。因此，土地的商品性格在於，通過對於土地的再投資（亦即非農業生產以外的營造投資，包括：公共設施的興建等），都可以促使土地自身的價格上漲，甚至連帶帶動其周遭土地價值的上揚。而這樣一種土地投資的連帶效應，是與農耕時代的仰賴土地自身肥沃度所產生的級差地租，是有著相當的差異性。

這樣的差異性產生的原因，是因為Marx考察資本主義社會的生產模式與價格產生過程，從而理解到資本主義的的基本元素形式——龐大的商品堆積，讓土地必須跳脫原始的農業生產模式，而進入一個抽象的價值系統，如此，利潤才有可能積累。因為當土地是作為一種商品，進而對其產生持續購買的積累行為，是可以產生極大的利潤。而這樣的利潤的產生，正如Marx指稱的導因於商品的對象性（Marx, 1977: 128）。若非商品的對象性，使商品自身脫離其與勞動者相關連的意義，我們便無法將農地從農業耕作與生產的土地自身價值中抽離。換句話說，因為隨著資本主義的發展，這個體系必須將所有與資本積累相關的元素，通通藉由一個抽象與一致化的過程，將他們的真正價值與資本社會所需要的交換模式抽離，讓價值本身就產生一個獨立的「人格」，這樣一種獨立的「人格」使得「他」可以自己創造出屬於的「價格」。這種「價格」其實與土地傳統的土壤好壞的價值無關，而是其他的社會與經濟因素（例如：與交通動線的距離、商業活動性等）所創造出來的。因此，在資本主義體系下，土地（即傳統農業社會的農地），便開始具有商品的性格，而成為眾人競逐的一項稀罕性與高度壟斷性的商品。

在這樣的商品化邏輯下，土地的使用似乎為資本集團所定義。然而，當土地直接連結的是社會對於土地以及其上的空間使用時，這樣一個以資

本為核心的土地使用規範，以及相關的空間規劃與使用，對許多規劃學者來說，並不應是資本家可以自行妄為的。在這其中，國家扮演了一個相對自主性的角色。

在Clause Offe觀察當代資本主義發展與危機的過程中，他發現，國家在面臨資本積累危機時，一方面國家必須迅速去回應來自資本體系的困境，協助資本集團脫離危機；另一方面，國家的統治菁英與官僚們，也必須思考自身利益之所在，面對人民的強大壓力與不滿，試圖去處理解決。因此，他們通常會通過「再商品化」（re-commodification），去讓所有的國家公民再次進入商品生產的關係，以期解決資本主義生產危機，並再次鞏固政權的正當性。（Offe, Clause. 1993:125）也因此，國家會積極主動的介入市場去作為，並以此建構國家治理的機制。換言之，國家治理的目的，事實上是要解決資本主義不斷發生的積累與生產困境，同時，也是強化國家對於市場的控制，因此國家會去設置越來越複雜的機構與機制，去協助，甚至是取代市場的作為不足或不作為。但是，這樣一種治理的機制，會面臨效率（efficiency）與效力（effectiveness）之間的衝突。因為一個有效力的機構，它必然是針對最需要者提供最廣泛的服務，例如：偏遠地區的交通車的補貼或提供。但是，這樣的服務卻通常是最不具所謂的效率的，因為使用者並不多，卻必須要放入龐大的資本。因此，國家的合法性（legitimacy）會面臨挑戰。但是當代的資本主義福利國家在資本的壓力下，以及自身的短暫合法性的需求下，通常還是會以強化國家治理機制作為回應。但是，這並不表示國家必然的就會去進行治理機制的設置。在Manuel Castells通過對60-70年代的都市問題的研究，發現國家對於危機（資本與社會的）的處理，其實還是通過一次又一次的階級之間的鬥爭之中，逐步建構而來的。同時，這樣的鬥爭場域，也從生產空間轉移到消費空間上，特別是集體消費（collective consumption）空間上。在此，Castells所謂的集體消費，是國家基於其經濟發展與資本積累的目的，必須要系統、永久性和結構地介入大資本遺留下來的漏洞，並保證了勞動力再生產的完整。（Castells, 1977: 437-471）這些集體消費的產生，包括健康、教育、住宅、集體設施等的投資與經營，事實上並非國家主動並全面

性的介入。相對的，國家其實是在權衡了相對的社會鬥爭結果之後，才去進行的治理政策。這樣的分析，事實上也呼應了Offe的再商品化的分析，是國家將人民在實體空間的社會生活，通過這些相關集體消費的生產與經營，將之在納入商品生產的關係。試問，如果沒有全民健保的規劃，那資本集團會願意去提供一個廣泛且相對低廉的醫療體系，來確保勞動的健康不受損害？亦或，資本集團會去建設普及性、廉價但高品質的教育體系，去協助生產體系的進步發展？而這些投資，包含對於勞動者生活空間權利的保障（例如：住宅、大眾運輸系統、公園綠地等），對於勞動的再生產，與維繫資本主義體系的穩定，卻是有著重要的關連。

Lefebvre與眾多的都市社會學者、規劃學者等指出，空間並非是一客觀的物質存在。相對的，空間與其他事物一般，也是一種歷史的產物。（Lefebvre, 1977. 陳志梧譯，2002：34）這樣的歷史性的學科，是與對人類社會的生產與再生產功能，相互互動之後的結果。通過對於歷史與空間的考察，Lefebvre提醒我們，土地的所有權，不論改進與否，是一種源自封建的所有權。地主，不論他所擁有的是土地或建物，在原初是一種有別於工業資本家的人。（Lefebvre, 1977. 陳志梧譯，2002：41）而這樣一種空間的社會分析與歷史考察，讓我們可以去進一步思考空間對於國家與市民社會的交互關係。

此外，土地所有權自身的複雜性格，也是土地問題難以處理的關鍵。所有權，亦即我們一般所謂的「財產權」，並非如眾人一般所視之的，是一單一且明確的權利義務關係。相反的，而是許多不同的相關權利關係的集結。在韋氏大辭典的解釋，所有權（property rights）是一個法律關係，在這樣的法律規範下，明確的限制個人、團體或政府對於經濟資源的使用與控制。換言之，對一個物件宣稱所有權，並不保障其擁有「全部」的權利。相對的，對物權的所有是會依據社會作用與事實狀態進行不同的分割。從民法物權的討論中，當前對物權的討論與依據，多半參照「羅馬法」與「日耳曼法」兩大準則。這兩大原則中，在羅馬法上的所有權，乃係對於物資包括的、全面的一種完全支配權。由此完全的權利，雖可生出使用、收益、處分等權能，但所有權並非此等權能之總和。（鄭玉波，

2005：57）。而日耳曼法之所有權，特別是土地所有權，並非全面的、包括的完全支配權。權利的支配，必須與公法上的相關團體競爭。（同上：58）因此，我們應當如此看到土地所有權：即它是眾多權利的集合體（bundle of rights and obligations）。也因此通常當代民主國家的存在，便是以一個政治機構，透過民主授權制訂法律，將財產權的界限制定一定的規範，並透過政府的公權力，清楚維護公共財與私有財彼此之間的權利義務關係與相對性。但是，我們也應當以日耳曼法的精神來看待當前的土地所有權，以及土地商品化的問題，亦即土地（或所有權）的權利行使，其實是必須與社會經濟結構，以及與社會公共性之間的互動，來進行分析與討論。因為，正如同恩格斯在「論住宅問題」一書中所言，資本主義是無法徹底解決住房短缺的，因為問題本身就是由當代資本主義生產方式所造成的。

　　在資本主義社會裡，資本家剝削勞動者，只付給工人維持基本生活所必需的勞動力價值，無償奪走剩餘價值；剩餘價值進一步轉化為利潤、利息、地租等等形式在各個非勞動階級當中分配，並迫使勞動者陷入更可怕的絕境之中。住宅，恩格斯清楚的指出，只是另一種商品的形式，是土地與住宅的擁有者，在資本主義的體系下，通過契約模式與勞動者所建立的交換關係，並藉此實現其所應得的部分工業生產利潤／剩餘價值。因此，恩格斯反駁普魯東的看法，認為並沒有住宅問題。並認為，要解決住宅問題的關鍵，只有消滅資本主義體系。而Castells在其重要都市社會學著作「都市問題」（The Urban Question, 1977）一書中，亦清楚主張，都市問題應當回到資本主義體系與階級對抗、資本積累與再生產的危機中去反思。但是，過度將空間議題簡化為社會與歷史的總和，是資本主義體系的問題，就如同Lefebvre一再告誡的，是無法清楚的說明生活在日常空間中的社會群體。這些群體中，不同社經階級與族群、性別等與國家統治菁英以及資本與土地資源擁有者之間，相互鬥爭又合作的複雜關係，通過不同空間的互動與運作，展現出當代社會的複雜性，才是當代社會的真實面貌。也因此，國家治理的角色，就可以通過在日常生活空間的觀察，去發現其與土地、空間商品化的複雜關係。

　　總結我們對於當代土地與空間商品化的相關理論，我們看到了資本主義的生產體系，為了滿足其生產與再生產的目的，包括解決其商品流通、消費（包含集體消費）與再生產，逐步的將土地與其立體的存在一實質空間一商品化。而這樣一個商品化的過程，又是以其獨佔性展現出空間商品與土地商品的特殊性，並與土地所有權的複雜性相互激盪。這樣一種特殊性，在Lefebvre的論述中，是將空間的特質與社會、歷史的結構交織而成的。而我們也經由對於重農學派的歷史經驗，以及Offe對於當代福利國家的觀察，我們理解到國家治理機制與空間商品化的連結性。國家的統治集團，在面對資本主義與商品化的挑戰，必須逐步的建構出不同的治理機制，以回應空間這樣一種特殊的商品。而在這樣的分析架構下，我們去考察台灣歷史上的幾次政權與土地地權轉變之間的爭鬥。

三、前工業資本時代的土地關係與國家治理

　　若我們把台灣在日本殖民統治時代視為是台灣正式進入工業資本主義的時期，那麼自荷蘭時代以降至清朝治理時代結束，台灣是在前工業資本主義的生產模式支配下，逐步的進行經濟的開發。在這前後270年的時間，台灣的主要生產體制，還是以農業生產為主，並且多數是小農模式的生產。但是，在重商主義的影響，以及複雜的族群問題，使得土地地權的管理，成為國家治理的首要問題。

　　對荷蘭東印度公司而言，在台灣安平地區所設立的大員商館，最主要目的在於協助東印度公司獲得台灣重要的農業產品，特別是具有經濟價值的農業商品，砂糖，以及一些原住民所取得珍貴獸皮。因此，大員商館與台灣的平埔族原住民基本上，依據韓家寶（Pol Heyns）的研究顯示，是以一種封建的臣屬關係，架構起荷蘭政權與台灣在地原住民的土地權益關係。（Heyns, 2002: 77-82）這其中，土地依據封建制度的規範，名義上為國有，而荷蘭東印度公司通過平埔族原住民進貢的儀式，來確認彼此之間的統治關係。

　　然而，為了求生產更多的商品，大員商館也從中國沿海招募了許多中國人到台灣來耕作，以進一步生產稻米與更多的甘蔗，於是中國農民與平埔族原住民之間，是否可以通過地契的規範，將土地租給中國農夫耕作，便成為大員商館與遠在巴達維亞城的荷屬東印度公司之間的爭議了。在這裡，我們看到了土地初步商品化使用後，對於國家治理所帶來的困擾。

　　對於大員商館來說，允許原住民將土地租讓給中國農民進行耕作，可以增加農業的發展，創造更多的經濟租金的收入。事實上，平埔族原住民也清楚表達其同意之意願。但是對於巴達維亞當局來說，因為土地的關係是封建的關係，原住民所能保有的權利，乃是其土地上祖傳的自然產物之權利。因此，將土地出租以進行農業之生產，是不符合上述的封建關係。（Heyns, 2002: 88）然而，現實是，為了追求更廣泛的農業經濟利益的發展，建構一套原住民地租體系成為必要的手段。而大員商館也在1654年取得與巴達維亞當局的認可。但是，這個大門的打開，也讓漢原之間的土地爭執，變成了荷蘭時期國家治理的挑戰。因為漢人越界的開發，以及什一稅的開徵（目的在確保大員商館的收入），使得大員商館必須正視土地地權的分配與認證問題。因此，通過土地權狀的發放，讓中國農民與原住民之間，可以將土地進行商品交易，從而避免更多的開發糾紛。

　　但是，相對於荷蘭東印度公司以重商主義的經濟利益，來規劃其國家治理機制，明鄭時期則一方面將過去荷蘭人所屬之土地，歸為王田，以保障其封建國家官僚的經濟利益。同時基於台灣島上當時還是地廣人稀，因此通過仕紳階級（即親近鄭氏家族與明鄭王朝之統治集團成員），招募移民開墾，並於開墾成功之後，向明鄭王朝確認土地之所有，以合法化這些封建仕紳階級對開墾者收取地租。此一制度的確立，開啟了台灣的土地私有化制度。（羅明哲，1992：257）因為在此之前，荷蘭政府僅僅只通過土地權狀的授與，給予持有者開發的權利，包含原住民在內，土地的所有權，還是在荷蘭王國的名義轄下。同時鄭氏另設有屯田，一方面安置龐大的軍事部隊，同時也抵禦平埔族原住民等對其之騷擾攻擊。總括來說，明鄭時代其實是將在中國南方已經普及的土地地權私有化，移植到台灣來，在王田與私田及屯田三種所有制的交錯下，鞏固明鄭王朝統治集團的封建

利益。因為王田利益有限，而人口不斷的滋長，加以明鄭必須對抗滿清，更必須大量自中國南方引進移民。通過土地私有制的有限度的開放，讓統治集團的菁英及其邊襯，可以分享土地之利潤，並創造更多的農業生產，降低人民對其治理威信的挑戰。

對滿清政府而言，治理台灣的首務，則是「防患」，並對漢人移墾採取封禁政策。畢竟，這是帝國的邊陲，加以浩瀚的黑水溝的阻擋，更使得帝國的統治者，將治理的政策在清領初期，縮限在封禁隔離等的保守政策。（柯志明，2001：360）之後，又以藍鼎元，在檢討康熙六十年的朱一貴事件後，主張應該積極面對中國沿海人民不斷偷渡來台開墾的事實，同時更希望可以改革台灣的財稅結構，因而有了雍正年間的「番地開禁」與「民番一例」的政策。而這樣的政策，依據楊鴻謙與顏愛靜的研究認為，其實是因為藍鼎元有鑑於台北及彰化一帶多荒埔，而這些被視為是番地的荒田，在社番無能開墾的狀態下，不如開放漢人開墾，可以增加台灣的稅收。因此建議以「貼納番餉」的模式，批准社番將番地租予漢人開墾，而使漢人取得土地的實質開發權，但是所有權依然歸原住民所有。（楊鴻謙、顏愛靜，2003：35）楊鴻謙與顏愛靜認為，這樣一種所有權與管耕權（實質開發權）分離的模式，是符合新制度經濟學的有效的經濟組合。因為他讓有能力從事生產者，在地租固定的狀態下，積極提升耕地的生產力。（同上：35）

然而，柯志明從清朝政府的國家特質來觀察台灣地權的變化，特別是番租權的出現與鞏固，大小租權的出現，均顯示清朝政府統治關鍵，仍然是在維繫台灣地區的社會穩定。作為一個少數族裔的統治者，清朝政府更加敏感族群的衝突所可能對清朝統治合法性的挑戰。因此，在承認番漢租佃關係存在的前提下，清朝政府通過番租權的設置，由國家積極介入保護熟番的土地權益，並將熟番放置於漢人與生番之間，以阻絕漢人與生番，因為過度的土地開發所產生的族群衝突。換言之，清朝政府相較於之前兩個工業資本的政權，是將土地商品化這樣一個經濟現實，通過國家權利的介入，在空間上去重組一個符合其國家治理利益的安排，而並非全然趨從於資本的利益。

　　總結這三個政權對台灣土地所有權的衝擊，除了逐步的讓台灣土地所有權，適應商品的交易活動，這三個政權並不過渡干涉土地所有權的轉移，以及所有權的集中。事實上，在相關的資料均顯示，台灣的農業經濟發展型態，在土地私有制下，多數還是維持著小農生產的模式。特別是在大小租權制度下，小租權的複雜，使得土地大量集中於一人之手，並不容易。然而，清政權通過大小租權與番租權的制度設計，以及國家強力的介入漢番土地的空間分布，卻也讓我們看到國家如何通過土地所有權的制度設計，去鞏固其治理。

四、日治時期的帝國殖民策略與地權轉變

　　1895年馬關條約的簽訂，開啟了台灣另一個殖民統治時代。日本帝國作為亞洲當時新興的工業國家，取得了台灣作為日本晉升帝國主義俱樂部的門票。然而當時的日本，其實在工業化的程度上，依舊相對落後於歐洲與美國。因此，日本在取得台灣之後，一度是要放棄台灣，並且計畫將台灣轉售給一直對台灣很有興趣的法國政府。而後，在兒玉源太郎與後藤新平的主政下，通過後藤所謂的「生物學原理」，即尊重並恢復「原存在於島上之自治行政慣習」（北岡伸一，魏建雄譯，2005：37-38），使被統治者與統治者之間，衝突性降低，並且清楚掌握被統治者之社會習性。進一步，在日本工業資本主義發展的想像下，以「工業日本、農業台灣」的發展政策指導下，進行對台灣的殖民統治。

　　在「生物學原理」的統治綱要指導下，後藤新平於1900年延攬京都帝大教授岡松參太郎來台，一年成立「臨時台灣舊慣調查會」，開始調查台灣的風俗民情。而後藤更早在1898年即開始進行土地調查事業。通過公布「台灣地籍規則」和「土地調查規則」，同年九月並設立「臨時台灣土地調查局」，耗時六年，來清楚釐清台灣土地的地目與所有權。（楊碧川，1994：44）這項土地調查，對日本帝國而言，是一項重大的成就。矢內原中雄在「日本帝國主義下之台灣」一書中便清楚指出，土地調查的結果，

造成甲數增加與土地稅率之提高,增加了土地稅的收入,對台灣財政大有貢獻。同時又使土地所有權及其移轉有了事實與法律的確實根據,並落實了土地稅與土地生產力之間的關連。進一步,為了消滅大租權,將土地稅收轉為整理大租權所發行之公債,令台灣銀行收購,或以之為基礎,給彰化銀行、嘉義銀行、基隆及宜蘭等金融組合設立以方便,促成了台灣豪族的封建土地財產資本化,強化了台灣資本主義的發展。(矢內原中雄,林明德譯,2004:81-82)

　　土地調查對台灣地權的影響最深。因為之前提到,雖然台灣的土地地權制度,逐步朝向現代性的私有土地權方向邁進。然而在清朝特殊的族群治理政策下,地權呈現複雜的大小租權與番租權等並立的狀態。大小租權的存在,使得國家只能從登記有案的大租戶,徵收固定的稅金。而大租權底下的小租戶,在大量墾荒後,已經成為土地的實質擁有者與經營者。但是卻為了逃漏稅金,而依舊掛名在大租權下,這當然造成國家財政收入的困境。劉銘傳治理台灣時,就清楚看這個問題,希望透過土地丈量與地籍調查,來解決這個問題。但是,在在地仕紳與小租權的反彈下,失敗了。後藤新平則挾持著資本帝國主義的外來者之姿,通過軍事武力以及與小租權地主的合作,不但消滅了大租權,確立了土地地租稅金與土地生產力的吻合,穩定了日本殖民政府的財政;更進一步扶持了新興階級—小租權,成為日本在台殖民政權的支持者。由此可見,身為工業資本主義的國家,日本殖民統治者非常理解土地的商品價值,以及這項商品價值的政治意義。通過對於土地商品權利的分配,日本殖民政府取得了在地的部分社會菁英的支持。

　　前面提及,日本殖民台灣的最高經濟指導原則是「工業日本、農業台灣」。台灣不但要成為日本農業生產基地以及生產原物料提供者,更要進一步成為日本工業製品的消費者。如此,方才有可能讓日本的工業產業升級。因此,如何提升台灣居民的經濟所得,亦是施政的關鍵。其中,台灣對日本最重要的經濟作物的供應,便是蔗糖。通過此一經濟作物的栽種,來提升台灣農民經濟利得,與日本自身工業發展所需原料的穩定供應。為了培養日本糖業工業,日本殖民政府延攬新渡戶稻造台,提出「糖業改良

建議書」，並在1902年公布律令第五號〈台灣糖業獎勵規則〉，大量引進日本資本，將台灣的土著砂糖業擊垮。進一步劃定各日資糖廠的收購區，鼓勵糖業資本家組成卡特爾，以建立日本糖業帝國的壟斷資本主義型態。在矢內原中雄的台灣糖業帝國的專章中，清楚了描述了這樣一種通過土地空間的切割，所建立起來的壟斷資本主義。（矢內原中雄，林明德譯，2004：239-302）清楚的彰顯了土地作為資本主義體系下的商品，確實是具有高度的壟斷性。而這樣的壟斷性，在日本殖民帝國的運作下，配合日本本身的國家產業發展狀態（即將進入新型態的工業產業結構轉變，與壟斷資本主義），成為了日本政府對台的重要殖民政策。

　　但是土地空間的商品性，並不單單只在於土地自身的壟斷性，更在於土地作為一種特殊的生產工具，其有選擇商品耕種經營的特質。因此，橫亙日治時代的米糖相剋問題，便成為日本殖民統治的難題。而這個難題，柯志明清楚指出，米糖相剋的真正意涵，應該是米蔗相剋，也就是兩種作物高度的替代性，使得土地的商品價值，在面對國家壟斷性的經濟行為時，土地經營者有其他的經濟發展選擇。柯志明強調，在日治台灣，農民與資本的矛盾，並未將台灣農民直接分解成一無所有的勞力販售之無產者。（柯志明，2003：129-160）相對的，日本殖民政府為了穩定在台的統治，避免大規模的武力對抗，並未過份瓦解台灣既存的農業社會。因此，家庭農場的存在，讓殖民者發展出一套更複雜的米糖關係體系，降低了蔗農的收入水準。因為在米作部門落後的生產力以及低廉的價格下，提供了蔗糖資本家壓低蔗作價格的機制。然而，當日本國內因為稻米需求的上漲，連帶的使得台灣稻米成為日本重要的來源時，米蔗之間的矛盾便爆發了。因此，柯志明強調，米糖相剋的背後，其實並非農業商品的對抗（所謂的「爭地」），也並非單純的米農與蔗農的對抗，或是本地人與外來支配者的對抗。（柯志明，2003：129-160）它是一個複雜的商業資本關係的結合。這樣的結合，一方面凸顯了土地的經濟特質，並非只是空間上的壟斷性，也包含了土地所負擔的生產機能的商品化特質。這個特質，套用Lefebvre的說法，其實是空間的自然物理性與其歷史與抽象特質，在日常的生活空間中實踐的結果。另一方面，米糖相剋的出現，點出了日本

殖民政權的特質。作為日本帝國取得的第一個殖民地，其實日本在當時的
資本主義帝國俱樂部，只是一個初踏入門的毛頭小子。因此，其國家治理
的機能，是以朝向降低社會衝突，以換取穩定的資本主義發展可能性，作
為其目標。而這樣的治理機制的設置，與目標的想像，使得日本殖民統治
者並未如其他同時期帝國主義殖民統治者，將台灣的農民全面的無產化。
相對的，它選擇與小租權合作，以換取統治的平順。而以規劃設計複雜的
土地利用制度，包括蔗糖收購區的劃定，以及對米作部門消極甚至壓抑的
政策，以期造成米蔗作部門間的生產力不均等的狀態（同上：149），來
達成其建構糖業帝國的規劃。

　　總而言之，日本帝國在台灣的統治，其主要目的在積極促成日本資本
主義體系的成熟。因此，通過土地調查，將地權清楚歸結到實質土地的擁
有者—小租權手上，並以此與小租戶形成一定的跨民族結盟，以穩定其在
台灣的統治。所以，日本殖民統治並未如其他西方帝國主義者，意圖一舉
消滅土著社會，以所謂現代主義的社經統治結構來取代。相反的，日本殖
民統治者透過妥善安排土地地權的機制，架構了日治時代的國家治理機
制，進而促成了日本糖業帝國的出現。然而，也因為日本殖民政府未能全
面無產化台灣農業生產者，使得日後出現了米蔗相剋的困境，讓台灣農民
得以在其日常的生活空間，藉由土地的生產特質，挑戰了日本殖民統治。

五、國府發展主義下的地權零碎化與農村治理困境

　　1949年國民政府在不敵中國共產黨的軍事優勢，以及其深植中國人心
的腐敗形象，敗退來台。從此展開了它們在台灣超過半個世紀的統治。而
這個統治的的磐石，一般認為，除了龐大的軍事與情治體系的威權控制
外，1949-1953年的三階段土地改革，被視為是成功的關鍵。然而，如果
我們從空間規劃的角度，以及國家治理的機制，重新去檢視這個政策，我
們會發現，台灣當前的農村治理困境，是與當時所推行的土改政策有著絕
對的關連。

　　一般認為台灣土地改革是有其政治與經濟的必要性。在經濟層面上，多半會強調農業土改的目的，在於改善生產關係，讓台灣的佃農階級得以翻身。同時也因此得以提高農業生產力。因為當土地所有權移轉到佃農手中時，其生產意願會更高。進一步，通過土改將地主階級的土地資本，迅速轉移成工業資本[2]。在政治層面上，除了所謂實踐孫中山的「平均地權」思想，還有是要以此土改為號召，對抗中共在中國所進行的更徹底的土地革命，以穩固其政權正當性。更重要的是，希望通過土改，將因為1947年228事件當時的主要領導階級，也就是台灣的地主階級，一一清除，並通過土地地權的再次轉移，與台灣更多數的佃農建立起結盟關係。（羅明哲，1992：270-272）

　　然而，當我們從實質的經濟結果來看，土地改革之後，台灣的耕地面積自1948年的56%增加至1953年的83%。與此同時，自耕農的人數自33%增至52%，佃農從36%降為20%。這些新的自耕農，依照規定，每年必須將其耕作收穫量的25%，連續十年以實物繳交給政府。此外，政府更通過田賦徵實、強制收購和肥料換穀等政策，以種種隱藏稅收與不等價交換等模式，將農民辛苦所得，強制徵收。其徵收總數，依據1960-1965年的統計資料，平均每年約佔總產量的28.5%。其主要用途，是用於配給給軍事人員、軍眷與公教人員等。國民政府通過這樣不等價交換，非但掌控了穩定的糧食、擠壓農業資源、控制糧價，並藉此補貼軍公教人員，降低政府負擔。（張景森，1992：183）換言之，土改之後，農民除了實質上取得了土地的所有權外，其經濟的利得，其實都被國家通過精細的治理機制，一一取走了。但是，土改的政治成果卻是非常成功的。正如同日本殖民政府一般，國民黨政府在1947年的228事件之後，對台灣人民來說，其實是與殖民者無異。這樣的一種特殊的殖民模式，在1949年國民政府遷台之後，變成了台灣社會與政治不安定的導火線。為了要有效解決這個潛在的危機，國民政府通過農村土改，與台灣多數的佃農進行政治結盟，一如日

2　當時國民政府以水泥、紙業、農林與公況四大公司股票的配發，換取地主階級的土地。

本殖民政權與小租權結盟一般。因此，我們又一次看到，國家統治者，透過對於空間商品的權利轉移，建構了自身的政權正當性，或新的政治結盟。然而，這樣的土地所有權的轉移，並非只是為了政權的穩定性。在冷戰的體系下，台灣進入了美國的資本主義羽翼下，在發展主義的指導原則下，台灣期待迅速的進入冷戰的國際分工體系。但是，工業資本主義的發展，必須要有基本的資本，才能進行開發。農業土地改革的結果，創造了一群龐大的小農生產者，以及缺乏政治與經濟菁英的農村。於是，國家通過上述的種種不等價交換模式與影藏稅，將農業資源不斷的擠壓出農村。李登輝的論文就清楚指出，即使在台灣農業恢復期（1950-1955），仍有大量的資本從農業部門流到非農業部門，其數額約佔農業總生產值的22%。（蕭國和，1987：37）

特別是因為土改將台灣的農業耕地，在歷經小租權的分配之後，更進一步的細分給所有的佃農，導致台灣農地的零碎化。依據農業普查資料，1952年台灣的農場面積，在0.5公頃以下之戶數為47%，0.5公頃至1公頃者佔23%。這些小地主所領有之耕地面積，佔全部耕地面積的61%。但是到了1995年，一公頃以下的農戶大幅增加，全台灣約有四分之三的農戶面積不足一公頃。（羅明哲，1992：275）這樣零散化的耕地，再加上政府有意識的控制糧價，導致農民的收入偏低。事實上，台灣農民的所得在1953年以降，便逐年下跌。1969年，一般農家的農業所得，根本就不敷維持。（蕭國和，1987：37）依據行政院主計處2005年農林漁牧普查結果提要分析之綜合報告指出，台灣的農民農業平均所得，在2005年為21.7萬，若為兼營加工及休閒者之平均收入約為118.2萬元，未兼營者之平均收入為20.7萬元；每一漁業者之平均漁業收入為112.2萬元，若為兼營加工及休閒者之平均收入為171萬元，未兼營者之平均收入為111.4萬元。換言之，農民的主要收益早就不是農業本身的收入，而是農業體系以外的收入。

造成農民收入無法維生的最主要原因，就是農業土地的零碎化。國民黨政府長期在失去中國的陰影下，將對農民與農村的控制，視為是統治的關鍵。為了更有效的穿透台灣農村，除了透過上述種種不等價交換擠壓農村資源外，更通過土地的細緻化與零碎化，例如：人人皆有持份的遺產分

割繼承制，讓土地的所有權更加分散。於是，農村的收益更加低落，迫使農村的勞動力不得不出走到城市，進入工業生產體系。

1969年之後，政府終於願意正是台灣農村所面臨的困境。但是，緊接而來的石油危機等經濟風暴，又進一步讓農村這個農業的生產空間，成為工業體系廉價的生產基地。在所謂「客廳即工廠」的政策下，工業生產堂而皇之的進駐農業生產區，希望透過這些工廠的進駐，提供農村勞動力新的就業機會，增加農戶所得。但是，卻也使得農業生產區從此面臨嚴重的污染問題，以及公共設施不足的問題。而在1978年，林洋港接任省主席時，提出「加速農村建設貸款基金」，加速了農村自然生態空間水泥化，使得台灣農村風貌開始發生嚴重的質變。在那之後，台灣農村就時常發生種種的災害，因為生產與生活環境的水泥化，且多數的農村建設均非農業生產設施的必要建設，例如：大圳建設的缺乏。因為台灣農村土地地權的零碎化，再加上大量人口的流失，讓許多農業生產設施的規劃，面臨地權不清的困境。於是乎，為政者只好投民之所好，進行許多大而無當的公共建設。使得農村景觀更行破敗。

總結台灣在國府時代的土改經驗，事實上還是與日本殖民政權類似，以土地地權的商品價值，去交換小農階級的支持。然而，國民政府在發展主義的指導下，以及冷戰體系的國際分工支持下，進一步強化土地零碎化的發展，以期能加速擠壓農業資源進入工業部門。這樣的作法，當然有效的鞏固了國民黨政權在台灣治理的正當性。然而，其代價卻是當前台灣農村景觀的碎裂與破敗。

六、初步結論：地權商品化發展與農村規劃之挑戰

依據上述簡單的歷史考察，筆者認為台灣地權商品化的發展，一方面與台灣長期就鑲嵌進入資本主義生產體系有著密切的關係。非但來台開墾的漢人，包括土著的平埔族原住民也在荷蘭東印度公司的治理下，熟悉了土地與空間的商品性格。然而，台灣的農業發展與土地所有權的演變，卻

並未迅速的集中。相對的，它歷經了許多複雜的地權形式的發展。其中的關鍵，正是國家治理機制建構。而這個治理機制的規劃與建構，又與統治台灣的諸多政權的特質相關。若非這些個別殖民政權，依據各自的國家特質，去建立起其治理目標或結盟策略，台灣的地權模式與地權商品化的過程，應當不會有如此複雜之發展。

然而，正因為台灣國家政權的特殊性，在戰後，導致了農村土地地權的零散化，這樣的零散化，一方面有助於國府建立新的政治結盟，強化其統治正當性；另一方面，也促成了台灣工業資本主義發展的原始積累，讓大量的農業資源與勞動力，迅速的擠壓到工業部門。然而，其代價便是，台灣當前農村景觀風貌的破敗與混亂。

因此，面對台灣當前的農村規劃與治理問題，縱貫台灣歷史的發展，筆者認為，應當還是要從土地地權問題著手，正視台灣土地高度商品化的問題，方才有可能的解決之道。否則，台灣的農村風貌將會如同得了末期癌症的病患，無法醫治。

●●● **參考文獻** ●●●

Andrade, Tonio (2007)。**福爾摩沙如何變成台灣府？**。台北：遠流出版事業股份有限公司。

Castells, Manuel (1977). The Urban Question. London: Edward Arnold Ltd.

Heyns, Pol (2002)。**荷蘭時代台灣的經濟・土地與稅務**。台北：播種者文化。.

Higgs, Henry (1972)。**重農學派**。台北：台灣銀行經濟研究室。

Lefebvre, Henri (1994). The Production of Space. Cambridge, MA: Blackwell Publishers Ltd.

Marx, Karl (1977). Capital. New York, NY: Vintage Books.

Offe, Claus (1993). Contradictions of the Welfare State. Cambridge, MA: The MIT Press.

于宗先、王金利 (2001)。**台灣土地問題：社會問題的根源**。台北：聯經初版事業股份有限公司。

井上清 (1986)。**日本帝國主義的形成**。台北：華世出版社。

王作榮、李登輝、賴文輝 (1969)。**台灣第二次土地改革芻議──台灣農村經濟問題**。台北：環宇出版社。

矢內原忠雄 (2004)。**日本帝國主義下之台灣**。台北：財團法人吳三連台灣史料基金會。

李登輝 (1989)。**台灣農業發展的經濟分析**。台北：聯經出版社。

柯志明 (2003)。**番頭家：清代台灣族群政治與熟番地權**。台北：中央研究院社會學研究所。

段承璞 (1992)。**台灣戰後經濟**。台北：人間出版社。

張景森 (1991)。**台灣現代城市規劃：一個政治經濟史的考察 (1895-1988)**。國立台灣大學土木工程研究所博士論文。

張景森、夏鑄九 (1990)。台灣地區國土規劃歷史的回顧與檢討。載於蕭全政（主編），**國土規劃的挑戰**。Taipei：國家政策研究資料中心。

楊彥杰 (2000)。**荷據時代台灣史**。台北：聯經出版社。

蔡宏進 (1992)。台灣近代工業化與都市化對農地利用與問題之影響。載於陳秋坤、許雪姬（主編），**台灣歷史上的土地問題**。台北：中央研究院台灣史田野研究室。

鄭玉波著，黃宗樂修訂 (2005)。**民法物權**。台北：三民書局。

蕭國和 (1987)。**台灣農業興衰 40 年**。台北：自立晚報。

羅明哲 (1992)。日據以來土地所有權改革之變遷。載於陳秋坤、許雪姬（主編），**台灣歷史上的土地問題**。台北：中央研究院台灣史田野研究室。

3 移植台灣農會經驗 發展大陸綜合農協

楊團

（中國社科院社會學研究所研究員、

社會政策研究中心副主任）

目次

　　農會是台灣農村基層社會最重要的組織，從日據時期設立以來，歷經百年，至今不衰。1949年國民黨上島後，進行農會改組工作，遂奠定了今日台灣農會的組織架構和系統化的農會發展政策。到2007年，台灣農會有正會員1,038,569人，贊助會員924,131人，會員總數為台灣人口總數約8.5%。2007年，台灣農會的淨盈餘總額為483,719萬元新臺幣，總資產為790.65億元新臺幣。迄今為止，這個百年老店仍然具有良好的經營效能和工作業績。這對改革開放30年後的大陸農村發展走向無疑是一個重要的分析與借鑒的物件。

　　本文從闡釋台灣農會的歷史作用入手，通過總結其基本經驗，引出主題，即大陸為什麼需要移植台灣經驗，而後，針對大陸進行中社會政策試點——湖北省建始縣新農村綜合發展協會建設中必須解決的若干問題進行政策性探索。

一、台灣農會的歷史作用

　　台灣農會和大陸20世紀二、三十年代的農會以及合作社概念完全不同，既不是政治團體，也的確不是單一經濟功能且只有部分農民參與的專業合作社，而是農業者的公會。它以專業農民為主要會員，它兼具農政（農業行政）、農事（農業事業運營）、農推（農民教育推廣）三大功能，下設農業推廣、農業信用、農業運銷機構，為農業謀改良，為農民謀福利，為農村謀繁榮。

　　在農政方面，重點在於指導農民生產技術，促進農業發展。農會接受政府委託，作糧食代理、土地劃分、代發老農津貼；在農事方面，不僅從事農業金融、信貸、保險、供銷等經濟業務，還在農民養老、健康、文化等方面推進社會事業；在農推方面，既承擔農業技術推廣教育，又承擔婦女和農村青少年教育。

　　台灣農會在台灣邁向現代化社會中起到了舉足輕重的作用，創造了政社合作下的新型小農戶可持續經營的新工業化模式。其歷史作用和基本經

驗值得深入探究。

（一）促進傳統農業社會向現代社會轉變的社會基礎工程的鍛造者

　　台灣在20世紀50年代，是典型的小農社會，人地比例很低，在世界上屬於以傳統農業謀生的落後地區，自1949年以來台灣經歷過若干經濟和政治危機，例如1949年人口劇增[1]、農業凋敝、財政赤字，物價飛漲；1971年退出聯合國，外援斷絕，遇到政治和經濟雙重危機，1973-1979年遭遇國際石油危機……；而自20世紀80年代後，台灣一舉跨入世界先進地區，1994年，人均年所得達到11,604美元，農業、工業與服務業占GDP的比重分別為3.6%；37.3%；59.1%，完成了從傳統農業社會向工業社會的轉型。[2]到2007年，人均收入已達1.3萬美元。

　　台灣之所以能夠克服了多次政治、經濟危機，以高生產力產業取代低生產力產業，生產力持續增強，技術水準不斷提高和產業結構不斷改善，其根源在於在20世紀50-60年代打下了經濟與社會成長的良好基礎。其中，台灣農會改組及其農會配合農業政策的執行是導致台灣而後快速成長最重要的社會基礎工程。農會就是這項基礎工程的鍛造者。

　　哈佛大學經濟學教授D. Perkins在分析台灣成功的模式時這樣講到，台灣並非由於其領導者發現了一個成功的發展模式，堅守不移；而是因為發現了好幾個發展模式，于需要時加以變換。

　　台灣農會領導下的新型小農戶經營管理模式就是其中一個具有自我創

---

[1]　1946年台灣總人口為610萬人，1952年增加到810萬人，6年之間增加了200萬人，即增加了三分之一，這還沒有將60萬大軍和未報戶口的人計算在內。這二百多萬人中，很大一部分為軍公教人員及其眷屬，形成財政的沉重負擔。

[2]　台灣經過1949-1952年的經濟恢復期，1952-1960年的第一次的經濟轉型期，走向1961-1971年十年的經濟起飛期，再經過1972-1983年第二次的經濟轉型期，在1984-1994邁向經濟發展成熟期。形成了農工並重→勞工密集進口代替品工業勞力密集出口工業→資本密集出口工業→技術密集高新產業→服務業的產業轉型和經濟成長鏈條。

造力的發展模式。它通過制度、模式、方式方法的設計和實施，創造出了台灣農業生產和農業組織的新內容、新形式和新的聯盟。

根據黃宗智發現的小農戶「內卷型商品化（或市場化）」[3]的規律，由於小農戶家庭農場的特殊組織性，在農村人口過剩，農業仍然過密，大量務農勞動力只能處於隱性失業狀態下，因此農業收入總會十分低下，農業與非農的差別一直會不斷拉大。如何突破這個怪圈，建築在人少地多基礎上的西方農業資本主義理論無法給予我們任何有益的啟發，而台灣農會和日本韓國的農協卻通過小農戶與其社會經濟聯盟組織的合作突破了困境，走出了新路。

按照黃宗智的理論，能否打破內卷型或者過密化的規律，關鍵在於農業的勞動生產率能否真正有所提高。如果能夠降低農業勞動人口，增加人均土地面積，提升農業產品的附加值，就有可能打破怪圈。不過，黃宗智沒有料到的是，農會能夠發揮巨大的組織力，形成對於土地、勞力、技術等要素的整合性功能，在半個多世紀內，為台灣從傳統農業社會走向現代社會做出了重大的貢獻。

台灣農會不僅養活了台灣的農民，而且以政府輔導和技術支持下的高附加值農產品換回大量的外匯，以農養工，以農助工，並且給工業輸送了大批勞動力。在農業人口下降的同時，又以農業推廣教育提升了專業農的素質，使之具有自我開發農業新產品、新技術、新方法的能力，從而推進農業高技術的進一步發展。

20世紀1950年代，農業作為當時台灣主要的經濟支柱，在以農業培養工業，以工業發展農業的政策指導下，將台灣經濟發展推向工業化階段。

1948到1963年間，台灣每公頃稻穀收穫量從1889公斤上升到2,815公斤，甘蔗的收穫量從每公頃47,877公斤到69,145公斤，而在同時，1960年必1948年的農民勞動生產率提高了24%（蔡洪進，1997：26）。

---

[3]　在人地比例極低的情況下，也就是在人均土地很少，而勞力大量剩餘的情況下，小農戶家庭會為生存需要而在土地上持續投入勞力，過密的勞動投入會導致邊際勞動生產率的遞減，邏輯上直到其邊際報酬下降到近乎零，這就是所謂「內卷」或「過密」型生產。

1966年，台灣的農業就業人口占總就業人口之比率為45%，1997年，降為9.6%。[4]

由此可見，台灣的農業與工業化的關係與歐美國家不同，農民並未必定分化為農業資本家和農村雇傭勞動者，而是長期維持由台灣農會轄下的新型家庭小農經營制度。這不僅成為高速經濟增長的基礎，而且成為一種社會規範和行為約束形式、一種歷史文化現象。它證實了「社會形態依次演進」即「五種生產方式」之外，還有第六種生產方式，這就是小農獨立於其所進入的經濟體系的獨立現代化道路的方式（恰亞諾夫，1996）。它為台灣的高速工業化做出了巨大貢獻。

從50年代開始，台灣的經濟就保持著相當高的增長速度。例如，從1961年到1988年28年間，台灣經濟年增長率平均高達9.3%，不僅比工業發達國家的3.6%高1.6倍，在「亞洲四小龍」也是增長最快的。1988年後，台灣的經濟增長速度有所放慢，不過，從1989到1999這11年中，台灣的經濟平均增長率也高達6.42%。

一個經濟高增長的社會容易出現貧富差距擴大的現象，而台灣經濟卻在保持較高的發展速度的同時，使所得分配不致惡化，貧富差距不致過大，這並非容易做到。據台灣有關方面的統計，從1964年到1996年這32年間，基尼係數最高為0.321，最低的為0.277。一般來說。基尼係數小於0.2的為絕對平均，0.2到0.3為比較平均，0.3到0.4之間的為基本合理。可見，台灣的所得分配都處於「比較平均」和「基本合理」的範圍。

台灣的經驗證明，不同的自然和人文條件必然決定了人們適應和改造環境的方式出現差異，由此導致不同發展道路，歷史事變是「無數互相交錯的力量」、「無數個力的平行四邊形」造成的總結果。

---

[4]　與此同時，台灣60歲以上的老年農民占全部農業就業人口的比率逐年上升，由1966年的2.8%增加為1997年的23.5%。顯示台灣農業就業機會相對減少且勞動力老化。

（二）增加農民收入、保護農民權益的職業團體

台灣農會作為農民的職業團體，半個多世紀以來，在幫助農民增收、保護農民權益方面發揮了重要的作用。

為實現「農會以保障農民權益、提高農民知識技能、促進農業現代化、增加生產收益、改善農民生活、發展農村經濟」的宗旨，台灣《農會法》從政治、經濟、教育和社會4個方面規定了農會的21項任務。不僅要求農會保障農民權益、傳播農事法令及調解農事糾紛；還協助有關土地農田水利改良、水土之保持及森林培養，優良種籽及肥料推廣；以及農業生產指導、示範、優良品種的繁殖及促進農業專業區的經營；甚至還要代理公庫及接受政府或公私團體之委託事項等等。這些都表明，台灣農會的受益物件並不是以會員為限，而是以整個農村為界，服務農民的專案也不僅僅是經濟專案，而是關乎政治、社會、文化、教育等所有的方面。可以說，農會實屬造福農民並由農民享用其經濟和社會發展成果的政策性組織。

在1960年前後，台灣農民的人均收入與非農民基本持平，之後儘管隨現代化進程的深化，農家的收入總體而言比非農家下降，不過，還是能夠保持在60%多的水準。這比起其他發達國家要好很多，見表3-1。

表 3-1　戰後台灣農家收支水準與非農家比較

年代	所　得					
	農家	非農家	農家所得占非農家%	農業淨收入占總收入的%	農家支出占非農家的%	消費物價調整收入指數
1966	32,320	34,080	94.8	66.0	86.2	100
1970	35,439	49,089	72.2	48.7	75.4	66.7
1975	86,061	108,086	79.6	46.3	81.5	83.1
1980	197,533	266,246	74.2	29.6	77.3	83.9
1985	261,456	366,625	71.3	36.7	74.2	113.6
1990	388,840	607,592	64.0	35.2	65.9	145.2
1991	460,752	680,893	67.7	39.3	65.1	185.8
1992	474,951	751,547	63.2	38.5	64.1	179.5

又據台灣省家庭收支調查報告，農業淨收入占農家每戶所得之比率逐年降低，從1966年的66%降為1997年的40.0%。同期間農家每人所得占非農家每人所得之比率則稍有增加，由不足70%提高為73.9%。可見台灣農家人均所得相對提高的趨勢主要源自農家所得中非農業收入的增加，其中又以薪資所得增加最為重要。這說明在現代社會中，要讓農家與非農家的所得差距減小，需要在非農產業的提升上著力（黃璋如，1999）。

自20世紀70年代以來，台灣以發展高科技、高層次的加工業促使農產品加工從傳統工業向現代化工業轉變。如擠壓技術、食品放射線照射處理、生物技術、真空技術、加工自動化、無菌包裝技術等已被廣泛地應用於農產品加工。而且，農產加工外銷值占農產品及其加工品出口值的85%以上，年創匯達30多億美元。總體上看，當前台灣農產品加工業的技術與市場都已同國際接軌，而且具有獨特的自主發展的先進農業技術和豐富的農業管理經驗。

（三）農業組織化和產業化的政策執行者

農業從傳統走向現代，必須實施產業化，而產業化的前提是農戶的組織化。無論大農戶還是小農戶都需要組織化。只不過大農戶的組織化更類似於工業的專業性行業組織，它與大批生產的工業社會類似，也需要大批生產的農產品規模與之相適應。而小農戶的組織化則必須解決經濟社會效益能否穩定提升的焦點問題。

這就是說，小農即擁有小塊土地[5]的農民，由於人多地少，為了生存，只有按人口分配土地，那麼，每個農戶依靠僅有的小塊土地無法形成規模生產和獲得大農戶的規模效益，因此只有走合作互助的道路。合作互助不僅可以降低生產經營成本；還可能按照統一技術標準發揮比較優勢，生產特色產品、形成特色品牌，從而提升農產品價值和價格；此外，通過

5　台灣農會在20世紀50年代，每戶農民平均一甲地，不足15畝，每人不過2、3畝地，比大陸農民擁有土地的狀況略好，這都屬於小農戶的範疇。

一體化的「生產、儲藏、加工、行銷」，還可增強農民這個組織主體的市場定價權利，獲得穩定增長的價格效益，以保障生產、供給的穩定性和農產品市場價格穩定性。

台灣自50年代以來通過改組農會，建立產銷班、供銷部、推廣部，將小農戶的生產積極性與合作互助下的集體經營與市場競爭相結合，走出了一條農民合作主導的產業化生產經營調控的路子，達到了上述目標。

台灣農會作為技術的承接者和推廣者、產銷公共設施的管理者、專業農戶共同經營的組織者、農產品進入市場的承運者、政策效果的回饋者，發揮了組織、協調、推廣教育與合理分配的諸多功能，在農業產業化的過程中發揮了重大作用。

在實施農業產業化方面，台灣結合自己的地域特色，提出了發展區域性特色產業、研發和推廣農業高新技術的道路。自20世紀70年代，台灣開始重視農業專業區生產佈局，依據區位或區段的發展潛力，如作物分布、自然條件、市場需要等，分設各類專業區。各區內除配合以農業機械化作業外，還配合產銷公共設施進行投資建設，尤其在土地重劃、水利設施、產品分級處理及倉儲運銷設備等方面成績顯著。而這些重大政策的推行，都依賴於農會組織體系。

目前，台灣約有40%的農業生產採取專業區方式，專案包括雜糧、水稻、香蕉、鳳梨、蘑菇、柑桔、葡萄、花卉、茶葉、畜牧、魚類養殖等數十種。至今已形成多區域多形式的特色農產品的佈局。儘管農業整體景氣不足，而這些專業區已經成為抗禦國際農產品衝擊的重點農產業。

二、台灣農會的基本經驗

台灣農會是集農民職業團體、經濟合作組織、社會組織與政府委辦機構等性質於一體的特殊的法人團體，無法用一般性法律來界定。所以，台灣在合作社法、財團法人法和社團法人法之外專門設立了農會法，用特殊法律來界定具有特質的社會組織。

　　台灣農會的主要特質早在1984年，就有學者做過系統總結：第一，是農會法規定的農民「所有、所治、所享」的農民職業團體，而且是農村唯一合法的農民團體（合作社法的主體是合法公民，不規定只是農民）；第二，兼具政治性、社會性、經濟性、文化性與技術性功能於一身；第三，組織原則為權（代表大會、理事會）能（總幹事）區分；第四，以「一鄉鎮一農會」的政府政策規定為原則組建，所以是政府農業政策體系的末端，起到了輔助政府執行政策的作用[6]。

　　台灣農會的基本經驗可以總結為六條。

（一）農會掌握在農民手中

　　1949-1954年，台灣政府接受了在大陸成立的中國農村復興委員會（簡稱農復會）蔣夢麟主任的建議，參照美國顧問安德生教授的建議，由農復會主持，聯繫省農林廳進行了大規模的農會改組運動。改組的重要內容之一就是淨化農會會員的成分，讓農會掌握在農民手中。之前的農會成員農民與非農民並存而且混雜，領導者並不是農民。農會改組後，將會員種類劃分為正式會員與贊助會員兩類。只有直接耕作的農民才能成為正式會員，非農民只能成為贊助會員。贊助會員沒有選舉權和被選舉權，要參與農會工作，只有一種可能，就是被選為農會監事，還規定不得超過三分之一的監事名額。經過這樣的改組，農會的決策與監督權都落在真正的農民會員手中，這是朝向維護農民權益的農民自治組織目標邁進的基本條件。

　　台灣農會由農民管理，以會員（代表）大會為最高權力機構。會員（代表）大會休會期間，理事會依會員（代表）大會的決議策劃業務，監事會監察業務及財務，農會經營業務由總幹事負責。總幹事由理事會就中央或直轄市政府主管機關遴選的合格人員中聘任。

　　農會總幹事秉承理事會的決議帶領工作機構執行和管理各項業務，向

6　郭敏學，《台灣農會發展軌跡》，台灣商務印書館，1984。

理事會負責。農會總幹事執行任務中如有違反法令、章程，導致損害農會時，必須依照農會法負賠償責任。工作機構在收受、保管農會財物時，除了不可抗力之外所發生的損害，總幹事及有關職員必須依照農會法負連帶賠償責任。

（二）權能區分、權責分明的治理結構

台灣農會改組的第二個重要內容，是開創了權能區分的制度。類似公司的董事會和總經理要權能分開一樣，規定了農會理事會的決策權與農會總幹事的執行職能必須相區分。這也是農會的三權分立的制度：決策權、監督權、執行權分別由為理事會、監事、總幹事掌有。理事會必須聘任總幹事，總幹事負責經營和管理農協的業務，上受理事會任免，下聘工作機構的職員，並指揮下屬人員執行理事會的決議，發揮組織的運營功能。權能區分的制度將農會的幹部區分為選任與聘任兩類。理事會、監事會成員都是由農民直接選舉產生的，他們是義工，不拿工資；總幹事以及工作機構的職員都是聘任的，屬於雇員，要量等定薪。農會實行理事會領導下的總幹事負責制，促使農會真正成為專業化的職業農民團體。

正是依靠這樣一套由政策和法律規範化的農會內部治理結構，台灣農會才獲得巨大的發展。

（三）社會功能與經濟功能內部互補

傳統的農村合作組織內部都只有經濟功能，社會功能來自合作社的外部，而台灣農會則是社會功能與經濟功能在組織內部互補。

農會內部功能互補的性質是由農會的經營支撐的。農會法[7] 規定了農

7　台灣農會法第40條規定，農會總盈餘除彌補虧損外，要按照下列規定進行分配：一、法定公積金百分之十五。二、公益金百分之五。三、農業推廣、訓練及文化、福利事業費，不得少於百分之六十二。四、各級農會間有關推廣、互助及訓練經費百分之八。五、理、監事及工作人員酬勞金，不得超過百分之十。

會的經營目的要以收補支，盈餘的62%要用來補助農業技術推廣和文化、社會服務事業，實現財務總體平衡，略有盈餘。在這樣的目的指引下，農會興辦聯合購銷等經濟事業並非以賺錢為目的，而是為給農民提供有償的公共服務，因此對於會員的收費水準較低。而技術推廣、文化活動和婦女、青年工作的服務基本上不收費，是用農會經營信用事業和保險事業的盈利來償付。

　　總之，台灣農會將農業推廣、農村金融與農產品和生活用品供銷形成了一個互相聯繫和功能互補的功效連環，給農民帶來了很大的方便和實在的收益，是台灣農會的一個重要的組織機制。見圖3-1。

　　台灣農會的這種模式既借鑒了日本農業協同組合的做法，又融合了美國的社會教育經驗，我們稱它為綜合農協的模式。

　　綜合農協是台灣農民自治組織依法進行農會收入內部再分配的模式，它將農會的經濟收益通過一定的分配制度向農民自辦的社會事業進行轉移支付。在瞭解需求、適時適量供給以及激發農會成員的熱誠、團結、合作精神等方面，顯然，由農民組織自己進行內部再分配比政府直接進行轉移支付的成本低、效率高。而且，台灣農會還有一個特殊優勢，這就是將會員個人的金融資信和生產經營以及生活消費功能接起來。因為，每個會員都在農會信用部設有個人戶口，無論存貸業務還是購買生產資料和生活消

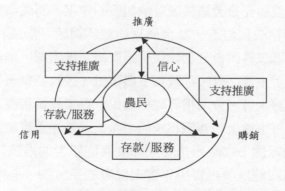

圖 3-1　台灣農會推廣、信用、購銷互連、互補圖示

費品，都要經過這個戶口，這導致農會會員與農會形成共同體關係。

　　這種制度模式對於農村發展和農民意識的改變產生了重大的社會影響力。

　　半個多世紀以來，台灣農會已經發展成為巨型的農民社會企業集團。它有自己的農業銀行，其基礎是各個基層農會的信用部。每個鄉鎮農會都有自己的辦公大廈、運銷公司、超市、培訓中心等巨額資產，信用事業、保險事業、供銷事業均為市場運作。僅1982年至2001年20年中，台灣農會信用部事業的盈餘總額就達到1,079.6億元；在農會內部自我分配、自行提供的推廣、訓練及文化、福利經費約670億元，另外，提取公益金約53.98億元。20年來以超過700億元的經費提供支持了台灣農業和農村的發展。

（四）完善的推廣教育體系

　　台灣農會的推廣教育是一個從理念、組織到結構、功能都十分完善的體系，因此成為農會、農戶與政府之間的重要紐帶。

　　理念上，台灣農會認為，達到農會宗旨中所規定的「保障農民權益，提高農民知識，促進農業現代化，增加生產收益、改善農民生活及發展農村經濟」，最基本的途徑是加強農業推廣教育以及其他生計及生活的推廣教育，使會員增強經營農業及其它職業與生活的知識與技能。

　　組織上，農會充分發揮農民自治組織的作用，將農業科技「推廣」的職能更多地還給農民自身，結合農民組織的構建，形成科技推廣的主體系。省、縣、鄉三級農會分別設置了推廣組、推廣課、推廣股。每個推廣機構內部，除了主管之外，都設置了農事班（後為產銷班）、家政班和四健會的推廣教育人員，分別指導成年農民、青年農民和農家婦女有關農業經營上以及農村生活上的知識和技能。產銷班是注重專業技術推廣的專業小農戶的互助團體，家政班是農家婦女共同學習的培訓班一類的社會團體、四健會的四健是農村青少年實現健康的手、腦、心、身的青少年組織。

　　據台灣省農會2006年的統計資料，當年全省農業推廣部門共設置產銷

班8,739班，177,313人；四健會3,153組，84,101人；家政班7,638班，191,387人。

結構上，台灣的農業推廣體系形成了農業實驗和研究部門（農業實驗所和農業改良場），大學院校的農業推廣系科與農會三個主體各司其職、環環相扣、統一行動的完整體系。前兩者不僅成為農會的推廣教育人員指導農民知識和技術的兩個來源，而且，農業實驗和研究部門負責新品種和新方法的實驗，然後傳導給農會，大學農學院或者農業推廣系負責對於農會的推廣工作進行輔導和諮詢。自1982年起，台灣大學、中興大學、嘉義農業專科學校和屏東技術學院還附設農業推廣委員會，就全台各縣市中的農會農業推廣工作進行分區指導。

功能上，這樣一個三合一的農業推廣體系，具備了研究與實驗、農業技術與農民生計教育、農業技術推廣生活知識推廣的功能，形成了農會為紐帶的農戶與政府的共同體。

（五）農會與政府形成社會治理夥伴關係

台灣農會改組中確立了「一鄉鎮一農會」政策，鄉鎮農會成為農村唯一合法的職業農民團體，也成為政府推行農業政策體系的末稍，具有輔助政府執行政策的團體功能。[8]

在農會改組運動完成之後，台灣形成了穩定的省、縣市、鄉鎮三級農會體系。三級農會是各自獨立的農會法人，可以自設加工廠、超市、社會福利服務機構。鄉鎮農會往往依地理佈局及效益原則，在大村設立附設信用分部的辦事處。

根據台灣的經驗，基層農協不宜過小，而且隨著農業產業化經營的發展，以效益為準則進行組織重組，相鄰的鄉鎮農會還會合併成為地區農會。

省、縣市、鄉鎮三級農會組織的功能分配大體上是以基層的需要為

8　郭敏學，《台灣農會發展軌跡》，台灣商務印書館，1984。

准。凡是基層組織辦不了、辦不好的事，由上層組織去辦，凡是基層需要協助的事，由上層組織給予協助。這在推廣教育方面表現得尤為突出。

三級農會法人與所在層級的政府部門形成了明確治理關係。這種關係並不是行政性的領導與被領導的關係，而是操作者與輔導、監督者的關係。領導與被領導的行政關係屬於同一主體內的關係，而操作者與輔導、監督者的關係是不同的權力主體之間的關係。政府承擔對於農會的輔導與監督職能，體現了尊重農會、協助農會的意願和方式，形成了社會治理中的夥伴關係。

這種關係下，政府對於農會採取的不是指令性或者主導性的模式，而是輔導模式。其做法是：一，興辦農會理監事、總幹事講習班，貫徹權能區分的制度；二，減免農會的課稅；三，政府出手續費委託農會經營以及代辦相關業務；四，頒發各項政策法規，1974年頒發農會法；五，支援農會列入政府財政預算。總之，內部加強農會的人員管理與培訓，外部給予政策法令和經費的支持。

而且，政府還給予農會某些特許權力。例如，代辦政府糧食部門的稻穀收購、肥料換穀，以及稻穀的檢驗、接收、加工、儲藏等委託業務。

台灣行政院農業委員會轄下的各個直屬部門如農糧署、農業金融局、林務局、水土保持局、農業試驗所以及他們在個個分區的下屬機構都與當地的農會組織建立了輔導與監督的關係。農業委員會部機關還專設輔導處，各縣、鄉設輔導科，專門輔導農會的推廣教育等工作。

（六）大農委體制

台灣政府將所有涉農部門都統一到農委會這個政府機構內，從而整合了各類涉農部門的部門利益，大大強化了農會的政策執行能力。

台灣行政院農業委員會緣起於1948年10月在南京成立的中國農村復興聯合委員會農村復興委員會（簡稱農復會）。1949年農復會來到台灣後，主要任務是在美國援助下，為台灣早中期農村復興提供資金和農業專家的技術力量，並向政府提供諮詢意見。1979年農復會改組成立「行政院農業

發展委員會」（簡稱農發會），正式成為政府機構，擔當政府的農業諮詢、設計、協調功能。1984年，台灣政府集中了中央所有的農政事權，將農發會與經濟部農業局合併改組為「行政院農業委員會」（簡稱農委會）中央農政機關組織由此趨於一元化，不但事權統一，且組織、經費亦漸臻充實，成為完整的中央農政體系。

農委會主管全台灣的農、林、漁、牧及糧食行政事務，並對於省（市）政府執行的農政業務實施指令和監督權責。內部設置企劃處、畜牧處、輔導處、國際處、科技處、農田水利處、秘書室、人事室、會計室、統計室、政風室、法規委員會、訴願審議委員會、資訊中心，直屬機關有農糧署、漁業署、動植物防疫檢疫局、農業金融局、林務局、水土保持局、農業試驗所、林業試驗所、水產試驗所、畜產試驗所、家畜衛生試驗所、農業藥物毒物試驗所、特有生物研究保育中心、桃園區農業改良場、苗栗區農業改良場、台中區農業改良場、台南區農業改良場、高雄區農業改良場、花蓮區農業改良場、台東區農業改良場、茶業改良場、種苗改良繁殖場、屏東農業生物技術園區籌備處共23個，加上直屬機關下屬機關37個，總計有直屬機關60個。這樣的大農委體制顯然有利於整合各部門資源，統一制定、貫徹與實施農業政策。

有意義的是，自70年代以來，台灣邁進工業社會以後，農業並未因此而淪為夕陽產業，反而積極應對整體環境的變化及農村產業型態的改變，逐漸轉型與升級，一方面透過生產技術的改進及經營模式的多元發展，以優質的農產品與樸實的農業生產環境，全方位滿足消費者精神與感官的需求，外銷產品更在國際市場上躍居精品地位；另一方面則發揮其在自然保存、景觀維護、水土保持及森林保育的多功能角色，應對全球氣候變遷，提供綠色能源，成為支持國家經濟永續發展最重要的綠色資產。

在當下，在全球化、資訊化的知識經濟時代，台灣農業和全球許多小農國家和地區一樣面臨新的挑戰。經檢討過去的農業施政，台灣農委會於2006年以延續、修正、創新的精神，調整發展策略，加以整合後提出「新農業運動」，重新定位台灣農業的重要性及永續價值，重建農民的自尊與消費者的信心，提出如產銷履歷、環境補貼、漂鳥計畫、綠色廊道等一系

列新措施，建構「創力農業」、「活力農民」、「魅力農村」的台灣農業新境界，並強化國際競爭力。這些事關台灣農業改造升級的重要工作，均給予了台灣農會新的發展機遇與空間。

三、大陸為什麼要移植台灣經驗

（一）是走出三農困境、實現農業和農村現代化的需要

大陸的基本國情是人口過剩和集權的國家政治體制。這兩大國情緊密相關。正是由於人多地少，過剩的農村人口即便在農業社會也更多地依賴于非正常的戰爭和災害來消化──這也是中國歷史上的週期性農民運動與戰爭的根源之所在。所以中國會有長達幾千年的集權的封建社會統治。到了現代，過剩的農村人口不可能採用歐美工業化模式加以消化，即對社會基層高度放任，任憑市場機制自由運作。因為，這樣做不但不可能克服大規模貧窮的問題，還會造成社會的不穩定甚至倒退。所以，中國的國情和背景而促成了國家對社會需要進行精心設計和實施的規模性干預，而對於歷史傳統的「全能」國家進行控制。中國大陸的背景和體制，與台灣有著較強的相似性。

台灣也曾遇到農業過密化的困境，也曾在工業社會以及後工業時代，維繫農業和農民這個與自然生態、涉農產業和人的高品質生活緊密相關的命脈。只是，台灣大約用了30年走出了農業過密化困境，走向了農業現代化。大陸改革開放也已經30年了，時至今日，農村仍然人口過剩，農業仍然過密，大量務農勞動力仍然處於隱性失業狀態，農業收入也因此十分低下，不僅城鄉差別年復一年地加大，就連農村內部的農民之間的財產和收入差別也在擴大。大陸的基尼係數據專家推算在4.3-4.5之間。這才導致「三農問題」成為重中之重。

在中國歷史上，「男耕女織」曾經是個非常牢固的經濟體，而在今天，大陸已經形成了一個同樣牢固的半工半耕的經濟體。黃宗智把這個狀

態稱為僵化了的「過密型農業經營」。甚至因為它是被政權制度化了的，所以更進一步稱它作「制度化了的過密型農業」。[9]

它的制度性邏輯是，人多地少的過密型農業因收入不足而迫使農民外出打工，而外出打工的風險又迫使他們依賴鄉村的小規模口糧地作為保險。過密型小規模、低報酬的農業制度和惡性的臨時工制度緊緊地卷在一起，替代了原來低報酬的集體生產。

它的組織性邏輯是，小農戶同時兼有生產單位與消費單位角色。勞動力既定條件下，會願意為低於市場工資報酬的自家消費種植承包地，也會為了增加家庭收入而半工半耕，以城市打工為主業，家庭種植為副業。農戶之同時從事（半就業型）種植業和城鎮打工既是出於這種農戶經濟單位的組織性，也是出於國家政策性抉擇的原因。

現在，這種半工半耕的現象被制度化了以後，出現了一系列難解的怪圈。

一億多農村勞動力進入城市打工，但是大部分人卻不能在城市安身，成為兩栖人，因而被稱為農民工。農民工都沒有城市戶口，做工、買房、孩子上學、出國都比城市人困難很多，職業也很不穩定，一旦風吹草動，首先被裁員的肯定是他們。他們的收入低，掙了錢也不敢像城市人一樣消費，要帶回家裡養父母和孩子。中國經濟的高速成長很大程度上就是依賴于這種剝奪農民工的低成本發展戰略。農民工被當作生產力要素使用，而不是當作消費者或龐大的消費市場來培育。這其實是一種生產型社會的制度安排，它的危害在全球性經濟危機下暴露了出來（王寧，2009）。中國的危機與歐美發達國家不同，它是一場從生活必需品時代向耐用消費品時代轉型轉不過去而形成的傳統的生產過剩危機。原發於美國的金融危機只是引發並加速了早就在醞釀中的中國的生產過剩危機（孫立平，2009）。而這場危機在從根本上說是因為占人口多數的中低階層消費不足而帶來的。要走出這樣的危機，就必須改變現行單純生產型社會的制度安排，尤其要解決農業過密化和農村剩餘勞動力的老問題。

9　黃宗智，「制度化了的『半工半耕』’過密型農業」，《讀書》雜誌2006年2、3月號。

　　但是，如何解決這個問題呢？目前中國的政策導向與大多數人的一般認識相符，即把美國模式即農業資本主義模式當作為中國農業唯一的發展方向。政策支援專門向規模化、專業化、企業型的農業經濟組織傾斜，而將小農戶及其互助合作組織撇在一邊。即便反對美國模式、要求維護土地承包制度的人們，也普遍認為小規模家庭農業發展潛力十分有限，中國農村必得等待更高度的城市化和非農就業，有了充裕的資本，才有可能克服當前農業收入低、農村相對貧窮的問題。因此，在農村各類問題尤其是產權問題、土地問題上經常觀點對立的兩派，卻在走出三農困境上獲得共識──中國的農業基本是個絕境，只有等待進一步城鎮化和資本積聚了。

　　這種思路是在農村改革否定了毛澤東時代為解決小農經濟現代化所採取的社會主義集體化方式，採取市場導向的資本主義發展方式並無可避免地出現兩極分化之後的無可奈何的選擇，既不作為的選擇。

　　而另外一種可能，不實行生產資料集體所有制，不做社會主義集體化農業，而是通過小農戶互助合作及其聯合的組織制度安排，避免資本主義分化，同時將小農戶的小生產轉化為效率較高的夠規模的農業經營。

　　這是中國必須探索的方向。

　　這也是台灣農會、包括日本和韓國的農協組織一路走來、使農村、農業、農民持續成長的方向。

　　中國自現在起的25年內，是進行這種探索，創新政策和改革組織、制度的時機。因為，中國的人口紅利期到2033年終止，此前，中國的經濟發展還有人口紅利的輔助。還有，現在的時機有利於探索。國內，改革開放30年在農民非農就業致使過剩勞動力壓力減弱、伴隨國民收入上升而到來的食物消費轉型、以及對農產品的技術含量需求提高等三方面出現了歷史性變遷，對於探索農村今後的發展路向是有利的。

　　此外，自2008年爆發的國際金融危機引發了中國潛在的生產過剩危機。而只要我們能夠深刻認識我們目前在哪里，要走向哪里，選擇好要建立的制度環境，同時以各種方式去探索走向目標的可行之路，那麼，危機就有可能變成新的歷史性契機。

　　走出這個危機需要產業結構的革命性調整，從外向出口加工型轉為滿

足內需的一、二、三次產業平衡型。而兩億多農戶和未能在城市安家農民工，他們的就業和消費的安排，才是進行產業結構調整的關鍵。

（二）是走出鄉鎮治理困境，重建農民和政府之間關係的需要[10]

改革開放以來，隨著家庭聯產承包責任制的實施，大陸農村一家一戶的小農生產逐步佔據主導地位，許多農村地區尤其是不發達的農村地區，集體經濟衰落，公共設施破敗，公共服務嚴重不足，農民與政府之間的關係日漸疏遠。

首先，人民公社體制解體使農民獲得了自由流動的政治權利。農業聯產承包責任制使農民有了自由流動的經濟權利。農民不僅離開了祖祖輩輩居住的土地進城打工，而且也擺脫了當地政府的控制。

其次，農村稅費改革之後，基層政府與農民的經濟關係減弱甚至被「割斷」。一方面是政府對農民的經濟控制力下降，對農民的影響力有限；另一方面是農民對政府的依賴性大為下降，與政府的關係日漸疏遠。

第三，村民委員會成了「經濟空殼」和淩駕于村民之上的「政治機構」。人民公社制度下的生產大隊是經濟、政治合一的社會實體，對農民具有重要控制力。新建的村民委員會由於沒有集體財產或集體經濟力量微弱成為「經濟空殼」，主要功能成了傳達政府指示和分發社會救助的「准公務員」，因此得到政府結餘的津貼甚至工資，成為日益脫離農民政府的底層組織。

在這樣的基層社會結構下，農民與村委會和鄉鎮政府的關係朝向淡化的方向發展。

鄉鎮政府在失掉以往直接向農民索取的手段的同時也失掉了自己的權威。鄉村公共服務的平臺被瓦解了，資源幾乎大部分來自中央和省級政府，縣政府和鄉鎮政府成為向上伸手和向下分配的過路財神。

10　此部分的觀點和意見與雲南師範大學畢天雲教授共同討論，互相啟發形成。

　　而農民自發建立的各種專業合作組織都是單一的經濟功能組織，而且只能代表各自的一小部專業農民，顯然沒有資格也沒有權利承接政府提供的社會化的公共服務。

　　可見，現行的鄉村治理結構已經沒有了自我發展的任何需求和動力，陷入了一種只能聽命於上級的「困境」。走出這種困境，進行鄉村治理結構的創新，最重要的是必須建設一種讓農民和基層政府都能有能有為的動力機制。

　　反觀台灣農會與基層政府的關係，儘管也有派系之爭，也有博弈，不過，正常化的時期還是占主要地位，雙方的合作關係是制度性的。作為鄉村社會是最重要的經濟社會實體，鄉鎮農會成為政府在基層提供公共服務的主要平臺，就連老農津貼、健康保險也是農會組操作和執行的。村長只負責一個村的社會事務處理，所需要的資源除了來自農會就是鄉鎮政府，負責具體事務的村幹事也是公務員。

　　鄉鎮治理結構必然在鄉村社會組織結構的基礎上形成。在中國農村的基層社區，將經濟職能與社會職能按照組織分工模式由不同的組織擔當，而且兩類組織還要並舉，這種二元的社會組織結構無論在政治、經濟還是社會層面都顯得並不合拍。其實，無論改革前大陸的人民公社制度，還是日韓台的農協或農會制度都以綜合性的社會經濟組織為主體，且同時並未排斥自然形成的村莊的社會管理。大陸在擺脫了人民公社的集權和命令體制後，在改革30年間走向了村委政治、合作社經濟的二元並行道路，結果政治、經濟各行其是，社會原有的公共服務和公共設施都被大大弱化，舊的機制摒棄了，新的具有激勵性的動力機制和監督機制沒能成長起來，政府與農民的關係日漸疏遠。

　　從建設基層農村治理結構的長遠方向考慮，如果我們摒棄人民公社政社合一、以政代社的體制性弊病，保留其合理的綜合服務功能和注重鄉鎮地域的組織構建，那麼，一個鄉鎮建設一個將經濟、社會功能統合起來農民自治組織，並與政府之間形成指導、監督關係，可能是最為合理的一種制度選擇。這類農民自治組織就是台灣農會或者日韓的農業協同組合，在

大陸，可將其稱之為新農村綜合發展協會即綜合農協[11]。

四、大陸綜合農協試點必須解決的若干問題

自1949年以來，60年間，大陸農村經歷了人民公社制度和小農戶聯產承包責任制度的兩類不同體制和制度，都沒有能解決三農問題，而且，這個問題在全球化背景下和當前全球經濟危機中顯得更加沉重。在嚴峻的歷史考驗面前，中國政府必須在不太長的時期內，找到解決問題的基本方向和道路。

借鑒台灣農會的經驗，培育和支持聯合全體小農戶的鄉鎮綜合農協，重整鄉鎮治理結構，是解決中國三農問題的基本方向和道路。

按照大陸的一貫做法，重大事情並非先立法而是先作政策性試驗，在一定的地域，由黨和政府直接支持這樣的政策性試驗，取得經驗後再做推廣。

2008年，湖北省建始縣在縣委、縣政府的支持下進行了這樣的試驗，成立了湖北省建始縣河水坪地區新農村綜合發展協會，簡稱河水坪綜合農協。

試點一段時期以來，大量理論與實踐的種種問題迫使我們不斷地深入思考。現將初步的思考簡述如下：

（一）大陸綜合農協的性質認定

在今天的時代，大陸綜合農協的發展背景與條件與台灣農會已經有了很大的不同。如何認定大陸綜合農協的性質，在台灣農會多元複合性質[12]——職業性、合作性、企業性、行政性中應當選取那些？

---

[11]　日本將鄉鎮一級的農業協同組合稱為綜合農協。

[12]　台灣農會的性質＝農民（職業）人民團體＋多元合作社＋社會企業＋農政末端機構
　　　職業性＋合作性＋企業性＋行政性

主要是職業性、合作性和企業性。

關於職業性。的確，大陸的專業農民越來越少，兼業越來越多，職業性日漸模糊，不過，正是因為如此，對於專業小農戶的扶持就顯得更加重要。台灣的專業小農戶在多種經營、綠色農業的發展中起到重要作用的事實可以鼓勵我們，在廣大的大陸腹地，未來需要相當數量的高素質專業小農戶為農業現代化和農業產業化作出貢獻，他們應該是中國農業的脊樑。

當然，以台灣的經驗，專業農戶和從事一定比例的農業工作的兼業農戶為農會的正式會員，這部分人員的確在減少。不過，為他們服務的贊助會員卻在增加，這種狀況在日韓也有同樣的體現。目前，兩部分會員的數量差距越來越縮小，未來，也有可能贊助會員超過正式會員，這也許就是農業產業化、現代化的人口結構的一種表現。據台灣省農會2006年的會員統計，當年個人會員的總數為1,812,788人，其中正式會員為992,984人，贊助會員為819,974人，已經占到總會員比重的45.23%，而在1997年和2001年，這個資料分別為41.8%和43.87%。[13]

行政性系指農會為農業行政機關的末端執行機構。以台灣農會的教訓，農會具有行政性就會被執政黨和地方派系所控制，眼前可能具有有利的一面，但是對於長遠發展是不利的。

在一黨執政的條件下，如何實現人民當家做主，推進地方或者鄉鎮的基層組織治理，是共產黨今後長期執政最為重大的課題。為此，大陸的綜合農協在組建時期需要特別突出其獨立的農民自治組織性質，嚴格按照章程和制度的規定進行組織建設。如果綜合農協能夠通過與黨和政府之外的職業性人民團體例如共青團、婦聯、科協以及殘疾人聯合會等組織，還有專業合作社一類的農村組織合作進行農村的民主建設，就有可能為實現大陸關於「一黨執政、多黨合作、多個人民團體輔助」的政治架構增添新的

職業性：全體農民的職業團體；合作性：會員合作不是股份合作，而是指他人一起工作。大家共同參與推廣、運銷，採購、信用；企業性：權能區分，工作專班在總幹事指揮下提供服務；組織與經營管理企業化，強調效率；行政性：政府農業政策的末端執行機構，基層社會的政策傳承機制。

[13]　《2006年台灣區各級農會年報》，台灣行政院農業委員會輔導，台灣省農會編印，2007。

重要主體和重要動力，這也許是一條通向保持中國長治久安目標的獨特的發展道路。

在湖北建始縣試點中，綜合農協章程中明確規定了農協理事長不可由任何一級的黨、政幹部（包括村支書和村長）兼任，就是出於這樣的考慮。

大陸綜合農協的目標，是幫助農民增收、增權、增能；實現農業可持續和農村社會穩定，連接城鄉，促進社會和諧。綜合農協存在的意義和價值就在於運用其多種經營事業或者業務的手段，彰顯農村和農業繁榮以及整體社會安全、健康和社會福利。

大陸綜合農協的性質，是經濟性、社會性、教育性、政治性。

大陸綜合農協的特徵，是領域屬地化，事業經營化，目標多元化，功能兼具性。各類功能中，可以有台灣農會那樣的執行政府農業政策的功能。

大陸綜合農協的定位，不是政府或者准政府組織？是政府農業政策的主要基層執行單位；不是慈善組織或者純粹的社會公益社團，是農民的職業團體，或職業農民的人民團體[14]；不是單一功能的合作社，不是公司，是具有多目標功能的社會企業。

大陸綜合農協與農業合作社有哪些區別呢？

在法律上：合作社組建根據農民專業合作社法，綜合農協組建目前的依據只能是社團法，不過，在試點中可以在社團法中專門開闢一個門類，建始縣政府就是這樣做的。

參與人身份：農民專業合作社的社員，是經濟上有共同需要的人包括公民，企業、事業單位或者社會團體都是其成員。而且實行一人一票制，即非農民的社員有和農民一樣的權利。但在同時，出資額或者與本社交易量（額）較大的成員按照章程規定，可以享有百分之二十的附加表決權。

---

14 職業團體是由相同的人，基於共同利益和目的，依據法律的規定，所組織而成的一種共益組織台灣農會有共益社團的性質，會員繳納會費、服務費，謀求共同利益，但是又不是純粹的共益社團。因為共益社團不用以經營交易作為組織存在的必要條件，無需承擔經營風險。而農會必須經營。

這就是說，大戶的表決權力比小戶可以大一些（在實際實行中就是大戶決策）。而綜合農協的正會員必須是農民，正會員才有選舉權和被選舉權，是在農民中實現一人一票制。大戶如果是耕作者，肯定可以加入綜合農協，如果已經是農業企業主，就只能作為贊助會員，沒有選舉權和被選舉權。

股份認購規定：其他國家地區的合作社法規定社員必須認股，我國農民專業合作社法無此規定。所以儘管交易的性質類似合作社，但是國際合作聯盟並不認為台灣農會和我國合作社是農民合作組織。綜合農協不規定會員必須認股，體現會員的平等權利。至於專案，例如信用部和農畜產業開發，可以按照規定認股。

組織目標：專業合作社為單一經濟目標，綜合農協為多目標組織。農民、農會增收、農民、農會增權、農民、農會增能；協助政府平衡城鄉、穩定農村、為農服務等都是綜合農協的目標。

組織功能：專業合作社為單一經濟功能，綜合農協為多目標下的經濟（信用、供銷）、社會（保險、文化、社會福利、公共服務）、教育（推廣）等多功能。這些業務和功能相互連接與互補，具有依存性。

設置區域限制：專業合作社無限制，一地可以有多個合作社，綜合農協有限制，一定的區劃範圍內只能有一個綜合農協，這樣有利於整合，實現綜合農協的經濟的和社會的多目標。

分配盈餘的規定：專業合作社要按照股份和社員與合作社的交易額比率分配，綜合農協因為不認股只繳納會費，所以營運有盈餘並非一定要分配給社員，而是將支付農協的人工成本、辦公成本之後的盈餘主要用於農協的經濟、社會、文化建設。

專業合作社的規定導致分紅利的目標要高於發展目標，因而無法擴大規模。綜合農協以經營的盈餘來支援組織發展，其中包括針對全體會員的推廣教育，還有接受政府委託執行政府的社會政策，所以可以得到全體農民而不只是大戶的擁護。

綜合農協制度下，農民能夠公平地獲益完全不是分紅利，而是綜合農協為農民提供的經濟與社會服務，包括供銷服務、直銷服務，以及鄉村社

區的技術、資源、健康、福利等公共服務。服務才是農民公平地獲益的基本來源。

在性質認定上，還需要特別注意的是，綜合農協不是人民公社，不能將試點的綜合農協辦成人民公社。的確，在覆蓋全體小農戶，統攬生產、生活，統一執行政府政策上，綜合農協與人民公社有一定的相似性，但是，兩者的性質是完全不同的。綜合農協的主體是立法保護的農民自治組織而不是政府機構；綜合農協的目標是保護會員即全體小農戶的社會經濟利益而不是犧牲農民利益建設工業國家；綜合農協的管理不是由政府控制的而是政府支援下的農民組織自我治理。

（二）大陸綜合農協運營的準則與資源來源

綜合農協的運營應該以維護農民經濟和社會利益為準則。不能經濟性功能一項獨大，而是必須重在為農戶提供的各種所需的經濟性和社會性服務。

台灣農會總結自己的經驗教訓中曾經提到，經營主義（指對於有利於農會本身發展的業務經營的考慮優先于農民會員的需求）當道，經濟性功能獨大，模糊了農會存在的意義和功能。他們說：「經營主義導致農會的生產者導向，教育、社會、政治三項組織目標及其功能被漠視。特別是金融功能獨大，似乎沒有農民與農業，綜合農協依賴于金融也能單獨存在。」

大陸綜合農協在試點中，要尤為關注這個問題。

在現代社會，農協作為農民的經營組織團體，不只是促成農業生產者和農產品產銷效益，還是幫助全體鄉民獲得高品質生活的代理機構。通過農協，整體社會能從農民和向村民眾獲得合乎健康水準的消費產品（農產品、農業加工品以及休閒資源），同時，農民能由都市社會獲得合乎現代水準的建設資源和社會創新，農協的經營是建立都市社會與鄉村社會平衡交流的橋樑。應此，在現代化社會，農協的服務物件不僅僅是自己的會員即小農戶，還有在鄉村社會的非農人口與都市消費者。

　　這樣來看，現代化程度越高，農協的生產者導向轉為消費者導向後，經營主義的弊害可能更大。如果說，在傳統農業社會，經營主義打著為農民利益的旗號還有一定理由和空間，那麼，現代社會的三農問題已經不再只涉及三農本身而是整個社會，那麼，經營主義傷害的就不僅僅是農民還有整個的社會。

　　大陸綜合農協推展服務性業務例如供銷和金融業務，到底是基於會員的需要還是農協工作機構的需要是一個嚴峻的考驗。的確，綜合農協工作機構有自己的需要，工作團隊的工資和運營費需要經營的盈餘來支撐。但是，這種運營必須通過會員所需要的業務來進行。如果綜合農協的經營方向、賺取利潤的方式方法脫離了全體會員的需要，僅僅為了盈利而盈利，甚至為了少數農戶甚至大農戶的利益而盈利，就走偏了方向，就不是服務重于營利，而是營利重於服務了。那麼，農民就成了被綜合農協利用的工具。

　　由此看來，綜合農協的工作成本來源是否符合其宗旨，是否取之有道，是一個重要的方向性問題。目前建始縣試點中，這部分工作成本完全來自社會的公益援助，政府沒有出資，而是採取給予綜合農協個別農業開發專案的方式支援其發展經濟，希望其今後通過自我盈利逐步自我解決服務成本問題。

　　不過，從長遠的視角考慮，政府需要調整政策給予綜合農協以各方面的大力支持。

　　首先，政府不應以經濟效益來考核綜合農協也不宜不問效益地支援單一農村經濟組織發展。當前，政府對資金互助社、專業合作社、農產品加工企業、商業企業等經濟類農村組織給予經濟上的大力支持，2008年，中國政府對於三農的支持已經達到5,900多億元，2009年將達到7,000多億元。其中的大筆資金除了支援農村基礎建設之外，就是向單純經濟類的農村組織直接投資，而所獲充其量只能是經濟計量上的等級，而與此同時，農村貧困問題、兩極分化問題、治理問題仍舊愈演愈烈，卻缺乏化解良

策。[15] 在政府支農只支援經濟組織的現行政策下，社會經濟組織性質的綜合農協不在政府的視野之內，儘管可以為政府團結所有小農戶提升經濟收入、化解社會問題出力，卻很難得到經濟項目支援。

借鑒台灣農會的經驗，應該說，政府若對綜合農協進行經濟支持，農村信貸和農村供銷這兩個方向最為重要。因為這兩項事業是全體小農戶的共同需要，應該由覆蓋全體小農戶的綜合農協來提供服務。在計畫體制時代的早期，這兩項事業本來都是由農民自己入股、自己經營和分紅的自治性經營事業，當時分別叫做農村信用社和供銷社，只在後來的「一大二公」的絕對公有制思想指引下，轉為由政府直接操控的經濟事業。現在，到了該恢復農民自治組織這兩項功能的時代了。政府排除利益集團的干擾，對此做出改革設想和動議並進行有目標有議程的試點，應該是蘊含經濟內容的農村社會政策調整的重點。[16]

另外，農村的社會事業包括養老、醫療、教育、文化等等，目前都是依賴政府甚至中央政府直接投資，執行者是基層的村支兩委，再沒有什麼社會組織機構可以依託（這一點與城市有顯著差異）。這導致社會性服務很差，數量和品質都上不去。還有，鄉鎮體制改革之後，將七站八所等農業技術推廣的事業機構紛紛撤並，人員紛紛裁減，結果發展了幾十年，目前中國農村農技推廣隊伍的數量和品質反而不如計畫體制時代。這些重大的公共服務供給的空缺需要社會組織來彌補，大陸綜合農協成立的時代意義可能正基於這一個方面。可見，它與台灣60年前培育和發展農會的背景是完全不同的。

若以此點作為對於大陸綜合農協的基本要求，就不能照搬照套台灣農會的經驗了。

台灣在1974年頒發農會法，要求農會盈餘的62%要全數用於農業推廣

---

[15] 陳林提出，目前某些農業龍頭企業、農民專業合作社成了某些部門利益集團洗錢的工具，要警惕支農資金向這些不良組織傾斜。這樣做的結果是支農資金越多，越會加劇農村的兩極分化。

[16] 湖北建始縣綜合農協的試點，得到了恩施州、建始縣人民銀行，以及湖北省、州、縣供銷社的大力關注，於2009年4月初做出決定，要支持綜合農協建立信貸和供銷功能。

事業。也就是不以政府轉移支付而是經濟扶持農會自我盈利進行內部轉移支付。據台灣農會的經驗總結，這樣做的好處是自力更生，激勵動力強，弱點是促進了差異化難以實現公平化。由於各地經濟水準不一，農會經營狀況不一，有些農會無盈餘就無資金推動農業推廣教育。儘管政府也已經給予不足者一定的資源補充，不過，整體制度迄今未變，因而越來越捉襟見肘。

　　大陸政府最近幾年將三農放置到一切政策重中之重的地位。可以說，農民的根本利益就是中國共產黨和中國政府的利益。目前的情況是，各級政府都有農業推廣教育資金，也有支持農村發展的願望，但是體制受阻、組織力差，缺乏動力機制。所以大陸的重點不應該放在要求綜合農協自己賺錢自養，以及自行進行內部分配去推展農業推廣教育和各項經營性、社會性事業，而是政府需要充分認識和利用綜合農協的多重功能特性，將綜合農協視為政府推動基層執行農業政策和改善鄉村治理的得力助手，通過政府的體制改革，將涉農的各個部門的資金、機構、人員等多種資源依照新的鄉村治理格局進行重新組合與重新配置。

　　目前，在扶貧與社會服務領域，國務院扶貧辦、農業部、財政部、文化部、教育部、衛生部等部門都對農村有大量的投資，政府確實不需要讓綜合農協自己賺錢來做農業推廣、衛生、教育與社會保障服務。只要綜合農協能夠協助政府把錢花好，提高資金的使用效率和效益，就應該達到了農民、政府雙贏的目標。所以，政府若以體制改革來整合各方的資源，包括對於鄉鎮事業單位的人力資源與財力資源，將各類社會服務專案委託綜合農協來執行並檢驗其執行效率，可能既解決了大陸綜合農協服務成本的資源來源，同時也化解了政府各項政策在基層貫徹中經常走樣，難以落實的問題。

（三）綜合農協與其他主體的關係處理

與村委會的關係

　　綜合農協是基本上以鄉鎮社區為地域的社會經濟組織，因此會員範圍

肯定是跨村的。綜合農協下設的農事小組會設在行政村或者自然村裡，所以，綜合農協與村莊之間並沒有經濟性或者社會性關係。村委會依法實行村民自治，主要的任務是民主處理社會事務關係，以及作為農民和政府之間的橋樑。不過，由於村集體缺乏集體經濟財產，村委會的自治權很有限，而且村委會的人員不宜於職業化，也無法專業化，當政府把過多的行政任務壓給村委會執行時，就導致事實上的行政權下沉，村委會若過度行政化，就脫離了自治的本來意義。

減免農業稅以後，在緩解村幹部與村民的矛盾的同時，村幹部也正式成為領取國家工資的准官員，他們內在的「政績」衝動比過去大為加強，自治的衝動受到壓抑。

維持現行的這種村民自治模式，國家與社會之間就出現「你進我退，彼強此弱」式的零和博弈格局。

而改革以來，政府在推動村莊經濟轉型的各項政策中，一直在非市場化、市場化與保護農民進市場之間不斷尋求平衡點。村莊到底是作為社區經濟共同體而存在，還是政府推行農村社會保障的平臺。

綜合農協這個新主體的出現，可能為化解這個難題找到了另一種出路。這就是由綜合農協扮演社區經濟社會共同體的角色，而將村委會的職能簡化為村莊內部的社會事務處理機構和村莊內部的社會救助資源發放機構。這樣分工，非但不會壓縮、減弱村委會和黨支部的權力和功能，反而可能更加有利於村莊的建設和發展。

與地方政府的關係

在綜合農協明確定位之後，與地方政府尤其是鄉鎮政府的關係就很明晰了。即綜合農協是鄉鎮社區建設與農民組織自我管理的主要載體，是鄉鎮政府貫徹執行農業政策、社會保障政策的主要助手，是鄉鎮社區實現共同治理與創造生態農業的主體力量。培育本鄉鎮的綜合農協，將成為鄉鎮政府的一項重要職能。縣政府可對應於縣一級的綜合農協。縣和鄉鎮的綜合農協都應各自獨立，縣綜合農協除了可具有各個鄉鎮綜合農協聯合會性質外，還可以自行發展經營和社會服務事業，尤其需要承擔各個鄉鎮綜合

農協的幹部培訓工作。

目前，湖北省建始縣政府已經成立了綜合農協試點辦公室，具體指導試點工作。

在處理綜合農協與政府的關係中，需要注意的是，綜合農協可以承接政府委託的事務，不過不可能承擔政府的職能，應當劃清政府與農民自治組織的職能界限，凡是應該政府機構做的事情，不應交由綜合農協來做。[17]

與專業合作社及農業產業公司的關係

當前大陸的農民專業合作社中，大部分其實是大戶辦的農業公司或者農業龍頭企業換個名稱而已，因此，合作的成分和民主的成分較低。而且，大戶為了提升經濟效率，往往限制小戶參加專業合作社，只有具備相當規模的農畜產業的農戶才能參與，因此，這種合作社大都是大戶和中戶的經濟合作，在大戶看來，專業合作社等於一種專業性質的行業協會。

在中國大陸農業現代化進程中，無疑，這種專業合作社或者專業性行業協會是非常需要的，提高其效率也是重要的目標之一。只是，一是這種組織既然並不具備或者很少具備合作的性質，不如更名為農業公司，政府也應繼續支持他們走向高技術、高附加產值的農業；二是這類機構不可能覆蓋全體農民，不可能統籌經濟和社會目標，因此，非常需要扶持綜合農協，以綜合農協的功能整合方式與這類組織共同合作。

台灣農會與日韓農業協同組合，都與其它的合作社、農業公司建立了各類關係。其中，較為緊密的關係是請他們做自己的贊助會員或者稱准會員，由於政府扶持的力度大，法律又規定一個地區只能有一個農會或農業協同組合，所以，合作社、農業公司等主體都很願意與綜合農協合作。可見，處理這兩方關係的關鍵還在於政府的政策。

17　湖北建始試點中，縣衛生局要成立社區衛生服務中心，一個社會機構要資助綜合農協建立這個機構。經過分析判斷，社區衛生服務中心是政府必須承擔的基本衛生服務的載體，應當由政府來組織和運作，綜合農協只可以配合做監督，不應自行管理，因此，退出了在這個專案中的主體位置。

（四）綜合農協的操作路徑

在大陸，試點綜合農協的重要目的之一，就是明晰綜合農協的操作路徑，即如何做好理事、監事的民主選舉；如何聘任總幹事；如何組建工作團隊；如何制定工作目標和規劃；如何推展業務、爭取專案支持和進行專案管理；如何建立財務賬目和進行財務監督；如何將理事長、常務監事、總幹事這三個機構（理事會、監事會、工作團隊）的代表人團結成一個整體。除了內部業務與工作之外，如何建立與鄉鎮政府、縣政府以及各個政府部門的關係；如何培育市場意識和建立市場經濟的網路聯繫；如何處理好和村委會、黨支部的關係，以及和其他農村經濟、社會組織的關係。

湖北建始縣正在縣委縣政府的大力支持下開展中國第一個綜合農協的試點，試點正式啟動的時間不過一年，組建理事會、監事會、工作團隊的時間不過半年，以上的種種問題正在探索之中。

總之，在試點的操作過程中需要探索一種新的農村社區再組織機制，即能夠重新激發農村內在組織力的機制。內在組織力的喪失，才是大陸農村建設與改造的最大阻礙。只要在政府和社會的支持和幫助下，農民能夠通過綜合農協實現再組織化從而成為農村變革和新農村建設的主導力量，那麼，大陸農村的變革與進步以及農業現代化、產業化就是可以期待的了。

●●●　**參考文獻**　●●●

丁文鬱 (2001)。**新版農會法之研究**。台北：台灣農民團體幹部聯合訓練協會編印。

丁文鬱 (2001)。**農民組織學刊**。台北：台灣農民團體幹部聯合訓練協會編印。

王寧 (2009)。中國何以未能走向消費型社會：低成本發展戰略與現代化進程中的轉型困境。**社會**，2009 年第 2 期，頁 30-52。

安毅 (2007)。**中國農村經濟政策：多元目標與綜合創新**。北京：中國市場出版社。

吳聰賢 (1989)。**農業推廣學原理**。台北：正中書局。

李樹橋 (2007)。此「合作」非彼「合作」農民專業合作與農民合作化的區別。2007/06/01，中國農村研究網：http://www.chinaelections.org/NewsInfo.asp?NewsID=109727。

亞諾夫，肖正洪譯 (1996)。**農民經濟組織**。北京：中央編譯出版社。

周維宏 (2008)。農村工業化論──從日本看中國。北京：中國社會科學出版社。

林寶安 (2009)。農會改進：戰後初期台灣農會體制的建構。**人文及社會科學集刊**，第 21 卷第 1 期，頁 143-188。

芳芳 (2008)。**農地規模經營實現途徑研究 - 基於上海城鄉一體化演進視角**。上海：上海財經大學出版社。

徐勇 (2003)。**三農中國**。湖北：湖北人民出版社。

納列什‧辛格、喬納森‧吉爾曼 (2000)。讓生計可持續。**國際社會科學雜誌**，2000 年第 4 期，頁 123-129。

高向軍 (2008)。農村資金互助社建設與農村資助金融體系的實踐與思考。載於楊團、王思斌（主編），**當代社會政策研究 III**。北京：中國勞動社會保障出版社。

張健 (2006)。農民合作組織與鄉村公民社會轉型。**江蘇社會科學**，2006 年 6 期，81-85。

張德粹 (1999)。**農業經濟學**。台北：正中書局。

郭敏學 (1983)。**合作化農會體制**。台北：台灣商務印書館。

郭敏學 (1984)。**台灣農會發展軌跡**。台北：台灣商務印書館。

郭瑞萍 (2008)。**我國農村公共產品供給制度研究**。北京：中國社會科學出版社。

陳勇勤 (2008)。**小農經濟**。河南：河南人民出版社。

程朝雲 (2008，7 月)。**戰後台灣農會組織體制的形成與演變** (1945-1975)。論文發表於中國社會學會主辦之中國社會學會 2008 年學術年會論文，吉林省長春市。

華中師範大學中國農村問題研究中心 (2008)。**中國農村研究 2007 年卷**。北京：中國社會科學出版社。

賀雪峰 (2008)。**什麼農村，什麼問題**。北京：法律出版社。

黃宗智 (2006)。制度化了的「半工半耕」過密型農業（上）。**讀書雜誌**，2006 年 2 月號，頁 30-37。

黃宗智 (2006)。制度化了的「半工半耕」過密型農業（下）。**讀書雜誌**，2006 年 3 月號，頁 72-80。

黃宗智（2007，11 月）。**中國小農經濟的過去和現在——舒爾茨理論的對錯**。論文發表於主辦之南京大學講座，南京。

黃宗智、彭玉生 (2007)。三大歷史性變遷的交匯與中國小規模農業的前景。**中國社會科學**，2007 年第 4 期，頁 74-88。

黃璋如 (1998)。台灣有機農業之產業規劃研究。**農業經營管理年刊**，第 4 期，頁 102-126。

楊團 (2006)。「中國新農村建設與農村社會保障」。**學習與實踐**，2006 年 5 月號，頁 99-108。

楊團 (2008)。社會政策。俞可平（主編），**中國治理變遷 30 年 (1978-2008)**。北京：社會科學文獻出版社。

楊團、孫炳耀、畢天雲 (2008)。日本農協考察報告。載於方向新（主編），**社會政策評論第二輯**。北京：社會科學文獻出版社。

溫鐵軍 (2005)。「三農」問題是歷史必然和世界普遍現象。**鳳凰週刊**，2005 年 09 期（總 178 期）。

台灣行政院農業委員會 (2007)。**2006 年農業統計年報**。台北：台灣行政院農業委員會編印。

台灣行政院農業委員會輔導 (2007)。**2006 年台灣區各級農會年報**。台北：台灣省農會編印。

台灣省農會 (2007)。**台灣區各級農會年報**。台北：台灣省農會編印。

台灣研究會編 (1990)。**轉型中的台灣**。河南：河南人民出版社。

台灣農業推廣學會 (2007)。**農業推廣文匯**。台北：台灣農業推廣學會編印。

劉善富 (1996)。**台灣農民、農村及農民組織論叢**。台北：台灣農業推廣學會編印。

蔣夢麟 (1990)。**農復會工作演進原則之檢討**。台北：行政院農業委員會編印。

蔡宏進 (1997)。**台灣農業與農村生活的變遷**。台北：農訓協會。

蔡宏進 (2002)。**鄉村社會發展理論與應用**。台北：唐山出版社。

蔡宏進 (2006)。**台灣農會改革與鄉村重建**。台北：唐山出版社。

第貳篇

農民組織與轉型

4 資本和部門下鄉與小農戶經濟的組織化道路——兼對專業合作社道路提出質疑

仝志輝、溫鐵軍
（中國人民大學農業與農村發展學院副教授、教授）

目次

　　我國農村基本經營制度選擇和這一制度演進的基本背景是兩個基本國情或者說兩大基本矛盾，一個是人地關係高度緊張，另一個是城鄉二元結構明顯。人地關係高度緊張是我國的資源稟賦約束；城鄉二元結構固化一方面是經濟成長特定階段規律（工業化發展要以農業產出作為資本原始積累）所致，另一方面也與人地關係緊張這一基本國情相關。龐大的農村人口規模使農民無法同步享受趕超型經濟增長的好處。在這兩大背景下，我國農村的基本經營制度在改革之初確立為集體土地所有制基礎上均分土地的家庭承包制小農戶經濟，並在改革30年中力求完善。這一基本經營制度一方面適應了人多地少的基本國情，同時適應了城鄉二元結構下城市化和工業化的不同步和城鄉社會保障的不均等。改革30年來，在不斷完善家庭承包制小農戶經濟的過程中，資本和部門化的資本下鄉，成為聯結小農戶和大市場的仲介。這給日益緊迫的農民合作化帶來了重大影響：專業合作社往往容易發展成「大農吃小農」的合作社，單純靠規範合作社治理結構還無法解決這一問題。本文的任務是，立足30年在不斷市場化背景下家庭承包制的演變邏輯和農業政策發展，揭示這一特有的合作社發展面貌背後的各方力量結構和相互作用原理，提出以加強國家介入、發展多層次綜合合作體系為目標的農民合作化的新道路。

　　首先，文章從邏輯上分析農村基本經營制度在一個逐步擴大的市場環境下的演進趨勢，然後提出改革30年後基於這一邏輯的農戶經濟組織化的突出必要性。其次，概述在30年間農戶經濟的分化，和部門、資本下鄉帶來的部門、資本相對于農戶的經濟和社會優勢。第三部分，將直接分析當前提高農戶經濟組織化程度的主導形式，即發展農民專業合作社的成敗得失。多數農民專業合作社在前述的農戶分化和部門、資本優勢的既定結構下發展成大戶吃小戶的合作社，農戶經濟組織化可能演變成兼業小農不斷邊緣化的農戶經濟組織化。第四部分，針對現實的農民專業合作社發展的非預期前景，提出發展綜合合作體系作為農戶經濟組織化的新選擇。

一、家庭承包制下的小農戶經濟發展邏輯：從分工和專業化的演進看

在家庭承包制下，農業和農村經濟的發展在邏輯上會遵循以下的趨勢。這是以往我們在農村基本經營制度研究中沒有特別重視的，或者說對其做了簡化的處理。只有充分揭示基本經濟制度演化的邏輯鏈條，才能判斷我國農業發展的階段，評判以往我國農村經濟政策的介入方式和效果，也才能規劃未來的農村組織建設思路。

（一）家庭承包制使農戶經濟兼業化和農戶內部勞動力專業化

1978年-1982年的農村經濟體制改革，確立了集體土地所有制基礎上的農戶家庭承包經濟，農戶擁有了對家庭內勞動力的完全支配權、對土地的完整經營權和對大部分生產成果的完全支配權。這一改革使得農村經濟的主體變為小農戶，農村經濟的主要形態變為小農戶經濟，即「以一定的農業活動為基礎」，「具有土地和（或）資本經營規模小且以家庭經營為基本組織形式」[1]。

這一產權改革產生的邏輯結果是：相比在人民公社的集體生產制度下的偷懶和將大量勞動投入社會基礎設施建設和因管理和技術缺乏而致的生產過程中的無效勞動，農民對生產過程中的勞動投入在品質上大大提高；相比集體生產制度下的對監管者（幹部）激勵不足，農民在家庭範圍內對生產過程的監管成本大為降低，收益則完全歸農戶，農民獲得從事監管的完全激勵，農戶內實質上沒有監管難題；相比集體生產制度下對土地的粗放經營，農民對土地的精耕細作的勞動密集型技術的採用更加普遍。在這一階段，國家主動改善與農民的經濟和政治關係，提高農產品收購價格，

---

[1]　向國成、韓紹鳳：《小農經濟效率分工改進論》第29—30頁，中國經濟出版社2007年6月版。

加強農資生產和優惠供應，改善良種。國家政策和農戶經濟良性互動，使得農業生產效率大為提高。

在以上產權改革和國家對這一改革的有效保護之下，在城鄉經濟關係明顯寬鬆的政策誘導下，在家庭範圍內，人民公社時期就露出苗頭的農戶兼業化和農村勞動力專業化過程得到進一步發展。原有的兼業表現在家庭整體勞動在大田糧食作物和自留地糧食、蔬菜等經濟作物，農業和社隊企業之上的兼業，家庭承包制後的農戶兼業進一步發展了在多種農副產品上的兼業，同時出現了在農業和非農業（包括鄉鎮企業和城市各產業）上的兼業。不僅在農村地域內實現，而且，跨越城鄉、通過遠距離流動實現。從歷時性上來看，兼業農戶（除去純農戶）的非農產業收入占家庭總收入的比重不斷增加，以非農產業收入為主的兼業戶在全部農戶中的比重上升，以農業收入為主的兼業戶在全部農戶中的比重下降。

農戶兼業化從戶內勞動力就業的角度看，戶內勞動力就業門路有了農業和非農業之分，戶內勞動力的專業化程度提高了。農戶兼業化實際上是農戶範圍內勞動力的專業化。兼業化是在我國人地矛盾尖銳、農村社會保障水準低、農業自然風險和市場風險大、城市化滯後於工業化的情況下農戶經濟的一種主動適應。兼業化意味著家庭內部分化出農業從業者和非農從業者，擴大了家庭內部農業從業者的土地利用規模和專業化水準。因此，兼業化並不是不利於擴大土地經營規模。家庭內部農業從業者的專門化為在合作制下擴大土地經營規模準備了基礎。

實際上，農戶兼業化是農民以個體（家庭成員外出打工）而不是以家庭（家庭放棄土地使用權）為單位進行非農就業，同時擴大了務農勞動者的農業經營規模。假設一個村裡有100個農戶，每個農戶有3個勞動力，農戶兼業化的涵義是說全村300個勞動力中有200個轉移到非農就業，每個農戶只有1個人在從事農業。就每個農戶來講，它是兼業的，但就300個勞動力來講，每一個勞動力都提高了專業化水準。正是由於產權改革導致家庭內部對勞動力和土地的集約使用，提高了勞動力就業和土地就業的專業化水準，引發了對適用性農業生產技術的需求，推動了部分成員的非農化，進而擴大了農業生產規模，提高了農業生產效率。可以說，產權改革引發

的農業勞動力專業化和農戶兼業是同一個過程的不同側面。

從分工意義上說，農戶兼業化是家庭成員個體的專業化與家庭整體的兼業化（也即「專業多樣化」）的統一。[2]

（二）農戶兼業和農業勞動力專業化推動農業商業化

農戶兼業化使得農產品種類增加，產量提高，發展農產品交易市場有了基本動力；農戶兼業化內涵的農業勞動專業化使得農業對相關農業技術、生產技術的需求增加，推動對農業機械銷售、技術交易的市場需求；農戶兼業化進一步凸現農戶間農業勞動者在勞動存量和勞動能力上的差別，及其它生產要素的差別推動了農戶間生產要素市場的形成（從換工到雇工的勞動力市場，以土地流轉為形式的農用地市場，以收割機跨區作業、農機具租賃為形式的農機作業市場等）。而國家因勢利導，很快開放或開辦了與農業有關的生產資料、農產品、資金、土地等各種市場，也開放了城市勞動力市場，農業由此迅速地商業化。市場的發展轉而進一步促進農戶兼業化中的分工和專業化過程。也就是說，農戶兼業化中的分工和專業化和市場發展相互促進。農業商業化本身意味著農戶與中間產品生產者之間的社會分工深化，同時，農業商業化的發展進一步推動了農戶兼業化中的分工水準即專業化程度，醞釀著突破家庭界限的農業產業化和農戶組織化的發展。

農業商業化意味著在農戶生產和市場經營之間，專業化的經營勞動開始發達。農業生產和農業經營之間的分工開始發展。

（三）農業商業化引發農業產業化

農業商業化和農戶兼業化互相促進，進一步提高了農業的分工和專業

2　向國成、韓紹鳳：《小農經濟效率分工改進論》第107頁，中國經濟出版社2007年6月版。

化水準。農業商業化使得農用生產資料購買和農產品銷售的市場交易效率提高，從而進一步推動農業生產專業化。

兼業農戶在農業商業化推動下，進一步發生演變，從農戶內部農、副、工分業發展到在農戶間農業生產戶和農業經營戶開始分工，一部分農戶成為生產戶，一部分農戶成為經營戶，即所謂「科技示範戶」、「經紀人」等的出現。

其次，是兼業農戶需要更多的和更加專業的中間產品和加工、經營服務，而專業化了的經營者也需要更多的初級農產品和加工農產品。對加工農產品的需求推動了龍頭企業的出現，也推動了龍頭企業和農戶間發展更緊密的利益關係。這種利益關係和其上的組織形式醞釀著農業產業化。其中的動力是分工的發展，尤其是農業生產和農業經營之間的分工。

從農業發展的實際情景，我們看到：首先，農業的種植業結構發生變化，糧食、棉花、麻類的種植面積下降，油料、蔬菜、水果等經濟作物的種植面積大幅度增加；其次，農林牧漁結構發生變化，從以種植業為主發展到農林牧漁全面發展；第三，是初級產品、加工產品和市場服務間的結構變化，加工產品和市場服務業比重迅速增加。

以上農戶的生產和經營職能的分工，初級產品、加工產品和服務業的互動發展，最終導致產生了減少外生交易費用的需要，促使農業生產、加工和服務的一體化，也就是所謂農業產業化。

如果我們細究所謂農業產業化，可以發現，其包含這樣幾個層面，農業產業鏈（生產、加工、服務）的延伸，龍頭企業的出現，龍頭企業與農戶經濟關係的協調。龍頭企業的出現成為農業產業鏈更緊密聯結在一起的重要因素。

農戶經濟內部雖然出現了農業和非農業的專業化，但是，農業的生產勞動和經營活動沒有分離，生產勞動中的生產和對生產的監管沒有分離。而農業產業化進一步推動在農業生產過程的組織上，生產性勞動和管理性勞動要分離，農業生產過程和農業經營過程要分離。農業產業化意味著分工和專業化的進一步發展。

（四）農業商業化和農業產業化要求農戶組織化

農業商業化和農業產業化加起來，可以稱之為農業的市場化。或者說農業市場化的完整涵義是農業商業化加農業產業化，其基礎仍是兼業農戶內部的農業專業化。

農戶兼業化、農業商業化、農業產業化、農業市場化的發展序列的實質是圍繞農業生產和價值實現過程的分工和專業化的進一步深化。這種分工和專業化進一步要求一個能夠容納這種分工和專業化的組織形式。

農業市場化存在兩種發展趨向，一種是將兼業農戶邊緣化的市場化，一種是將兼業農戶作為主體力量的市場化。在前一種市場化的組織結構下，兼業農戶可能越來越受限為農業生產者的角色，而無法進入農業加工和經營環節獲得市場利潤；而且由於其分散，在與加工和經營者的談判中越來越沒有談判地位，使得生產環節利潤越來越少。前一種市場化組織結構是犧牲兼業農戶長遠和根本利益的，雖然在其中，農民也被組織化了，但農民不是其中的主體，農民在其中的利益實現是有限的，短期的。農業商業化和農業產業化就只是表現為農產品交易市場的擴大、龍頭企業的出現，這樣的農業市場化的組織形式就是不完整的，或者說是將農戶邊緣化的。這是一種由農戶以外的資本力量主導的農業市場化。

分散的農戶經濟面對農業商業化和農業產業化的發展，要實現自己的利益存在巨大的困難：一是由外界資本主導的商業化，使農戶與市場對接時必然面對巨大的外生交易費用；二是在面對龍頭企業時，處在談判的弱勢地位，無力通過爭取合理價格贏得自身合理利潤。這就提出了農戶經濟組織化的任務。後一種農業市場化的組織結構是一種兼業農戶作為主體的市場化，其中的農戶經濟組織化必然要求不同於前一種的新形式。

由於農業生產具有的自然生產時間和勞動時間不一致，勞動監管困難，農業發展會內生出家庭經營方式，但農業天生是弱質產業，承受自然和市場風險的能力弱，初級農產品的利潤附加值低，這使得農戶收入有限，農戶更容易成為一個農業勞動力擁有者。而農業商業化和產業化的發展需要更多資本要素和技術要素的加入，因此，從事農產品加工和經營的

很可能不是農戶，農業龍頭企業很容易不為農戶所有，而擁有資本的人卻容易佔據農產品加工、經營領域，擁有農業龍頭企業。換句話說，國內外的大量經驗表明，農業商業化和農業產業化中的最大獲利者更可能是資本。因此，兼業農戶在農業市場化中日益處於劣勢：談判地位低，獲取利潤份額低。這一劣勢存在的實質原因是小農的資源稟賦（擁有土地和資本少，只有被動專業化了的勞動）和由此決定的「小」的生產規模，而且由於小農相互之間分散經營，從而使得其產品進入市場的外生交易費用高昂。

兼業農戶面對這一處境並沒有完全被動，他們主動地發展出了節約外生交易費用的方式，那就是發展農民合作經濟組織，並通過優化這一組織形式減少內部交易成本。

農民合作經濟組織的實質是：通過加大生產者數量，增大生產資料購進和出售農產品的市場需求，提高同加工、服務環節的市場交易時的談判地位，通過降低購買價格和提高銷售價格提高交易收益；通過在組織內部分工，設置專門的經營、服務崗位，減少農戶和市場的市場交易次數，節約外生交易成本；同時提高內部各個崗位的專業化水準和合作社內的管理水準，節約內生交易成本。從而根本提高農戶經濟的分工和專業化水準，使農戶經濟所獲利潤份額提高。

從農戶經濟的發展和分工演進的角度看，以農戶為主體的農戶經濟組織化意味著在一個農戶聯合組織內，進一步將原來在家庭範圍內無法有效分工的生產性勞動和管理性勞動，在一個超出農戶經濟範圍的更大規模裡實現分工，同時減少組織內部各種勞動之間的內生交易成本。

也就是說，農業商業化和農業產業化必然促使農戶經濟尋求組織化。這種組織化可以使兼業農戶成為農業市場化組織結構的主體力量，使兼業農戶成為農業市場化的最大獲益者。但這種農戶經濟組織化並不會自然出現，因為雖然成立合作經濟組織有節約外生交易費用的好處，但是，成立合作經濟組織之後各種專業化勞動之間的內部交易成本也會隨之增加，在節約外生交易費用與盡量減少內生交易費用之間求得平衡。而小農戶經營的規模較小，使得各種達成效率的均衡點並不能靠經濟主體間演化和博弈

自動生成。此時，就需要國家農村政策的強力干預。

　　至此可以總結農戶經濟在家庭承包制下的發展邏輯。農戶承包制首先會使小規模農戶的兼業化趨勢獲得發展，取得農業勞動專業化和家庭層面專業多樣化的均衡；農戶兼業化內涵的農業勞動的專業化會擴大農業生產規模，推動農業商業化，進而農戶的生產職能和經營職能之間的分工得到發展；生產職能和經營職能分工促進了農產品加工品種和規模的增加，農業龍頭企業出現，農業產業化得到發展；在日益壯大的農業經營資本面前，分散的小規模農戶無法承擔市場交易成本，開始主動尋求聯合，農戶組織化在農業商業化和產業化發展中被提出。小農戶經濟在產權相對明晰的家庭承包制下的前途是組織化，從而突破家庭組織方式對分工的限制。

二、「分」被加強，「統」未建立：30年間完善家庭承包制的政策努力

　　30年農村改革歷程中，家庭承包制下的中國小農戶經濟已經呈現出完整的農戶兼業化和農業市場化的發展鏈條。政府的農業政策對於這一發展鏈條的呈現起了推動作用。也可以說，政府的農業政策基本上順應了不斷開放市場下的小農戶經濟發展的客觀規律。

　　30年間農業政策的主要方面可以這樣概括：1. 穩定土地承包權，推動農戶兼業化之下的農村勞動力專業化；2. 進行農產品流通體制改革和農業生產要素市場建設，促進農業商業化；3. 以推動農業結構戰略性調整為目標，推進農業產業化；4. 落實《中華人民共和國農村專業合作社法》，推進農戶經濟的組織化。

　　至此，我們已經走到農村改革的30周年。當前越來越強烈的共識是，農戶兼業化和農業市場化的大局已定，但是農戶經濟的組織化還沒有完成。農村改革30年之際對「三農」問題成因的核心解讀已經放在農戶經濟的組織化之上，下一步農村改革的核心也應該是如何更好地促進農戶經濟的組織化。

　　家庭承包制改革以後，我們在農村經濟體制改革上的目標一直是「堅持和完善家庭承包制基礎上的統分結合的雙層經營體制」，雙層經營體制被作為農村基本經營制度，但其實在政策和實踐中往往直接被理解為家庭承包制。由於在改革之初，家庭承包制已經確立，「完善」的重點其實應該放在「統」的經營層次。雙層經營體制的本意希望能夠發揮「統」的層次的經營功能，對分散的農戶經營提供統一服務，降低農戶生產和經營成本，產生較多利潤，從而可以補貼或返還農戶，增加農戶收益。完善雙層經營體制的核心應該是構建一個可以不斷成長的統一經營層次，在統一經營層次和農戶分散經營之間發展一種扶助農戶的利益關係。

　　家庭承包制推行之初，設想的是通過壯大村級集體經濟來構築雙層經營體制。但是由於集體經濟組織退化為純粹的集體土地發包方，事實上沒有了經營功能，因為集體經濟組織沒有了固定資產，也就沒有了經營功能。而少數沒有將土地完全承包給農戶的村莊，在大力發展鄉鎮企業的過程中確實壯大了集體經濟。通過村民自治制度的保障，壯大了的集體經濟在有些村莊為村民提供了農業生產、加工和經營的某些統一服務，擴大了兼業農戶的外部經營規模。但是多數村莊的集體經濟並沒有得到多少發展，而異軍突起的鄉鎮企業在90年代的改制中多數被私有化了，其具有的統一經營的潛力也喪失了。壯大集體經濟更多表現為「有集體無經營」。

　　在壯大村級集體經濟組織從而對兼業農戶提供統一經營利潤和開展統一服務效果不明顯後，伴隨著農業商業化的深化，所謂小農戶和大市場之間的矛盾越來越突出。於是，1988年，在農村改革10周年之時，在政策層面上提出把完善農業社會化服務體系作為穩定、完善統分結合雙層經營體制的重要內容。什麼樣的組織被納入這個體系？當時提出的是以農村集體或合作組織為基礎，以國家經濟技術部門為依託，以企業和個體服務為補充。實際上得到發展的是後兩者，尤其是國家經濟技術部門得到充分發展，得以不斷向鄉村兩級推進。這樣，農業服務體系實現了「社會化」，但並沒有「服務」，因為各服務主體提供的多是營利性服務。一方面弱勢小農客觀上難以支付這種服務的成本；另一方面，即使免費的服務業由於面對的農民數量多，經營複雜而必然出現無法克服的交易費用過高的難題。

　　在以國家經濟技術部門為主構建農業社會化服務體系的時候，各種農業加工和經營企業也得到發展。隨著農產品供給狀況的改善，農產品賣方市場的形成，農產品從總量不足變為結構性供給不足，農產品面臨結構調整任務。這時候，農業產業化被作為調整農業產業結構的重要力量，同時從擴大對農戶服務的角度，政策上將發展龍頭企業視為統一經營層次的東西，提到完善雙層經營體制的高度來認識。這樣，完善雙層經營體制從壯大集體經濟、發展社會化服務體系進展到發展農業產業化，實際上也就是發展龍頭企業上。

　　但是，龍頭企業提供的是經營性服務，其並不能主動幫助農戶擴大經濟利益，因此，農業產業化帶來的是「公司吃農戶」——政策扶持龍頭企業的錢並沒有轉化為對小農的扶持，而是發展了公司和農戶的市場關係。

　　也可以從解決所謂「小生產和大市場之間矛盾」的角度來理解加強統的層次建設的作用。家庭承包制改革以後，農民以家庭為單位組織生產，同時其產品價值要直接在市場上得到實現，隨著市場化改革的深入，其產品實現價值的市場範圍空前擴大，形成所謂「小生產和大市場的矛盾」。

　　解決「小生產和大市場之間矛盾」的核心目標是在市場環境下確保農民基於從事農產品種植和銷售而獲得社會平均利潤，可以持續進行農產品生產，從而確保農民收入增加，確保社會對農產品的需求得到滿足。在只有一個「分」的層次即家庭經營的前提下，這一目標無法實現。「統」的層次的功能是什麼呢？其實就應該是解決「小生產和大市場之間的矛盾」。如果統的層次在解決「小生產和大市場之間的矛盾」上無所作為，那麼「統」的層次就不為農民所接受，就不能發揮作用，也就無法成為農村基本經營制度的必要組成部分。

　　但是在改革初期，人們不是這樣認識統的層次的作用的。為什麼必須存在「統」的層次，推行家庭承包之初，論證主要集中在兩個方面：一是家庭經營無法解決農業公共產品的提供，如農業基礎設施、公共福利；二是當時有些農業集體化的固定資產很難完全分割，必須由集體統一經營和管理。[3] 這是基於當時具體情況的理由。但是，這兩個方面決定的集體經

3　參見宋洪遠主編：《中國農村改革三十年》第50-51頁「一、選擇結合雙層經營體制的

營層次的存在，必須依賴於由集體提供公共產品和由集體經營某些固定資產的高效率來確保，在集體化的意識形態被拋棄的情況下，一旦出現低效率的情況，就很容易拋棄集體經營層次：很難分割的固定資產可以讓其自然損耗或賣掉，農業基礎設施和公共福利可以讓其損毀或削減。因此，集體經營層次在全國多數村莊迅速萎縮和消失。

隨著農產品面臨的市場環境的深化和擴大（農產品流通體制改革不斷推進），小農經營和市場對接存在的困難日益顯露，人們對其的認識也逐步深化，因此，在農戶經營之上的「統」的層次的功能逐步地被集中在了幫助農戶連接小生產和大市場上面。這一層次到底是應納入農戶經濟組織化內部，還是作為一個和農戶經濟分立的層次，在理論上並未辨清。

歸結起來，農村改革30年的歷史，從建立和完善雙層經營體制的角度，如果我們著重看集體經營層次上的改革，可以認為是對集體經營如何發揮聯結小生產和大市場作用的各種形式的探索。我們先後強調了壯大集體經濟實力、發展農業社會化服務體系、推進農業產業化這樣3個政策重點。

三、農村改革30周年時中國農村發展格局中的各種力量

在發展村級集體經濟、拓展涉農經濟技術部門、培育龍頭企業的過程中，村集體或合作經濟組織、鄉鎮企業、經濟技術部門、龍頭企業確實都得到過相當程度的發展。但是，由於在「統」的層次和農戶分散層次之間的利益關係構造上一直缺乏全面的、前瞻性的設計，「統」的層次並沒有發揮期望中的引導農戶進入市場並促進農戶收入提高的作用，甚至往往形成為農民利益的對立面，惡化了農戶尤其是小農的經濟和社會處境，也使得發展農民合作經濟組織變得日益迫切和條件複雜。

必然性」的有關論述，中國農業出版社2008年3月版。

　　30年來，農民收入得到一定的提高，兼業農戶的專業化發展獲得一定的市場回報，但與此同時，兼業農戶的獲利空間也進一步受到農村經濟中其他力量的擠壓，獲利能力受到抑制。問題的關鍵在於這個市場是哪種力量主導的市場。展現農戶被邊緣化的農業市場化過程的分析方法，是在農戶兼業化—農業商業化—農業產業化的邏輯過程中，將兼業農戶、農村資本、城市資本、政府部門和中央政府的各自資源稟賦、利益結構和實際行為邏輯加上去，將有關政策對這些資源稟賦、利益結構和實際行為的影響加上去。這樣的分析路徑，將使我們看到一個實際的兼業農戶困境的形成，看到農戶經濟組織化的現實圖景。

　　由於以上各種主體的情況在30年改革過程中是逐步演化的，因此，很難靜態地框定各自的資源稟賦、利益結構，也很難將其行為邏輯做一維方向的描述，因此，這裡就不按照各個主體的情況分別敘述，而是放在農戶兼業化—農業商業化—農業產業化—農戶組織化的邏輯進程中去做動態的展開。

（一）農戶分化：大農和小農的分化

　　農戶兼業化是30年農村經濟發展歷程的邏輯起點，並在農村商業化、產業化中日益發展。光看農戶層面的變化，顯著的是在農戶收入普遍增加的同時，收入高和收入低的農戶顯著分化，或者說形成了富農和貧農、大農和小農的區分。富農和貧農是從收入層面上講的，比較表面，實質上是大農和小農。也就是說：少數農戶掌握更多的固定生產資料、流動生產資料採購能力，並擁有更多的人際關係、市場訊息，並因為教育投資等擁有更多的農業企業家才能；多數農戶只擁有少量生產資料和自己的勞動力，在人際關係、市場訊息、企業家才能上和大農相距懸殊。在兼業化（戶內工農分業、在農業上從事多種經營）、商業化、產業化中這些區別越來越發展，最終導致收入差距的擴大和固化，少數大農成為農業資本家和農民企業家，小農則是自耕農和雇傭工人。

　　大農和小農分化的背後是農村內部資本的形成、資本作用半徑的擴大

和作用的增大、多數小農在市場化環境中改善自身處境的能力下降。但應該指出的是，由於城鄉二元結構的抑制、人多地少決定的農戶土地規模不可能太大，所謂大農，其實規模也不大。

（二）資本下鄉：農村資本和城市資本的結合

在農業商業化和產業化過程中，農村經濟中資本的數量大大增加。市場過程中的資本包括農戶擁有的資本和農戶以外的主體擁有的資本（城市資本）。這些資本最先佔據的領域是農產品流通領域，然後擴展進入農產品加工和最終經營領域。

農產品流通領域改革使得各種資本進入，並且在農村流通領域形成競爭態勢。不考慮區域差別，我們目前看到，國營商業和供銷社仍然是重要力量，農民個體運銷戶、經紀人數量很多但規模較小，農業產業化龍頭企業崛起，農民合作經濟組織數量在較快增加。

在生產要素市場上，資本更是其中主角。在不斷加快的城市化進程中，資本在農地非農化中獲益，農用地的流轉和集中也主要在資本主導下進行；農村勞動力被城市資本和農村資本雇傭，加快戶內兼業化步伐，少數農戶成為城市居民；農戶資金主要被城市資本和農村資本利用；農業科技和教育領域資本也競相進入。

兼業農戶中的務農勞動力主要還在從事初級農產品的生產，資本則主導了農產品的加工和經營。農產品加工和經營環節的利潤被資本佔有。

在農戶兼業化和農業商業化階段，主要還是農民自有資本和農村政府的經濟技術部門所有的資本發揮作用，城市資本大量下鄉主要是在農業產業化發展階段。這其中，縣以下政府的招商引資起了相當大作用。與資本下鄉同時，由於城鄉二元結構下的金融體制，農村內部的資本還有流出農村的趨勢。

總之，資本在鄉是農業商業化和產業化的重要推動力量。資本的作用是內涵在農村商業化和產業化過程中的，沒有資本也就沒有今日的農業市場化。

（三）部門下鄉：公益性服務和營利性服務相互支撐

在以上資本下鄉、在鄉的發展過程中，政府的推動和扶持起了關鍵性的作用。農村流通領域改革和生產要素市場發育，政府是主導力量；資本全面進入農產品加工和經營，政府是主要推動者。在引導農民自有資本投資農業和城市資本進入農村之外，政府所有的資本也加入了資本下鄉的過程。由於這種資本具有特殊的主體——政府部門，我們將這種資本的下鄉單獨列出，稱為「部門下鄉」。主要表現在政府鼓勵和推動各涉農經濟技術部門開展公益性涉農服務和和營利性涉農服務，從不斷升級的農戶專業化、農村市場擴展和農業產業發展中獲益。

部門下鄉受兩個因素推動。第一個是中央和地方各級政府為了解決日益嚴重的涉農部門生存危機，通過讓部門開展營利性涉農服務，可以增加部門的收入，從而補貼部門的公益性涉農服務，減少各級政府維持部門運轉的財政投入，部門從自保的角度講也會自我尋求積極下鄉開展營利性服務；第二個是中央和各級政府希望解決雙層經營體制「統」的層次力量薄弱，依靠部門改善對農戶的社會化服務，幫助初級農產品更好地進入市場。

以上這兩個原因推動的部門下鄉如果能在部門和農戶之間發展出一個更好的利益聯結機制，也許會實現「部門自保和發展」與「農戶增收」的雙重目標。但是，部門下鄉選擇的是建立營利性的公司、進行壟斷性收費，甚至限制農戶對服務機構的選擇空間，成為面對分散農戶的營利性企業和官辦行政性收費機構，自保的目標在一定程度上實現，但是很多時候增加了農戶的經營成本。部門下鄉帶動的農戶增收有限，這進一步也在限制下了鄉的部門的營利空間。

（四）三種趨勢的相互加強

以上談及的三個趨勢其實是糾結在一起的，應該是一個互相加強的趨勢。當然，其中也有互相競爭和抵消。首先，部門下鄉和資本在鄉是相互

加強的。很多資本下鄉，是部門引導、扶持的結果，資本下鄉的收益要由部門分享一部分，部門則通過讓渡國家利益和農戶的利益換取資本對部門的回報，在這一過程中，資本也得以順利下鄉，通過一個不公正的市場環境獲利。

其次，部門下鄉過程中，官辦資本甚至私人化的官僚資本形成。部門在下鄉過程中，很多營利性涉農服務以承包、租賃、股份合作等形式舉辦，使得很多應該用於公益性服務的財政投入轉化為小集團資本或者是私人資本，也使得許多公益性的設施和人力資源成為小集團資本或私人資本獲利的手段。

再次，農戶分化在資本下鄉和部門下鄉中加劇。大農通過和部門或資本勾結，壯大自身實力，進一步加強了自身生產資料和財富的優勢。大農和資本或部門的勾結，也是資本和部門順利下鄉的一個重要機制。

總之，我們在上述過程中看到的是什麼呢？是大農、資本、部門各自利用自己優勢資源進行聯合。聯合後得以獲利的物件是什麼呢？只能是盤剝小農獲益。

因為，所有的利潤都需要經過市場實現，而市場是有一定容量的，其容量就是消費者購買力的集合。在消費者購買力總量一定的情況下，要想獲得更多利潤，那就只能建立部分大農對多數小農的優勢，盤剝小農的利益。

四、「大農吃小農」的合作社：農戶分化和資本、部門下鄉背景下的農民合作經濟組織發展現狀

在改革30年中，農村合作經濟組織從原來的地方實踐發展到中央宣導，從原來的自發發展到後來的立法推動發展，從各種協會發展到規範的專業合作社的發展，到了現在，發展農民專業合作社成為各方普遍重視的農戶經濟組織化的主導方式。在最新的十七屆三中全會檔中，發展農民專業合作社已經成為完善農村基本經營制度的一個重要方向，並且在深化農

村改革的幾個重要措施中扮演著關鍵角色。[4] 但是，必須看到，在30年來逐步發展的農戶分化和資本、部門下鄉的背景下，農民專業合作社的發展並不健康。本節梳理作為農民合作經濟組織尤其是目前被立法規範的專業合作社的發展邏輯，以便看清其下一步發展的可能後果。

（一）部門和資本需要發展農民合作經濟組織

農民合作經濟組織的發展一方面是分散的農戶經濟謀求組織化的需要，另一方面也是下了鄉的部門和資本的需要。部門和資本下鄉，面臨的一個突出困難是小農的分散。要想提高資本和資本化的部門實現收益的效率，就必須減少同農民交易的交易成本，因此必須組織農民。組織農民的一個重要方式是組建農民合作經濟組織。也就是說，農戶經濟組織化部分符合資本和資本化的部門的利益。

農民合作經濟組織符合部門、資本下鄉目標，有兩點理由：

4　黨的十七屆三中全會決議在「穩定和完善農村基本經營制度」的有關論述出，提出：「統一經營要向發展農戶聯合與合作，形成多元化、多層次、多形式經營服務體系的方向轉變，發展集體經濟、增強集體組織服務功能，培育農民新型合作組織，發展各種農業社會化服務組織，鼓勵龍頭企業與農民建立緊密型利益聯結機制，著力提高組織化程度。」「按照服務農民、進退自由、權利平等、管理民主的要求，扶持農民專業合作社加快發展，使之成為引領農民參與國內外市場競爭的現代農業經營組織。」
在「健全嚴格規範的農村土地管理制度」中提出：「按照依法自願有償原則，允許農民以轉包、出租、互換、轉讓、股份合作等形式流轉土地承包經營權，發展多種形式的適度規模經營。有條件的地方可以發展專業大戶、家庭農場、農民專業合作社等規模經營主體。」
在「建立現代農村金融制度」中提出：「創新農村金融體制，放寬農村金融准入政策，加快建立商業性金融、合作性金融、政策性金融相結合，資本充足、功能健全、服務完善、運行安全的農村金融體系。」「允許有條件的農民專業合作社開展信用合作。」
在「建立新型農業社會化服務體系」中提出：「加快構建以公共服務機構為依託、合作經濟組織為基礎、龍頭企業為骨幹、其他社會力量為補充，公益性服務和經營性服務相結合、專項服務和綜合服務相協調的新型農業社會化服務體系。支援供銷合作社、農民專業合作社、專業服務公司、專業技術協會、農民經紀人、龍頭企業等提供多種形式的生產經營服務。」
在「加強農村基層組織建設」中提出：「創新農村黨的基層組織設置形式，推廣在農村社區、農民專業合作社、專業協會和產業鏈上建立黨組織的做法。」

第一，農民合作經濟組織通過組織內部分工，提高成員的專業化水準，在一定程度上可以擴大對農用生產資料和涉農服務的市場需求。

第二，農民合作經濟組織將部分市場環節轉化為內部管理環節，通過承擔管理成本的方式使市場上的外生交易成本內在化，如果產生的管理成本（也可稱為「內生交易成本」）小於其減少的外生交易成本，其中的節約可為合作經濟組織和與合作經濟組織外部交易的部門、資本所分享。如合作社自我承擔對使用農業機械、農業技術的培訓，合作社負責收集初級農產品等。

（二）發展農民合作經濟組織也有和部門、資本利益不符的方面

表現在兩點：第一，通過農民合作經濟組織集合起來的農產品供給和農用生產資料需求是擴大了，但是，其要求售出要更高的價格，買進要更低的價格。這其中相比原來的價差，一方面將用來支付合作經濟組織內部的管理成本，另一方面則表現為合作經濟組織的利潤。但是，出售時更高的價格和買進時更低的價格就和憑藉資本和行政壟斷佔據農村流通領域的資本和部門的利益相對。也就是說，這一方面節約了資本和部門面對農戶的交易成本，但另一方面也壓縮了其從購銷活動中獲利的空間。

這種對立隨著農民合作經濟組織的購銷範圍擴大和越來越有能力接近最終產品供應商和最終消費者，而變得越來越尖銳，此時農民合作經濟組織和資本和部門進行著同業競爭。在購銷環節上，農民合作經濟組織將成為資本和部門的競爭者。

第二，雖然合作經濟組織節約的市場交易成本為合作經濟組織和資本、部門分享，但是，如果合作經濟組織分享的部分居多，也就是說合作經濟組織獲利能力更強的話，那麼合作經濟組織就會成為競爭力更強的組織，從而危及資本和部門的生存空間。

對於部門領辦合作社中的部門利益，學者已經多有省察。張曉山指出，對各級政府及有關部門來說，宣導與支持（干預）合作社的發展，甚

至自己動手來辦類似合作社這樣的農村經濟組織，也並不單單是出於意識形態的考慮，這裡邊亦有經濟利益的驅動[5]。這些部門之間各自為政、組織鬆散、不聯不合，更為重要的是，不少部門既有相互重複的功能、又有各自壟斷的功能，因此就在自己的行政職能和勢力範圍內爭奪資源。《農民專業合作社法》頒佈之前，合作社在不同的部門登記註冊，也證明了這些部門在爭奪這塊新資源，隨著中央文件肯定合作社作用，加強合作社的發展，各部門追求各自的政績、一政多門的問題更加突出。

　　上面的討論中，部分學者將政府視為一個整體，籠統理解為發展合作社中的「政府主導」，這是有失偏頗的。在我國，國家農業部、中國科學技術協會、全國供銷合作總社、中國人民銀行、銀監會等分別對不同類型的農村合作經濟組織實施歸口管理；而至於地方和農村基層，除以上四大行業系統外，人事、勞動、工商、科委等部門也有介入。而我們一般人所理解的「官辦」，或者「政府主導」，其實是上述的「部門主導」。

（三）「大農吃小農」的合作社成為專業合作社發展的主流

　　在農民合作經濟組織對於資本和部門的獲利具有雙重效應的基礎上，資本和部門的選擇就是扶持大農、壓制小農。所以，在現實中出現的情況就是「大農吃小農」的合作組織成為合作經濟組織的主要形式。

　　前面已經講過，農戶分化本身是部門和資本下鄉的一個重要條件，並因部門和資本下鄉而強化。強化很多時候是通過部門和資本扶持「大農吃小農」的合作經濟組織的方式實現的。

　　為了減少同分散農戶的交易成本，下了鄉的部門和資本必然要推動農戶的聯合。小農因為資源有限，經濟收益少，雖然有合作需求，但是產生不了現實的合作收益，也承擔不了合作過程的組織和管理成本。而大農資源多，經濟收益多，相互之間有合作願望，也能承擔合作過程的組織和管理成本。但是大農的聯合更容易採用合夥制企業的方式，這是因為合作過

5　張曉山：《有關中國農民專業合作經濟組織發展的幾個問題。

程的組織和管理成本往往要比合夥制企業的組織和管理成本高。

而如果通過聯合小農組成合作社，可以獲得政府針對合作經濟組織的財政扶持，也可以分享營利性部門和資本因合作社社員同其購銷量增加、購銷環節減少而節約下來的市場交易成本，從而獲益，大農也會主動選擇聯合小農組織合作社。

政府對合作經濟組織的財政扶持多數通過部門下達，部門為了確保其經營職能的擴展，多數會選擇和其經營和服務領域構成上下游關係的產品和服務去組織合作社；資本下鄉在實際的農業產業化過程中被賦予了「統」的層次功能，也樂於支付一定成本組織農民合作經濟組織，一方面可以獲得政府這方面的財政補貼，另一方面也確實可以享受交易成本的節約。

於是，政府部門扶持合作經濟組織發展的公益性目標、政府部門的營利性目標、資本營利性的目標，和大農的選擇形成利益共謀，於是扶持大農聯合小農組建合作社。

大農聯合小農組建的合作社，由於其最初目的一部分是套取國家財政扶持資金，因此，就不會真正完善合作社內部的民主管理和合作制度，其對交易成本的節約也只會止于彙集社員的購銷需求。

而對政府部門扶持合作社的公益目標來講，雖然其樂於見到真正的合作社，但是由於扶持資金有限，而大農事實上已經成長起來，扶持大農建立假合作社比建立普惠制的扶持機制或建立一個更嚴密的遴選機制，行政成本要低很多。同時還可以和大農共謀獲得回扣或遠期收益，於是，財政扶持合作社資金就傾向于扶持大農建立假合作社，並「知假扶假」。

而對政府部門營利性目標來講，合作社的廣泛發展和真合作社的發展對其長遠營利目標將構成挑戰。因此，部門樂於幫助大農建立假合作社以套取財政扶持，並僅限於由大農來組織市場需求，不發展合作社的談判能力，因此，大農的假合作社也符合政府部門營利性目標的利益。即使這樣，如果大農的假合作社實力增加，構成其生產資料供應和農產品銷售的平等競爭者，部門也是不願意的，因此，部門卵翼下的試點或示範合作社要麼和部門經營範圍完全無關，要麼就是和部門經營構成上下游關係。

對於營利性的資本來講，合作社的廣泛發展和真合作社的發展也對其長遠營利目標將構成挑戰。因此，資本除了樂於幫助大農建立假合作社套取財政扶持外，也僅限於由大農組織市場需求，並不支援發展合作社的經營實力和談判能力，並且僅僅同合作社發展合同購銷關係，並不會發展同農戶一體化的合作經濟組織，或者投入很多資本、人力和技術來發展規範的合作經濟組織，或者去發展合作經濟組織的綜合服務功能。

在優勢資源擁有者即政府部門、資本和大農的共同利益驅使下，大農聯合小農的假合作社就成為合作社發展的主體力量。在這樣的合作社裡，執行的是「大農吃小農」的邏輯。幾個大戶聯合起來，其實是個合夥制企業，在最終購銷方和農戶之間充當一個中間商，低價買進農戶產品，高價賣出，或者低價買進生產資料和技術，高價賣給農戶。在資本和部門已經充分下鄉的今天，其高價賣出農產品和低價買進生產資料、技術的物件是部門和資本，部門和資本得能接受這樣的價格，否則，大戶的假合作社也存在不了。而低價買進農產品和高價賣出生產資料、技術的物件是小農，由於小農沒有退出同大戶這一中間商的市場關係的選擇（要不就是接受直接同部門和資本打交道的更高的市場交易成本和價格），就只能接受大戶的盤剝。

「大農吃小農」的合作社實質上是在部門和資本有限組織農民的情況下，幫助了部門和資本對小農的組織，增加了一個中間商，並不能解決小農在市場上的弱勢地位，也並不能幫助小農加入生產環節之外的加工和經營環節獲取更多利潤。這種合作社的大量存在造成了合作社發展的虛假繁榮局面，改變了財政專項扶持資金的公益性質，降低了財政專項扶持資金的效率。

當前的新農村建設，中央和地方各級政府高度重視，紛紛加大財政投入，財政支農資金每年以很高幅度增加，每年都創造新高。可以說，基於對統籌城鄉發展和以工補農、以城帶鄉的共識，財政支農成為新農村建設的主要手段。但是，新農村建設的目標是農村經濟社會的全面發展，目前，以財政支農為主的新農村建設政策是否能促進這一目標的實現呢？進一步地，新農村建設的重點是提高農民組織化程度，財政投入為主的新農

村建設政策是否能確保這一重點取得進展呢？

財政投入總量不可能滿足農村發展需要，不可能普惠所有農戶。部門各自扶持方式只會浪費政府資源。財政投入除了用於農村基礎設施和公共服務、改善農業生產條件外，很大一部分也開始投入到建立農民合作經濟組織上，但是，目前涉農部門的營利性部門性質和資本下鄉的實際格局使得當前財政投入不足以引導出一個健康發展的農民合作經濟組織發展格局。示範合作社建設只能扶大扶強，進一步加大小農和大農的分化。

五、中國農村合作經濟組織發展的目標模式是多層次綜合合作體系

資本和部門下鄉格局下「大農吃小農」的合作社發展局面不是多數兼業小農利益之所在，也違背政府推動合作社發展的初衷，更不符合推動農民組織化從而建設和諧社會的長遠利益。這種局面必須打破。但是，如果頭疼醫頭、腳疼醫腳，政策措施也只能是杯水車薪的效果，甚至南轅北轍，致使局面更加複雜。在醫治「大農吃小農」的合作社這一由部門和資本推動的怪胎時，需要到部門和資本下鄉的背後找原因，需要基於我們要達成的農民組織化的最終目標找對策。

首先要確立中國農村合作經濟組織發展的目標模式，作為新政策的基礎。

（一）與中國以兼業小農為主的全體農戶需求相合的合作組織的主導形式應該是綜合性合作組織

1. 在更加寬闊的視野中理解農民合作經濟組織的功能

中國兼業小農的需求是多方面的，農戶組織化對應的應該是這些需求的更加充分的滿足。目前的討論主要針對小農提高收入的需要，其實，小

農的生存方式、文化倫理決定了其還有通過社區福利和社會保障降低風險的需要，社區交往以獲得生活意義的需要。以上三個方面的需要，靠農民個體家庭、宗族乃至國家都是難以充分滿足的。農民合作經濟組織如能回應這三個方面的需求才能最終有生命力。

2. 中國兼業小農的合作組織形式首先應該是可以提供綜合服務功能的社區合作經濟組織

合作經濟組織的成立一方面要有持續的合作剩餘，另一方面要能支付足夠的管理成本。而兼業小農的生產剩餘很少，所以，其合作起來的合作剩餘也不多，再加上對合作後內生交易成本增加的擔心，這些往往會取消現實的合作要求。而內生交易成本的支付如果依靠不多的合作剩餘支付，合作就會更加難以為繼。因此，兼業小農組成的合作社更應該依靠社區富存的社會資本，避免採用貨幣化的支付和科層化的管理方式，以節約內生交易成本。以社區為邊界、提供綜合服務功能的合作經濟組織因此應該成為兼業小農的合作經濟的首選方式。現實中，村莊土地是集體所有制，提供了最大的一筆潛在合作資產，在使這一生產要素成為合作社資產上不會產生更多交易成本。而社區內在也有管理人員遴選的機制，這也會減少合作社成立時的成本。

3. 專業合作社的發展不足以滿足兼業小農的綜合需求

專業合作社（針對專業農產品、提供專業服務）並不能滿足兼業小農的需求，這就決定了多數兼業小農很難進入專業合作社，而只有少數的專業農戶。[6] 中國目前的農村土地制度和農戶經營規模決定了專業農戶只是少數的，專業化了的只是兼業農戶內部的專業勞動力。因此，中國農民合作社發展的任務是使得專業的務農勞動力能夠加入合作社。務農勞動力的

6　據已經披露的國家工商總局最新統計，截至2008年9月底，依法新設立登記合作社7.96萬家，成員108.15萬人（戶），其中農民成員104.09萬人（戶），占成員總數的96.24%。多達7254家（6月底）。

產品數量不是單一的，需要的生產經營服務也是涵蓋生產技術、生產資料購買、產品銷售、產品加工、信貸等多個方面的，如果合作社是以勞動者身份加入的組織，可以想到，這個組織應該能提供綜合性的服務。而專業合作社將只能滿足少數專業化生產的農戶的需要。

　　根據上述分析，可知中國的農民合作社在農村基層應該是以社區合作經濟組織為主要載體，輔之以數量上居少、覆蓋農戶有限的專業合作社。但是，專業合作社的規模不受限制，在總體實力和單個實力上在一定區域內完全可以超過社區合作社。

（二）部門下鄉和資本下鄉不支援農民綜合合作經濟組織 　　　　發展，只會有限度地扶持專業合作社

　　部門下鄉和資本下鄉後，農村經濟舞臺上的主導者是部門和資本，他們追求各自利益的行為雖然使其發展農民合作社，但是，也只會扶植發展專業合作社。

　　各部門的資源和某種專門服務有關，如農業局，資源多是農業生產技術的，科技局主要也是科技的，供銷社主要是生產資料和農產品購銷管道，農村信用社主要是信貸方面，這些部門去發展農民合作經濟組織，農業局和科技局會支援生產合作社，供銷社支持購銷合作社，信用社支持信用合作社。如果支持其發展綜合功能，會增加部門扶持成本，而收益卻和部門利益不能完全對接。

　　資本尤其是城市資本的專業化程度本身很高，只會支持農戶組建和某種專門農產品有關的合作社。一些資本確實會通過村級組織或其支援的合作社額外提供道路、防疫等村莊公共品，但是其限度只是夠其順利和農戶結合之用。

　　在《農民專業合作社法》通過之前的農民合作社，多數是專業合作社，與部門下鄉和資本下鄉的現狀分不開，而這些專業合作社大多數又屬於不規範的合作社，也與部門和資本追求其自身利益分不開。

（三）以專業合作社為主發展農民合作社只會強化資本和部門優勢

　　溫鐵軍曾經指出，假如我們真的想要農民組織起來自保自助、自我管理，重新實現社區的自治，必須得改的不是農民這一頭，而是政府這一頭。如果政府真想讓他們發育合作組織，就應該讓農民的合作組織能夠免稅地進人有利潤的涉農領域，比如金融、保險、水利、供銷、批發、農機等等。這是一種去除部門對涉農產業利潤分割的治本之道。但是，如果這裡的合作組織僅是專業合作組織的話，就不會有這樣的格局。

　　發展專業合作社和強化部門和資本在鄉的優勢是相輔相成的。如果僅僅強調發展專業合作社，只有部門和資本才有指導和扶助之力，它們自然是主要的依靠力量，但是，政府沒有對部門很好的監督和訓導能力，資本也不受弱勢小農的監督，部門和資本的結合更是不容易為政府和農民追究。

　　不論是專業合作社法通過之前還是之後，所謂的「政府主導」發展合作社不都是淪為了部門主導了嗎？在部門沒有足夠財力或能力時，又不都是借助了資本之力從而便利了資本對合作社優勢的確立嗎？政府由部門組成，從理論上說，政府主導不一定必然淪為部門主導。之所以出現部門主導是因為農民合作經濟組織發展的目標模式不清，而對似是而非的專業合作社的扶持也沒有真正整合部門資源，仍然想利用各部門下達有限的資源，並幻想通過各部門對政績的競爭放大有限資源的效果。

　　改變部門主導，並不意味著放棄政府責任而轉為所謂「民辦」。「民辦」首先就要和部門既得利益衝突，如農民自辦供銷合作社，你到供銷社批發農用生產資料可以，如果你直接和廠家聯繫，那就衝擊了供銷社利益。一味強調民辦在涉農部門分割分立情況下只是一廂情願。

　　如果我們發展合作社的努力，僅僅是發展專業合作社，那麼無論是官辦還是民辦無疑都不會衝擊部門主導和資本主導的格局，甚至會加強部門主導和資本主導。

（四）多層次的綜合合作才能為兼業小農提供足夠收益，滿足其綜合需求

　　和發展專業合作社的思路不同，發展合作社的主要形式應該是社區合作社。但是，社區合作社仍然無法解決合作剩餘少的問題。可以想見，單一層次的社區合作社對於社區內的兼業小農的綜合需求來講，仍然沒有實力充分滿足。社區合作社應具的綜合功能應該有一個縱向的支持體系，也就是說，要靠社區外的實力更強的組織對其進行支援。這一縱向的支持體系應該支持社區合作社開展多種功能的合作業務，滿足兼業農戶綜合需求。我們說的多層次，首先是指這一縱向支持體系和基層的以社區合作組織形式為主、專業合作組織形式為輔的農民合作社的不同層次，上一級層次為下一個層次提供服務。其次，多層次的意思是指在這一由縱向支持體系和基層合作社構成的合作體系中的合作內容是多樣化的，起碼應該包括生產合作、購銷合作、信用合作、教育合作乃至文化合作。由此，構成一個多層次的綜合合作體系。

　　這一多層次的綜合合作體系，才能充分產生合作剩餘，也才能真正滿足其綜合需求。

　　多層次的綜合合作的現實組織形式，應該能夠提供兼業小農所需要的生產技術、生產資料和產品購銷、信貸等多種服務，兼業小農在獲得這些服務之後，可以在一個市場化農業和市場經濟中取得社會平均利潤，即這一組織是一個市場主體，和其他經濟主體發展市場交換關係，這種交換關係是平等的；這一組織形式是一種兼業小農為主要成員，既作為合作組織服務的使用者，又作為合作組織的所有者，對合作組織的生產經營和利潤分配具有控制權，即貫徹合作制原則；這一組織形式中各種服務事業的運轉應該能持續運轉，為此，需要在營利性服務和非營利服務之間形成組織內部的利潤轉移，即這一組織採用類似企業的內部要素組合安排，而不在各種服務事業之間形成市場關係。

　　基於多層次綜合合作的內容是涉農服務事業，而農業具有弱質產業特點，因此需要政府給予扶持，也就是說，政府對於多層次綜合合作組織可

能出現的利潤不足應提前給予補貼。這種補貼可以採取財政直接支援方式，也可以採用給予某種事業在農村地區乃至全國的特許經營權。也就是說，在多層次綜合合作體系和國家關係上要有一種特別制度安排。

（五）在中國發展綜合性農民合作體系要解決的基本問題

發展綜合性農村合作體系，基於解決當前發展農民專業合作社為主的思路暴露出來的三個突出問題：一是解決現有的專業合作社由於部門和資本對其限制和利用而致的合作收益低的問題；二是解決現有的有一定合作收益的專業合作社覆蓋範圍有限，不足以惠及大多數農戶的問題；三是國家發展合作社的財政支持，因依賴部門操作而產生的高額代理成本和效率損失。

其中，第一個問題是最核心問題，如果發展綜合性農民合作體系能夠解決部門和資本下鄉導致的合作社發展的困境（農民自主合作空間不足，隔絕和扭曲國家的合作社扶持政策），後兩個問題即可隨之迎刃而解。

也就是說，和理論界普遍討論不同的是，中國發展農民合作組織的核心問題不是農民合作意識、合作文化乃至合作能力的問題，也不是一般性的法律和制度供給不足的問題，更不是缺少財政支持的問題。真正的核心問題是如何破除涉農部門和下鄉資本對小農的優勢地位問題。

（六）小結：把綜合性農民合作體系作為中國農戶經濟組織化道路的新選擇

綜上所述，多層次的綜合合作體系應該成為中國農村合作組織發展的目標模式。這一目標模式的內涵或本質規定是：除組織小農的生產合作外，逐步將涉農的金融、流通和科技事業整合進合作體系內部，使其合作收益為小農共用；組織多層次合作，充分發揮分工和專業化好處，以更大的合作規模和多種服務產生足夠合作收益；和市場經濟體系內的企業和其他經濟主體具有法律上的平等市場關係，並因其在農村地區對某些產業和

服務的特許定位和基於客戶（即加入合作體系的小農）數量龐大的經營優勢而取得可觀利潤；承接和使用國家用於彌補農戶務農的機會成本上升以穩定務農者勞動投入、獲得農業提供的非經濟的多功能性公共物品而支付的財政資源下達。

六、促進農村多層次綜合合作體系成長的政策框架

　　與日韓台創立基於小農綜合需求的綜合農協時的情況不同，中國農村早已不是農民合作組織發展的真空。目前，農民合作經濟發展的態勢是，在市場化過程中已經分化的小農中的「大農」，在部門扶持和龍頭企業的「帶動」下已經組織成立了相當數量的擁有一定規模的專業合作社，但是其覆蓋農戶範圍十分有限，業務功能發展和壯大，在政策扶持力度和發展空間上受到涉農部門分立和涉農部門自我利益為先的限制，在發展空間上受到龍頭企業的限制。也就是說，在部門下鄉和資本下鄉之下，專業合作社發展呈現虛假繁榮，多數是「大農吃小農」，無力滿足兼業小農戶綜合需求。這些專業合作社的存在壓縮了農民自主合作的空間，使得綜合農協可能缺乏來自兼業小農的自下而上的寶貴支持。

（一）尋求建立多層次綜合合作體系的政策原則

　　2007年7月1日，《中華人民共和國農民專業合作社法》通過並實施，並沒有改變上述大農創辦的「假合作社」的發展態勢。因為政府部門的約束條件沒變：扶持資金優先、符號可見性優先的政績追求未變、營利性目標沒變；資本的約束條件沒變：和部門結盟的邏輯沒變、短期營利目標未變；大農的約束條件沒變：政府部門和資本的強勢地位沒變、優勢資源種類（人際關係資源、資訊資源）沒變；小農的約束條件也沒有變：生產規模未變、資源劣勢未變（技術水準、資訊資源）。在這種各方約束條件未變的情況下，我們很難相信，「大農吃小農」的合作社居多的情況只是前

進中的問題，隨著對合作社的「規範化」，情況就能改觀。短期內，倒是有可能出現「小農吃大農」的合作社。如果政府強力按照法律精神規範合作社的話，目前的假合作社中大戶的利益會受到限制，但是，對於大戶的經營能力和貢獻不能科學折股，也會導致積極性下降，相比過去，則是小戶吃了大戶。所以，我們看到，發展好的專業合作社已經開始抬高門檻，限制小農的進入。

「大農吃小農」成為專業合作社發展中的典型現象，表面看起來是合作社治理結構的規範問題，實質上是合作化發展的各種利益主體的資源稟賦、利益結構的對比和連接方式問題。

在這樣的情況下，只批評部門和資本基於自身利益發展假合作社，或單純宣導政府扶持、龍頭企業扶持，或僅僅強調農民自發自願，對於形成一個小農利益得到保護和實現的健康的合作社發展格局都是沒有大用的。真正重要的是扭轉上面揭示的基於部門、資本、大農、小農的資源稟賦和利益結構而生的合作經濟組織變異的實際邏輯，轉而尋求建立農村多層次綜合合作體系。

我國大多數小農的收入增長和社會福利增進的綜合需求無法靠目前這種畸形的專業合作社發展來承擔。要發展綜合農協，則必須考慮到部門下鄉和資本下鄉的現實和「大農吃小農」的合作社的存在。發展綜合農協的現實路徑要基於這種現實，而且要有逐步改變這種格局的內在機制。為此，可以確立這樣幾個基本原則。

第一個原則是國家介入。國家介入針對的首先是對農民自發的片面強調。單純依靠農民自發合作的擴展並不現實。小農的生產剩餘很少，如果再要依賴自己支付合作成本，合作要啟動本身就很難。需要農民以外的公共力量組織，國家作為最具權威性的這種公共力量，責無旁貸。而部門和資本在農民合作社發展問題上也已形成的優勢地位，也要求國家出臺法規和政策，阻止部門自求其利和資本自顧自利。只有國家介入減少農民初期合作的成本，隔絕部門和資本的影響，才能使農民合作組織大量發育。

第二個原則是要覆蓋絕大多數農戶。合作體系的會員應該包括中國大多數農戶。小農只有被合作體系保護起來並自我產生超出單戶經營的收

益，才能避免市場弱勢地位。也只有農村合作體系具有全覆蓋性，才能使執政黨和政府同農戶建立起直接的溝通和合法性認同機制。

第三個原則是要提供充分的多種合作收益，靠綜合收益吸引農民、改善農民。小農作為農村合作體系的服務物件，其面向市場的農業生產和經營、獨特的社區生活所需要的服務是多方面的，合作的內容也應是多種多樣的。從需要的合作內容看，至少會包括生產合作、金融合作、流通合作、科技合作等，這些合作活動提供綜合服務。從這些合作或服務涉及的產業來說，無疑將會涉及所有涉農產業和農村全面的社會生活。

第四個原則是漸進原則。對於部門和資本的存在，不是盡除之而後快，而是要充分發揮當前其還有的積極作用，逐步抑制其消極作用。否則，多層次綜合合作的目標無法提出，提出也無法操作。

（二）主要政策組合

政府作為代表社會公共利益從而更代表合作化中小農利益的一方，在選定綜合性合作組織體系作為合作化的目標模式之後，其達至這一目標的政策主要有：

1. **基本力量引導政策**：對現有合作化格局中的基本力量實行有區別的引導。具體是：抑制部門營利化、節制資本、促進大農和小農互利合作、扶助小農。
2. **區域擴展政策**：從縣級到地方到區域再到全國，逐步發展綜合性合作體系覆蓋範圍。具體是：從市、縣級綜合性合作體系構建起步，逐步過渡到區域性的綜合性合作體系，最後擴展到全國的綜合性合作體系。
3. **基層合作社促進政策**：推動合作金融、合作購銷、合作生產融合的社區合作社發展，把其作為綜合合作體系的基層組織。具體是：建立基層示範合作社，作為地方和區域發展的基礎；基層示範合作社應該兼具金融合作、購銷合作、生產合作功能，應該充分利用社區內在社會資本和體制性的管理資源。

（三）組織領導和政策推進

1. 設立中共中央農村工作委員會，統一規劃和指導綜合農協創建和發展

這一工作委員會的職能主要有：提出國家發展綜合性農村合作體系的宏觀思路和主要政策體系，為此，其要承擔擬定法律框架，立法前期調研，關鍵政策的研究；對市、縣以下的綜合農協試驗進行組織和引導，總結有關經驗，組織有關試驗的經驗交流和研討；利用黨的組織優勢，發動農村黨員投身綜合農協創建；組織大規模的合作社指導者和農民合作社人才培訓。

2. 建立中華人民共和國農政部，具體執行對綜合農協的扶持政策

國家進行大部制改革針對的問題主要是「政府職能轉變還不到位，對微觀經濟活動干預仍然過多，社會管理和公共服務有待進一步加強;政府機構設置還不盡合理，部門職責交叉、權責脫節和效率不高的問題比較突出;有些方面權力仍然過於集中，且缺乏有效監督和制約，濫用職權、以權謀私、貪污腐敗等現象仍然存在。」對於涉農部門，這些問題也存在。

可以考慮重組中農辦、農業部、林業局、科技部、水利部、商務部、國土資源部、國家建設部、人民銀行、銀監會、供銷總社等部門的涉農行政職能，設立「中華人民共和國農政部」，在省、市、縣設立農政廳、農政局。原農業部整體改組進入農政部。縣以下原則上不必再設立獨立農政機關，可由農政機關委託基層農協代行有關職能。

設立農政部，對於建立綜合性農民合作體系的意義在於：

第一，消除涉農部門之間的摩擦，使國家有關發展綜合性農村合作體系的政令暢通，減少行政成本。同時，減少綜合性農村合作體系中的各農民組織同涉農行政部門打交道的成本。

第二，抑制涉農部門的營利性。盡可能消除涉農行政部門在發展農民合作體系上的謀利行為。

（四）當前工作：試點縣綜合農協，一定階段後組建區域　　綜合農協

　　當前工作的重點應該是從縣級開始試點綜合農協。在全國挑選不同情況的縣進行綜合農協試點。

　　要解決的突出問題是：縣級涉農部門資源如何整合進綜合農協結構；農協內部的基層區域性組織和專業性組織的類別和相互關係設定，專業合作和社區合作如何互相促進；金融合作、流通合作、科技合作乃至生產合作的銜接和內部利益聯結機制設計；農協利潤分配方案；農協經營的風險控制。

　　在縣級綜合農協發展取得一定規模和成功經驗後，以縣綜合農協為基本會員，成立區域性的綜合農協聯合會，區域可不局限在省內，可以跨省建立。

　　在區域綜合農協結構裡，重點試驗：各綜合農協間的合作方式和內容；以依託塊塊發展和強調縱向協調的合作金融作為綜合農協間合作的關鍵內容；各綜合農協進入城市市場。

　　為確保縣級綜合農協和區域綜合農協的試驗，制定財政扶持縣級農協和縣級農協區域聯合組織的政策，必要時啟動有關地方立法。

　　以上幾個改革措施的提出，在實踐中不應該是同時的。其實，這些政策之間有著極強的相關性，有些政策之間還互為前提或條件。如農政部和全國性綜合農協。作為農民組織，綜合農協能彙聚農民需求，會更好地反映農民對國家涉農行政的要求，從而對農政部的工作產生推動；而農政部的工作職責確定、支農惠農政策的實施，離不開綜合農協的配合。但是，基於在中國創辦全國性綜合農協所需的條件不能一下子成熟，要走一個從縣域到區域再到全國的路徑，因此，農政部成立就得不到來自全國性綜合農協的推動和校準。

　　這時候，就要看農村政策某個階段的突出矛盾，中央農村工作委員會可以把握全局。如果農村經濟成長對於整合農政部門的需求非常大，那就必須先成立農政部。但可能出現的問題是在地方層次農政廳局的成立中，

就會把原來部門推進農業政策貫徹的途徑給打亂，如各涉農部門有主管部門——下屬事業單位——附屬營利性機構這樣一個政策執行鏈條，農政部門的整合會把上述鏈條切斷，把事業單位和附屬營利性機構縮減乃至推向社會，如果此時農民綜合性合作組織沒有充分發育的話，就沒辦法承接這部門事業和經營職能，在一定時期內就可能會使得農村政策執行的效率降低。

●●●參考文獻●●●

杜潤生，《杜潤生自述：中國農村體制變革重大決策紀實》，人民出版社 2005 年 8 月版。

李中華，「日本農協給我們的借鑒與啟示」，《農業經濟》，2003 (6)。

仝志輝，「農村改革 30 周年之際看部門和資本下鄉後的農民合作之路」，《人民日報內參》，2008 年 39 期，2008 年 10 月 17 日出版。

仝志輝，「論我國農村社會化服務體系的部門化」，《山東社會科學》，2008 年第 7 期。

魏道南、張曉山（主編），《中國農村新型合作組織探析》，經濟管理出版杜 1998 年 3 月第 1 版。

溫鐵軍，「國家資本再分配與民間資本再積累」，《新華文摘》，1993 (12)。

溫鐵軍，「制約三農問題的兩個基本矛盾」，《戰略與管理》，1996 (3)。

向國成、韓紹鳳，《小農經濟效率分工改進論》，中國經濟出版社 2007 年版。

5

當代中國大陸農村民間組織的發展模式初探——基於主導力量的視角

畢天雲
(雲南師範大學哲學與政法學院教授)

目次

引言

　　自20世紀70年代末實行開放政策以來，在農村經濟市場化、政治民主化和農民再組織化的相互影響和作用過程中，大陸地區的農村民間組織蓬勃發展。在一些傳統民間組織復興發展並日趨活躍的同時，還出現和產生了許多新興的民間組織。據俞可平（2002：30）的估計，截止21世紀初期，全國已經登記和未經登記的鄉村兩級民間組織至少在300萬個以上，占全國民間組織總數的三分之二以上。數量龐大的農村民間組織既是新農村建設的重要力量，也是農村公民社會的主體，已在農村地區的經濟社會發展中發揮了重要作用。因此，探究和比較改革開放30年來農村民間組織的不同發展模式及其成效，既是總結農村民間組織發展經驗需要，也是促進農村民間組織良性成長的需要。

　　農村民間組織的快速發展得到學術理論界的及時關注和重視，已成為政治學、社會學和法學等多門學科共同「聚焦」的熱點領域之一。[1] 理論研究者、政府管理者和實際工作者進行了大量的學理研究和田野調查，發表了較為豐富的研究成果。[2] 已有的研究文獻主要論及以下內容：農村民間組織迅速發展的條件、動因和進程（王名等、蒲文忠，2003；李熠煜，2004；謝菊，2006；楚成亞、陳恒彬，2007）；農村民間組織的性質、地位和類型（宋青，2005；仝志輝等，2005；王名，2006；程同順等，2006；張曉軍、齊海麗，2007）；農村民間組織的功能和作用（丁豔華，2006；常敏，2007；關興，2007；畢天雲，2008）；農村民間組織的管理制度與管理體制（韓雪峰，2004；王名，2007；劉培峰，2007；趙黎青，2007）；農村民間組織發展中的問題與困境（俞可平等，2006：35-46；

1　不同學科和學者對「農村民間組織」的稱謂存在著差異，除此之外還有「農村非政府組織」、「農村非營利組織」、「農村合作組織」和「農村社會組織」等稱謂。這些不同的概念在含義上存在著一定的差異和側重，但它們所指稱的實際物件卻沒有本質差別；本文採用國內多年來形成的習慣稱謂，統稱「農村民間組織」。

2　截止2008年12月底，「中國學術期刊網」（CNKI）收錄的文章中，篇名中包含「農村合作組織」、「農村民間組織」、「農村非政府組織」、「農村社會組織」、「農村非營利組織」的文章數量分別為60篇、50篇、18篇、16篇和7篇。

何增科，2007：137-138；成志剛、陳錦飛，2007；畢天雲，2009）；農村民間組織的培育、監管與評估（肖建章，2006；文國鋒，2007；鄧國勝等，2007等等）。農村民間組織發展的比較研究（李寶梁，2001；童章成，2004；楊團、李振剛，2008）。上述研究成果對改革開放以來農村民間組織發展的事實層面進行了較為全面的描述與分析，有助於系統地瞭解和認識農村民間組織的全貌。與此同時，學理研究還需要透過紛繁複雜的經驗現象，從更深層次揭示當代農村民間組織發展的內在規律與機制，以更加自覺和自為的理論認識指導和規範農村民間組織的良性發展。筆者認為，發展模式的討論與分析無疑屬於該主題範疇內的重要問題之一。

　　農村民間組織的發展模式是影響農村民間組織發展的各種因素相互作用的規律性機制，是在農村民間組織發展過程中形成的特色鮮明並且具有代表性的典型範例。根據不同的角度和標準，可以把農村民間組織的發展模式劃分為不同的類型。從發展動力和生成機制角度，可分為「內生型模式」和「嵌入型模式」；從發展的自主性角度，可分為「自發型模式」和「自為型模式」等等。本文認為，從促進農村民間組織發展的參與主體及其主導力量角度劃分發展模式是一種值得探索的研究路徑。農村民間組織的產生和發展是集體行動的結果，沒有參與主體的發動、宣傳、組織和引導，就沒有農村民間組織的蓬勃發展，分析參與主體的地位和作用是揭示農村民間組織發展模式的重要依據。從參與主體的角度看農村民間組織的發展，我們看到兩個方面的社會事實：一方面，促進農村民間組織發展的參與主體具有多元化的特點。實踐表明，當代農村民間組織的快速發展是多種參與主體共同推動的結果，其中最重要的參與主體有政府、企業、農民、學者和NGO。另一方面，各種參與主體的地位和作用具有非均衡性的特點。在農村民間組織的創辦與成長過程中，多元參與主體的地位和作用存在著差異，有主導力量和非主導力量之分。主導力量是在農村民間組織的誕生、成長和運行過程中起著決定性作用的參與者，非主導力量是起輔助作用的參與者。[3] 事物的性質是由主要矛盾的主要方面決定的，以主導

3　當然，在農村民間組織的個案發展過程中，扮演主導力量角色的參與主體是相對的，在一定的條件下，主導力量和非主導力量會發生相互轉化。

力量為基礎劃分發展模式具有堅實的理論基礎。居於促進農村民間組織發展的主導力量，本文把當代農村民間組織的發展模式劃分為五種類型：政府主導型模式、企業主導型模式、農民主導型模式、學者主導型模式和NGO主導型模式。[4]

一、政府主導型模式

政府主導型模式是指以政府為主導力量推動、支援和規範農村民間組織發展的模式。該模式具有鮮明的中國特色，是改革開放以來農村民間組織成長中最普遍、最重要和最基本的發展模式。之所以如此，主要原因有三：一是路徑依賴的慣性。政府主導是中國治理文化的傳統和特質，在新中國成立後的計劃經濟時代進一步演變為「政府全能主義」。改革開放以來，隨著「政企分開」和「政社分開」的推進，政府與社會的關係格局逐步由「大政府、小社會」向「小政府、大社會」轉變，但「路徑依賴」的固有慣性依然強大。二是政府對農村民間組織的態度。在民間組織發展的問題上，政府持有一種矛盾的心態，何增科（2006：125）曾對此作過精闢分析：「目前官方對民間組織的態度總體上是矛盾的，一方面希望其發揮參謀助手、橋樑紐帶作用，希望其對政府職能起到拾餘補缺的補充作用，希望其協助黨和政府緩解社會矛盾解決社會問題；另一方面又擔心民間組織發展成為體制外的異己力量挑戰黨和政府的權威，因此對民間組織的信任程度是比較低的。」在農村民間組織的發展過程中，政府同樣存在著矛盾心態或「二重心理」：對農村民間組織既有承認、支援、鼓勵和表彰，也有限制、約束、責難甚至反對。在這種背景下，發揮政府的主導作用，確保農村民間組織的運行在可控的範圍內，自然成為政府首選的治理

4　清華大學NGO研究所所長王名教授在總結當代中國民間組織發展歷史和經驗的基礎上，提出今後中國民間組織發展的「三條道路假設」：一是政治精英主導的威權誘導型道路，二是知識精英主導的民主宣導型道路，三是經濟精英主導的財富推進型道路。詳見王名（2008：50-52）。

策略。三是農民自身的組織化能力。在人民公社體制下，農民是高度組織化的群體。人民公社體制解體和家庭聯產承包責任制實行後，農村出現了「原子化」現象，農民的組織化程度下降。特別是農村剩餘勞動力向城市流動，使一大批有能力的「農民精英」離開村莊，加劇了農民再組織化的難度。在此條件下，政府作為推動農村民間組織發展的主導力量，既是政府的選擇，也是農民的選擇。

　　政府主導型的發展模式有三個顯著特點：一是合法性基礎牢固。以政府為主導力量推動建立和發展的農村民間組織，政府直接為其提供政治合法性、行政合法性和法律合法性等多重保證，其合法性不僅具有權威性和正式性，而且具有穩定性；其合法性基礎不容置疑，也無可置疑。因此，在政府主導型模式中發展起來的農村民間組織，不但具有得天獨厚的「先天優勢」，而且還能享受由此帶來的各種「特殊待遇」。[5] 二是行政色彩濃厚。在這種發展模式中成長起來的農村民間組織，與政府的關係十分密切，甚至具有「准政府組織」或「半政府組織」的性質，最典型的代表性是「村民委員會」。《中華人民共和國村民委員會組織法》（1998）第二條規定：「村民委員會是村民自我管理、自我教育、自我服務的基層群眾性自治組織。」但從村民委員會的實際運作過程看，卻具有比較濃厚的行政色彩，更像一個「半政府半民間組織」。[6] 根據現代社會組織的分類框架，村民委員會既不屬於第一部門的政府組織，也不屬於第二部門的市場組織，而屬於第三部門的民間組織。[7] 三是政府支持力度大。以政府為主導力量建立和發展起來的農村民間組織，能夠從政府部門獲得更多的資源和支持，如政策支持、財力支持和人力支持。浙江省「里安市農村合作協

5　例如2006年3月成立的「浙江省里安市農村合作協會」就是由政府直接推動建立的，實行農民專業合作、供銷合作、信用合作「三位一體」，打破了現行農村合作組織的常規運行模式。

6　村民委員會的行政色彩具有深厚的歷史根源。現在的村民委員會由人民公社時期的「生產大隊」，人民公社解體後的「辦事處」和「村公所」演變而來，它的「前身」和「出身」都具有濃厚的政府屬性。

7　在民間組織的政府主管部門（民政部門）的管理和統計中，民間組織分為社會團體、民辦非企業單位和基金會三類，村民委員會不屬於民間組織的範圍。

會」成績顯著，與市政府、市農辦、農業局、科技局、民政局以及人民銀
行、銀監辦等部門的大力支持密切相關。

政府主導型模式最主要的局限是對農村民間組織干預過多過深，削弱
農村民間組織的自治性和自主性，有時還可能出現「包辦代替」、「行政
命令」和「急於求成」等現象。但是，由於農民自治能力的成長和政府職
能的轉變需要一個過程，在可以預計的將來，政府主導型模式將仍然在農
村民間組織發展中搬演最重要的角色。對於這種發展模式，最關鍵的問題
在於有效協調農民需要與政府需要的關係，藝術地處理農民自治度與政府
控制度之間的權重，實現二者的動態均衡與和諧。

二、企業主導型模式

企業主導型模式是指以龍頭企業（公司）為主導力量領辦、創辦和扶
持農村民間組織發展的模式。企業主導型模式產生和形成的根本原因是解
決農業產業化過程中出現的「小農戶」與「大市場」之間的矛盾，直接原
因主要有兩個：一是龍頭企業尋求穩定可靠的初級產品供應組織。企業與
農戶合作的初級組織形式是「公司+農戶」，這是一種充滿不確定性的合
作模式。在這種模式中，公司經常「遭遇」兩個難題：一個難題是企業與
分散農戶的交易成本過高。一個公司要與成百上千的農戶打交道，需要大
量的人力和財力支撐；尤其是與農戶發生矛盾糾紛的時候，雙方直接面對
面，缺少「緩衝地帶」。另外一個難題是公司難以有效制約農戶的機會主
義行為。當市場價格超過公司的協議收購價格時，有部分農戶把農產品賣
給其他客戶而不是公司；當市場價格低於公司的協議收購價格時，農戶又
要求公司收購產品。龍頭企業為了有效破解兩個難題，迫切需要在農戶與
公司之間建立一個具有「仲介」性質的農民組織，以降低交易成本提高經
濟收益。由此可見，企業領辦或創辦農民合作經濟組織，背後具有很強的
經濟動因，或者說是一種「經濟人」的行為。二是分散農戶需要組織化的
利益保障機制。農業產業化的目標之一就是要提高農產品的商品率，增加

農民收入。面對瞬息萬變的大市場，獨立的分散農戶要麼技術能力不足，要麼市場訊息不通，農產品的品質和銷售難以保障；進入到「公司＋農戶」模式中的農戶，又會遇到公司壓價收購、降價收購甚至拒絕收購的困境。因此，分散農戶也希望建立自己的利益保護組織，增強抵禦市場風險的能力，提高與公司企業討價還價的能力。

　　企業主導型發展模式中建立和發展起來的農村民間組織主要是經濟類的農民合作組織，包括由龍頭企業領辦或創辦的農民專業合作社和農民專業技術協會。[8] 第一種組織形式是「公司＋合作社＋農戶」。這種組織形式中的農民專業合作社與農民自己獨立創辦的專業合作社不同，它由公司領辦或創辦，其運行受制於公司企業。例如，湖北省建始縣的「益壽果品專業合作社聯合社」，下轄3個獼猴桃專業合作社、1個葡萄專業合作社、1個板栗專業合作社，該合作社聯社是由湖北省恩施州「益壽天然果品有限公司」於2003年領辦建立的。第二種組織形式是「公司＋協會＋農戶」。這種組織形式中的農民專業技術協會也沒有完全的獨立性，要接受公司企業的管理甚至控制。例如雲南省祿豐縣的《仁興鎮農產品種植加工行銷專業技術協會章程》第一條規定：協會的「主管單位是仁興鎮鑫旺經貿有限責任公司，批准及業務主管單位是祿豐縣科學技術協會，登記管理機關是祿豐縣民政局。」又如湖北省建始縣的農業產業化龍頭企業「農泰產業有限責任公司」，是建始縣魔芋產業化開發業主，走「公司＋協會＋農戶＋基地」農業產業化道路，創建了「建始縣綠色食品魔芋、蔬菜協會」。

　　企業主導型模式是一種市場化模式，它通過市場機制提高農民的組織化程度，維繫這種模式的核心紐帶是經濟利益關係。企業主導型模式可能產生的突出問題有三個：一是龍頭企業的實力問題。在這種發展模式中，龍頭企業的經營狀況和經濟實力直接關係到農民合作組織的存亡，一旦龍頭企業經營不善甚至倒閉破產，農民合作組織很有可能解體。所以，保護和支援龍頭企業的發展，就是保護和支援農民合作組織。二是農民合作組

8　農村合作經濟組織的創立途徑有兩條：一是農民自己聯合起來成立，二是龍頭企業
　（公司）領辦或創辦，這裏討論的是第二種途徑成立的合作經濟組織。

織的地位問題。無論在「公司+合作社+農戶」還是在「公司+協會+農戶」的組織形式中，農民合作組織（專業合作社和專業技術協會）沒有完全的獨立性，扮演的是一種「橋樑」或「紐帶」角色。如果公司負責人與農民合作組織的負責人「合二為一」，農民合作組織就很有可能成為公司的一個下屬機構，甚至成為公司牟利的一種組織手段，難以有效地保障農戶的經濟利益不被公司侵佔或損害。在一些地區，這種情況不再是「假設」，已經成為客觀現實。三是經濟利益的分配問題。在「公司+合作社+農戶」和「公司+協會+農戶」的組織形式中，直接參與利益分配的有農戶、合作社（協會）和公司三方。三方之間的利益分配過程是一個利益博弈過程，公司在利益博弈中顯然處於優勢地位，獲得的利益更多（現實中基本如此）。由此導致的利益分配不公將直接削弱農戶參加合作社或協會的積極性，危及農民合作組織的凝聚力和穩定。因此，在企業主導型的發展模式中，建立和完善一套「三贏」的利益分配機制至關重要。

三、農民主導型模式

農民主導型模式是指以農民為主導力量自主創立、自我管理和自主成長的農村民間組織發展模式。該模式充分反映了農民的組織化需求和組織創新能力，大多數農村民間組織都是在這種發展模式中產生和成長起來的，最具代表性的民間組織是文化活動類組織。[9]

總體而言，農民主導型模式有三個主要特徵：一是內生性。在這種發展模式中，農村民間組織的產生不是外來者設計的產物，而是農民自己選擇的結果。農民從自己的生產和生活實際出發，根據自己的現實需要獨立創建滿足自己需求的民間組織，或者模仿或借鑒他人成立民間組織。該類

9　此外還有「農民維權組織」和「農村民間金融組織」。「農民維權組織」的研究可參閱於建嶸（2005）、孫春苗（2006）和張德瑞（2006）等人的論文；「農村民間金融組織」的研究可參閱萬江紅、狄金華等（2005）、王卓（2006）、王曉文（2007）的論文。

民間組織不僅具有深厚的群眾基礎，而且擁有堅實的社會合法性，農民的認可度、參與度和支持度較高，農民與組織之間的關係是「我們關係」。在這些民間組織中，農民根據自己的實際需要選擇活動專案，按照自己方便的時間開展活動，運用自己熟悉的規則自我管理。[10] 因此，「內生性」既是農民主導型模式的特點，也是農民主導形模式的優點。二是草根性。在這種發展模式中產生和成立的民間組織，主要是鄉村兩級的草根組織，數量眾多，規模較小，一般以自然村、行政村或鄉鎮的地域範圍為活動空間，具有一定的封閉性。有的組織穩定性差，存續時間短；有的組織活動不正常，計劃性不強；有的隨意性大，自生自滅。三是非正規性。有的民間組織名稱不規範，要麼名不符實，要麼有名無實，要麼有實無名。有的民間組織自我管理制度不健全不完善，甚至最基本的章程都沒有。有的民間組織沒有登記註冊，「自己給自己立法」，成為游離於政府監管之外的「法外組織」。以農村專業經濟協會為例，雖然民政部在2003年10月就下發《關於加強農村專業經濟協會培育發展和登記管理工作的指導意見》，簡化登記程式和放寬登記條件，但到2004年9月民政部舉行「全國發展農村專業經濟協會會議」時為止，全國已建立的10萬餘個農村專業經濟協會中，只有1萬餘個在各級民政部門登記註冊（何增科，2007：137）。

　　農民是農村建設和發展的主體，也是農村民間組織的主體。從歸根結底的意義上講，農民主導型的發展模式才是最有生命力的模式，因為其他發展模式建立的民間組織，只有最終獲得農民的信任和支持才能真正生存和持續發展。農民主導型模式的挑戰來自內外兩個方面：內部挑戰集中體現為農民的自組織能力和自治水準，亦即農村民間組織自身的發展能力；外部挑戰來自農村民間組織的制度環境，如法律、政策和管理體制等。對於農民主導型的民間組織，應該給予更多的鼓勵、培育、引導、指導、支持與幫助，使之規範化和制度化。

---

[10]　如山西省的「永濟市蒲州鎮農民協會」就是一個典型的「內生性組織」，是當地農民自發興辦、農民自己決定的民間組織（揚團、李振剛，2008）。

四、學者主導型模式

　　學者主導型模式是指由學者（專家）為主導力量推動建立並促進農村民間組織成長的發展模式。在新中國成立以前，以知識份子和專家學者為主導力量推動農村民間組織發展的實踐，集中體現在20世紀20-30年代的鄉村建設運動中。在鄉村建設運動中，各實驗區、鄉建團體把提倡合作、組織農民作為鄉村建設的主要內容之一，興辦鄉村小學，建立成人學校，設立鄉村醫院、衛生所、保健所，特別是組織農民成立各種合作社，促進了農村民間組織的發展（鄭大華，2000：482-522）。20世紀80年代以來，隨著農村經濟體制的改革和深化，一方面是農民積極性的空前提高和農村生產的巨大發展，另一方面是農村原子化程度不斷加重和「三農問題」日益嚴峻，特別是分散的小農戶與大市場之間極端不對稱，迫切需要提高農民的組織化程度以共同應對和抵禦市場風險。在此歷史背景下，一些研究和關心農村發展問題的專家學者深入農村，開始「新鄉村建設實驗」，通過建立農村民間組織提高農民的組織化程度，進而推動社會主義新農村建設。比較典型的有中國人民大學溫鐵軍團隊在河北定縣成立「晏陽初鄉村建設學院」，華中科技大學賀雪峰團隊在湖北荊門和洪湖開展的「老年人協會」，中國社科院社會政策研究中心楊團團隊在陝西洛川縣舊縣鎮建立「農民醫療合作社」、在湖北恩施州創建「建始縣三裏鄉河水坪農村綜合發展協會」（簡稱「河水坪綜合農協」）。

　　在學者主導型的發展模式中，專家學者在農村民間組織發展過程中的主導作用主要體現在四個方面：一是構建組織框架。在專家學者主導的新鄉村建設試驗中，建立新的農村民間組織不是專家學者的最終目的，而是實現試驗目的的一種組織手段。因此，組織的框架結構與功能設計主要針對試驗目的，重點考慮能否滿足試驗需要。二是推動組織建立。為了把規劃設計好的「組織藍圖」變成現實的「組織實體」，專家學者直接參與組織籌建，宣傳動員農民，協調各方關係，協助辦理各種手續，爭取良好的外部環境，甚至提供必要的人力、物力和財力支援。三是參與組織運作。為了確保農村民間組織的有效運行和目標達成，專家學者經常採取「強干

預」策略，直接參與組織的實際運作，討論和解決組織成長中的問題與困難，甚至事無巨細。四是爭取組織外援。為確保新建組織的發展壯大，專家學者們在充分利用自己的社會資本的同時，還積極尋找和爭取新的援助管道，為民間組織爭取盡可能多的政策支持、經濟支持、智力支持甚至輿論支持。

學者主導型模式有三個顯著特點：一是嵌入性。在這種發展模式中，農村民間組織的創立和發展主要不是來自農民本身的明確意識，而是來自專家學者對農民潛在需要的發現與認識。專家學者通過自己的實地調研和理論研究，認為為了最大限度地維護和實現農民在某個或某些方面的利益，需要把農民組織起來，建立相應的農民組織。對於當地農民而言，通過這種形式建立的民間組織具有「外來物」的感覺，既有「新鮮感」也有「陌生感」，「嵌入性」特點為「內生化困境」埋下了伏筆。二是探索性。學者主導型的農村民間組織，從籌建到發展無不滲透著專家學者的理論認識和理想設計，具有鮮明的試驗性和探索性，甚至還有一定程度的創新性和超前性。這一特性符合社會創新的本質要求，同時也可能「遭遇」發展過程中的「合法化困境」。三是民本性。學者主導型模式是知識份子與農民相結合的發展模式，具有典型的「以民為本」特性。在這種發展模式中，絕大多數專家學者滿懷「為民謀利、服務農民」的使命感和責任感，深入農村、深入農戶，聽取農民的意見，反映農民的呼聲，站在農民的立場，維護農民的利益，為農民著想，為農民謀利。在很大程度上可以說，民本性是學者主導型模式的「生存之基」、「立命之本」和「發展之源」。

學者主導型的發展模式主要面臨兩大困境：一是「內生化」困境。該困境的實質是學者與農民的關係問題，具體說是專家學者的供給與當地農民的需求之間是否相互吻合的問題。理念再先進、設計再完美的「嵌入性組織」，如果得不到農民的理解、認可和支持，就很難生存與發展，甚至會出現「人在組織存，人走組織散」的局面。二是「合法化」困境。該困境的實質是學者與政府的關係問題，關鍵是政府是否認可與支持的問題。在這個問題上，學者的「理想理性」與政府的「現實理性」、學者的「創

新欲求」與政府的「求穩欲求」經常會出現「不合拍」的現象。儘管如此，學者主導型模式仍是值得提倡和支援的發展模式。專家學者通過與實踐相結合，與農民相結合，不僅可以為農村民間組織提供智力支援，幫助農村民間組織走向規範化和制度化，而且還能「蕩滌」知識份子中存在的「高談闊論」、「坐而論道」、「紙上談兵」、「脫離民情」等風氣，非常有益於促進學風建設和學術道德建設。

五、NGO主導型模式

　　NGO主導型模式是指以NGO為主導力量培育、創辦和支援農村民間組織發展的模式。20世紀80年代以來，各種形式的NGO在全世界範圍內湧現，「全球社團革命」運動推動了公民社會的發育與成長。20世紀80年代以後，隨著海外NGO進入中國和中國本土NGO的發展，NGO逐漸成為推動和促進農村民間組織發展的主導力量之一，產生和形成了一類新型民間組織即「NGO的NGO」。

　　在農村民間組織發展中扮演主導力量角色的NGO包括兩類：第一類是海外在華的NGO。海外在華的NGO在20世紀80年代初就開始進入大陸開展各種援助活動，中國加入WTO後更顯活躍（韓俊魁，2006）。海外在華NGO按其活動類型大致可分為支持型（該類型的典型組織為基金會）、宣導型、專案運作型和基於教會性質的慈善團體等四種類型（李文文，2004：306-308）。海外在華NGO不僅在貧困農村地區開展形式多樣的援助專案，並且在專案實施過程中培育和成立新的農村民間組織。典型事例如國際世界宣明會（以下簡稱「宣明會」）在雲南省永勝縣培育和成立了「永勝縣農村社區發展協會」（韓俊魁，2006）。宣明會於1996年2月的一個偶然機會（參與雲南麗江地震的災後重建）進入永勝縣，1997年9月開始在永勝縣以「兒童為本，社區扶貧」為理念，實施綜合性區域發展專案（Area Development Program，簡稱ADP）。因為宣明會在一個地區的扶貧時間一般是10-15年，為確保宣明會退出永勝後能有一個NGO接管其

資產以繼續為當地農村貧困社區提供慈善服務，於2003年8月成立「永勝縣農村社區發展協會」，宣明會在協會的發起、資金扶持、專案支援、人力資源以及組織能力建設等方面給予了一系列具體扶持，以最終實現協會的自我發展（韓俊魁，2006）。

　　第二類是中國本土的NGO。中國本土的NGO在農村扶貧開發中發揮了非常重要的作用，通過扶貧開發專案的實施促進的農民間組織的發展。王名把中國本土NGO在農村扶貧開發方面開展的主要活動分為生存扶貧、技術扶貧、教育扶貧、幸福工程、人口扶貧、合作扶貧、文化扶貧、實物扶貧、環保扶貧等九種形式（2001）。如1993年成立的「中國國際民間組織合作促進會」把「支援基層民間機構的能力建設」作為機構宗旨之一。截至2008年12月底，中國民促會共有國內會員108家，專案遍及全國30個省、自治區、直轄市中近100個區縣。[11] 又如，1980年成立的「中國計劃生育協會」是以宣導人民群眾計劃生育／生殖健康為目標的全國性、非贏利性群眾團體，目前已建立各級協會102萬個，發展會員8300餘萬名[12]，其中相當數量的基層協會就屬於農村民間組織的範疇。

　　NGO主導型模式有兩個主要特徵：一是以援助專案為基礎促進農村草根組織發展。王名教授認為，草根組織（grass rots）是指「根植于社區基層並主要服務于社區居民、具有較強民間性的組織，主要活躍于城市社區和農村基層鄉村」（王名，2008：28）。王名指出，中國草根組織的發展與境外在華資助機構的援助活動分不開。例如，從1998年到2008年的20年間，「福特基金會先後投入兩億多美元，用於資助包括扶貧開發、醫療衛生、環境保護、教育培訓、弱勢權益保護、基層民主、公共治理等諸多領域的公益專案，一大批草根組織通過福特基金會的專案資助得以發育和成長起來」（2008：28）。又如，香港樂施會（以下簡稱「樂施會」）在雲南省祿勸縣從事「農村社區發展」專案過程中推動農村少數民族社區發展組織的建立與發展（王曉毅，2006）。從1992年開始，樂施會在祿勸縣的

---

[11]　中國國際民間組織合作促進會網：http://www.cango.org/newweb/jianjie.asp。

[12]　中國計劃生育協會網：http://www.chinafpa.org.cn/about.asp?id=1。

一個苗族社區（馬基山自然村）開展通電、引水和社區發展基金等項目活動，在專案實施過程中先後幫助成立了「社區發展委員會」、「社區管理委員會」、「科技小組」、「護林小組」、「青年小組」等草根組織。二是重視農村婦女民間組織的培育與支援。農村婦女發展是農村發展的重要組織部分，在農村婦女發展中，NGO發揮了多方面的積極作用，其中一個重要作用就是促進了農村婦女民間組織的建立和發展。例如，在「河南社區教育研究中心」的推動下，先後成立了「彩霞文藝演出隊」、「新鄭市和莊鎮返鄉打工妹之家」、「紅絲帶協會」、「登封農村婦女手工藝品開發合作社」等婦女組織（徐宇珊，2005：112）。

　　NGO與農村民間組織同屬第三部門，具有本質上的親密關係。可以預計，NGO主導型的發展模式在將來還會有更大的活動空間。

六、總結與討論

1. 從主導力量角度看，農村民間組織的五種發展模式反映了農民再組織化進程中多樣化的生成路徑。當代農村民間組織的發展過程實質上就是農村和農民的再組織化過程，那麼，誰來組織農民？五種發展模式表明，政府、企業、農民、學者和NGO是組織農民的五種主導力量，正是這五種力量推進了當代農民的組織化程度和農村民間組織的產生和發展。從這個角度看，農村民間組織的蓬勃發展不僅僅是那一種主導力量的功績，也不僅僅是那一種主導力量的責任，而是多元「合力」共同推動的結果。

2. 從主導力量角度看，農村民間組織的發展模式與農村民間組織的類型之間不是單向的對應關係，而是錯綜複雜的交叉關係。根據農村民間組織的性質和功能，農村民間組織大致可以分為政治類組織、經濟類組織、文化類組織和社會類組織等四種類型。四種類型與五種發展模式之間是一種多向的交叉關係：同一類型的民間組織可以採用多種發展模式，同一發展模式也可以適合多種類型的民間組織。因此，認為一種發展模式

能夠解釋所有的組織類型，或者認為一種組織類型只有一種發展模式，都不符合客觀事實。

3. 從主導力量角度看，農村民間組織的五種發展模式不能進行簡單化的優劣和好壞判斷。上述分析表明，每一種發展模式各有自己的優點和缺點，十全十美或一無是處的發展模式並不存在。事實上，每一種發展模式中產生的農村民間組織，既有成功的案例，也有不太成功甚至失敗的實例。因此，我們不能簡單地認為，哪種發展模式最好，哪種發展模式最差。清楚這一點非常重要，可以儘量預防和避免「一刀切」或「一元化」帶來的「折騰」。

4. 從主導力量角度看，農村民間組織的五種發展模式將繼續延伸，相互之間的影響和借鑒將越來越密切。可以預計，農村民間組織的五種發展模式將沿著兩個方向前進：一個方向是各種發展模式將遵循各自的「運行邏輯」，在不斷地自我總結與反思中繼續前進；另外一個方向是各種發展模式之間的互動與溝通將越來越多，在相互影響與互相借鑒中取長補短和不斷完善。因此，我們不能人為地限制多元發展模式，而要承認和尊重多元發展模式，保護與協調多元發展模式，保障中國農民民間組織的健康發展。

●●●　**參考文獻**　●●●

畢天雲 (2008)。農村民間組織的社會責任初探。**浙江學刊**，第 3 期。

畢天雲 (2009)。試析農村民間組織管理中的困境。**學術探索**，第 2 期。

常敏 (2007)。農村民間組織發展與公共產品供給。**農村經濟**，第 6 期。

成志剛、陳錦飛 (2007)。我國農村非營利組織的發展問題。**新東方**，第 1 期。

程同順等 (2006)。**農民組織與政治發展：再論中國農民的組織化**。天津：天津人民出版社。

楚成亞、陳恒彬 (2007)。新時期農村民間組織生長機制研究──基於張高村民間

組織建設實驗觀察。**東南學術**，第 1 期。

鄧國勝等 (2007)。**民間組織評估體系：理論、方法與指標體系**。北京：北京大學
　　出版社。

丁豔華 (2006)。農村民間組織對構建農村和諧社會功能的社會學分析。**中共成都
　　市委黨校學報**，第 6 期。

關興 (2007)。鄉村治理視野下中國農村民間組織的政治功能。**湖南農業大學學報
　　（社會科學版）**，第 3 期。

韓俊魁 (2006)。境外在華扶貧類 NGO 的典型案例：世界宣明會永勝項目十年。
　　學會，第 11 期。

韓雪峰 (2004)。試析我國非營利組織管理體制缺陷。**廣東行政學院學報**，第 4
　　期。

何增科 (2006)。中國公民社會制度環境要素分析。載於載俞可平（主編），**中國
　　公民社會的制度環境**。北京：北京大學出版社。

何增科 (2007。**公民社會與民主治理**。北京：中央編譯出版社。

李寶梁 (2001)。關於民間組織發展的比較研究。**理論與現代化**，第 6 期。

李文文 (2004)。在華海外民間組織。載於王名、劉培峰（主編），**民間組織通論**
　　（頁碼）。北京：時事出版社。

李熠煜 (2004)。當代農村民間組織生長成因研究。**人文雜誌**，第 1 期。

劉培峰 (2007)。中國非政府組織立法的評論與思考。Social Science in China，第 2
　　期。

蒲文忠 (2003)。蓬勃興起的農村民間組織。**中國改革（農村版）**，第 5 期。

宋青 (2005)。農村民間組織合法性剖析。**理論學習**，第 4 期。

孫春苗 (2006)。農民維權組織和農村發展。**調研世界**，第 5 期。

仝志輝等 (2005)。**農村民間組織與中國農村發展：來自個案的經驗**。北京：社會
　　科學文獻出版社。

童章成 (2004)。**杭州、寧波、溫州、台州、紹興五地民間組織比較研究**。浙江社
　　會科學，第 2 期。

萬江紅、狄金華等 (2005)。我國農村民間金融組織研究述評。**經濟師**，第 3 期。

王名(2001)。NGO 及其在扶貧開發中的作用。**清華大學學報（哲學社會科學版）**，
　　第 1 期。

王名 (2006)。非營利組織的社會功能及其分類。**學術月刊**，第 9 期。

王名 (2007)。改革民間組織雙重管理體制的分析和建議。**中國行政管理**，第 4

期。

王名主編 (2008)。**中國民間組織 30 年——走向公民社會**。北京：社會科學文獻出版社。

王曉毅 (2006)。**組織建設和能力建設：香港樂施會祿勸專案研究**（未刊稿）。

王曉文 (2007)。農村民間金融組織形式探究。**中國鄉鎮企業會計**，第 4 期。

王卓 (2006)。農村民間金融組織的社會特徵分析。**四川大學學報**，第 6 期。

文國鋒 (2007)。加強農村民間組織的培育和規範——山東、河南農村民間組織培育發展情況的調研報告。**學會**，第 6 期。

肖建章 (2006)。培育和規範農村民間組織，促進社會主義新農村建設。**新視野**，第 5 期。

謝菊 (2006)。新農村建設中的農村民間組織發展研究。**中國行政管理**，第 10 期。

徐宇珊 (2005)。NGO 與農村婦女發展。載於仝志輝等（主編），**農村民間組織與中國農村發展：來自個案的經驗**。北京：社會科學文獻出版社。

楊團、李振剛 (2008)。四個農村合作組織案例的比較分析：發展需要內外機制並舉。**學習與實踐**，第 10 期。

於建嶸 (2005)。當代中國農民維權組織的發育與成長——基於衡陽農民協會的實證研究。**中國農村觀察**，第 2 期。

俞可平等 (2002)。**中國公民社會的興起與治理的變遷**。北京：社會科學文獻出版社。

俞可平等 (2006)。**中國公民社會的制度環境**。北京：北京大學出版社。

張德瑞 (2006)。論新農村建設與我國農民維權組織農會的構建。**長春市委黨校學報**，第 5 期。

張曉軍、齊海麗 (2007)。新農村建設中農村民間組織的角色探討。**寧夏黨校學報**，第 5 期。

趙黎青 (2007)。改革民間組織雙重管理體制——以對北京市懷柔區民間組織管理體制為例。**學海**，第 6 期。

鄭大華 (2000)。**民國鄉村建設運動**。北京：社會科學文獻出版社。

6 中國農業經濟合作組織的新制度經濟學分析

施育曉

（香港理工大學應用社會科學系講師）

一、農村經濟合作的必要性

家庭承包責任制引發了中國現代經濟的革命，重塑了農村經濟組織的微觀基礎。數億小農戶成為個體農戶，成為農業企業主，分別獨自承擔生產和市場風險。他們隨著經濟的全面開放和國際化，被推向優勝劣汰、競爭激烈殘酷的市場經濟，更被推向生產期長、風險來源眾多、不少環節需要龐大資本投入的農產品市場。中國農民的組織化程度極低，在這些條件下，其自身利益很難受到公平的保護。

以家庭聯產承包責任制為基礎的農業生產不適合現代農業的發展。以家庭為生產單位的生產規模較小，且具有較大的分散性，在自足經濟以及農產品市場不發達時，比對集體經濟來說，由於生產積極性的提升，對經濟發展有一定的促進作用。但隨著市場分工的進一步發展，這種由農戶分散生產，再到市場銷售的方式不利於也不合適現代農業的發展。一個主要原因是這種模式不利於應用現代農業技術和發揮規模經濟效用，而且交易費用過高，加上資訊滯後和資訊成本高昂，容易造成產量過剩，增加生產風險。因此適應現代農業發展，農村必須建設農民經濟組織體系。[1] 這也是國際已發展國家，以至日韓和台灣的經驗總結。

個體農民在市場中的劣勢表現於：

1. 經營規模小，無法取得規模效益，引致各項成本偏高甚或無法負擔，如
   (1) 資訊不足，不能及時掌握市場動態，要獲取資訊，由於經營規模小，單位成本又往往太高；導致市場預測能力差，無法適應市場的供需的變化，令生產具較的盲目性，風險較高。
   (2) 供貨、取材、運輸數量少，無法與大型工商企業平等談判，令經營成本較高。

---

[1] 從另一方面，即是農村的社會發展出發，農村的社會文化衛生等公共性很強的各項事業，必須有強有力的國家投入，或者集體經濟的基礎，又或者在農村大部分人口的經濟水平都較好的情況下，才能較快的發展。如果農村採取個體化的發展模式，即便有成功的個別大戶，仍難以較快的推動農村的社會文化衛生等發展。

(3)在大型農業生產商低成本的競爭下，無法獲得較高利潤；

(4)科技研究、科技資訊、市場資訊、市場開拓的單位成本昂貴，無法負擔一些可增產增收的投入；

(5)在流通領域，交易方式陳舊，市場單一而且資訊不足，無力約制中介，令農產品流通不暢或分享增值利潤的比例甚低；

(6)無力融資，發展農副產品的加工能力弱，難以分享加工工業或流通行業的增值利潤。

2. 風險並不因利潤低並降低，反而自然風險、技術風險、政策風險和市場風險等不斷增加。

3. 從政治經濟學的角度，由於農民力量分散，無法有力地對政府、企業和社會其他階層形成有力的維護利益和制約的能力。這些體現在土地、基礎建設投入、科教文、衛生、養老等社會保障的權益上，農民都長期受到損害。

表 6-1　1990-2007 年中國城鄉人均收入差距

年份	城鎮居民人均可支配收入（元）	農村居民人均可支配收入（元）	城鄉收入差距（元）	城鄉收入差距指數（以農村為1）
1990	1510	686	824	2.20
1995	4283	1578	2405	2.71
2000	6280	2253	4027	2.79
2003	8500	2662	5838	3.24

資料來源：《中國統計年鑑》，1991-2008 年、《國民經濟和社會發展統計公報》，2003、2008 年。

　　中國農村合作組織的發展緩慢，很大的原因是因為長達二十餘年的人民公社體制不僅使中國的農民組織變質，更使相當多農民對合作組織產生扭曲的認識，也有不少農民之間的人際信任基礎受破壞，很多鄉村不但不保留一點集體資產，[2] 甚至部分農民之間由於二次農村改革期間的積怨，

2　農業部第一次全國農村集體資清產核資的數據表明，凡是實行「包乾到戶」時，較好保存了原有的集體財產，社區合作經濟組織健全的，第二和第三產業都得到很大發展，集體經濟不斷增強，令農業發展也受益；相反，凡是把集體財產分光，集體經濟

在需要集體行動時，寧可損人不利己，採取不合作的態度。

　　與此同時，整體農業以至農村都處於新舊體制交替，產業結構、就業結構、城鄉結構制約了農產品市場需求和農業發展，而市場制度和秩序不健全，原有供銷社、信用社和鄉村社區組織體制轉變滯後，新的專業合作法等未能全面提供一個有新的約束和權利[3] 的組織平臺，也嚴重束縛了農業新組織的創新和發展。

二、農村經濟合作的核心

　　從農民的角度，作為個體經營者，他們必須面對各種自然、政策、市場等風險，而不少都碰過各種打著要利民招牌，要農民犧牲短期利益，卻佔他們便宜的個人或者企業，甚至政府。大部分農民的資源有限，因此他們能夠承擔的風險也少，嘗新如果失敗，代價對他們來說可能就是一無所有，這是遠擁有比較多閒餘資源的富農或者商人要高的。因此大部分農民表現出來的保守和對風險極強的厭惡（risk aversion）好像是難以理解，實際上卻是十分理性的。因此即便是以他們的利益為號召，農業產業化，即是要農民在土地和人力資源投放上，在生產決定上，進行合作，必須解決，減低失敗時農民的風險和保障他們成功時的利益的問題。農業產業化經營的核心內涵，是在「市場＋中介組織[4] ＋農戶」的模式下，整合農業生產的產前、 產中和產後環節，延長農業產業鏈條，積極發展農產品加

組織鬆散，而後又沒有採取補救措施，致使成為「空殼村」的，不但集體經濟陷入困境，沒有能力為農戶提供任何服務，而且農戶家庭也最為困難（駱友生等，1993）。

[3]　國際上很多國家都有專門的合作社法，並給予合作組織諸如稅收、反壟斷等方面的優惠（ICAO，1999）。

[4]　當前，為農村提供農業生產服務的組織多種多樣，約可分為五類：
1. 由國家興辦的社會化服務組織，如供銷社、糧站、信用社等；
2. 由職能部門興辦的服務組織，包括農技推廣站、畜牧獸醫站、經管站等；
3. 社區性經濟合作組織，如專業合作協會等；
4. 個體及私營服務組織，包括由各種銷售、中介等企業所；
5. 農戶自願聯合組成或者由政府引導甚至主導組成的民間合作服務組織。

工業和流通，形成產前、產中和產後多元利益主體的一體化經營。這需要各種中介組織，集合農民的力量走向市場。這些組織必須扮演農業產業化的組織員、引導者、市場開拓者、營運中心、資訊中心和服務中心[5]。但如何確保這些組織與農民形成利益共同體，風險共擔，利益共用？如何保證農產品加工和流通的增值能夠為農民所分享，從根本上改變農業僅僅提供原料和初級品的地位，改善農業的競爭能力，改變農民增收的困難？

準市場合作組織

中國各地農村較為廣泛採用的是「公司＋農戶」（或者叫「龍頭企業＋農戶」）和「合作社＋農戶」模式[6]。下文重點從新制度經濟學的視角[7]考察兩種模式的優劣點。

其實無論是「公司＋農戶」（或者叫「龍頭企業+農戶」）或者「合作社＋農戶」模式，都是准市場制度安排，是介乎於企業和市場之間的一種配置資源的組織形式。組織（公司／合作社）與農戶之間的關係既非完全的市場交易關係，也非完全的企業內部從屬關係。較之於純粹的市場交易，這種准市場由於共同計劃，組織和農戶間相互依賴和長期關係的多樣性契約安排，使其有較低的交易成本；較之於純企業的內部管理制度，由

5　它們要履行以下功能：
　服務功能，指發展農業生產社會化服務體系，向農戶提供產前、產中和產後的服務。
　中介功能，指代表分散農戶與農產品加工和流通企業對話，節省了公司與農戶之間分散交易的成本，增強了農戶的談判力量。
　實體功能，把農戶融入農業產業一體化生產的流程，向產前和產後延伸，開展農產品的加工和營銷，演變為農戶能分享利益的產業一體化的「龍頭企業」。

6　關於農業產業組織創新及其方式的研究上，胡繼連教授（2002）指出農業產業組織創新是農業產業的不斷分化和升級遞進的過程，實質是農業現代化的過程。隨著組織形式的不斷創新，農業產業組織創新基本形成了龍頭企業帶動型、專業批發市場帶動型、中介組織帶動型和主導產業帶動型等模式。

7　新制度經濟學在遵循當代邊際主義理論的一般方法基礎上，在方法論上提倡個人主義，認為對社會單位的分析必須從其個體成員的地位和行動開始，其理論必須建立在個體成員的地位和行動上。新制度經濟學認為要深入理解現實世界的制度就必須承認人們具有有限地獲取和處理資訊的能力。新制度經濟學的分析視角為我們分析和研究農業產業組織創新提供了從內因到外因，從各種產業組織產生的原因（制度的選擇）、產權約束（利益分配）、合同限制的執行。

於參與准企業的各經濟主體並不喪失獨立性，還有相當大的剩餘控制權和剩餘索取權，因而有較高的經濟動力和較低的內部組織成本。

「公司＋農戶」

在市場經濟條件下，無論是單個農戶還是公司都是獨立的經濟實體，追求自身利益最大化。當某個以某種農產品的加工和銷售企業面臨這種原料供應不足，市場購買成本高等因素嚴重制約時，尋找穩定的、成本較低的貨源便顯得尤為重要。在擴大收購範圍、自己建立該原料的生產基地、尋找該原料的替代品與生產該農產品的農戶建立穩定的收購關係的多種選擇中，當該企業發現與農戶建立穩定的收購關係可以保證有穩定的貨源、降低收購成本，比較經濟的投資便會產生交易動機。它所尋求的交易對象首先是正在從事該農產品生產的農戶。這些農戶大多已經是有種植或養殖該種農產品的技術和經驗，並投入了一定的資本，當面臨市場訊息不對稱、資訊成本過高、風險較大時，與某企業聯合無疑是一個較優抉擇。當雙方達成某種共識，並通過合同使之確立。

「公司＋農戶」是指從事農副產品加工與流通的企業與農戶建立一定的經濟契約關係，公司在產前向農戶提供優良品種和生產技術，提供產中過程的生產和技術服務，以具有保護性質的價格收購農戶產品，進行系列加工，然後銷往國內外市場；農戶則按公司的技術要求進行生產[8]，把大部分產品按多種形式賣給公司。公司和農戶之間的關係，可以分為保護價格、利潤分成、股份合作、利潤返還、補償貿易、免費扶持、預付定金和返租倒包等多種利益分配方式。但比較普遍的是以保護價格收購，再加以一小部分的其他分成安排。而由於農民不能掌握中間環節的資訊，大部分實證調查都發現，農民只能分享農產品加工和營銷增值的利潤中極小的一部分，同時公司能否有效的幫助他們減低自然、政策、市場風險，則要視乎公司的市場資訊、系統地對沖風險的能力，還有對合作農戶的生產的依

8　這種模式也有以公司＋基地＋農戶的形式進行生產，這時農戶與公司有較穩定的契約關係，基本成為農業工人，利潤分成的安排更是罕見。

賴程度。不少情況，是農戶最終只是分薄利卻承擔同樣巨大的風險。

「合作社＋農戶」

　　「合作社＋農戶」的生產形式的主要特徵，是由農戶根據自願加入的原則加入合作社，合作社屬非盈利組織，向組織內人員負責，負責農產品資訊的提供，組織生產、加工、銷售以及生產資料的採購等，再直接把收益返回給組織內人員，並以會費或者交易金額中從中收取一定的佣金使組織正常運作。隨著農戶市場適應能力、獲取資訊能力和個體競爭力以及生產經營能力的增強，農戶可能離開或者減少對合作社的供應而直接進入農產品市場交易。因此，這種新型合作社的特徵很可能是建立一個以組織向各個成員提供系列農業服務的體系，而各個成員則是合作社相對約束的獨立的實體。各個成員合作的向心力在於可以享受合作社的系列服務及減少資訊成本。在這種合作社中，由於各個成員之間的利益衝突較少，對各個成員的約束較少，因此離心力較弱。

三、公司與合作社作為農民經濟合作組織的比較

　　分析這兩種模式的優缺點時，我們可以以基本模式來做對比，即分散的農戶各自向專業市場出售產品。那是以農產品交易市場，特別是專業批發市場為紐帶，農戶自主進行生產，再把產品在市場上進行交易，由批發商和農產品加工企業真接在市場上進行採購。以下是三種模式在一系列政策目標的表現分析：

表 6-2　不同形式農民經濟合作組織的比較

	公司＋農戶	合作社＋農戶	（專業）市場＋農戶
農業產業發展	3-5	2-5	2-4
農戶收益	1-2	2-5	1
抗風險能力	2-3	3-5	1
農戶組織化程度	1-2	3-5	1
交易費用	2	3-4	4-5
組織成本	2-3	3-5	1

說明：1 分最低，5 分最高，分數範圍顯示成效視乎組織和運營的方式，或者組織的成本和效益。
資料來源：「公司＋農戶」農業產業化模式中存在的問題及對策，2007 年 8 月，取自科技廣場（經作者修改）。

　　「公司＋農戶」這種產業化經營形式，其核心是要建立企業與農戶之間的利益分配機制，規範公司與農戶的交易關係。然而，契約關係是一個以實力決定談判地位的博弈過程。由於公司與分散農戶之間的力量對比懸殊，「公司＋農戶」的內部利益機制構建極容易一面倒的向著公司，一些公司在農民受過教訓後，轉換方式，成立一個只把小部分利益拿出來，可供分享的新的子公司，用來給農戶一個公平分利的假象。加上即使公司在起初即設定與合作農戶公平分利的契約，往往可以單方面決定事後闡釋細款和隱瞞實際市場交易價格，不願意向農戶讓利或盡可能少向農戶讓利，而分散農戶由於談判地位低，往往處於從屬的地位。加上國家缺少有效的履約監督保障，都使公司與農戶很難成為利益共同體。這是為何農戶收益在公司＋農戶模式中是較低。

　　進一步看，由於契約一般都難以完備地列明不同情況下雙方的權責，公司與農戶雙方都存在違約的機會主義行為。在市場不利時，農戶會把規定質量和數量的初級農產品按約定價格交給公司，但在市場漲價時，也有不少情況是農戶會拋棄公司，以較高的市場價出售產品。同一道理，公司不會主動向農民讓利，在市場低迷時，會想法欺詐，或者要求產品質量要達到很高的標準，或者提出新的成本讓農戶要分擔。分散的農戶在農產品市場上由於對有關買方以及公司運營的資訊瞭解不足，處於不利的談判地

位，即使有些公司實行利潤返還策略，其目的也只是在市場看好時穩定農戶利潤，返還在總利潤中只是很小一部分。公司和農戶之間利益在很多時候是對立的。

契約約束和協調的有效性主要還是要依靠仲裁機構（如法院）作為利益中立的第三方進行協調，而這種協調的成本是比較高的。當公司或農戶違約時，受損害的一方是否對簿公堂，取決於訴訟收益與成本的比較。對公司來說，起訴分散農戶的成本很高；對農戶來說，本身資本和知識都薄弱，起訴的成本也很高。因此公司＋農戶模式的自然和市場風險，以至雙方互相欺瞞詐騙的能力也較高。

新制度經濟學認為既然合同難以避免是不完全的，要令合同的設置與實際情況的不確定性相聯繫，而且必須最小化雙方毀約自肥的風險，利用隱性合同實施機制加強法律約束力。合同要不需外力，而被自動遵守，決定於不同情況下遵守合同的預期收益，和從違反合同中獲得的收益（扣除受罰的損失乘以受罰的可能性）之比。由此看來，合同法律的公正性、監督、實施力度是其中一個條件，但公司的自我利益往往。

不少地方就是因為「公司＋農戶」模式難以發展，農民群眾在增產增收的強大利益驅動下，才自發建立各種專業合作社作為組織載體，開展產業化經營，如銷售合作社、專業技術協會等。從農戶方面來說，每個農戶都是理性的「經濟人」追求其效用最大化，這種效用包括物質、金錢方面，還包括社會的價值和約束。其中一個不可繞過的要求是長期的合作必須建立一種激勵機制使農戶成為農業產業化中的利益共用、風險共擔的合作者。成功的農業產業化組織出於對自身利益追求，需要向農戶提供資金、物資、技術、加工等系列服務，並建成利潤分成機制使本身利潤與農戶自身利益相結合，並建成一系列激勵機制，激勵農戶按時按質保量完成生產任務並積極採用新技術，開拓新品種的動力。通過一定的資金扶持援助等方式推動農民成為現代的農業生產者。

相對公司來說，合作社較能把滿足成員的利益作為主要的目標，較易與農戶形成風險共擔利益共用的利益分配機制。而由於合作社的性質和農村社區的文化傳統以及親緣地緣關係，農民較能互相監督。

　　當然對合作社＋農戶模式而言，困難在於起步成本高，而即使成立，發展較慢，得不到額外的資本、資訊和技術、市場知識和網絡等支持，要依靠會員們的自我發展，但又會碰上搭便車等集體行動的難題，拖慢應有的農業產業化發展。

　　中國農業人均勞動力耕地面積是0.43公頃，這個數值不但遠低於美國的59.4公頃和法國的21.5公頃，也低於日本的1.7公頃和韓國的0.7公頃。農民經營規模過小導致了發展合作經濟組織的交易成本過大（王士海、劉俊浩，2007年）。原因包括：

(1)對農戶而言，過小的經營規模限制了農業經營收益的絕對額，建立一個合作組織所帶來的「額外利潤」就相當有限。加之建立新組織（制度創新）需要新的組織成本，再令「額外利潤」大大降低。

(2)對合作經濟組織而言，要想增加自己的市場實力就需要擴大規模。而在小農格局下，要擴大規模就要意味著增加成員數量，這又會增加組織在組建和管理上的成本，使合作社的發展面臨一個矛盾：要想降低外部交易成本、增強合作經濟組織的市場實力就要擴大組織規模;要擴大組織規模就要吸納更多的小農戶加入，但又增加組織的內部交易成本。簡而言之，過小的經營規模使得成立合作組織的成本收益比過高。

　　此外，自由加入自由退社的門戶開放原則，使得合作社的經營規模處在一個不穩定的狀態中；限制資本報酬、服務社員目標影響合作社的資本籌措能力，使合作社難以提供必要設施服務社員；而民主管理與經營效率往往相互碰撞、相互排斥，造成社員的權責不對稱，影響企業家沒有足夠動力，不願意出來帶領組織。

　　但公司＋農戶模式之所以比合作組織普遍，與政府的角色和自利選擇密不可分。

公司與政府

　　現實中，不少「公司＋農戶」產業化經營組織其實是行政撮合的。這

令我們不得不審視政府在農業產業化上的角色。

在中國，自上世紀80年代以來，隨著人民公社的解體，政府也基本上從農村基層生產中退出。這一方面使得農民有了更多自主權，另一方面農村社會的社會關係卻也日趨鬆散。從農業生產的角度看，分散的農戶與大市場之間的矛盾成為中國農業最大的矛盾，農民市場交易的不確定性增強。特別是進入1990年代中期，隨著農產品由賣方市場轉為買方市場，農民在進入和參與市場經濟活動的交易成本越來越大。但此時政府的制度供給卻是完善農業社會化服務體系。[9] 從上世紀年代起中國就在農村建立了農業技術推廣站、畜牧獸醫站、林業站、農機站、經管站、水利電力排灌站，供銷合作社農村信用社、種子公司等服務組織，改革開放以來它們一直是農業社會化服務體系的主體，其特點是不以盈利為目的，國家和集體經濟組織對服務成本給予一定的補貼。然而，隨著農村市場經濟的發展這些組織已經成為與農民保持一般交換關係的半官半商的組織，服務功能逐漸喪失，甚至有些單位成了與農民爭利的組織，難以解決農民與市場之間的矛盾。

政府的第二個措施是大力推行以「司（龍頭企業）＋農戶」為主要模式的農業產業化政策。中國在1980末90年代初就開始推行農業產業化運動，採取優惠政策大力扶持龍頭企業。儘管政府給予了公司以大量優惠政策，希望公司能和農戶形成利益共同體從而保障農民的利益，然而公司畢竟是獨立的利益主體，它們在公司＋農戶模式中處於中心地位，是該模式的組織者，而農戶只是它們的「產業工人」，原材料供應商。在運作中，公司可以利用自己的資訊優勢、資本優勢等各種手段爭奪農戶的權益。

地方政府選擇公司作為農業產業的組織者，最明顯的原因是它的組織成本較低，而產業經濟發展的速度也較快（見表6-2）。但在這些正面的考慮下，很容易掩蓋了對其他目標考慮的不足，造成不恰當的干預，人為地促進了龍頭企業模式的發展，有些政府甚至直接干預龍頭企業與農戶的

9　農業社會化服務是由社會性服務機構或個人為農業生產提供所必需的生產資料，農產品收購、儲存、加工和銷售以及生產過程中各種生產性的服務，而由這些服務的機構或個人彼此聯接的網路就稱為農業社會化服務體系。

契約內容。

　　不少地方政府在幫民致富的名義下，實際有著政績動機。地方政府通常的目標是在有限的任期內，儘快儘多的實現政府經濟目標，在農村則體現為利用一個農業產業政策的組織載體，再推進產業結構調整，實現產業化、最終提高增加政府收入和農民收入。而即使參與的企業不是大型的外部企業，那可能會是原來的鄉鎮集體企業，或者是原有體制內的農業服務組織（即所謂的七站八所），作為企業的所有者或者是對這些事業單位的利益相關者，基層政府也很可能會在政策執行上傾斜於它們。

四、政府對推進合作組織發展的角色

　　從整體看，農民合作社與政府的關係是非常不均衡的，政府佔據絕對主導地位、擁有主動權，農民合作社參與和影響政府活動的能力非常有限；相反，農民合作社的發育和發展對政府有著較大的依賴性。這主要是由於農民合作社發育仍然處於初級階段，組織規模小而零散，形不成獨立的體系，並且合作社的整體經濟實力在整個農村經濟中微不足道。合作社需要利用政府的特殊組織資源優勢去協調外部關係，改善外部經營環境，提供依靠自身力量難以實現或交易成本過高的服務，實現自身的加速擴張。

　　嚴格地講，中國現存的農村合作社往往是具有合作行為的組織，而不是真正的合作社（苑鵬，1999）。[10] 有鑒於此，在促進農民合作組織的發

10　農民合作社的基本特徵可以概括為「社員所有、社員自治、社員自享」，只有農民自辦的合作組織基本符合這些特徵。不少地方的合作社其實是官辦或官民合辦的農民合作組織，社員自治和社員自享也就無從談起。但是這些類型的農民合作組織在中國農村合作社中佔有相當的份額，在市場經濟體制還沒健全的情況下有存在的合理性。他們不少長期在決策上高度依賴政府，這直接影響到合作社的獨立性乃至農民合作社的性質，其結果將有可能蛻變為私人營利企業或產生新的政企不分。因此，當合作社經營步入正軌後，必須首先從產權關係上割斷與政府的聯繫，加強普通社員與合作社的產權紐帶聯繫，實現真正的「社員所有」；在此基礎上，實現合作社對社員的盈餘返還制度。同時，合作社經營者階層應當實現徹底的身份轉變，由政府官員和企業家的

育上，政府的作用首先應當集中在加速合作社的立法建設方面，[11] 為農民合作組織的發展提供一個健全的制度環境。由於中國合作經濟立法的滯後，大大制約了農村合作經濟的發展。由於合作社具有一定的社會公益性質，世界上大多數國家制定專門的合作社法，將合作社登記註冊為合作社法人，給予區別與一般工商企業的優惠。而我國農村合作組織缺乏明確的法律地位[12]，這不僅使合作經濟組織的規範性受到破壞，而且享受不到應有的優惠扶持，這也使合作經濟組織去尋求政府或其他社會力量的庇護，其獨立性受到影響。不少農業合作組織即使最初為社員所有，在發展一段時間後，也轉成股份制或者公司制。

其次，政府應當將鼓勵、支援農民合作社發展作為一項長期方針，制定有效的扶持農民合作組織發展的經濟優惠政策。一項是實行減免稅制度，對農民合作組織實行所得稅和營業稅免征的政策。

農民合作社的發展的一大限制是難以難到規模經濟，因此對合作社的金融流通應該提供更多的便利。這包括對新建立的農民合作社給予一定的財政補貼；通過（政策）銀行幫助農民合作組織貸款，其中最為重要的是創造寬鬆政策環境支援發展農民合作金融，同時提供良好的規管幫助，以減低風險。一個完備有效的合作金融體系是合作社成功運營的基本保障。

政府要看到合作社作為一個獨立的自負盈虧的經營實體，與當地政府

雙重身份轉化到企業家單一身份，合作社的管治最終要交到普通社員手上。

[11] 有關農民專業合作經濟組織的法律法規較零亂，內容不完善，尚未形成體系。現行有關農民合作組織的主要法規均側重於合作組織的業務管理活動，如財務、會計、審計、經營站的管理等，涉及農民合作組織本身的財產性質、組織結構、內部管理、民事責任形式等方面的規定則較少。現行法律、法規殘留計劃經濟體制的痕跡，難以適應在市場經濟條件下，尤其是我國入世後對農民專業合作經濟組織發展的要求。現行的一些法律、法規強調集體所有制經濟，忽視市場經濟發展投資主體多元化趨勢的要求；強調按所有制形式劃分企業組織類型和股權設置的類型，忽視企業本身的運行原則和組織特徵；強調國家計畫的指導和上級主管部門的管理監督，忽視合作組織的權利及其保護。現有法規對農民專業合作經濟組織的特點和作用認識不夠，如何從財政、稅收、信貸等方面給予鼓勵和扶持，缺乏可操作性措施，仍停留在條文基礎上。

[12] 目前，農村專業合作經濟組織一部分是在工商部門註冊登記為企業法人，一部分在民政部門註冊登記為社團法人（或民辦非企業單位），有一部分在科協或農業管理部門登記，還有一部分則沒有進行註冊登記。

之間存在著明顯的權利分立，即便是在官辦、官民合辦的農民合作組織中也不例外。但是這種權利分立並不是通過民間組織對抗政府的形式出現，而是為了實現各自利益目標而相互利用、相互依存。政府要避免過多地介入到農民合作組織的日常經營決策中。儘管在農民合作組織的發展初期，這種介入有某種存在的合理性，但是當農民合作組織逐步走向獨立後，政府必須及時退出來轉變職能採取新的扶持思路，否則將重蹈政企不分的老路，不但自己擔上不擅長規避的市場風險，阻礙農民發揮積極性，和合作社的利益共享的發展之路。

●●● 參考文獻 ●●●

駱友生等 (1993)。**中華人民共和國農業法釋義**。北京：中國政法大學出版社。

張曉山等 (2002)。**連接農戶與市場：中國農民中介組織探究**。北京：中國社會科學出版社。

苑鵬 (2001)。中國農村市場化進程中的農民合作組織研究。**中國社會科學**，2001年第 6 期。

趙凱．中國農業經濟合作組織發展研究．北京：中國農業出版社，2004。

沈宇丹、杜自強、蔡偉民 (2004)。我國農業產業組織創新的制度經濟學分析。**江西農業大學學報**（社會科學版）。

王士海、劉俊浩 (2007)。《農民專業合作社法》的正負效應分析。**重慶工商大學學報**（西部論壇）。

胡繼連 (2002)。**產業組織制度與中國農業發展研究**。北京：中國農業出版社。

Furubotn, Eirik G. (2005). Rudolf Richer Institutions and economic theory : the contribution of the new institutional economics. Ann Arbor : University of Michigan Press.

7 中國農村合作組織與農民組織化成效——湖北Z縣專業合作社現況研究*

于有慧

（國立政治大學國際關係研究中心助理研究員）

目次

一、前言

　　1980年代晚期以來，中國農村經濟再度陷入困窘，「農民真苦、農村真窮、農業真危險」一針見血道出中國農村問題的嚴重性，[1] 一方面中國政府持續擴大「以工哺農」政策，對農村進行財政重分配式補貼，另方面，亦試圖從建立農民的賦權（empowerment）此一方向解決三農問題。2000年左右，中國大陸各地農村新一波農民專業合作組織大量出現，中共政府也於2007年7月通過「農業專業合作社法」，顯示中共當局認可農民合作組織對農村發展的正面意義並積極鼓勵。

　　據統計，截至2004年，中國各類農民專業合作組織約有十五萬個，擁有農民專業合作社的村占同期村民委員會總數的22%左右，參加組織的會員約2363萬人（戶），占鄉村農戶總數的9.8%。[2] 作為整體現象，此發展已修正吾人對中國農民「一盤散沙」的刻板印象，然而，為什麼農民參與合作組織的比例大約只有百分之十？沿海各省發展較佳，但各地農民普遍參與比例仍屬偏低。如何解讀這兩方面的落差？並非百分之百的參與是新一波農民組織有別於過去中國農村合作組織的有力證據，[3] 惟若農民合作組織的組成是與農民有利且又為政府所鼓勵的，為何參與的比例不高？本文欲從實地田野調察當中，探究農民專業合作社的出現軌跡，以及影響這些基層農民合作組織發展的因素何在。

　　中國農民專業合作組織能如此大量發展，國家角色不容忽略，然而推動農民組織化[4] 作為中國農業政策的重點之一，國家「能力」（state

---

* 　本文轉載自東亞研究，第41卷第1期（2010年1月），頁1-32。

1 　陳桂棣、春桃，中國農民調查（北京：人民文學，2004）。

2 　韓俊主編，中國農民專業合作社調查（上海：上海遠東出版社，2007年）。

3 　有關中國農民合作組織過去的發展歷史，可參閱梅德平，中國農村微觀經濟組織變遷研究1949-1985：以湖北省為中心的個案分析（北京：中國社會科學出版社，2004年）。

4 　所謂農民組織化是指「農民為實現、保護和促進自身經濟利益而聯合起來形成各種經濟和政治組織的行動過程」，參見程同順，農民組織與政治發展一再論中國農民的組織化（天津：天津人民出版社，2006），頁12。

capabilities）能否貫徹？如同Joel S. Migdal所主張的，「國家執行社會政策及動員人民的能力，與社會結構有關。」[5] 本文的論點是，農民是否參與合作組織以及專業合作社能否發展與所處的環境結構有關，在農村中，農民（參與者）、領辦專業合作社的地方精英與地方幹部（官方）三個主要團體之間如何互動是影響專業合作社發展的主要因素，三者各自有其侷限與利益，這些因素決定他們彼此之間的互動模式，這些團體之間的合作競爭即構成專業合作社發展的環境結構。

　　本文將分作為幾個部分：第一部分將分析當前專業合作組織興起的背景；第二部分將從現有文獻切入，發展本文研究架構；第三部分在分析田野調查的發現；第四部分在分析農村社會結構對專業合作組織發展的影響；第五部分是結論。

二、當前中國農村形勢與農民合作組織崛起

　　中國三農問題的成因與市場化有直接關係，和任何國家進入資本主義之後遭遇到的情況類似，是少數得利者之外的大多數人得付出代價。[6] 最初中國政府將市場引進農村是為改善農村發展的停滯和衰敗，但實行家庭責任承包制後，國家力量退出農村，農民以個人力量面對市場遭遇困難，此乃三農問題的起源。「穀賤傷農」是自由化之後農民經常遭遇的景況，農民必須在種糧或廢耕的兩難中作痛苦抉擇，所謂「種糧是賠本買賣，不種糧沒飯吃，種糧又沒有錢花」。[7] 誠如潘維所言，市場經濟下，農民靠著平均一畝三分地生活，得到的結果必然是「絕對貧窮」。[8]

---

[5]　Joel S. Migdal, *Strong Societies and Weak States: State-Society Relations and State Capabilities in the Third World*（Princeton, NJ: Princeton University Press, 1988）, p. 33.

[6]　Karl Polanyi, *The Great Transformation: The Political and Economic Origins of Our Time*(Boston: Beacon Press, 2001).

[7]　三農中國，總第2期（武漢：湖北人民出版社，2004年1月），頁32。

[8]　潘維，農民與市場：中國基層政權與鄉鎮企業（北京：商務印書館，2003年），頁50。

　　耕地面積小、加上從事農業的效益低，外出打工成為普遍情況，雖然政府現在對農民有所謂的四補貼，[9]但相較於通貨膨脹而言，補貼可謂杯水車薪，為求發展，農村人才大量外流，農村空洞化情況日益惡化。雖然政府每隔一段時間即推出新的「惠農」政策，2006年更破天荒全面取消農業稅及三提五統等原本加諸於農民的「負擔」，另外，更增加對農民的四大直接補貼，三農問題仍未能緩解。

　　溫鐵軍直指，三農問題是「市場失靈」加上「政府失靈」雙重困境下的結果，[10]在三農問題的三個面向當中，農業難發展是導因，農民數量龐大則係三農困境的關鍵，三者之間又高度相關，形成惡性循環。對中國而言，基於糧食安全，不能不維持農業，但卻並不需要如此龐大的人力務農，如何解決三農問題，中國學界有一些不同看法：以陸學藝為主的學者認為，必須儘速調整城鄉二元體制，農民能改變身分，便可提供農民更公平的選擇工作的權力，務農人力亦得因此減少；[11]林毅夫則認為，應發揮中國廉價勞動力的比較優勢，鼓勵農村勞動力流動，發展勞動密集型產業，這也是從轉移農民勞動剩餘角度所作考量。[12]上述主張基本上是從經濟發展角度出發，把剩餘農民勞動力投入工業生產，讓中國朝向城市化及工業化發展，把解決三農問題與經濟現代化作更進一步聯結。

　　紓緩或轉移過剩的農民勞動力的確是解決三農問題的關鍵，然而若因此讓大量農民工進城，將製造治理上的困擾，發展勞力密集工業亦的確可更有效利用農民勞動力，但卻將因此衍生新的社會問題，如農民工不公平待遇、農村空洞化及農民子女問題等。溫鐵軍則認為三農問題是社會發展問題，不能從經濟發展的面向去找解答，主張新鄉村建設運動，[13]農民組

9　例如：種子、水稻是15元／畝；油菜10元／畝；玉米、小麥 33元／畝（糧食直補）。訪談資料編號：8729114。

10　溫鐵軍，「市場失靈＋政府失靈—雙理困境下的『三農』問題」，孟雷編著，**從晏陽初到溫鐵軍**（北京：新華書店，2005年），頁186-219。

11　陸學藝，「三農論」—當代中國農業、農村、農民研究（北京：社會科學文獻出版社，2002）；陸學藝，2005。

12　林毅夫，**發展戰略與經濟發展**（北京：北京大學出版社，2004）。

13　概念來自於晏陽初最早的定縣實驗經驗，提倡四大教育，矯正中國社會「愚窮弱私」

織化是其中核心，農民組織化有利於農民賦權，也可使耕地成片化、農作物朝企業化發展，有效降低農民面對的市場風險，可改善農業、促成農村發展、及提升農民生活，亦是對現行體制衝擊最小、執行上相對方便的合理選擇。

市場轉型與農民合作組織的興起

　　在中國經濟改革三十年以來，農村合作經濟組織的發展與家庭責任承包制一樣，最初的動能是來自地方的自發形成，直到近來才為中央所認可，甚至立法推動。其發展大致可分為三個階段：[14] 1978-1994年是萌芽期，在鄧小平提出改革開放政策、農民經營權改為責任承包制到中共勵行集體企業私有化之前這段期間，農民開始接觸市場，一些零星、小規模的農民合作組織自發成立；1990年代中期後，適逢中共大規模進行私有化轉制，供銷社系統功能漸漸弱化，農民合作組織的活動內容擴大，從原本的技術、勞務共享，漸漸轉向共同銷售，執行過去供銷社所承擔的職能。

　　2000年至今，農民組織快速發展，這階段係各地鄉鎮企業瓦解、農村經濟再度陷入衰敗之際，政府較過去更積極地介入農民合作組織的培育，推出多項政策鼓勵，並且重點支持一些專業合作社的成立，2004年中央一號文件中指出要「鼓勵發展各類專業合作組織、購銷大戶及農民經紀人」，2005年，通過對專業合作組織及其所加工、流通的產品減免稅費，2007年，中共中央通過「農業專業合作社法」，正式完成有關專業合作社的管理法規，從民間自發運作的農民合作組織逐漸成為政府三農政策中的重要一環。2000年以來，政府明顯的加強政策支持，不少「公司＋農戶」或「協會＋農戶」、以農業產業化為目標、較具規模的專業合作社出現。

　　目前在中國出現的農民合作組織型態多元，包括專業協會、專業合作社、股份合作社等。中共民政部在「關於加強農村專村經濟協會培育發展

四個基本問題。孟雷編著，2005年；溫鐵軍，**三農問題與世紀反思**（北京：三聯書店，2005年）。

14　韓俊，前引書，頁1-10。

和登記管理工作的指導意見」中對專業經濟合作組織所作的定義是：「採會員制，吸收同一專業的農民作會員，協會提供產、供、銷過程中的服務，組織會員在產前、產中、產後等環節上進行合作，它是集科技推廣、技術服務、資訊提供、農產品供銷服務為一體，以市場為導向，進行專業化生產、一體化經營。」[15] 依合作組織的性質可分為經濟性與服務性兩種，專業合作社及股份合作社屬於經營性質的企業組織，登記單位在工商部，農民自願入社、入股，並可參與分紅；專業協會則屬非政府性質的行業協會，目的在幫助農民加入合作組織、提升種植技術能力及專業化程度，從賦權的方向促進農村經濟發展。[16] 據統計，截至2004年，中國各類農民專業合作組織大約有十五萬個，擁有農民專業合作社的村占同期村民委員會總數的22%左右，參加組織的會員約2363萬人（戶），占鄉村農戶總數的9.8%。[17] 這是中國政府鼓勵及農民自發的情況下，逐漸發展出來的情況。本文觀察的是所謂經濟型態的專業合作社，因為若農民的主要風險是市場，專業合作社提供的最基本功能即在幫助農民將產品銷出去，對任何小農而言，參與這類合作組織應皆存在極高誘因。

三、國家—社會關係與農民合作組織的興起

如何解讀中國新一波農民合作組織的興起？在中國大陸不少文獻偏重介紹相關農民合作組織的定義、發展歷史與整體性現狀，[18] 也有的列舉出

15　中華人民共和國民政部網站，「關於加強農村專業經濟協會培協會培育發展和登記管理工作的指導意見」，民發（2003）148號文件。〈http://www.mca.gov.cn〉

16　仝志輝，農村民間組織與中國農村發展：來自個案的經驗（北京：社會科學文獻出版社，2005年），頁153-189。

17　韓俊，前引書，頁11。

18　韓俊，2007；仝志輝 2005；孫亞範，新型農民專業合作經濟組織發展研究（北京：社會科學，2006）；曹陽，當代中國農村微觀經濟組織形式研究（北京：中國社會科學，2007）；程同順 2006；梅德平，2004；王景新，鄉村新型合作經濟組織崛起（北京：中國經濟出版社，2005）。

一些發展得較好的案例，突顯農民組織是解決三農問題的重要社會發展策略，在微觀層面，則多從農民角度分析，說明農民需求，主張專業合作社的興起是「自然」趨勢，是基於農民的理性選擇，強調農民接受及加入組織的「能力」，及現行出現的專業合作組織與一般西方國家的農民組織性質類似。這類從交易成本、產權制度、農民理性等經濟學角度出發的分析觀點最主要問題在於，忽視中國黨國體制的特色，未能突出國家在組織形成與發展中發揮的重要功能，分析因此易流於樂觀，不能有效說明組織何以有動能形成，以及為何有利可圖的組織卻不能受到多數「理性」農民的青睞。

（一）國家中心論

用經濟學、或多元主義下的利益團體觀點分析當前中國大陸新興農民合作組織（或一般社會中介組織）的出現是有失偏頗，有更多學者是從國家與社會關係的角度來分析中國中介組織[19] 林立的情況，即所謂國家中心論（state-centered）觀點，認為目前各地雖出現各式民間組織，但基本上這些組織皆仍為政府所直接控制，在威權黨國體制下，基層社會運作仍需在國家所設定的制度框架內進行，因此不論何種基層組織的興起皆應被視為是政府「強制性制度供給」，[20] 這些民間組織應屬「官民二重性」或「半官半民」性質，[21] 政府如此作為的目的是對社會進行「分類控制」。[22] 國家為「甩包袱」而釋放部分治權，民間組織的成立鮮少「由下

---

[19] 包括農民經濟性合作組織及其他偏向社會性質的民間組織，包括老人協會等，參見仝志輝，2005年、王信賢，爭辯中的中國社會組織研究：「國家—社會」關係的視角（台北：韋伯文化2006年）。

[20] 于建嶸，岳村政治：轉型期中國鄉村政治結構的變遷（北京：商務印書館，2004年），頁439；Zhou 1993 Zhou, Xueguang, "Unorganized Interests and Collective Action in Communist China," *American Sociological Review*, Vol. 58(1993), pp. 54-73.

[21] 孫炳耀「中國社會團體官民二重性問題」，中國社會科學季刊，第6期（1994年），頁17-23；于曉虹、李姿姿，「當代中國社團官民二重性的制度分析：以海澱區個私協會為個案」，開放時代，第9期（2001年），頁90-96。

[22] 康曉光、韓恒，「分類控制：當前中大陸國家與社會關係研究」，社會學研究，第2期

而上」，而多係「由上而下」、是在政府許可及控制下而成立的，容許組織出現絕非中國政府鼓勵人民「自治」。[23] 國家對社會仍維持高度的垂直控制，組織的特定行為若超出政府的容忍界線，政府隨時得以介入，[24] 人民之間、人民與組織及組織之間的橫向聯繫並不被鼓勵，社會的自主性實際上是受制於國家能力之下的。

（二）統合主義的觀點

國家中心論中有一派集中在以「統合主義」（corporatism）解釋中國當前民間組織的大量出現，[25] 因為在統合主義的內涵強調國家扶持設立中介組織作為與社會之間的連結機制。[26] 統合主義與前述國家中心論者最主要的差別在於，國家—社會關係固然是屬於「強國家」角色（a strong state role），但國家的動機卻不全然在於「控制」，國家介入市場、成立中介組織是為協助社會利益的有效表達（organized interests representation），

（2005年），頁73-89；王信賢，2006年。

[23] Xueguang Zhou, 1993, pp. 54-73; Tony Saich,2000. "Negotiating the State: The Development of Social Organizations in China." *The China Quarterly,* No. 161(2000), pp. 124-141.

[24] 如劉雅靈所謂的「間歇性極權主義」（sporadic totalitarianism）所描述的情況，見Yia-Lin Liu, "The Reform From Below: The Private Economy and Local Politics in Rural Industrialization of Wenzhou," *The China Quarterly*, No. 130(June 1992), pp. 293-316.

[25] Jonathan Unger and Anita Chan, "China, Corporatism and East Asian Model," *The Australian Journal of Chinese Affairs,* No. 33(1995), pp. 29-53; Anita Chan, "Revolution or Corporatism? Workers and Trade Unions in Post-Mao China," *The Australian Journal of Chinese Affairs*, No. 29(Jan. 1993), pp. 31-61; Margret M. Pearson, "The Janus Face of Business Associations in China: Socialist Corporatism in Foreign Enterprises," *The Australian Journal of Chinese Affairs*, No. 31(Jan. 1994), pp. 25-46; 朱道亞，「從中國大陸農民專業協會看中共組合主義的發展傾向─以河北省邯鄲市為例的分析」，東亞研究，第38卷第2期（2007年7月），頁123-170。

[26] Philippe Schmitter, "Still the Century of Corporatism?" *The Review of Politics*, Vol. 36(Jan. 1974), pp. 85-131; Howard J. Wiarda, *Corporatism and Comparative Politics: The Other Great "Ism"*(New York: M.E. Sharpe, 1997); Peter Williamson, *Corporatism in Perspective: An Introductory Guide to Corporatist Theory*(London: SAGE Publications, 1989); Colin Crouch and Wolfgang Streeck, eds., *The Diversity of Democracy: Corporatism, Social Order and Political Conflict*(Cheltenham, UK: Edward Elgar, 2006).

俾便促成社會「有機連帶」與穩定；統合主義下的中介組織與多元主義下利益團體的競爭模式有別，具有半官方性質，目的在發揮整體性協調功能。

統合主義並非只存在於某類特定的政體，而是更強調國家的良性及家戶長式角色、國家介入市場不僅具合法性亦具有效性，中介組織與國家的關係是「依賴及被滲透」，[27] Philippe Schmitter依照國家與社會關係的支配性高低，將統合主義分成兩派：國家統合主義（State Corporatism）多指官僚威權主義國家，如拉丁美洲；社會統合主義（Socialist Corporatism）最典型的例子為瑞典，即國家雖主導，但主要是回應來自社會的要求。[28]

Ungar & Chan即以國家統合主義來說明中國的情況，認為中國政府逐步放鬆對經濟與社會的管制是朝向國家統合主義發展的證據，國家與社會的關係逐漸由過去國家即社會的全面直接控制，轉為部分透過代理組織治理。[29] Jean Oi則是以地方國家統合主義（Local State Corporatism）分析1980年代中到1990年代初期中國農村鄉鎮企業的蓬勃發展，她認為中共中央政府並不具有「統合」能力，地方政府才是決定中央政策能否發揮功能的關鍵，[30] 在市場轉型過程中，地方幹部有誘因、有資源，也有能力主導發展大計，是1980年代末期到1990年代初期農村經濟起飛的主要因素。最近，仝志輝與溫鐵軍則是從政府部門利益與農民大戶勾結此一角度，對專業合作社的發展提出少見的嚴厲批判，[31] 認為農業商業化、專業化後，農戶之間將走向分化，專業合作社的發展只是「大農吃小農」，小農註定被剝削，政府必須有更多作為才能使農民組織化政策再度走上正軌。

---

[27] Philippe Schmitter, "Still the Century of Corporatism?" 1974, *ibid.*, pp. 102-103.

[28] Philippe Schmitter, 1974, *ibid.*; 張靜，**法團主義**（北京：中國社會科學出版社，1998年），頁27-30。

[29] Jonathan Unger and Anita Chan, 1995, *ibid.*, pp. 29-53.

[30] Jean Oi, *Rural China Takes Off: Institutional Foundations of Economic Reform*(Berkeley: University of California Press, 1999), pp. 11-14.

[31] 仝志輝、溫鐵軍，「資本和部門下鄉與小農戶經濟的組織化道路—兼對專業合作社道路提出質疑」，開放時代，2009年1月，頁1-24。

（三）中介組織與社會結構之互動

　　1980年代出現的新統合主義從歐洲各國的發展經驗中修正對國家角色的觀點，指目前國家已多半已從過去的直接介入，轉為居中協調，國家角色相對弱化不代表即為「弱國家」，這是為提升效率而作的調整，中介組織扮演部分公部門的角色，如Streek & Schmitter所稱的「私部門利益治理」（Private Interest Governance），是在市場、國家、社區之外的第四部門。[32] 這些國家中心論的觀點確實已反映當前中國大陸各地中介組織，尤其是像農民專業合作社這類組織為何出現，政府角色是極其關鍵的，新統合主義更能說明當前中共對專業合作社等組織的情況，即政府並未「直接」介入運作，而是維持「鼓勵」、「協助」的立場。惟亦如Jean Oi所論及的，中央政府在「新統合主義」的氛圍下，政策的執行仍在地方，只是，上述的文獻分析都在處理國家（地方政府）與農民合作組織成立的關係，如果中共政府政策仍如過去一般是能一條鞭的落實，卻如何解釋多年來「只有百分之十農民加入組織」這個現象呢？

（四）找回社會－本文分析架構

　　林南在反駁Oi論點時指出，任何新的制度皆必須鑲嵌在當地的社會文化結構（sociocultural forces）中才能發揮作用，綿密的地方家族網絡關係是中國社會的特色，也是支配中國社會結構（市場能否轉型）的關鍵。[33] Oi與林南的爭辯集中在到底哪一類群體才是支配制度或政策成效的主力，社會底層的農民完全被忽略，他們似乎假設農民在農村社會中是一群分散、缺乏支配力或是必須依附在其他群體或網絡才能顯現出作用的一群，

---

[32] Wolfgang Streeck and Philippe C. Schmitter, "Community, market, state—and associations? The prospective contribution of interest governance to social order," *European Sociological Review*, Vol. 1, No. 2(September 1985), pp. 119-138.

[33] Nan Lin, "Local market socialism: Local corporatism in action in rural China," *Theory and Society*, Vol. 34(1995), pp. 301-354.

然而若要觀察農民合作組織的形成與運作，有關農民的態度與利益便不應不被討論。

　　誠如Joel S. Migdal所說，「國家能力，特別是國家執行社會政策及動員人民的能力，與社會的結構組成有關。」[34] 社會是各種社會團體及組織的集合（melange），國家只是社會眾多組織中的一個，地方幹部、種族、階級、地域等次級群體因素都可能決定農民的策略選擇，地方團體的合縱聯橫構成社會結構轉變，也能改變社會與國家的互動，若把國家視為整體，國家似乎是協調、有支配力的組織，但唯有深入觀察社會結構中各團體相互競爭權力的「過程」，才更能明白國家與社會關係的真實情形；[35] Vivienne Shue所謂「蜂巢狀」（honeycomb）社會結構的論點和Migdal的State-in-Society觀點均從「社會」為出發，認為中國農村社會複雜的利益、政治意見團體、及人際關係網絡交織，能有效阻止國家對社會的滲透。[36] 1990年代初的中央放權，提供地方社會自主性團體更有利的生長契機。[37]

　　本文關懷的問題是，農民合作組織的出現與維持到底是受什麼因素影響？為什麼從統計數字中看來，農民實際參與的比例並不高？過去文獻比較多關注的是地方精英（人際關係網絡）與地方幹部的作為，本文則是主張在中央政府放權及政策支持下，社會結構中各團體的互動模式才是決定政策是否有效的因素，除了地方精英與地方幹部之外，農民作為合作組織的主體其立場亦不應忽略，農民如何根據所處的環境並理性評估利益所在，決定他們對專業合作組織的態度以及彼此間的關係互動，為求實際檢

---

[34]　Migdal, Joel S., "A Model of State-Soceity Relations," *Strong Societies and Weak States: State-Society Relations and State Capabilities in the Third World* , 1988, p. 33.

[35]　Joel S. Migdal, *State in Society: Studying How States and Societies Transform and Constitute One Another*(New York: Cambridge University Press, 2001), pp. 3-38.

[36]　Vivienne Shue, *The Reach of the State: Sketches of the Chinese Body Politic*(Stanford, CA: Stanford University Press, 1988), pp. 125-156.

[37]　Vivienne Shue, "State power and social organization in China," in Joel S. Migdal, Atul Kohle, and Vivienne Shue, eds., *State Power and Social Forces: Domination and Transformation in the Third World*(New York: Cambridge University Press, 1994), pp. 65-88.

證現有文獻的論點，本文並搭配赴大陸中部某農業縣的實地訪談資料，俾尋求更合理的解釋。

根據上述，本文擬進行的分析架構圖如圖7-1：

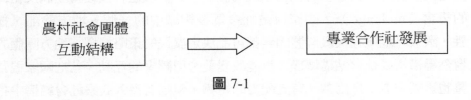

農村社會團體　　　　　　　　　　專業合作社發展
互動結構

圖 7-1

四、田野觀察：社會互動結構與專業合作組織

對農村而言，改革開放以前，國家與社會是高度重疊的關係，社會幾乎完全被國家所取代，農戶像是國家的雇工，農產品的生產與銷售全都交由集體體制統包，市場風險亦由集體承擔而非個人，但在走向市場化後的農村，農民離開國家的控制，惟農業商業化後改變農民生活型態，農民必須獨自面對市場風險，較之原本即已存在的天然風險，可說是有過之而無不及。農民組織化的意涵在於，它讓小農團結起來得以面對市場，若有比較高比例的農民加入組織，表示小農越有能力面對市場風險，三農問題亦得因此緩解，因此協助農民進入自發的農民合作組織已成為中共政府近來積極鼓勵的政策方向。

三農問題、農民組織化、社會互動結構都是所謂的宏大概念，奠基在現有的理論與文獻之上，本文擬從對一個具（三農問題）代表性地點的相對深入的田野調查研究中，探究微觀層次的脈絡，找尋專業合作社的組織與功能發揮和社會互動結構之間的關聯何在。何謂具有代表性的地點？根據賀雪峰的說法，所謂能反映「80%農村80%現象」的地點即可謂具有三農問題的代表性，[38] 亦即，本文所選擇的個案地點並非所謂的「特例」，

38　賀雪峰，什麼農村，什麼問題（北京：法律出版社，2008年），頁102。

而是一個和本文欲處理的問題情況貼近的個案，它是以農業為主的農村，三農問題在當地是普遍而嚴峻的。

本文進行田野調查的地點係位於湖北省西部恩施自治州的Z縣，它是一地處內陸山區的國家級貧困縣，[39] 雖然屬於湖北省，但緊臨四川，有近百分之四十比例土家族人口，風土民情與四川接近。當地地形極具多樣性，大多地區屬丘陵地形，也有較高的山區，生態環境亦屬多樣性，區內雖然蘊藏鐵礦，但過去以來，一直受制於交通不便而未被開採，同樣的因素也影響著當地人對外往來，是屬於相對較偏僻、封閉的農村社會。

Z縣和中國其他大部分中部地區一樣，是一以農業生產為主的農業縣，Z縣的種植以水稻、玉米、菸葉為主，因地形緣故，魔芋、藥材是當地的特色作物，近來也開始發展林果、高山蔬菜、農民養豬也有部分從兼業轉為專業的情況。雖然縣公開標榜的發展方向是「工業富縣」，但實際上Z縣的工業仍屬於起步階段，[40] 2005年才成立清江工業區，區內公司約僅有十家左右，政府有給予補助，但並未對就業問題有太大的幫助，農民工多半「離土又離鄉」，到東部沿海省份打工。青壯年出外打工者約有十萬人，占人口總數的五分之一，亦即幾乎每家都有一主要的青壯年在外打工，也因此不少農村中存在所謂的「389961」（38指婦女，99指老人，61指兒童）現象，所到之處，多是婦女、孩童及年長者。事實上，地方政府也鼓勵青壯年外出打工，標榜所謂的「打工經濟」，在Z縣，平均增加收入一百元中，99元是來自打工，因此農業局的人才培訓，也以轉導農民工學習專業技能為主。

另外，Z縣讓人印象深刻的，並非僅是城鄉差距（更徨論東西差距），更多的是如黃宗智所描繪的「錯綜複雜的矛盾現象」，[41] 在農村中

---

[39] 根據相關官員的訪談資料（編號8729115），Z縣總人口51萬當中，有76700人屬於絕對貧困（2007年的標準是年收入低於人民幣727元），104500人屬於低收入人口（年收入在727-1701元之間），即超過三分之一的人是屬於貧困人口。

[40] 訪談資料編號8729112。

[41] 黃宗智，經驗與理論：中國社會、經濟與法律的實踐歷史研究（北京：中國人民大學出版社，2007年），頁471。

也可看到不少的新興有錢農戶（即所謂的農民企業家），但極度困難的小農戶也比比皆是，有些村莊經濟發展顯得欣欣向榮，有的地區卻反而倒退。即便在同一鄉鎮，也看到許多家庭正在（或已經）改建新樓，但也有許多仍維持過去的老樓。

　　Z縣共有十個鄉鎮，登記有案的專業合作社組織有三十三個，覆蓋率（指有專業合作社的鄉鎮）達90%（即只有一個鄉鎮尚未成立專業合作社），在全縣54萬多畝可耕種土地中，通過專業合作社利用的土地有25395畝。參加戶（加入會員者）13526戶（約9%），帶動戶28576戶（約19%）。[42] Z縣的農民專業合作社有逐年成長趨勢，但農民的參與比例仍舊不高，如果它是對農民有利的，為什麼不能快速普遍起來？這是十分值得深思的問題。透過這次的調查發現，專業合作社的發展的確是提高農民競爭力的有利方式，但現存的一些結構性因素恐怕仍是制約其發展的主因。從所接觸到的十個專業合作社及與相關官員訪談所得到的資訊，發現Z縣的專業合作社發展，有以下幾個特色：

（一）多樣性

　　幾乎含括所有當地（特色）農產品或養殖項目，如魔芋、蔬菜、藥材、牲豬、稻米、果品（板栗、彌猴桃、葡萄）、茶葉、香菇、核桃、花卉等，而同一產業也未必只有一專業合作社，如魔芋、牲豬、葡萄、高山（反季）蔬菜等均有多個專業合作社。比較特殊的是煙葉，煙葉在當地種植面積相當廣大，但因當地煙葉種植全部均銷往「白肋煙」廠（屬於官方機構），因此並未有屬於產銷或加工菸葉的專業合作社。創辦專業合作社的發起人身份亦極多元，有的是過去的政府機構或企業（下崗）職工（當地幾家較早成立、運作較健全的專業合作組織皆由原供銷社下崗職工開始領辦）、有的是種植／養殖大戶、有的是目前的地方幹部、也有官方科研單位幹部。也有一些已有類似組織的運作，但尚未正式登記的團體。從這

42　訪談資料編號8730111。

些產業分佈觀察，成立專業合作社的多屬利潤較佳的「特色」作物，基本糧食、菸葉由國家收購，則未有專業合作社。

（二）差異性

不論在分佈地區、組織規模、成立背景、運作方式等各個方面，均呈現極度不均衡，以分佈區域來看，以位在中部山區的H鄉最多，有十五個，最南邊地處偏遠的G鎮則迄今仍未成立任何專業合作組織；以組織規模來看，有幾個由龍頭企業所領辦的專業合作社，規模較大，不少已達到「（生）產、加（工）、銷（售）一條龍」的標準，但大多數專業合作社的規模並不大，會員人數亦多在一、二百人左右；內部運作方式也有很大差異，有的需收會費，有的不收費，收費標準亦不一致，有的專業合作社有二次返利[43]，也有的並沒有這種制度；專業合作社提供的服務也有極大差異，有的提供生產材料、農藥、肥料、技術指導、保證收購（提供低保價）、協助貸款等，有的則只是單純的買賣、或集體銷售，談不上太多的服務。

（三）自主性

所謂的獨立自發性組織必須是獨立存在於社會，而非政府附庸，在這個標準下，中國大陸許多專業合作社目前仍不能算是符合完全自發性的標準，因為大多屬「民辦官助」性質，「官」仍具有作用。[44] 雖然Z縣專業合作社者多由原供銷社下崗職工、地方精英或幹部、企業主、或農科專業人士等領辦，政府單位在專業合作社的最初籌辦及成立後的協助與支持扮演一定角色，但從訪談中仍可看出多數專業合作社本身的「多樣性」、「積極性」和「趨利性」，政府扮演的是牽線、提供訊息、協助組織成立

43　即所謂的年終分紅制度

44　程同順，前引書，頁129。

（建議創辦人、協助申請作業）的功能，從訪談資訊中，並未發現官員有明顯干預專業合作社運作的情形、官方也甚少能提供財政上的支援，[45] 頂多是在協助申報獎勵項目（但目前也只有東湖魔芋一家領到三十萬元的獎勵）[46]、協助貸款（這部分的效果並不顯著，官員本身也有感到不足之處），因此Z縣的專業合作社應可被歸類是具有相當「自主性」[47]的組織。

（四）專業合作社的效益

從與數個性質不盡相同的專業合作社負責人及部分農民訪談中，發現專業合作社對參與成員甚至是附近非會員農戶確實帶來效益：

1. 協助小農面對市場風險

農民專業合作社雖然是政府帶動，目的在協助農民經濟發展，專業合作社介於農民與市場之間，提供社員種植的諮詢建議、提供低價（或免費）生產原料及分享種植技術，可大幅提高農民生產品進入市場的能力，可謂結合小農力量，共同面對市場壓力，讓農民從原本的「一盤散沙」轉成為「聯合力量」，平衡過去一向由買方主導的交易模式。[48] 不少專業合作社對農民訂有契約，提供底價保證，若市場價格低於底價，仍以底價收購，若市場行情高於底價，則按市場價收購，這樣的機制對農民及專業合作社均有利，對合作社而言，藉由與會員的簽約，供貨量及供貨品質均較

---

[45] 從針對幾個不同鄉鎮幹部的訪談中，均可得到鄉鎮政府本身財政困窘的情況，縣才是掌控地方財源的單位。（訪談編號8729114）

[46] 從與相關官員及幾個專業合作社幹部的訪談中得到的訊息。事實上，不論在縣級或鄉鎮級的訪談中，大家提到的都是「以獎代補」，即在成立階段必須自己想辦法籌措資金，做得好可以申請獎勵。

[47] 作者對於此處所謂自主性的認定是，即便在沒有獲得太多官方財政支持的情況下，各專業合作社（儘管各家情況有很大差異）基本上均仍維持積極運作，看不出來是在為政府服務。

[48] 在與某村知書訪談時，渠即表示之所以會聯合村民成立專業合作社，最主要是不滿過去來收購產品的外地商人刻意壓低收購價。

穩定，可疏緩過去經常發生的供銷失調[49] 問題，專業合作社的功能基本上是在「解決單家獨戶辦不了、社區合作組織統不了、國家經濟技術部門包不了的事情」。[50] 合作組織也有助於結合集體力量，向政府爭取資源，作為爭取村裏福利、建設項目或是表達及爭取權益。[51]

2. 協助農民賦權

藉由技術培訓、生產過程中輔導等提高農民素質，過去這類工作是縣農業局及其他科研單位負責，專業合作社實際上亦扮演部分政府公部門的角色，對政府單位而言，與專業合作社往來亦比面對個別小農有更多服務誘因，專業合作社為滿足本身發展需要，亦有教育農戶會員的動機，技術及防治病蟲害知識的提升，[52] 使產品的產值及產量均得以上升。

3. 促進農民與農村發展

專業合作社確實能帶動農村經濟緩步發展，農民從過去的只求溫飽，在透過專業合作社的技術協助之下，得以轉種經濟效益較高的作物，增加現金收入。[53] 每個人因專業合作社的獲益並不均等，Z縣有幾位白手起家

---

[49]　當地說法是所謂的「俏趕熱、賤毀園」現象。

[50]　訪談編號：8729121。

[51]　在與兩位村長訪談時，得到極深刻的印象是，惠農政策內容極其繁複，有些是普遍性質的，如近年來推動的三基五改，但更多內容則是需要各憑本事，積極爭取，資訊充分、村民團結，找到村裏的發展優勢，積極向縣裏報「項目經費」，常可得到些許資金，改善村裏的生活品質。在農村的情況是，人脈、資訊及態度的積極性是決定村發展的重要因素，也因此反映出縣內各鄉鎮及鄉鎮中各村的發展出現頗大的差異。訪談資料編號：8801141、8807141。

[52]　在訪談某規模在當地屬較大且較有制度的魔芋（製作蒟蒻的原料）專業合作社負責人即極為自豪地表示經過他們和專業人士的不斷研究試驗，俗稱魔芋癌症的白絹病及軟腐病均已經由專業合作社的技術指導而得以克服，他們不僅經常請縣農業局相關人員到合作社協助技術指導，也會自費邀請其他專家來提供相關資訊。

[53]　專業合作社根據其規模性質會員從中的獲利差異大，根據Z縣官方資料，2007年全縣因專業合作社帶動農戶收入提高1500萬，平均入社會員年收入增收420元。（以種植普通稻米來說，每戶大約三畝地，一畝地扣除成本約得700元，平均年收入約2000元；種植香米或其他經濟作物收入會更高一些）訪談資料編號：8730111、8731111、8731141、8801141。

的農民企業家因透過專業合作社的運作成為經營有成的企業家，[54] 這些企業家當中，情況較佳者，自有資產達300萬元以上，年銷售額800-1,000萬以上，也有的已創立自有品牌，專門銷售Z縣的特色產品，如食用菌（華中科有參與，花果山牌香菇、木耳等）、益壽彌猴桃、雙土地乾果等。對於地方而言，專業合作社有利於地方特色農業發展，[55] 某些鄉鎮亦因有較多農民專業合作社成立，商業較為發達，參與的農民亦因專業合作社給予的產銷、技術協助，收入有所改善。

五、農村社會結構與專業合作社發展

根據作者初步田野調查的結果發現，專業合作社的成立與政府政策支持有關，專業合作社的創辦人和過去的制度之間也有高度相關，現有幾個發展得較好的專業合作社皆係過去相關政府單位（如供銷社的分社）或公有企業改制而來，人脈、訊息、資源是農民合作組織成立與維持的重要因素。然而，專業合作社雖然受到官方影響，在組織農民、耕地成片化、及企業化經營上確實能發揮成效，而且專業合作社的經營也有相當的自主性，屬於追逐經濟利益的合作組織，較令人無法理解的發現是，專業合作社影響的農地與農戶範圍仍僅占約百分之十，[56] 這個現象應從農村的整體結構及社會結構中農民、專業合作社領辦人（地方精英）及地方幹部各自所受到的限制與利益選擇有關：

---

[54] 在Z縣發展的專業合作社達到省級優良者也有包括果品、藥材等專業合作社，州級優良合作社則有蔬菜專業合作社等。

[55] 當地極熱衷於推動「一村一品」，推動成功者鄉鎮可得到補助，如某鎮推出種植葡萄獲省委組織部及省科協各十萬元的補助。訪談資料編號：8804131。

[56] 通過專業合作社利用的土地占全縣54多歐地中的25395歐，參加戶1萬3千多戶，約全縣農業戶中的12%。訪談資料編號：8730111。

（一）社會化的小農

市場化進入農村之後，農民從過去的傳統小農轉型為社會化小農，[57] 其行為動機從過去的追求生存轉向對貨幣的需求，亦即原本的溫飽問題在經濟改革後已不再是農民的主要威脅，然而經濟結構改變，農村社會從過去的封閉轉向對外開放，生產方式從過去的自給自足，變成在生產及生活方面均需依賴貨幣交易，農戶勞動力為追求貨幣必須走出家庭，而進入城市打工，打工收入幾乎是每個農戶現金收入的主要來源，[58] 然而，出外打工多屬臨時工，工作並無保障，因此農民多半也不願意放棄農地經營權，使得農村呈現如同黃宗智所說的「過密型、小規模、低報酬的農業制度和惡性的臨時工制度緊緊地捲在一起」的現象。[59]

專業合作社對於農村發展是有正面功能，惟一般農民卻沒有能力創辦，領辦需要人力、資金、資訊、人脈及通過複雜的申請作業，若非具有企業家精神的精英人士，很難能夠由農民「自發」組織起來。即便已經成立專業合作社，要吸納農民入會都不是件容易的事，如同前述，農村中留下來的是一群老人與婦女，而這些人正是推動農民組織化要吸納的一群。對他們而言，務農有的只是滿足基本生活需求，因為現金多半得靠外地打工的家人供應，這與實地田野調察時得到的印象是符合的，即仍有為數不少的農地是小而全的傳統型態，亦即有部分農戶仍維持傳統小農的生活型態，生產作物多屬自用，並沒有什麼剩餘需要銷往市場，自然沒有加入組織的誘因。

一般人加入專業合作社的誘因有二：一是以共同銷售為目的，另一種是為轉作經濟作物，賺較多現金，惟轉作需要學習、需要投入新的初期投

---

[57] 鄧大才，「『圈層理論』與社會化小農—小農社會化的路徑與動力研究」，**華中師範大學學報**，第48卷第1期（2009年1月），頁2-7；徐勇，「『再識農戶』與社會化小農的建構」，頁103-108。

[58] 在Z縣，每戶每年打工帶入的收入約5000元，平均人均年收入為3000元。

[59] 黃宗智，**經驗與理論：中國社會、經濟與法律的實踐歷史研究**（北京：中國人民大學出版社，2007年）。

入資金、也有新的風險需要承擔，[60] 這些也可能讓農民卻步。對專業合作社而言，改變農民固有觀念、訓練老農學習新的種植方式得付出相當大的外部成本，因此不少專業合作社對會員的入會資格有所限制，是必須為養種植的大戶才能參加，[61] 這是專業合作社一般參加人數均只有一百人左右規模的原因。專業合作社的設立原本初衷在使小農有機會因組織起來，更有力量進入市場，但制度在執行時，卻可能並非如此。入社資格設限意味著絕大多數的小農根本是被「排除」在這個機制之外的。

農村社會的中人際關係網絡的特殊性，如費孝通所說的「差序格局」[62] 也反映在農民的參與組織態度，尤其是歷經集體經濟制度，農村的信任基礎變得更薄弱，農民雖然生活在相同範圍，彼此卻甚少橫向聯繫，是所謂的逐漸走向原子化的「熟人社會」，[63] 專業合作社成立時，不少農民抱著懷疑的心態，先行觀望，等到專業合作社的運作漸漸步上軌道，才有較多人加入。有位專業合作社總經理即表示：

> 1999年有消息出來，我買下XX供銷社，起草了章程，跑完程序，好不容易成立合作社，很多人在想，我把供銷社搞垮了，現在不知道安著什麼心！都不願參加。我挨家挨戶去拉人入社，第一年才只有17戶參加。

> 農民其實很現實，2001年時就有一段插曲，有兩個社員，當年都遇到有其他人來收購，價格比我出的0.8塊高出兩毛，其中一戶守信用不賣，另一戶是太太在先生不知情的狀況下，見高價就賣，結果年終分紅時，沒賣給其他人的分到340元紅利，另一戶看到這個情況後

60　即以菸葉轉作為例，每畝可賣2000元，是普通稻米的兩倍，成本卻也是同樣的200-300元／畝，但菸葉種植較為費工夫，有時種得不好，農民便會放棄，改回種原本熟悉的作物。訪談資料編號：8731111。

61　此規定原本亦極合邏輯，因為生產面積太小，表示生產品多半是為自用，並不太有賣出的可能。以東湖魔芋專業合作社為例，必須種植地在3畝以上者才能入會，而某牲豬專業協會的規定是年產100頭以上者才能入會，但一般農戶家中平均只養3隻。

62　費孝通，鄉土中國、生育制度（北京：北京大學出版社，1998年），頁25-30。

63　賀雪峰，「退出權、合作社與集體行動的邏輯」，甘肅社會科學，2006年第1期，頁213-217；賀雪峰，「市場經濟下農民合作能力的探討—兼答蔣國河先生」，探索與爭鳴，2009年4月，頁18-21。

悔極了，夫妻關係還為這事變得十分緊張。但也因為這個插曲，他們兩戶人家成了我的最佳宣傳員！[64]

農民的行為是依據公與私、關係遠近作為標準，搭便車（占「公家」、「外人」便宜）的情況極明顯，為貪小便宜，幾家農戶私下聯合共用一會員資格供貨，並講好彼此分紅的機制，也有的會員充當「上線」再向其他人購貨透過合作社銷售，諸如此類的情況相當常見。

（二）地方精英─專業合作社的創辦人

誠如上述，小農「自發」組織專業合作社的可能性微乎其微，必須有賴「地方精英」才能實現，而所謂地方精英也有極大差別，有的原本是種植大戶、經商者、下崗職工、有的則是村主任或村知書、或科研單位幹部，他們的共同點是擁有比一般人多的資訊、在地方有較佳的人脈、和官員關係良好等。訊息、人際關係網絡在農村的作用相當於「資源」和「權力」，這些都是成立專業合作社的必要條件。[65]

各個專業合作社幾乎都是地方精英憑著個人關係和本事創立，因此內部管理亦反映出精英「個人風格」，管理方式、組織規則、分紅方式等幾乎所有決策都是領辦人說了算，幹部亦多為「圈內人」，一般會員甚少能參與決策，因此合作社內部資訊不對稱、財務運用不透明、未能落實民主管理是最為人所詬病的問題。2007年通過的「農業專業合作社法」當中包含對合作社運作的規範，目的即針對當前各地專業合作社運作時出現的一

---

[64] 訪談資料編號：8728221。

[65] 俞慧芸譯，組織的外部控制：資源依賴觀點（台北：聯經，2007年）。譯自Feffrey Pfeffer and Gerald R. Salancik. *The External Control of Organizations: A Resource Dependence Perspective*(New York, NY: Harper and Row, 1978).有關地方精英的人際網絡作用：請參閱耿曙、陳陸輝，「與市場共欣榮：華北小鎮地方網絡的創造性轉化」，問題與研究，第43卷第3期（民國90年5、6月），頁83-107。Nan Lin, 1995, pp. 301-354. David Wank, "The Institutional Process of Market Clientelism: Guanxi and Private Business in a South China City." *The China Quarterly*, No. 147(1996), pp. 820-838.

些亂象[66]加以規範，防止領辦人濫權。

地方精英領辦合作社雖然均標榜合作、服務、配合政府政策，但實際上的情況是，在擴大利益、減少經營風險之間尋求平衡才是最高原則。利益導向加上專斷式治理，地方精英並不一定把「將農民組織化」視為己任，最明顯的例子是對會員身分的規定多要求需為「大戶」才能入會。在訪談中，也發現有幾家規模較大的「產加銷」型的專業合作社[67]實際上均有產品「供不應求」的情況，但卻均透露並無擴大會員的打算，這主要是基於利益和風險的考量，擴大會員意味著在組織管理上將變得更複雜，專業合作社對社員一般均有基本保障，如提供種子、技術諮詢、保證收購等服務，而且社員可參與二次返利分配，若能透過其他方式即可取得貨源，即可省下這些管理成本。

限制會員人數擴大也是從市場風險的角度考量，若供應量擴大，產品價格可能下滑，在會員人數上若能維持彈性，較有利於合作社的管理與運作，基於這些考慮，專業合作社基本上並沒有擴大成員的高度誘因。在市場需求上升，生產所需的原料需求擴增時，合作社的策略反而是也鼓勵成員以私人力量去多吸收其他貨源；也有越來越多專業合作社會傾向自組「基地」，即自行租用土地，雇請農人耕種。[68]

上述是屬於經營情況較佳的企業型專業合作社，然而目前Z縣專業合作社大多數規模並不大，且大多不容易再擴大，其中最關鍵因素即貸款困難，這與農民一般無法提供抵押品有關。另外，政府目前採取「以獎代補」制度，是一種引導式的補助機制，原意在企圖引導農民積極性，立意雖佳，但卻忽略到現實問題，大多數的農民本身因為發展有困難才需要有組織，合作社固然需要收取會費才能維持基本支出，但欲擴大（如需要擴大廠房及添購冷藏設備等）則需要投資金額，政府的政策是專業合作社必

66　仝志輝、溫鐵軍，2009。

67　即生產、加工、銷售一體化模式，這類合作社的性質是「企業＋合作社」，合作社的作用在穩定原料來源，性質類似是企業的子公司，但兩者的財務是各自獨立，只有在必要時有融資的關係。

68　訪談資料編號：8728221、8730111、8731141、8731142、8801141。

須先取得資金，規模擴大後才有取得補助的可能，但對專業合作社而言，若有資金可擴大發展，政府「獎勵」的作用變成錦上添花而已。

（三）地方官員

專業合作社成立對於地方農業發展有極正面意義，既然是上級政府的政策，執行成效與官員政績相關，然而在實地考察後卻發現，地方官員的態度並不如過去在推動鄉鎮企業時那般積極活躍，原因有幾個可能性：首先，雖然中央政府重視，明文鼓勵各地方發展農民專業合作組織，但並沒有具體施行措施，能在實質上幫助農民發展的項目不多，亦即地方政府並沒有太多「資源」作為誘因，鼓勵農民多成立組織，只能從「鼓勵」的角度，然而不少官員均抱怨，現在農民的自主性高，得花許多唇舌，也不見得能讓農民願意配合改變種植習慣。[69]

另外，「利益」也影響地方政府配合中央政策的積極性。對地方政府而言，稅收收入是最重要的關切，尤其目前鄉財縣管的財政制度下，鄉鎮政府的預算吃緊，稅收是地方政府工作的重點，農業稅已取消，專業合作社或農產品在目前均係免稅，反之菸葉或是發展工業則有稅收來源，[70] 因此地方政府便有較高的誘因鼓勵農民改種菸葉，而非改種其他農產品。不僅如此，專業合作社若欲擴大種植面積，就某種程度而言也是不被鼓勵的，因為如此將可能影響到菸葉種植面積的擴大，尤其是林果業，一旦改種，便可能長期均不能轉種，因此地方政府表面上說支持，但實質上並不積極鼓勵。[71]

其次，各單位對專業合作社的認知也不統一，有些單位認為那是農民自己的事，袖手旁觀，不願投入，金融單位更是如此，不論是專業合作社或農民，最主要的困難都是貸款難。上述問題，有的牽涉到宏觀制度層

---

[69] 訪談資料編號：8731111、8804131。

[70] 地方政府若有可能，均以積極招商引資為最重要工作。訪談資料編號：8804131

[71] 訪談資料編號：8804222。

面，有的則與農民本身有關，農民和政府是原子化的關係，農民之間缺乏橫向聯繫，因此農民極易落入弱勢。

六、結論

農民組織化作為解決三農問題的一帖良藥，本文欲瞭解的是為什麼農民並沒有如預期般接受？本文目的不在對政策批判，而是想知道在一個宏觀現象之下，它的運作脈絡為何。

對於三農問題，由於農民數量龐大，且仍在持續增長，以社會政策的制度性救濟並非治本之道，以純粹的經濟（市場化）方式改善也將帶來副作用，以組織帶動農民的方式應屬相對合宜的措施，政府在當中扮演角色並非不宜，關鍵在於農民是否能因政策提升賦權。

從在湖北省Z縣的實地考察中，作者發現中央政策下達到地方，結果是有多種可能性的，即國家能力並非「一以貫之」而且有效的，國家能力要在社會結構的運作中才能看得出來，這是本文分析的觀點，從小農、地方精英、地方幹部的互動關係中，看得出來各自對農民組織化的不同解讀與反應。

從田野調察的觀察中可發現，不少農民的確在專業合作社中獲利，政府由於預算少、產業發展的全盤考量等因素，對專業合作社的「涉入」並未如原本估想的高，亦即Z縣的專業合作發展算是相當市場化運作模式下的產物，農民因著參與專業合作社開始有「謀利」觀念，對於新技術及轉作經濟作物輔導的接受度均極高，這是Z縣農地種植開始出現成片化的重要助力。

然而從調查中也可發現，雖然專業合作社的成立對農民有利，但真正受惠者卻仍僅少數，可謂原來在東部試行成功的「讓少數人富起來」策略在農村中再次體現，雖然仍無法完全確定仝志輝、溫鐵軍所認為的「大農吃小農」是常態，但分化現象確實因專業合作社的發展有擴大的趨勢，小農雖然有其理性，但終究是弱勢。

　　專業合作社本身也仍面臨一些限制發展的問題，無法做大是因為擴充有風險，需要資金或獎勵，但兩者均極缺乏，政策面及金融方面均很難使廣大農民受惠。政府原本希望靠「大戶帶小戶」，但問題是真正帶動的力量及效果仍極有限。

　　然而，農民組織化是個過程，在現階段中國各地專業合作社的情況可謂當前社會結構中重要團體互動結果的回應，不表示未來可會有變動的可能。隨著農村越來越開放、市場化越來越成為農村生活的規範，農村社會結構有出現變化的可能，對於專業合作社或其他農民合作組織的發展也將有影響。

●●●　參考文獻　●●●

Migdal, Joel S., 1988. *Strong Societies and Weak States: State-Society Relations and State Capabilities in the Third World*. Princeton: Princeton University Press.

Migdal, Joel S., 2001. *State in Society: Studying How States and Societies Transform and Constitute One Another*. New York: Cambridge University Press.

Oi, Jean C. 1999. *Rural China Takes Off: Institutional Foundations of Economic Reform*. Berkeley: University of California Press.

Pfeffer, Jeffrey, Gerald R. Salancik, and Huseyin Leblebici. 1976. "The Effect of Uncertainty on the Use of Social Influence in Organizational Decision Making." *Administrative Science Quarterly* 21:227-245.

Polanyi, Karl. *The Great Transformation: The Political and Economic Origins of Our Time*. Boston: Beacon Press, 2001.

Saich, Tony. 2000. "Negotiating the State: The Development of Social Organizations in China." *The China Quarterly* 161:124-141.

Schmitter, Philippe. 1974. "Still the Century of Corporatism?" *The Review of Politics*, 36: 85-131.

Scott, James. 1976. *The Moral Economy of the Peasant: Rebellion and Subsistence in*

Southeast Asia. New Haven and London: Yale University Press.

Shue, Vivienne. 1988. *The Reach of the State: Sketches of the Chinese Body Politic*. Stanford. CA: Stanford University Press.

Shue, Vivienne. 1994. "State power and social organization in China," in Joel S. Migdal, Atul Kohle, and Vivienne Shue, eds., *State Power and Social Forces: Domination and Transformation in the Third World*. New York: Cambridge University Press. 65-88.

Streeck, Wolfgang and Philippe C. Schmitter. 1985. "Community, market, state—and associations? The prospective contribution of interest governance to social order." *European Sociological Review*, 1(2): 119-138.

Unger, Jonathan and Anita Chan. 1995. "China, Corporatism and East Asian Model." *Australian Journal of Chinese Affairs* 33:29-53.

Wank, David. 1996. "The Institutional Process of Market Clientelism: Guanxi and Private Business in a South China City." *The China Quarterly* 147: 820-838.

Wiarda, Howard J. 1997. *Corporatism and Comparative Politics: The Other Great " Ism"*. New York: M.E. Sharpe.

Williamson, Peter. 1989. *Corporatism in Perspective: An Introductory Guide to Corporatist Theory*. London: SAGE Publications.

Willmott, W. E. ed. 1972. *Economic Organization in Chinese Society*. Stanford, CA: Stanford University Press.

Zhou, Xueguang. 1993. "Unorganized Interests and Collective Action in Communist China." *American Sociological Review* 58: 54-73.

于曉虹、李姿姿，2001，〈當代中國社團官民二重性的制度分析:以海澱區個私協會為個案〉,《開放時代》，第 9 期，頁 90-96。

于建嶸，2004,《岳村政治：轉型期中國鄉村政治結構的變遷》,北京：商務印書館。

中華人民共和國民政部網，2003,〈關於加強農村專業經濟協會培育發展和登記管理工作的指導意見〉, http://mca.gov.cn。

王信賢，2006,《爭辯中的中國社會組織研究：「國家─社會」關係的視角》,臺北：韋伯文化。

王景新，2005,《鄉村新型合作經濟組織崛起》,北京：中國經濟出版社。

仝志輝，2005,《農村民間組織與中國農村發展：來自個案的經驗》,北京：社會

科學文獻出版社。

全志輝、溫鐵軍，2009，〈資本和部門下鄉與小農戶經濟的組織化道路——兼對專業合作社道路提出質疑〉，《開放時代》，頁 1-24。

朱道亞，2007，〈從中國大陸農民專業協會看中共組合主義的發展傾向——以河北省邯鄲市為例的分析〉，《東亞研究》，第 38 卷第 2 期，頁 123-170。

林毅夫，2004，《發展戰略與經濟發展》，北京：北京大學出版社。

俞慧芸譯，2007，《組織的外部控制：資源依賴觀點》，臺北：聯經。譯自 Pfeffer, Jeffrey and Gerald R. Salancik. *The External Control of Organizations: A Resource Dependence Perspective*. New York, NY: Harper and Row. 1978.

康曉光、韓恒，2005，〈分類控制：當前中大陸國家與社會關係研究〉，《社會學研究》，第二期，頁 73-89。

耿曙、陳陸輝，2001，〈與市場共欣榮：華北小鎮地方網絡的創造性轉化〉，《問題與研究》，第四十卷第三期，頁 83-107。

孫亞範，2006，《新型農民專業合作經濟組織發展研究》，北京：社會科學。

孫炳耀，1994，〈中國社會團體官民二重性問題〉，《中國社會科學季刊》，第 6 期，頁17-23。

梅德平，2004 年，《中國農村微觀經濟組織變遷研究 1949-1985：以湖北省為中心的個案分析》，北京：中國社會科學出版社。

陳桂棣、春桃，2004，《中國農民調查》，北京：人民文學。

陸學藝，2002，《「三農論」—當代中國農業、農村、農民研究》，北京：社會科學文獻出版社。

陸學藝，2005，《「三農」新論—當前中國農業、農村、農民問題研究》，北京：社會科學文獻出版社。

張靜，2007，《基層政權—鄉村制度諸問題》，上海：上海人民。

張靜，1998，《法團主義》，北京：中國社會科學出版社。

曹錦清，2000，《黃河邊的中國》，上海：上海文藝出版社。

曹陽，2007，《當代中國農村微觀經濟組織形式研究》，北京：中國社會科學。

程同順，2006，《農民組織與政治發展—再論中國農民的組織化》，天津：天津人民出版社。

黃宗智，1986，《華北的小農經濟與社會變遷》北京：中華。

黃宗智，2000，《長江三角洲小農家庭與鄉村發展》北京：中華。

黃宗智，2007，《經驗與理論：中國社會、經濟與法律的實踐歷史研究》，北京：

中國人民大學出版社。

賀雪峰，2008，《什麼農村，什麼問題》，北京：法律出版社。

賀雪峰，「退出權、合作社與集體行動的邏輯」，**甘肅社會科學**，2006 年第 1 期，
　　頁 213-217。

賀雪峰，「市場經濟下農民合作能力的探討─兼答蔣國河先生」，**探索與爭鳴**，
　　2009 年 4 月，頁 18-21。

溫鐵軍，2005，《三農問題與世紀反思》，北京：三聯書店。

潘維，2003，《農民與市場：中國基層政權與鄉鎮企業》，北京：商務印書館。

韓俊主編，2007，《中國農民專業合作社調查》，上海：上海遠東出版社。

魏道南、張曉山主編，1998，《中國農村新型合作組織探析》，北京：經濟管理出
　　版社。

8 農會是誰的？——戰後早期農會法令規範及其演變（1945-1974）

林寶安
（義守大學公共政策與管理系副教授）

目次

一、前言

農會是誰的？毫無疑問，當然是農民的！不過，從今天看來似乎是天經地義的事情，實際上並不那麼清楚明瞭。距離現在60多年前，在康乃爾大學受過農村社會學研究訓練的郭敏學先生，曾經對當時台灣各地農會的農民實施過問卷調查。其開宗明義的第一個大問題，就是請問當時的農民底下這個看似無稽的怪問題：究竟「農會是誰的？」結果不僅問題怪異，農民驟然聽聞此一問題也「瞠目結舌」，常使農民「推敲良久，其答案亦錯綜複雜，出人意表」（郭敏學，1984a：145）。表8-1便是這個令人驚訝的調查結果：在1952（民國41）年的時候，幾乎沒有人認為農會是農民的或會員的，反而有約1/3認為是政府的，而高達55%則根本回答不知道！1955年以後，調查結果出現了劇烈的轉變，認為是農民或會員的已經高達56%，雖然還有11%認為是政府的，20%還是不知道答案；1959年時，認為農會歸屬於農民或會員則繼續提升到達八成，認為是政府的或是不知道答案的則都只剩下5%。整體而言，台灣農民對於「農會是誰的？」這個問題的認知終於大勢底定；大致可以說，認為農會是政府的時代結束，農會為農民或會員所有的時代來臨！

表 8-1　農會是誰的？

		農民的或會員的	政府的	大家的	半官半民的	理事長或總幹事的	不知	合計
民國41年	答案數	1	19	1	4	1	32	58
	百分比	1.7	32.8	1.7	6.9	1.7	55.2	100
民國44年	答案數	673	135	95	37	12	248	1,200
	百分比	56.1	11.2	7.9	3.1	1.0	20.7	100
民國48年	答案數	1,113	70	109	20	10	78	1,400
	百分比	79.5	5.0	7.8	1.4	0.7	5.6	100

資料來源：引自郭敏學（1984a），頁 146，第一表。
說明：三次調查都是作者於農復會任職期間以考察臺灣各地農會之便，以同一份問卷施測完成。第一次共訪問 8 農會 58 名會員。第二次共 60 農會 1200 名會員；第三次以省農會 14 位督導員之督導區域各訪問 100 名會員共計 1400 名會員。參見郭敏學（1984a：142-144）。

　　實質說來，這是台灣農會史上一次驚天動地的大轉變！根據李力庸的研究，日據時期的農會是個「具有公法人但非公署的半官方半民間」機構，因此可以「強制所有務農者入會，〔經由徵收會費〕令其財政自立」（李力庸，2004：45）。雖然如此，除了少數受到殖民政府籠絡，被吸納擔任農會評議員、地方委員的地主仕紳或產業人士（這些人也都同時身兼基層市街庄長、役員等行政職務），必須積極投入農會運作之外，絕大部分農民即使因強制入會身為會員，也並不參與農會的運作；甚至因為農會的特殊屬性，而常錯將農會視為「官廳組織」（李力庸，2004：62-77，45）！因此，當郭敏學在1952年調查時，恐怕反映的正是日據時期以來絕大部分農民的真實認知。也就是說，直到1952年之際，不論是農民自我的認知或是當時農會與農民之間的實質關係，相當可能都還是停留在日據時期將農會視為官廳組織的印象，因此並不跟農民自身發生太直接的關係。也正是在此一條件下，1955年以後農民認知的改變，才更加凸顯其變化的劇烈程度。

　　事實上，不僅農民／會員對於「農會是誰的？」認知在1950年代經歷前述劇烈的變化，台灣農會也是在同一時期內經歷同樣重大的轉變，形成今日眾所皆知的獨特性；也就是形成一個功能角色極端複雜的綜合體。這是個兼具多功能目標的組織（包括政治性、社會性、經濟性、教育性或文化性等功能），也是個地域化的人民團體，是農民所組成的職業團體，也是農業政策與農業行政體系末稍的輔助機關，扮演基層金融機構的角色，同時也是個合作團體，更是地方派系的大本營之一。當然也因為形成如此複雜的綜合體，使得農會組織的定位就一直是爭議不休的重大議題（Francks, Boestel, and Kim, 1999: 182）。例如就農會的法律地位來說，農會是法人，而且是所謂「公益社團法人」，但是農會究竟是屬於公法人或私法人？則顯然存在爭議（胡盛光，1985：68-69）。就農會由農民會員組成而言，農會是個職業團體，肩負爭取農民會員權益的任務，不過卻因為農會本身兼營諸多經濟性事業，而有異於其他一般工會、商會等類似組織；同時，如果將之視為營利性組織，農會經營所得之盈餘卻不得自行運用，而必須將大部分依法提撥做為農業推廣之用（郭敏學，1984：

357）；如果視之為非營利組織，又與農會經營經濟金融事業顯有扞挌。而就農會支援推廣事業、協助政府推行各種農業政策與控制鄉村社會、甚至扮演榨取農民農村資源以供應軍公教糧食與支援工業化的角色（如負責執行肥料換股、農業培養工業等政策）而言，農會似乎應屬於政府在地方基層的農政機關，具有公共團體的屬性（陳聰勝，1979：31-32；丁文郁，2001），不過農會卻是獨立預算，以本身收入支付一切管理和事業開支。而長期自認為是農業合作組織的農會，卻又如下所述，很早就廢除代表合作精神的股金制（郭敏學，1984：357-358）。農會組織體制本身的複雜性由此可見一斑。

　　然而無論如何，吾人都必須面對一個基本事實：1950年代以來台灣農會組織所形成的這些複雜特質，並無法完全由日據時期的農會獲得解釋。日據時期做為半官方機構的農會，並不具有日後的經濟性功能，經營諸多事業；日據時期農會雖然進行農業推廣工作，但是這方面經費主要是殖民政府所編列提供，而不是1950年代以來由農會本身盈餘提撥；至於1950年代把農會當做合作團體，或是職業團體，則更是超出日據時期的農會概念之外。那麼，如果如此複雜的農會體制，無法完全由日據時期的農會獲得解釋，我們是否可以從我國農會法規體制本身的演變、從大陸時期農會法源頭尋求答案？

　　事實上，翻開中華民國的農會法，所有人都將被這部法律的特殊修法歷程所吸引，或是迷惑。如表8-2所示，制定於民國19年（西元1930年）底的這部農會法，至2009年已經有79年的歷史。整體而言，在這79年的歷史中，農會法（包含首次制定立法在內）總共經過16次的修訂，平均大約每4年11個月就會進行一次修法工作；從一般法律的修訂頻率來看，農會法應該算是修法頗為頻繁的法律，相當程度反應了農會組織及其外在環境的變遷。不過細部來看，4年11個月的平均值並不能實質反映79年間的階段性差異。如果法律的修訂，正是社會經濟變遷的重要溫度計，那麼從農會法歷次修法所間隔的時間長短，以及這種頻繁程度形成的節奏，似乎就成為掌握農會（與農村、農民）變遷的重要策略。依據79年來修法歷程所形成的不同節奏，我們大致可以區分三個不同階段，分別是1930-1948

年，1948-1974年，以及1974-2008年。

表 8-2　農會法歷次修法時間一覽表

	完成修法時間	距前次修正時間	階段劃分	
1	1930年12月30日	立法	第一階段（1930-1948），共約19年，平均約每6年修法一次	大陸時期
2	1937年5月21日	約6年半		
3	1943年6月14日	約6年		
4	1948年12月28日	約5年半		
5	1974年6月12日	約25年半	第二階段（1948-1974），共約26年	台灣戒嚴、修法凍結時期
6	1981年1月28日	約7年半	第三階段（1974-2008），共約34年，平均約每3年1個月修法一次	台灣戒嚴時期
7	1985年1月14日	約4年		
8	1988年6月24日	約3年半		台灣解嚴、民主化時期，密集修法時期
9	1991年8月2日	約3年2個月		
10	1994年12月5日	約3年4個月		
11	1999年6月30日	約1年半		
12	2000年7月19日	約1年		
13	2001年1月20日	約半年		
14	2004年6月23日	約3年半		
15	2007年6月20日	約3年		
16	2008年8月6日	約10個月		

資料來源：筆者自行整理。

　　從修法的頻率來看，1930-1948年的第一階段，也是大陸時期農會法的階段；在1930年完成立法之後的19年間，形成大約每隔5、6年（分別在1937、1943、1948年）修正一次的頻率。問題是緊接著下來的1948-1974年第二階段，農會法卻突然進入一段停頓期，宛如時間就此凍結，農會法被凍結將近26年之久，直到1974年才再次修訂。這段隸屬於國民政府播遷來台後時期的修法模式，顯然與當時特殊政經軍環境息息相關。1974之後至2008年是第三階段，農會法的修法週期重新密集出現。雖然1974年後先經過7年半在1981年才獲得修正，不過1981年後，農會法的修正頻率達至空前高峰，每次修正所需時間，頂多4年、快則1年內就會再次修正；這也

就是說，在不到24年的時間內，一共密集進行了10次的修法，大約平均每2年5個月就修法一次。相對於第二階段的修法空白或是凍結現象，這個階段明顯進入另一個世界，宛如被禁錮已久的需求突然獲得解放。

　　從這樣的修法歷程與頻率來看，三個階段的農會法似乎反映了三個不同社會體系，或是說它是三個不同立法體系下的產物。首先，農會法的第一階段，也正是大陸立法與修法時期，主要法規內容是當時大陸農會發展現況的反映。進入第二階段，正是國民政府剛經歷國共內戰失利，並從大陸撤退來台之後的歷史。這是一段兵荒馬亂、來台養精蓄銳、同時希望以台灣做為反攻大陸基地的時期；也是政府採取「以農業培養工業，以工業發展農業」政策的時期；甚至也是被學者稱為所謂「壓擠農業政策」的時期（廖正宏等，1986：59-73）。第三階段，是台灣退出聯合國之後的歷史，中間經歷過台灣經濟奇蹟與社會多元化發展，也經歷過解嚴、民主化、國會全面改選、首次與二次政黨輪替等重大政治民主化轉變，相當程度也是國民黨政府推行本土化，以及後來台灣社會經歷台灣化的時期。

　　雖然整體而言，不同階段農會法的修訂，顯然受到不同時期社會政治經濟變遷的影響，並因為具體化在每次農會相關法令規範之中，從而回過頭來影響了其後農會的體制與特質，值得深入探究。但是擺回前面的問題來看，如果台灣農會在1950年代開始形成不同於日據時期的一些重要體制特質，那麼顯然可能性之一是，這主要是因為承襲自大陸時期農會法的影響？不過根據研究，雖然大陸時期的農會法從1930年制定直至國民政府撤退來台前夕一共經歷3次的修正，當時農會法規範下的農會，卻比較是個「職業團體」的組織特質（胡盛光，1985：116-126；郭敏學，1982：207），並無1950年代台灣農會既經營經濟事業，又從事信用部基層合作金融業務，也並不代理政府推行政策與行政事務工作等諸多特質。如此看來，這是否意味著另一個可能性，也就是說台灣農會在1950年代形成的體制特質，其實是日據時期農會與大陸農會法規範的混合體？甚至還可能受到1950年代特殊歷史時空條件的影響？

　　的確如此。根據林寶安（2009）的研究，構造戰後台灣農會體制的重要因素，除了日據時期農會／產業組合等實體遺產、大陸農會法規範的遺

緒之外，還包括二次戰後美國為了圍堵共產主義擴張，透過農復會在大陸及台灣推行包括土地改革與農會改造的主張，以及韓戰爆發後為了徹底改造台灣農會而特別輸入戰後盟軍總部在日本推行農村／農會改革的成功經驗。而這些不同的體制要素，大致在國民政府撤遷來台後所推行的農會改進政策（1952-1954）之下混合完成，相當程度建構出日後台灣農會體制的主要特色。

　　由此一脈絡來看，農會法在1948-1974年這段奇怪的、將近26年的修法空白，便顯得特別突兀、令人疑惑。為何這些在1950年代發生的重要改變，並沒有被即時地具體化在農會法的修訂上面！為何在延宕了二十多年之後，突然在1974年開始修訂農會法？而且此後，宛如突然將修訂農會法的禁忌完全解除一般，讓農會法進入相當密集的修訂？1950年代以來修法上的延宕，是因為如何的因素作用？1974年決定並完成修訂農會法的背後，則又是因為如何的社會政治經濟因素使然？時間上為何是在1974年，而不是更早或更晚？而如果1950年代台灣農會的確因為混合了包括日據時期農會、大陸時期農會法、以及其他體制因素，才建構出日後的台灣農會，那麼這究竟是因為如何的因素使然？而如此所建構出來的台灣農會，又具有哪些重要特質？對農會與農民、政府、國家機器的關係，又帶來如何的影響？

　　往下的章節安排，首先將從1948-1974年這段修法空白時期談起，分析造成持續凍結修訂農會法的背後因素，以及什麼樣的因素條件最終促成該法的修訂。其次分析的重點，是這段時期農會法規範內容的演變進行分析。

二、以辦法暫時代替農會法

　　事實上，1948-1974年間並不是一段沒有法律規範的時期，只是用以規範的不是具有法律位階的農會法，而是因應特殊環境需要而頒佈修訂的辦法，包括1949年頒訂的「台灣省農會與合作社合併辦法」，與1952年頒

訂並取代前一辦法的「改進台灣省各級農會暫行辦法」（以及依據二辦法所頒佈的相關要點規範）。問題在於，政府何以在這段時期不透過立（修）法途徑，而採取此種暫時性的行政命令、辦法做為依據？背後主要考量的因素為何？採取暫時性措施對農會的規範與發展帶來如何的影響？針對這些問題，我們必須先回到制定頒行這些辦法，以及回到為何農會法被修正與不被修正的歷史脈絡中去瞭解。

　　雖然如前所述，今日諸多功能匯聚一身的台灣農會組織特性大致在1950年代形成，不過這樣的結果卻是從日據末期直至戰後大約十多年間（1943-1954）的特殊歷史際遇使然。而且考察台灣農會在這段歷史的演變過程顯示，日據時期農會與大陸時期農會法只是日後台灣農會建構所需的其中二項元素，還存在著其他重要元素的作用。根據林寶安（2009）的研究，至少還應該包括日據時期的各種民間經濟性組合事業團體，撤遷來台前後美國與農復會有關農會改革的主張，以及戰後盟軍在日本改革農村的經驗等諸多元素。有趣的是，這些建構日後台灣農會體制的各種制度要素，在這段經歷二戰末期、國共內戰、撤退來台的動盪歷史背景下，被交織於前述二套辦法之中。大致可以說，1949年頒訂的「台灣省農會與合作社合併辦法」（以下簡稱「合併辦法」）及其相關要點規定，是以日據時期半官方農會與民間產業組合為基礎，結合因為回歸中華民國而適用我國農會法規範，以及當時美國農復會的主張等因素。至於1952年頒訂的「改進台灣省各級農會暫行辦法」（以下簡稱「改進辦法」），名義上雖然取代「合併辦法」並將之予以廢除，事實上則是承襲「合併辦法」的大部分規定；不過，「改進辦法」除了承襲「合併辦法」所立基的日據遺產與大陸農會法規範外，此時還增加了美國為圍堵共產勢力擴張考量而要求的農會改革，以及盟軍在日本農村改革經驗的影響。

　　不過，不論是合併辦法或改進辦法，都必須回答一個最基本的問題：這些臨時頒佈的辦法究竟是要解決什麼問題？初步看來，這二個辦法都是要解決臺灣結束殖民統治而回歸中華民國之後，現存農會組織如何有效地改隸中華民國相關法律體制的適應問題。也就是說，日據時期所留下的農會組織、合作社組織，在結束殖民統治之後，一方面將如何改隸屬中華民

國法律體制的適應問題，一方面則是中華民國原有法律體制是否能有效規範台灣這些組織的問題。不過，這二套因應當時政治、軍事、社會與經濟統治需要而推動的辦法，卻不免具有非常的、臨時的及權宜的性格；改進辦法甚至就直接稱為「暫行辦法」。這正如改進辦法第一條開宗明義所說：「為適應台灣實際情形，改進各級農會起見，特訂定本辦法。」因此問題是，當時何以不直接採取修訂農會法的方式，而是頒佈此一「暫行辦法」來因應？

　　首先，這是因為臺灣光復後奉派來台的陳儀政府，為了使接收與改組工作順利進行，讓臺灣能順利銜接中華民國法律體制，乃於1945年11月3日由台灣省行政長官公署以「署法字第36號」公布「台灣省行政長官公署布告日據法令廢除原則」規定：

> 民國一切法令，均適用於台灣，必要時得**制頒暫行法規**。日本占領時代之法令，除壓榨、箝制台民、牴觸三民主義及民國法令者應悉予廢止外，其餘暫行有效，視事實之需要，逐漸修訂之（國史館，1990）。（粗黑體為筆者所加）

　　這段話將「暫行」法規的意義及其歷史背景表露無遺，對於甫結束殖民、回歸中華民國主權的台灣而言，這樣的暫時性銜接原則並無不妥；而且得「視事實之需要，逐漸修訂之」，也是相當務實的作法。不過，如果暫時性的法規並未能隨時間演進與社會經濟變遷而修訂，反而被不斷被延用以致無法回歸法律正途時，便可能出現暫時頒佈的行政命令實質凌駕法律之上，甚至鳩佔鵲巢，出現行政命令替代法律的問題。無奈的是，對日抗戰勝利後，雖然臺灣光復，大陸國共內戰的動亂卻又製造了讓暫行法規延續的條件。

　　在撤退來台的過程中，國民政府為了因應國共內戰失利的動盪環境，特別將抗戰期間的「總動員法制」運用於臺灣。所謂「總動員法制」是指對日抗戰期間，國民政府為因應戰時管制、戰爭動員之需求，而先後頒佈的三項重要法令規範，包括1938年10月6日公布的「非常時期農礦工商管理條例」，1942年5月5日的「國家總動員法」，以及隨後公布的「妨害國家總動員法懲罰暫行條例」（陳維曾，2000：17-19）。雖然這些法令規

範是為「貫徹抗戰目的」所制頒，不過在對日抗戰勝利之後，卻並未隨之廢止；反而在隨後的國共內戰條件下，因為國民政府繼續頒佈「勵行國家總動員令」、「動員戡亂完成憲政綱要」而被延續下來。而在1945年接收台灣、1949年國府撤退台灣的動盪過程中，不僅因為時勢所需而被移植到台灣，國民政府更進一步公布「戡亂時期依國家總動員法頒發法規命令」（1951年12月7日），規定政府必要時得依「國家總動員法」制頒行政命令以集中人力、物力、限制人民權利，且不受憲法之約束。行政部門經此授權/擴權，更容易便宜行事，而不願訴諸相對複雜的立法途徑。因為在民主體制下，國家機器運作所需之法令規範，必須經由最高立法機關完成立法、修法始得以為之，這使得行政部門無法全盤掌握法令制訂、修訂的方向、時程與結果。在總動員法制的授權下，無須立法程序，不僅大幅減省所有與立法部門立法、修法三讀的協調溝通，更重要的是行政部門可以因此完全（獨斷地）操控法令制訂的內容與方向。實質說來，這是早期國民黨被稱為（黨國）威權體制的一個重要因素；也是因此，一旦日後出現任何修法的企圖，也就必須以行政部門的鬆動改變，或是必須有來自立法部門的實質壓力方能為功。

其次，在我國的法律體系中，相對於立法機關制定的法律而言，由行政機關所頒佈的各種「辦法」基本上都屬於行政命令。行政命令雖然也具有法規的效力，卻是「因時制宜，隨時勢之演變，於簡易手續之下，酌為修改，以濟法律之窮」（林紀東，1990：293）。換言之，行政命令之所以產生，正如林紀東所說，「由最根本方面言之，實由於社會事實之需要」使然。一方面，這是因為法律通常屬於原則性、綱要性的規定，另一方面，法律一旦制定或修訂完成，便具有相當的固定性，若是面對快速變遷的社會經濟環境，便極易產生法律與現實之間的落差。因此，在法律未行修訂之前，行政機關便經常頒佈辦法、命令以解時勢之所需。職此之故，相對於法律本身而言，辦法或命令便經常帶有權宜性、適時性的特徵，以及濃厚的解決問題性格（problem-solving）（林寶安，1998：69-71）。然而，除非所需規範之社會經濟活動自社會中消失，否則依賴持續發布、修正的辦法或行政命令的方式，終究並非正軌。擺在農會法規

體系來看，因為長期未能修正農會法，不僅造成各種農會相關辦法規範的疊床架屋，使得各種相關辦法命令之間「既無系統又乏連貫，矛盾之處在所難免，致常發生窒礙難行現象」（胡盛光，1985：142），而且社會經濟活動的需求恐怕也難以得到真正的滿足。更嚴重的是，可能因此產生越俎代庖的效應，使得因應現實社會經濟發展需求而持續頒佈、修訂的辦法命令，卻實質取代早已過時的法律成為真正作用的規範依據。這就宛如一棟建築物，為了因應不斷發生的人類需求而不斷臨時性、權宜性地加蓋，最終所有這些加蓋物、甚至違章建築卻回過頭來掩蓋扭曲了真正的建築本體。因此，重新打造全新的建築，而不是頭痛醫頭、腳痛醫腳式的臨時加蓋，顯然才能真正而有效地回應社會經濟變遷的需求。因此，從權宜性的「暫行辦法」回歸到農會法本身的修訂，顯然才能建構可長可久的制度規範。

　　最後，在台灣法律體系中，辦法或命令還通常具有試行、試辦的性質，目的在依據其試辦的結果制定或修訂法律。在此一脈絡下，辦法命令所規範的活動或對象，通常是新興、重要的社會經濟活動，並且是既有法律體系並無適用之規範者。例如，1980年代開始發展的新興消費金融，就是先頒行辦法而後再依據試行結果修訂銀行法（林寶安，2002：114-115）。因此，擺在台灣農會的規範來看，1949、1952年之所以特別頒行這些「適應台灣實際情形」的辦法，關鍵在於當時我國雖有「農會法」，卻不足以規範背景特殊的台灣農會。第一，如前所述，這是因為我國「農會法」自民國19年（1930）制定以來，雖然經過1937、1943、1948年的三次修正，不過都是以大陸各省農會發展經驗做為依據，也是以全中國做為適用範圍（胡盛光，1985：118-125），並未考量當時還身處殖民統治下的台灣經驗。第二，可能更為關鍵的是，戰後台灣農會的特質相當程度超出我國大陸時期農會法所能規範的範疇之外。前已述及，戰後台灣農會的組織實體，是日據時期半官方農會與鄉村民間團體（特別是合作事業）的合併體，這就使得僅設計用以規範「農會」做為職業團體的大陸時期農會法，難以有效規範同時涵蓋具有經濟（供銷、金融）、教育（推廣）、政治、社會等諸多功能的台灣農會，暫時頒佈這些辦法做為農會的

規範依據，也就成為不得不然的選擇。第三，更關鍵的還必須注意前引改進辦法第一條所示的另一層「暫行」意涵：這是特別為了「適應台灣情形」而訂定的辦法。做為曾經遭受日本殖民的一個特殊省分，也做為國共內戰下國民政府撤退尋求復興的軍事基地，台灣在此時的特殊性不言可喻。尤其是，「暫行」於台灣的實施經驗，還可以做為日後修改農會法、甚至有朝一日在大陸施行農會法的重要參考。

　　不過隨著兩岸分治局面的確定，隨著戰後台灣農村社會經濟快速變遷而形成的需求，都使得原本「暫行」的辦法，面臨了必須回歸修改農會法的社會壓力。基本上，堅持代表中國主權的中華民國政府在撤退來台之後，雖然「暫時」委身台灣這個復興基地，卻懷抱著反攻大陸重新統治全中國的美夢。在此一背景下，隨國民政府撤退來台的中華民國各種典章制度，自然而然依舊以全中國做為設計考量所在。實質說來，這就埋下中華民國法律體制的一個基本矛盾，也就是實際僅僅施行於台灣的法律體系，卻設計為適用全中國的矛盾。在本文看來，正是因為這個基本矛盾，構成台灣日後諸多重要法律修訂上的一個重要阻礙；而本文所討論的農會法，之所以出現前述長達將近26年的修法空白，關鍵之一也就出在此一基本矛盾上。

　　事實上，針對1949年以後中華民國在台灣的發展，王泰升（2002：149-192）提出「中華民國法體制的台灣化」，做為解釋中華民國法體制與台灣社會關係演變的概念。他指出，制定於1945年之前（主要是1930-1935年間）的中華民國法體制，在1945年光復後也實行於台灣。不過，1949年以後卻因為大陸局勢的變動，而成為實際繼受、實行中華民國法體制的唯一地區，

　　　　並逐漸因應台灣社會實況而調整內容。整個過程，可稱之為「中
　　　　華民國法體制的台灣化」。相當類似原由英國人帶至北美殖民地
　　　　的英國法，於美國獨立後，就留在當地進行「美國化」，而成為
　　　　今日之美國法（王泰升，2002：150-1）。

這樣的看法，說明了台灣眾多法律規範的調整過程，以及此一調整過程的特徵與意義；然而，這樣的看法是針對法規範已經產生調整的事實結果來

討論，並未觸及當初如何調整的過程。對本文而言更重要的問題是，假如農會法也經歷了「農會法的台灣化」過程，那麼這是如何可能的？具體地說，問題在於是怎麼樣的歷史因素的作用，使得原本因為這二套辦法而相當程度被暫時架空、被凍結的農會法，開始被放回台灣這塊土地上，可以呼吸這裡的空氣、回應這個社會的需求而修訂其內容？唯其如此，農會法才有可能親近台灣土地並開始其所謂「台灣化」的歷程。[1]

三、農會法「台灣化」的障礙與解決

由此一脈絡來看，農會法的修訂也就並非單純的法律修訂問題，而涉及更為根本的法律體制定位問題。一部準用全中國的農會法，跟一部侷限於台灣的農會法，顯然二者的差別不只是適用範圍大小的技術問題；更別說，當時台灣農會所依據的規範還不是農會法本身，而只是前述這二部暫行辦法！那麼，從1949的合併辦法、1952的暫行辦法，直到1974年才回歸修訂農會法的漫長過程中，究竟是什麼樣的因素，使得國民政府一直堅持在「暫行辦法」上補破網，而不願意推動農會法的修訂？而1974年的修法背後，又是因為哪些重要的社會經濟與政治因素的作用，使得國民政府的態度產生轉變，願意推動農會法的修訂，讓農會法可以直接與台灣社會接軌？

首先，農會法的修訂不能自外於臺灣當時歷史脈絡下的社會現實；早在農會法修訂之前，臺灣已經開始出現因為法規適用問題而積極進行的法規整理與法典化、立法運動。這是當國民政府度過遷台初期國內外動盪局勢的考驗，而開始在台灣穩定下來之後，有關法規的適用問題便逐步浮出檯面。根據1967年成立的行政院法規整理委員會的看法，這是因為：

建國以來，政府歷年頒行之行政法規，為數繁夥，而由於政制遞

---

[1]　此處及以下有關「農會法的台灣化」問題的討論，並無涉及、也不企圖處理有關統獨問題的爭議，而只是從歷史演進的脈絡，分析農會法律體系的演變。

嬗，國家多故，每一時期訂頒之法規與另一時期訂頒之法規，各因時代背景不同，自難互為貫通，同時新法規公布之時，恆未能將舊法規及時配合修訂或廢止，以致積時既久，遂發生錯綜紛歧現象，其中重複抵觸者有之，難盡切合實際需要者有之，頒行已久與現行體制不相符合者亦有之（行政院法規整理委員會，1970：1）。

不過雖然存在這些重複、過時、不符現行體制等問題，政府在早期對於法規重新整理的企圖與需求，卻多僅止於政策性的宣示，並未化做立即的行動。[2] 例如早在1959年，做為「以黨領政」治理原則下最高決策單位的國民黨中央常務委員會（中常會），便通過一套詳盡的「整理法規要點」，送請政府五院從政同志執行。不過，此一要點卻因故遭到擱置，直到1965年才在頒行「行政院所屬各機關檢討法規要點」後，獲致部分成果（行政院法規整理委員會，1970：1-4）。

雖然遭受一段時間的擱置，不過1965年後的發展卻急轉直下，國民黨中央開始積極施壓行政院推動法規整理工作。1966年6月，國民黨中常會在第219次會議通過了「關於簡化法令問題研擬意見」，要求行政院切實執行1959年的「法規整理要點」；除此之外，並且同時要求必須「推行法典化工作」。[3] 行政院於接獲中常會「意見」後，很快地著手進行相關工作，並於1967年6月通過「行政院法規整理委員會組織規程」，據此成立行政院法規整理委員會，負責統籌整理行政院所有機關組織相關法規之龐大工作（行政院法規整理委員會，1970：4-5）。根據該委員會的報告，整理法規的重點在於將現有法規整理劃分為四大類，分別是廢止、暫緩整

2　根據行政院法規整理委員會的記載，早自1952年起，行政院便「曾迭次督飭所屬機關應救主管法規進行整理」；而當時總統蔣介石也在1957年二度指示應該清查法規狀況進行修訂或廢止工作，不過成果均不甚理想。欠缺專責機構以統籌辦理執行，是該委員會認為的一個關鍵因素。參見行政院法規整理委員會（1970：1）。

3　「推行法典化工作」相當程度應該是受到美援會在1962年完成的《簡化財經法律—法典化—研究報告》的影響。另外根據陳維曾（2000：67-73）的研究，美國透過將改變美援方式並透過美援會的管道，施壓政府應該進行法規整理與法典化的工作，以便美援運用可以在掃除一些法規制度障礙之下，獲致更大的成就。因此，1966此時的中常會要求行政院在整理法規之外同時推動法典化工作，顯然與此息息相關。

理、修正及合併修正、以及保留（亦即繼續適用）。而從該委員會成立至完成報告的三年期間，共「廢止」51種法律與1440種行政規章，「暫緩整理」82種法律與31種行政規章，預定「修正及合併修正」則有115種法律與1183種行政規章，[4] 其餘所有法規則都列入「保留」類別，也就是可以繼續適用（行政院法規整理委員會，1970：7-12，30-35）。毫無疑問，這顯然是國民政府撤遷來台以後，一場空前的修法運動。

值得特別注意的是，行政院法規整理委員會針對有關農會法規的整理意見。該報告認為，應該修正「改進臺灣省各級農會暫行辦法」；至於「農會法」則獲得「保留」，也就是可以繼續適用（行政院法規整理委員會，1970：附3-7；附6-20）！顯然這場在1960年代中期以來，因為面對美援即將終止與美國的壓力（蕭全政，1990：59-60），因為面對從進口替代轉變為出口擴張的政策（陳維曾，2000：67-122），而必須配合進行的財經法律修正；以及因為必須解決前述戰後、遷台以來法規本身重複、矛盾、過時等諸種問題，而發起的這場法規整理運動，並不認為當時的農會法規有任何需要訴諸修法才能解決的問題。[5] 誠如下文所述，這樣的觀點不僅是該委員會的看法，顯然直至該委員會報告出爐的1970年之際，還是行政院針對農會法規所抱持的立場。那麼，促使政府最終在1974年修訂農會法的因素為何？

根據既有研究，政府之所以在1974年修訂農會法，主要有三大因素。第一、在戰後台灣經濟復甦進而快速成長的背景下，雖然達成「以農業培養工業」的政策，卻未能落實「以工業發展農業」的政策，使得農業、農

4　依據該委員會的整理與建議，而由行政院與立法院在這三年之間完成修正或合併修正的各類法規，則有93種法律與856種行政規章（行政院法規整理委員會，1970：32-34）。

5　其實要求修改農會法的聲音早在1955年便已出現，不過並無下文。立法委員駱啟蓮在1973年立法院審查農會法草案時，不無感慨的指出：
　　民國四十四年本院內政委員會組織內政考察團，考察中南東部十二縣市的內政業務後，就曾建議修正農會法，或將改進辦法〔按指，改進臺灣省各級農會暫行辦法〕制訂適用於臺灣省的特別法，以免以命令變更法律，〔以〕符合憲政法治的精神。本次農會法修正案的提出，二十年的懸案得以解決，深感欣慰（立法院公報，63（3）：12）。

村相對於工業部門出現落後遲滯發展的現象，甚至出現廖正宏等人（1986：34-39）所謂農本主義的崩潰問題。[6] 受限於欠缺一部專屬農會法的規範與設計，形成修正農會法的要因。第二，在農會發展與外在農業環境的變動下，卻因為農會信用部法律地位不明，不僅導致農會信用部無法進行支票業務，而且所辦理的二年期定期存款也無法享受所得稅減免優惠，嚴重影響整體農會的發展（郭敏學，1984：301-2；陳希煌與黃振德，1997；賴英照，2000a：93）；第三、政府為了杜絕長期以來農會選舉的惡風和派系困擾，希望改變農會總幹事的遴選辦法（郭敏學，1984：360-1）。不過從政策與法律體制的角度來說，第一與第三個問題並非一定需要修訂農會法，從頒佈推動新農業政策（問題一）、修訂既有「暫行辦法」著手（問題三）也可以達成目的。相對而言，第二個問題則不僅需要修改農會法有關規定、賦予農會信用部法律地位，甚至還「必須同時於票據法、所得稅法及獎勵投資條例有關條文中，增加農會信用部」，方能解決（胡盛光，1985：133）。

那麼，究竟農會信用部無法進行支票業務，以及無法減免二年期定期存款利息所得這二項問題，對農會的經營具有如何嚴重的影響？以致於如下所述，成為各級農會、省府、中央相關部會一再訴求修訂農會法的重點，並且最後在1974年完成修法？在本文看來，這是個環環相扣的問題。首先整體而言，這是因為如眾所皆知，信用部是戰後、最遲自1960年代起在整體農會業務中，最重要的業務支柱，更是農會最主要的盈餘來源。相對於供銷、推廣等其他業務的開展不易，以及政府委託業務甚且出現虧損經營的窘境，信用部不僅在所有業務中一枝獨秀，更且是維持整體農會經營不至於陷入虧損的關鍵（郭敏學，1982）。另一方面，農會信用部做為鄉村地區唯一（早期）或最主要（後期）金融中介機構，或是如朱雲漢（1992）所說，做為地區性的金融壟斷機構，不僅是坐大農會在地方影響力的重要社會基礎，得以擴張與累積農會領導者（總幹事、理監事）的地

6　廖正宏等人所謂農本主義的崩潰，包括經濟性的農村收入降低，社會性的農村人口外移，政治性的農會內派系把持現象，以及文化性的農民對農業與農村的疏離。見廖正宏等（1986：34-9）。

方勢力，更經常成為地方派系御用的金庫命脈。農會信用部的經營良窳，因而關係重大。因此，擺回前面的問題脈絡來說，假如無法進行支票業務以及無法減免二年期定期存款利息所得，顯然將對農會信用部的經營帶來實質而重大的影響。

其次，細部來看，「無法減免二年期定期存款利息所得」的問題，相當可能具有造成資金逃離農村、轉進其他金融機構的效應。例如經濟部等機構在1971年研討修正農會法之際，便指出此一問題：

> 經濟部等機構指出：目前農會信用部以未具法律地位，因此所開
> 支票也未取得法律地位，同時辦理二年期特種定期存款時也不能
> 比照金融單位免扣百分之十利息所得稅，**導致農村資金漸流入都**
> **市，形成農村金融偏枯，影響農業生產**（經濟日報，
> 19711022）。（粗黑體為筆者所加）

一旦農村剩餘資金離開農會信用部，不僅將因此造成農會對農民可貸資金規模的減少，更將影響整體農業金融的健全發展，不利於廣大農村的建設與農業產業的推動。事實上，台灣由於農會信用部普遍深入每一鄉鎮基層社會，長期以來不僅得以有效吸收農村剩餘資金，也是廣大農村與農業部門發展上所主要仰賴的金融依靠，具有減緩開發中國家經常出現的金融壓抑的不利影響。因此，若果因為前述不能免扣利息所得稅的問題而刺激農村資金外逃，其所可能帶來的負面衝擊便不容小覷。

第三，有關農會信用部辦理支票業務的問題，關鍵在於假如無法辦理此項業務，將造成隔絕於台灣經濟最有活力之工商企業活動之外，因而嚴重影響農會信用部的經營！根據研究，台灣由於特殊的歷史因緣與制度因素，不僅使得戰後正式金融體系受到政府的高度管制與壓抑，並且銀行金融體系在寡佔市場結構與政策性融資的結構環境下，資金主要供給公營企業與民營大企業使用，一般民間（特別是中小）企業的資金需求並無法獲得滿足（也因此造就台灣存在一個比重不小的非正式金融部門）（許嘉棟，1996）。在這樣嚴苛壓抑的正式金融體系中，台灣的支票卻因為諸多歷史因素的作用，而從原本做為支付工具的「支票」，搖身一變成為「遠期支票」這種兼具週轉信用功能的信用工具。相當程度可以說，「遠期支

票」是戰後民間企業積極發展過程中，雖有資金融通的殷切需求，卻面對嚴苛金融壓抑的資金匱乏環境下，被創造出來的一種融通工具。這從遠期支票形成以後，很快地成為戰後台灣企業在資金週轉、融通上的一把利器，並且非常快速而普遍地流通在台灣的工商企業界，可見一斑（林寶安，2007）。在此一條件下，無法發行支票的金融機構，也就等於宣告與台灣經濟最有活力的工商企業活動絕緣，嚴重影響金融機構業務的發展。當然從另一方面看，無法自金融機構開設甲種存款帳戶、取得開發使用支票的工商業界，也就等於無法有效地開展業務。

事實上，隨著台灣社會在1950年代以來政治穩定以及經濟的快速發展下，台灣工商企業界對支票業務的需求便日益高漲。然而，受限於分行服務網絡的限制，當時唯一能夠合法進行支票業務、且主要設置於都市地區的一般銀行金融機構，並無法滿足散佈在台灣都市、城鎮、鄉村各地工商業界的所有需求。實質說來，這是何以信用合作社會早在1954年就要求修改辦法，爭取可以合法開辦支票業務的根本緣由。而1954年後，雖然隨著信用合作社加入成為合法支票付款人、可以經營支票業務，可以逐步滿足位居都市、城鎮的工商業客戶使用支票的需求，不過顯然無法真正深入鄉村地區，服務那些隨著台灣經濟發展由都市擴及鄉村的趨勢之下，而在廣大鄉村地區興起的各種工商業者。在此一現實環境的需求下，深入台灣每一鄉鎮的農會信用部，因為地理位置的鄰近性，就成為這些業者一個便利的依靠，開始從事甲種存款的支票業務。

不過，此時各鄉鎮農會信用部並未取得合法經營支票業務的地位。欠缺合法地位卻又實際從事支票業務的事實，使得政府相關部門憂心忡忡可能對於票據市場秩序、票據信用、以及資金流動造成影響。司法行政部（今法務部前身）在1964年所做的研究報告《違反票據法問題之研究》一書，便指出當時農會信用部違法開發支票的情形及其問題：

依照現行票據法規定，農會非銀錢業，依法不得為支票之付款人，**但事實上所謂農會支票目前在市面流通者，為數甚多**，因其非票據法上之支票，縱令濫行開發，亦不負票據法之責任，不能移送法院究辦且因不能參加票據交換所之交換，**票據交換所無從**

加以**監督與管理**，顯非所宜。故主管機關應嚴格取締農會之支
票，否則應比照信用合作社，將農會列入銀錢業，使濫發農會支
票之人，負法律上之責任（司法行政部，1964：132）。

從這段話來看，農會支票雖然尚未合法，卻早在1964年前就已經在市
面上廣泛流通。但是因為係農會信用部非法經營的業務，便無法經由票據
法、特別是其中的票據刑罰來保障持票人的安全，同時懲罰開票人的刑
責。引文最後之所以建議嚴加取締或是乾脆予以合法化，理由就在於支
票、特別是具有信用功能的遠期支票，在信用工具本身先天具有財務槓桿
作用的擴張性格，以及台灣工商業者習以遠期支票相互融通、買賣因此具
有一定程度的連鎖效應下，一旦不獲支付或是退票，小者影響多家企業的
經營，嚴重者將危及某一地區、某一產業的活動。

正是在以上諸多現實問題有待修訂農會法解決的背景下，農會本身以
及各相關機構便一再要求、建議政府修改農會法。行政院面對來自各方壓
力，也在1965年號令相關機關依據「暫行辦法」歷年實施經驗，研修農會
法報院核辦；台灣省政府在1966年便據此提出農會法草案，並經內政部邀
集相關部會修訂後，於1967年函報行政院審查（胡盛光，1985：131）。
不過誠如本節一開始所說，光有現實面、制度面修訂農會法的因素是不夠
的，因為最終決定是否放棄繼續在「暫行辦法」上補破網，轉而回歸正軌
修訂農會法，還涉及更為關鍵的政策態度問題。在1960、1970年代那個威
權統治的時代條件下，能否通過行政院院會並函請立法院審查，也就成為
能否揚棄在「暫行辦法」上持續補破網、進入農會法修訂的關鍵所在。相
當程度，這意味著掌握政府決策的財金官僚是最後臨門一腳的關鍵所在，
也是政策能否過關的守門員。

實質說來，這頗似台灣在1989年修訂銀行法、開放新銀行的決策過
程。根據研究，當初在1980年代的台灣社會，雖然要求金融自由化、開放
新銀行設立的聲浪早已響徹雲霄，不過在俞國華為首、屬於保守勢力的官
邸派掌握國家金融決策大權之下，卻一直並未回應這些社會要求。最終在
李登輝接替蔣經國去世後的大統，並將主要財金首長替換以KT派與所謂
台大幫的自由派人士之後，才產生決策上的大轉變，修訂銀行法開放新銀

行設立（李宗榮，1994，105-112；王振寰，1996：123-6）。此一過程顯示，在社會經濟部門的實質需求之外，掌握決策大權的政府官僚才是政策開放與否的關鍵所在。擺回1967年之後的政府決策環境來看，農會法修訂的命運似乎跟此處的新銀行法存在相當的雷同，只是問題的關鍵有所不同。

事實上，1967年由內政部函請行政院審查的農會法修訂草案，最終便如同1980年代銀行法修訂草案在俞國華時代一般，也在行政院遭遇被否決的命運；行政院否決修訂農會法的提案後，為安撫各方修法的要求與壓力，在1969年對「暫行辦法」再次進行修補。根據研究，當年行政院主要是依據被指派負責審查的徐柏園政務委員的意見，由其審查意見，可以更深刻地掌握農會法修與不修所面對的問題。他的審查意見指出：

1. 查目前台省二九二個鄉鎮農會均設有農會信用部，此為既成事實，雖其中若干單位業務尚欠健全，但多數對吸收農村儲蓄及辦理多目標農貸業務，頗具成效。故農會法如予修正，似不宜不顧及此一既成之事實。

2. 但農會法為全國性之基本法，有所修正則必須顧及將來光復大陸後之全盤情況，大陸各省向無農會組織之基礎，如將農會信用部正式列入農會法，可能發生本末倒置，為爭取辦理金融業務而設立農會，流弊堪慮。

3. 農會為人民團體，似不宜在農會法中明確規定其辦理金融業務，以維金融體制之完整，否則，其他人民團體如漁會、工會及商會等，可能群起效尤，對於將來金融體制之建立，必多妨礙。

4. 為兼顧當前事實需要及基本立法原則，對於農會法以暫不修正為宜，為期改進農會經營，並將其信用部納入金融體系上之有效管理，似可由有關主管機關就行政措施範圍內研擬辦法辦理（轉引自胡盛光，1985：131-2）（粗黑體為筆者所加）。

這份審查意見充分反映出本文前面所指出的一個基本矛盾：隨國民政府撤退來台的中華民國法體制，存在一個基本的矛盾問題，也就是實際僅僅施行於台灣的法律體系，卻設計為適用全中國的矛盾。對於堅持中華民

國代表全中國、並且堅決信仰中華民國終將反攻大陸的政府決策官僚而言，如何在反攻大陸前努力維持中華民國法體制的完整性，並盡可能嘗試從辦法命令的修訂中尋找回應台灣社會經濟變遷需求的良方，就成為這批隨老蔣來台之財經官員在決策上最重要的意識型態。因此在本文看來幾乎可以說，光復大陸的框架或意識型態緊箍咒未從決策官僚身上去除之前，要捨補破網「暫行辦法」而就正軌修訂「農會法」，恐怕將是緣木求魚！

光復大陸的框架或意識型態緊箍咒對當時政府決策的影響，可以從李國鼎當初在規劃第四期四年計畫（1965-1968）時，雖然也同時做出十年計畫，卻在提交行政院會討論時遭到其他委員譏諷的反應看出來。他說：

> 在第四期四年計畫〔1965-1968〕的同時，我也做過十年計畫；
> 到行政院會討論，…〔有人卻〕說「李先生，你提十年計畫，難
> 道你不想回大陸嗎？」這個計畫跟回大陸是兩個事情，回大陸後
> 還是要建設台灣啊！十年計畫是有展望的，是國家的遠景（李國
> 鼎，1991：34）。

在反攻大陸的大纛之下，對於台灣的建設與規劃都可以不必、甚至不應該過於「長遠」；同樣的道理，對於當前各種法規是否能適用台灣，也都可以等反攻大陸之後再做全盤的修訂整理。因此，政府的建設計畫、政策規劃就可以將就行事，法規也可以暫時性、權宜性地適用各種暫行辦法、行政命令。農會法的修訂也就在此種政策心態下不斷地被往後延遲。

但是，行政院在1967年「暫不修改農會法」的決策，以及1969年再次修正「暫行辦法」，並增列內政部為農會之中央主管機關的種種作為，事實上並無法平息來自各方要求修改農會法的聲浪。例如台灣省政府在1970年組成「台灣省各級農會調查研究小組」，主張應該修改農會法與票據法（胡盛光，1985：132-3）（顯然如前所述，支票問題是其中一項關鍵因素）；台灣省議會也於1971年組成「農會法令問題專案小組」，並經研究後建議政府應整理農會法令、修訂農會法、放寬會員資格規定、解決農會信用部法律地位問題等（聯合報，19710917）。顯示出來自農會、台灣省政府、省議會的要求並未停止。不過不同於1960年代各種訴求所遭致的命運，進入1970年代的這些訴求最終成功地迫使行政院院會在1973年通過

「修訂農會法」、並函請立法院於1974年完成修法。為何政府此時不再繼續補破網,而同意從修訂農會法來解決問題?造成此一重大轉變的背後因素為何?

在本文看來,有二項重要因素。第一,如同1989年之所以順利完成銀行法修訂的關鍵之一,在於領導人與財金官僚的改朝換代,1970年代的農會法問題上也經歷類似的轉變。1972年,行政院長一職由蔣經國接替嚴家淦,並對內閣作局部改組;而被指派負責審查農會法修訂草案者,也由大陸來台的官邸派徐柏園政務委員,換上了蔣經國刻意栽培、具有農經博士學位的本土菁英李登輝政務委員(胡盛光 1985:138)。政府決策體系的改變,相當程度改變台灣本土社會需求在政策決策上被考量的優先地位。除此之外,可能更為關鍵的問題是第二個因素,也就是如何破除前述反攻大陸的意識型態緊箍咒,讓政府願意面對、解決前述中華民國法體制僅在台灣施行的基本矛盾。在本文看來,1971年我國退出聯合國、中共取得聯合國席位的巨變,或許是粉碎國民政府自從1949年撤退來台所懷抱「反攻、光復大陸」夢想的最後、也是最關鍵一擊。事實上早在1960年前後,政府就已經開始調整因為「反攻、光復大陸」夢想逐漸遠颺的問題,其中重要的作為包括改變撤退來台後強力執行的「軍事性財政」轉而更加注重台灣經濟、社會民生的建設(劉進慶,1992:166-194),改變早期以「自給自足」為目標的進口替代政策,轉變為出口導向的擴張政策(王作榮,1989),改變台灣銀行兼代中央銀行的跛腳體系,將中央銀行以及重要國營行庫復行,建構具有國家主體性的完整金融體系,以配合出口擴張政策的推動(林寶安,2005:10-12)等。可以說,退出聯合國將光復大陸夢想徹底粉碎之後,顯然是迫使中華民國政府必須更積極面對與調整其與台灣這塊土地之間關係的重要轉折,也迫使國民黨政府在此一外在危機危及其統治正當性之下,必須尋求新正當性的基礎。在王振寰看來,1970年代這場因為國際外交嚴重挫敗引發的正當性危機,卻也成為國民黨政府開啟其臺灣化與本土化的關鍵(王振寰,1989:90-94)。從此之後,政治體制上開始啟用更多台籍菁英,經濟上推動影響深遠的十大建設,法律體制上開始正視、解決「中華民國法在台灣」的矛盾而開始「台灣化」,

甚至1972年修訂動員戡亂時期臨時條款而開始首次的增額國代、立委、監委的選舉等，都成為1970年代以後清楚可見的轉變。

在此一時代背景下，農會法的修訂終於順利地通過行政院會的審查，並在函請立法院審查後，於1974年5月31日完成三讀程序，結束了戰後政府遷台以後，長達22年以「暫行辦法」代替農會法的特殊時期，讓農會的發展可以回到正軌。因此，最後一節的重點則在於，從法律規範角度討論此次修訂農會法的意義與影響。

四、1974年農會法：農會是誰的？

如何說明台灣農會在1945-1974年間所建構出來的體制特色？或是應該說，在1945年前後那個動盪、改朝換代時代所形構的農會組織體制特徵，是如何地因為綜合了不同的體制遺緒，而創造出在世界上極為獨特的台灣農會？尤其回應本文一開始的討論：究竟戰後直至農會法修正這個過程，臺灣的農會究竟真正的主人是誰？

（一）威權侍從主義下的農會

首先，從基本任務來看，相對於大陸時期（未在台灣實施）的農會法，此次農會法修法將農會肩負的任務由原來的11項大幅提昇為20項之多。除了原有涉及土地、水利、肥料、農具、農產品加工等農業輔導任務外，大幅增加了法令宣導、農業生產指導、農村發展與福利、災害防治救濟、農業與農民保險、農產品製造供銷等政府遷台後的新任務，構成學者所謂農會的政治性、教育性、社會性與經濟性等四大功能（郭敏學，1984；藍秀璋，2001）。由此，農會成為具有行政補全輔助機構性質，以及具有執行國家政策之農政末端機構的性質（丁文郁，1999）。但也因為如此，使得農會的主管機關只能用「疊床架屋」來形容，包括從中央、省（市）到縣市的三級行政體系的內政、農業與財政機構，外加中央銀行、

合作金庫等。平時令出多門、遇事推功諉過，正是多頭馬車的典型寫照。不過，正因為農會兼容並蓄多方功能，使得政府遷台後的諸多重要農村政策，如早期的肥料換穀、徵收餘糧，後期的保證價格收購、以及各種重要的經濟建設計畫等，便都是假農會之手進行（林寶樹，1986：66）。尤其值得注意的是，還另外增列有第19項經政府委託、第20項經主管機關特准辦理這二項「開放性」規定，等於提供政府可以隨行政業務與時機的特別需要，而隨時彈性擴張農會任務的法源依據。從日後各項農村業務大多依然交由農會辦理來看，例如後來老農年金的發放，顯然政府仍一再強化這種統合主義的體制安排。因此，不論農會名義上是誰的，農會都是政府可以多方干預介入的對象。

其次，是有關新農會法在農會會員資格上的新規定及其所帶來的影響。事實上，在早期1949合併辦法與1952的改進辦法中，當時國民黨政府一來受到美國與農復會意見的影響，二來為了防堵共產黨在台灣農村作亂的鬥爭，而亟欲排擠日據時期以來的地主仕紳繼續掌控農會此一鄉村最重要的組織性資源。根據林寶安（2009）的研究，從合併辦法到改進辦法的最重要改變之一，便是更加嚴格地規範成為農會會員所需具備的農民資格與條件，以致造成一場國民黨政府由上而下引導的溫和「不流血的革命」（王承彬，1955：35；張寶樹，1956：26）。其結果是將地主仕紳排除於農會權力核心外，並將此一鄉村最重要的組織性資源，交付給長期處於臺灣社會最底層的佃農、雇農、半自耕農與自耕農手中，並且建構了農會體系的威權侍從關係（林寶安，2009：162-183）。

不過1954年以後有關農會會員的規定，卻反其道而行，日益放寬鬆綁原有嚴格規定。此次1974年修訂的新農會法，便一舉刪除了原來1954年「改進辦法」有關會員資格的二項重大而嚴格的規定：一為刪除對公職人員入會的限制，二為刪除對農事從業收入二分之一以上的限制。結果是大開方便之門，讓更多當初在「改進辦法」時期亟欲加以排除的非農民輕易入會。郭敏學對此批判指出：

> 台灣農會歷次法令的重大修正，多在謀求寬放會員資格，使與農
> 會業務利害關係較少僅為利用農會圖謀私利的非農民成為會員，

進而躋身理監事會，控制農會決策。因此當前台灣農會的理監事，真正的農民已為數甚少。派系傾軋的逐年增加，此為其主要原因（郭敏學，1982：203）。

在本文看來，「改進辦法」以後有關農會會員資格日益放寬的趨勢，一部份反映了台灣社會經濟結構現代化、都市化的結構趨勢。隨著台灣工商產業與整體經濟的發展，不僅屬於一級產業的產值規模或產值佔全國GDP的比重快速降低，農業就業人口也同樣急遽減少。而都市化趨勢向鄉村的延伸、鄉村都市化以及人口外移的結果，意味著原有農民轉入工商業發展的機會增加，也意味著原有許多農會正會員正逐漸喪失身為正會員的資格。因為依據1952年頒行的「改進辦法」，農會正會員除了必須是農民（自耕農、雇農、佃農等）之外，更規定農業收入必須佔1/2以上；正會員轉入工商業發展，也就意味著農業收入所佔比重將持續降低，甚至不再符合正會員的規定比例。會員資格的放寬，因而是社會經濟結構變遷下的結果。

但是從農民、農會與國家機器的角度來看，新農會法之修改會員規定，相當程度可以看成是「改進辦法」所建構的農會威權侍從體系在背後的作用使然。這些在改進辦法後因為國家機器的介入而從既有地主仕紳手中奪取農會掌控權的農會新貴，在位居農會此一鄉村最重要組織性資源權力核心，控制著農村金融、供銷、推廣等重要工作下，擁有著比一般農民更多累積財富名利的機會，以及往農業以外其他事業發展的條件，也因此比一般農民更容易依據「改進辦法」規定而喪失正會員的資格。尤其重要的是，這批農會新貴在改進辦法所建構的威權侍從關係下，構成國民黨政府在鄉村地區的主要統治基礎，修改農會法的會員規定，無疑可以看成是保障其自身既得利益的手段。諷刺的是，這些在1952-1954年間由國民黨政府用來排擠、鬥爭地主仕紳的條款，在扶植了當時弱勢的底層佃農、雇農與自耕農而成為農會新貴以後，經過二十年的發展演變，卻又被這群日漸都市化、非農化的農村新貴透過權力運作修法取消。從這個角度來看，這批從1954年以來進佔農會權力核心的農會新貴，包括農會代表、理監事、以及被理事會聘任而總攬大權的總幹事，似乎從此成為真正掌控農會

的權力核心所在。雖然在農會這個地盤上，國家機器曾經不斷地得以介入操控，農會會員規定的修訂，卻無疑已經埋下日後農會與國家機器之間關係改變的伏筆。

　　第三，如前所述，本次農會法修正背後的關鍵因素之一在於農會信用部法律地位不明，新農會法因此完成了確立農會信用部法源（第五條第三項）的重要修訂；此後，財政部並依據該條文的授權，在1975年訂頒「農會信用部業務管理辦法」，以取代過去在「改進辦法」中的暫時性規定。不過必須注意的是，其實在戰後的合併辦法時期，就曾經存在是否將信用部獨立出來的爭議問題（陳岩松，1983），直到1952年改進辦法政策才確立農會合併（信用）合作社的政策。不過由於此後農會信用部的業務在政治逐步穩定、土地改革效果開始顯現、以及臺灣農村經濟逐步發展的條件下蒸蒸日上，在農會各事業中往往一枝獨秀（郭敏學，1984：38-42），卻也因此引發財政部基於金融主管機關的權限與專業看法，而一再提出將信用部自農會予以分離的構想。不過此事在「1961年，副總統陳誠先生依農復會的意見，否決此一主張」（賴英照，2000a：93），信用部隸屬農會一事才算確定。此次農會法確立農會信用部的法源之後，接續而來的是如何有效管理監督的問題。

　　雖然一般政治經濟學者認為，農會信用部在鄉鎮地區金融業務的獨佔地位，是國民黨威權政府授與地方派系勢力的「區域性壟斷事業」（朱雲漢，1992），實質說來卻主要因為二方面法規因素使然。一方面這是因為「改進辦法」第12條規定：「農會以行政區域、或自治區域為組織區域，並冠以該區域之名稱，在同一區域內，以組織一個農會為限」，透過排除組織其他農會的可能性，而造成「一鄉鎮一農會」的實質獨佔地位。另一方面，則跟行政院在1964年頒佈的「農會信用部與信用合作社業務區域劃分原則」[7]（台五十三財字第五一四八號令）息息相關。依據此一原則，

7　「農會信用部與信用合作社業務區域劃分原則」規定如下：
　一、信用合作社在鄉鎮不得再設立，其已核准在鄉鎮設立者，維持現狀；不得再設分社。
　二、農會信用部在省轄市不得再設立，其已在市區設立者，維持現狀。

農會信用部與信用合作社的業務區域劃分，是以行政區域做為最終判準。而當初之所以頒佈此項行政命令，是因為農會信用部與信用合作社

> 兩者在當時不僅社員會員多有跨越，社務業務亦多重複，甚至財物權屬，糾纏不清；明確劃分，可免惡性競爭，互蒙不利。特別重要的，則屬適應早期發展農業，維護農會政策，藉充實農會信用部以活潑農業金融，繁榮農村經濟，達成『以農業發展工業，以工業培養農業』的政策目標（中華民國信用合作社聯合社，1990：302-3）。

經過此一劃分，農會信用部取得「區域性獨佔金融」的地位，並且隨著1960年代以後台灣經濟起飛，而取得業務更大的成長；尤其相對於農業在整體經濟中的式微，農會其他經營事業收入有限的條件下，更使得信用部成為農會主要盈餘的來源，1980年代以後恆佔總盈餘100%左右（其他事業盈餘經常是負數）（陳希煌與黃振德，1997）。不過，也因為信用部由「農會」（總幹事主導）經營、限制營業範圍於鄉鎮（風險集中、規模經濟小）、金融專業人才不足等體制特性，埋下日後隨著金融自由化等金融結構變遷，以及1990年代隨著泡沫經濟破滅等的衝擊下，經營日益困難的制度性問題（黃百全，2002；黃建森，2001；林維義，1999）。另一方面，財政部從一開始對信用部問題的定位，不同於內政與農業主管機關的看法，也在此處突顯出來。這個差異其實是瞭解日後臺灣農會信用部問題演變的一個重大關鍵所在。

（二）行政化與去合作化的農會

第四，是修改總幹事產生方式的規定，實際上等於是對農會權力結構的重大修正。此次修正後規定，「農會置總幹事一人，由理事會就中央或省（市）主管機關遴選之合格人員中聘任之」。此一規定，一方面將理事

三、已設有農會而尚未設立信用部之單位，其所在地如為省轄市，不得再設農會信用部；其所在地為鄉鎮者，視當地經濟發展情形，適時由農會設立信用部，不得設立信用合作社。

會選聘總幹事的自主性大幅削弱，尤其後來在「農會總幹事遴選辦法」中還規定有「績優總幹事」的保障制度（屬績優者，理事會應優先選聘之；考績由上一級行政主管機關評定），更是幾乎閹割理事會的職權（理事會若是不就績優者選聘，則更引發內部嚴重紛爭）（陳希煌與黃振德，1997：83-6）。而在無任期限制下，也是後來所謂「萬年總幹事」形成的制度源頭。另一方面，此一規定等於建立政府直接控制農會的機制，形式上的「遴選」，實質上無異於政府的「內定」、「官派」（廖朝賢，2001：30）。上級政府有此生殺大權在手，對總幹事的領導與實際經營各方面，都產生可以干預、影響的空間。總幹事必須是主管機關提供的合格人選，則又是迫使總幹事向主管機關傾斜的要因。實質說來，這些是學者所謂戰後台灣是國民黨威權侍從體系在另一面向上的具體展現。同時，由於規定「農會總幹事以外之聘任職員，由總幹事就農會統一考試合格人員中聘任並指揮、監督」，更直接授與總幹事絕對的人事權。打個比方說，這種體制等於是農會的「內閣制」，總幹事幾乎總攬了農會一切權力與資源於一身。諷刺的是，此次修法所確定的總幹事權限獨大與資源總攬特性，誠如學者所稱當初其實是「為了避免派系紛爭」（陳希煌與黃振德，1997：83；廖朝賢，2001：30），卻無疑造成後來單一派系勢力控制個別農會的結果。

第五，此次修法的一項重大修正在於股金制的廢除。[8] 既有研究已經指出股金制廢除對農會的影響，包括削弱農民會員與農會之間的關係，喪失由出資股金的會員監督信用部經營的機制；也造成農會財產權歸屬模糊，使得任何人一旦掌握農會就掌握信用部此一地方上的重要金融資源（郭敏學，1984；廖正宏等，1986：35-6）；以及最後也使得農會失去有效增資的途徑（陳希煌與黃振德，1997：79-83）。不過除此之外，在本文看來，股金制廢除的影響，更在於從農會體制中產生將信用部予以「行

8　事實上，此次修法的行政院草案版本中原來並無此項修訂，而是在立法院審查已經進入二讀之際，由立委張子揚等12位立委緊急提案，建議「刪除」第四條有關股金制的規定，最後在逐條審查爭議不斷，並召開兩次緊急全體委員協調會之後，才完成三讀。見立法院公報63卷28期以下各期。

政化」的效應。具體地說，因為農會股金制的廢除，信用部成為農會組織轄屬的「單純」行政部門，接受農會總幹事等行政指揮系統的管轄。其所造成的結果是，相對於銀行經營必須對股東及董事會負責，信合社經營必須對社員大會及理監事會負責的設計，原有農會信用部經營的合作組織課責設計，卻因為股金制的廢除而被同時去除。這樣的改變，等於進一步擴大總幹事的權限，將信用部變成總幹事的禁臠。如此一來，不僅直接影響農會信用部的經營，更且惡化派系爭奪總幹事職位的鬥爭。

　　如果更進一步從戰後農會歷史演變的軌跡來看，那麼股金制的廢除或是其所產生的信用部「行政化」問題，事實上只是本文所謂農會「去合作化」此一更長遠趨勢的結果。日據末期，殖民政府為了更有效控制與動員台灣基層農村資源投入戰場，除了各種動員統制措施外，對農會日後發展影響最大的當屬「台灣農業會令」的頒佈執行。「台灣農業會令」強制合併了當時的半官方農會與所有農村社會的民間團體組織，特別是日據時期以來在基層農村社會蓬勃發展的產業組合事業，組成三級農業會（李力庸，2004：49-54；胡忠一，1997：73-4）。這是台灣合作組織發展史上所遭逢的第一次劫難。戰後負責接收的台灣行政長官公署雖曾一度將農會與合作事業重新分拆還原，不過因為國共內戰局勢惡化、國民政府撤退來台、美國利益主張與農復會要求等因素，而在1949年再次將農會與合作社予以合併，並於1952-54年執行對農會具有權力結構改造效果的「農會改進」政策，確立農會合併合作社的大原則，並組成三級農會（林寶安，2009）。結果是，日據時期以來具有四十多年歷史的信用合作社，被具有半官方角色的農會組織所收編；鄉村地區從此成為信用合作事業發展的禁地，合作界則稱此一結果為中國合作發展史的浩劫（陳岩松，1983：389）。這是農村歷史上第一次的去合作化。

　　雖然如此，不論是1949年的「台灣省農會與合作社合併辦法」，或是1952年的「改進台灣省各級農會暫行辦法」，都還是在農會體制中維持原有信用合作社的股金制設計，使農會還延續著一定程度的合作組織原則。不過，改進辦法實施之後，農會為了申請免徵營利事業所得稅的過程，卻無意之間推動了或造成了農會的進一步「去合作化」結果。當時在農會改

進之後，由於政軍局勢動盪、社會經濟正處於復原階段、以及農會改進所造成的農會組織的結構性變革等因素，以致出現台灣省各級農會經營不善的現象，虧損農會家數隨時間有日益擴大惡化趨勢。有鑑於此，當時各級農會與相關主管機關乃依據農會會員股金制的合作原則，極力爭取農會得免徵營利事業所得稅的優惠。郭敏學指出，當時農會

> 嗣因顧及財稅法規的免稅規定，於民國44年呈准行政院，將該辦
> 法〔按，指「改進台灣省各級農會暫行辦法」〕第44條第3、5款
> 關於職員酬勞金和盈餘分配金的規定，併為同條第4款生產指導
> 事業的用途，以符合所得稅法第4條第13款『其取得或累積之所
> 得全部用於本事業者』，得予免納所得稅的規定。當時農會在事
> 實上雖已停發盈餘分配金，…其對第44條盈餘分配辦法迄仍保留
> （郭敏學，1982：42-3）。

換言之，雖然「改進辦法」依舊保留著有關「會員與贊助會員盈餘分配」的規定，農會則自1955年（民國44年）起便已停發會員的盈餘分配金，實質失去做為合作組織的意義。從這個脈絡來看，1974年修訂農會法之際將有關股金制與會員盈餘分配的規定廢除，相當程度只是把早已名存實亡的關係給予最後壽終正寢的致命一擊。這個去合作社化與行政化的趨勢，在下面有關農業推廣經費的問題上更明確地表現出來。

第六，農業推廣工作的去政府化。農業推廣工作，包含著農業生產指導、技術推廣傳播、新品種與新技術的推動應用等，向來是政府應該辦理的重要農業政策。不過，在前述股金制廢除後，1974年新農會法卻規定，農會在其年度總盈餘的分配，除20%公積金，10%做為理監事及工作人員酬勞金，以及公益金10%之外，最重要的是「農會推廣及文化福利事業費不得少於百分之六十」（第40條）。這樣的改變，等於將農會（特別是信用部）的盈餘，直接轉移成為支撐農會辦理各項農業推廣與行政事務的經費。相對於日據時期半官方農會的推廣經費主要由殖民政府編列經費支應的情形（李力庸，2004），1974年農會法的修正結果，顯然透過立法的形式合法手段，將此一實質上應該由政府負擔的業務與經費預算支出，直接轉嫁給基層農會負擔。這究竟是如何的歷史因緣使然？且為何在修正的過

程中，並未遭遇來自農會或農民的反對？

我們先從歷史脈絡考察。基本上，此一規定的源頭，並非來自日據時期農會體制的遺制，而是出現在政府播遷來台前在大陸時期最後一次（1948年）修訂的農會法上。在1943年修訂的農會法尚未出現的此一規定，首次出現於1948年修訂的農會法第28條第1項第6款：「各級農會主辦事業所獲純益，應提撥一部份，充作各該農會經費，不得少於百分之五十。」（民眾日報社，1956：148）此一規定在1949年陳誠來台後推動「合併辦法」時，被擴大成為所有農會盈餘的使用規範依據，鉅細靡遺地規定在隨同「合併辦法」頒佈要求各級農會遵循使用的「○○縣市○○鄉區（鎮）（市）農會章程準則」「第八章結算」第43條：

> 本會年終結算後，經營經濟事業各部門有淨盈餘時，應即撥充本
> 會總盈餘，其總盈餘除彌補虧損部分損失及付股息至多年利一分
> 外，其餘應平均分為一百分，按照下列規定辦理：
>
> 1. 公積金20%；
>
> 2. 公益金10%；
>
> 3. 職員酬勞金10%；
>
> 4. 生產指導事業費50%；
>
> 5. 會員分配金10%。（台灣省政府農林廳，1949：16）

此一規定到了1952年的「改進辦法」時，更明確規定各盈餘分配項目的用途後，訂於該辦法第41條：

> 農會年度結算後，經濟事業、及保險事業有純益時，應即撥充農
> 會總盈餘。其總盈餘除彌補虧損，及支付股息外，其餘應平均分
> 為一百分，按照下列規定分配之：
>
> 1. 公積金20%，不得分配，應存儲於主管官署指定之金融機關。
>
> 2. 公益金10%。
>
> 3. 全體理、監事及工作人員酬勞金，10%以內。
>
> 4. 生產指導事業費、及文化福利事業費，共50%以上。
>
> 5. 會員及贊助會員分配金10%依會員或贊助會員對於農會交易
>   額，比例分配之（民眾日報社，1956：154-155）。

　　1952年以後有關盈餘分配的規定，先有1955年起實質停發會員與贊助會員交易分配金（10%）的改變，最後則在1974年所修訂的農會法中直接將早已名存實亡的交易分配金規定予以刪除，並將此一交易分配金（10%）直接移作農業推廣經費，讓「農業推廣及文化福利事業費」再擴大為60%！[9]

　　從上述的歷史演變脈絡來看，雖然農業推廣經費直接取自基層農會盈餘的規定直到1974年才取得形式合法地位，實際上至遲在1952年的「改進辦法」就已經通令實施於全台各農會。郭敏學指出，當時之所以放入此一條文，主要係著眼於此時政府財政困難，無法負擔農業推廣經費而發。他說：

　　當時各參加人員的看法，認為彼時政府財政困難，故決定暫由農
　　會擔負農會推廣的推行責任，並以盈餘半數以上支援推廣經
　　費。……希冀政府於財政改善經費充裕後，逐漸分擔較多責任，
　　同時相對減輕農會的責任，使此項責任最後完全歸政府負擔（郭
　　敏學 1982：176）。

　　從這段話來看，顯然由農會提撥高比例盈餘做為農業推廣經費的作法，只是當時政軍局勢與財政困難下的權宜之計，並非長遠的打算。然而，隨著台灣經濟發展、政府財政日漸寬裕之後，當初由政府「逐漸分擔較多責任，同時相對減輕農會的責任，使此項責任最後完全歸政府負擔」的理想並未真正實現。不僅如此，盈餘提撥的比例還進一步提高，並且最終直接訂定於1974年修訂的農會法上。

　　值得思考的問題是，為何當初在決定由農會盈餘提撥做為農會推廣經費時，沒有遭遇任何的反對聲浪？因素之一，可能是因為如此可以達成

9　1974年修訂之農會法第四十條規定全文如下：
　　農會年度結算後，各項事業之盈餘，除提撥各該事業本身之基金外，應撥充為農會總
　　盈餘。農會總盈餘，除彌補虧損外，依下列規定分配之：
　　一、公積金百分之二十，應專戶存儲，不得分配。
　　二、公益金百分之十，須經主管機關之核准方得動支。
　　三、農業推廣及文化福利事業費不得少於百分之六十。
　　四、理、監事及工作人員酬勞金百分之十以內。

「取自於農民、用之於農民」，或是「農有、農治、農享」的理想，可以造福農民、造福地方？或是因為，當時處於1949、1952年以來的政軍動盪局勢，整個國民黨的黨國機器過於強勢，以致農會並無太多置啄的空間？或是比較可能的，是因為如林寶安（2009）研究所指出，在1952年黨國機器強力推動「農會改進」政策的過程中，因為當初這些農會新貴並非既有的地方菁英或地方既得利益者，而是由國家恩庇主所扶植的新興基層權力群體，在侍從關係之下，基本上只能接受恩庇主的制度修正與安排？而且因為是新當選理監事的新貴，恐怕也還沒有能力去反駁國家機器在推廣經費上所做的修正變革！

更值得注意的是，農會盈餘提撥做為農業推廣經費的體制設計，究竟造成什麼樣的影響？在本文看來，此一規定最重要的影響，是進一步造成農會的行政機關化。前已述及，雖然在二個暫行辦法的規定下，戰後台灣農會一直扮演著行政補全之輔助機構或是執行國家政策之農政末端機構的角色，不過執行這些業務所需的相關費用，都還是得到國家機器編列相關預算的補貼；換言之，即令農會執行再多的政府委辦業務，都無法抹殺一個基本事實：此時農會與國家機器之間頂多只是個委託關係。但是，修改規定要求農會直接提撥盈餘用於農業推廣工作的作法，卻造成實質而關鍵性的改變：這無異於將農會視同國家機器的一部份，好像天經地義農會就該負責農業推廣工作！因此，國民政府透過形式合法的修法手段，卻將本應由政府負擔的農業推廣工作，實質轉嫁給做為社會人民團體的農會承擔，也就造成農會的實質行政機構化。這是過去研究者所未能注意的一個重點。

（三）三位一體：鑲嵌於地方社會的農會

最後，此次修法也確立了農會對農民與農村社會的組織動員體系，並在歷次選舉時成為國民黨威權統治下的選舉動員機制。依據此次修法規定，農會依行政區域設立，確立了「一鄉鎮一農會」的獨佔原則；組織上則進一步按村里劃設農事小組，分區選舉農會代表與小組長，二者都可連

選連任，無連任次數限制。農會代表負責召開大會、選舉理監事；農事小組長則是農會所擔負各項農業行政、技術輔導等功能的末稍神經。從農會本身運作的角度來說，前者攸關農會主控權的歸屬，後者則關係農會本身各項職權機能的發揮。農會總幹事為了取得對農會的持續主控權，也就是為了取得連任，就必須確保理監事此一**間接選舉**的勝利，而其關鍵就在於掌握相對多數的農會代表。依據農會法規定，不論是由農會會員**直接選舉**農會代表，或是由農會代表間接選舉理監事，都採取一人一票的民主選舉多數決方式產生。此一方式，正與台灣民主政治針對各級首長、民意代表的公開選舉方式完全雷同。農會總幹事為了農會內部選舉與主控權的掌握，而在平時籠絡扶植的各村里農會代表與小組長（派系、樁腳），對外也就成為可以**直接轉移**投入民主政治之各種選舉工作的有效動員機制。考察農會體系在政府遷台後的歷次民主選舉中，經由國民黨政權的刻意扶植，不僅成為鄉鎮地區的主要派系（相對於公所派），而且長期以來直接或間接投入爭奪鄉鎮長、鄉民代表之競爭，並被動員參與更高層級的選戰工作，早已成為具有左右選舉結果的一股組織性力量（蔡明惠與張茂桂，1994；趙永茂與黃瓊文，2000）。

　　整體而言，這使得農會成為國民黨政權有效控制農村社會的一項統合主義體制安排，而不只是過去學者所強調的「威權侍從體系」關係中的角色。基本上，威權侍從關係的論點，強調農會在戰後國民黨做為外來政權在台灣施行統治時，因為必須取得社會支持的正當性地位而獲致的特殊角色。討論的重點，因此偏重農會如何接受國民黨威權政府的恩庇與特權恩惠的授與，以交換政治忠誠與順服的侍從關係。然而在本文看來，這樣的討論並無法完全解釋農會在戰後所形成的各種角色；例如，農會做為地方鄉鎮農業政策與農村行政的半官方輔助機構角色，便不容易從威權侍從體系的論點得到充分說明。更關鍵的則在於，本文認為從暫行辦法以降，國家機器透過農會會員「三位一體」的身份同構，有效地統合了基層農村在政治、經濟與社會行動領域的利益，正是威權統合主義的最佳寫照。

　　本文之所以強調政府所建構的是一種農會的統合主義體制，關鍵在於農會一方面成功地整合並驅動農民三種各自獨立、卻又緊密交互相關的身

份角色，形成本文所謂「農民—農會會員—公民」的三位一體身份同構現象；另一方面在於，三位一體的身份同構，又直接對應現實生活中的「經濟行動—社會行動—政治行動」三大行動範疇。相對於在現代化、資本主義化的社會中，不論是傳統家庭、鄰里、社區等團體組織的角色功能被不斷地分化出來，並由具有專業性的機構（如托兒所與學校取代家庭的撫育、教養、教育功能）所替代，或是公司企業打破傳統整合式的生產體系，朝專業分工與協力體系方向發展的趨勢而言，台灣的農會體系即令不是反其道而行，這種多功能共治一爐的統合特色，也稱得上是被刻意維持一種相當傳統的組織特性。

　　農會以三位一體的身份同構為基礎，透過三大行動範疇的串連與動員，一方面得以深入農村與農民社會經濟生活之中，一方面則又佔據影響底層政治生態的關鍵地位。針對第一重身份，也就是在農村社會從事農業經濟活動的農民而言，農會一方面扮演政府農業輔導、行政、農村建設等工作的代理人與橋樑角色，使得農會成為擁有半官方機能與資源的重要農村機構，並且擔負起地方農村社會經濟建設的重任；另一方面，由於農會手中掌握著（在早期金融壓抑的時代中）具有特權意涵的地方金融資本，也就是在地方鄉鎮層級上佔據一種「地方性」的金融管制高地，擁有左右地方金融資源的配置權力。這樣的結構性地位，使得農會成為鄉鎮地區主要政治經濟資源的掌握者與分配者，不論對於整體農村經濟或是個別農家的經濟活動，都具有舉足輕重的影響力。

　　第二重的農會會員身份，則既是農會本身組織權力運作所必須建立的機制與關係，也是農會用以籠絡、串連各村里異議份子、派系樁腳的重要手段。在過去，取得農會代表、小組長等頭銜，在鄉鎮社會也就是相當的一種身份地位象徵。做為當權派的樁腳，更經常可以在重要資源分配上享有一定的特權，例如農會資金貸款的取得，以做為社會經濟、甚至政治投資的資本。第三重的公民，則是農會在威權侍從體制中被賦予的一項政治任務，卻也是農會或是其派系核心對外爭取更多政治經濟資源的基礎。但是此項任務之成敗，則相當程度繫之於對前述二重身份的掌控。

　　因此，三位一體的身份同構，對應的是三個主要的行動範疇與資源分

配。三者環環相扣，彼此交互影響，任何單一機能（例如信用部）都不可能獨立於此一共生結構，而不傷害整體機制的運轉。過去財政部將信用部獨立出來的企圖之所屢遭失敗，關鍵正是因為維繫此種三位一體以及三重行動範疇共生的結構特質，不僅有利於農會發展、農民福祉與農村建設，也是地方派系運作，農政主管機關政策推動，以及政黨在地方社會進行選舉動員等的必要機制。可以說，不論有意無意，正因為「一鄉鎮一農會」賦予的獨佔地位，以及因為繼承日據時期農會/組合的實體組織，因為傳承部分大陸農會法的制度規範，因為國共內戰與撤遷來台的緊急局勢對穩定控制農村社會、移轉農業剩餘的需要，以及因為風雨飄搖之際爭取美援與美國支持而接受農復會相關改革農會意見的必要，最終都使得農會在台灣的地方社會愈發佔據著一種「不可替代性」的特殊地位。而且不可否認的是，至少在1974年前（正如以上演變所顯示的），這還是一個相當程度受到政府控制主導的農會。

五、結語

回到本文一開始的問題：農會是誰的？從1945-1974這不算太短的三十年歷史過程來看，這顯然不是個可以簡單回答的問題。狡猾地說，答案可以是農民的，也可以是政府的，或是理監事的，或是總幹事的，大有可以滿足不同立場觀點的味道。不過也正因為如此，使得臺灣農會的屬性難以簡單論斷。

但是，如果依據前言引用的表1資料，而且果真「數字會說話」的話，那麼這個問題的答案應該就很簡單明瞭：農會是農民的！不過，表1所示農民認知在1952到1959年之間，對於農會誰屬問題的戲劇性轉變，卻跟後來本文所分析的農會法令規範在1949-1974之間的演變，存在著不盡一致、而且具有相當程度弔詭的關係。具體地說，相對於1950年代農民自認本身擁有農會比例的壓倒性增長，1949年以來呈現在台灣農會組織體制身上的演變，卻是顯著的行政（機構）化與去合作化趨勢：包括1949年規

定提撥盈餘進行農業推廣，且逐年提高比例直至1974年訂定於農會法，1955年以後為了申請免稅而實質停發會員的盈餘分配，甚至到1974年乾脆直接在農會法上予以刪除的股金制！

弔詭的是，當廣大農民愈來愈有信心主張農會是為農民自己所有之際，農會角色的定位卻在體制規範層次被有意無意地導引往行政機構化與去合作社化的方向發展。幾百萬廣大農民基於日常生活所體認到的農會歸屬，並無能力察覺來自上層、來自國家機器對農會體制所強加的改變，更別說要去挑戰或是改變這種體制轉變政策。在本文看來，這二十多年來存在的此一反差，卻也構成日後導引農會體制進一步變遷的結構性動力所在。這也就是說，基層、廣大的幾百萬農民不可能永遠保持沈默，而任憑政府部門強制而集權地決定農會的體制方向；同樣的，政府也不可能一直佔據主導農會體制的地位，而不受到其他重要利害關係人或是壓力團體或是民意的挑戰。社會經濟的變遷，尤其是台灣社會的解嚴與民主化趨勢，顯然將會對這組關係投下關鍵性的變數。站在1974年農會法上往前看的台灣農會，可以預見即將進入一個更加變動、也因而更加複雜的階段。這是未來值得關注的課題。

●●●　參考文獻　●●●

丁文郁 (1999)。成立全國農會之研究。**農業金融論叢**，42，頁 59-79。

丁文郁 (2001)。新版農會法之研究。**農民組織學刊**，3，頁 135-176。

中華民國信用合作社聯合社 (1990)。**台灣地區信用合作社發展史**。台北：中華民國信用合作社聯合社。

王作榮 (1989)。**我們如何創造了經濟奇蹟**。台北：時報。

王承彬 (1955)。**土地改革與農會改進**。台北：中國農民服務社。

王振寰 (1989)。台灣的政治轉型與反對運動。**台灣社會研究季刊**，2(1)，頁 71-116。

王振寰 (1996)。**誰統治台灣？**。台北：巨流。

王泰升 (2002)。**台灣法的斷裂與延續**。台北：元照。

王益滔 (1949)。論本省農會團體之分化與綜合。載於臺灣省政府農林廳（主編），
　　臺灣省農會與合作社合併文彙（頁 51-7）。台北：臺灣省政府農林廳。

王興安 (1999)。日本時代的「信用組合」與地方生態─以新竹、苗栗地區為例。
　　竹塹文獻，13，頁 97-123。

司法行政部 (1964)。**違反票據法問題之研究**。台北：司法行政部。

台灣省行政長官公署 (1990)。台灣省行政長官公署布告日據法令廢除原則。載於
　　國史館（主編），**政府接收台灣史料彙編**。

民眾日報社 (1956)。**改進後臺灣省各級農會**。台北：民眾日報社。

立法院。**立法院公報**（歷年資料）。

安德生 (Anderson, W. A.)(1951)，夏之驊、蔡文希、龔弼譯。**台灣之農會**。台北：
　　中國農村復興聯合委員會。

朱雲漢 (1992)。寡佔經濟與威權政治體制，載於台灣研究基金會（主編），**壟斷
　　與剝削─威權主義的政治經濟分析**（頁 139-160）。台北：台灣研究基金會。

行政院法規整理委員會 (1970)。**行政院法規整理委員會總報告**。台北：行政院法
　　規整理委員會

李力庸 (2004)。**日治時期臺中地區的農會與米作**（1902-1945）。台北：稻鄉。

李宗榮 (1994)。**國家與金融資本：威權侍從主義下國民黨政權銀行政策的形成與
　　轉型**。台中：東海大學社會學研究所碩士論文。

李國鼎 (1991)。**經驗與信仰**。台北：天下。

林紀東 (1990)。**行政法**。台北：三民。

林維義 (1999)。農會信用部經營危機之改革方向探討。**金融研訓**，3，頁 13-33。

林寶安 (1998)。信用合作社法令規範演變與社會意義。**基層金融**，36，頁 67-86。

林寶安 (2002)。臺灣消費金融的演變及其社會經濟意義。**臺灣社會學刊**，27，頁
　　107-162。

林寶安 (2005)。威權體制下的金融秩序及其影響，載於古鴻廷、王崇名、黃書林
　　（主編），**臺灣歷史與文化（九）**（頁 77-124）。台北：稻鄉。

林寶安 (2007)。戰後台灣期票信用的發展及其社會經濟意義的探討。**台灣社會學
　　刊**，39，頁 159-195。

林寶安 (2009)。農會改進：戰後初期台灣農會體制的建構。**人文與社會集刊**，
　　21(1)，頁 143-188。

林寶樹 (1956)。臺灣的農會。載於宋增榘等（主編），**農民組織改進論叢**（頁 48-60）。台北：臺灣省農會。

林寶樹 (1986)。**比較合作論文集**。台中：樹德工業專科學校。

美援運用委員會 (1962)。**簡化財經法律：法典化研究報告**。台北：美援運用委員 會

胡忠一 (1997)。日據時期台灣產業組合與農業會之研究。**農民組織學刊**，2，頁 31-90。

胡盛光 (1985)。**農會法論**。台北：著者印行。

康綠島 (1993)。**李國鼎口述歷史**。台北：黎明。

張寶樹 (1956)。擴大改進農會成果的幾個基本問題。載於宋增榘等（主編），**農 民組織改進論叢**（頁 25-29）。台北：臺灣省農會。

許嘉棟 (1996)。台灣的金融制度與經濟發展。台北：中研院經濟所。

郭敏學 (1982)。**合作化農會體制**。台北：臺灣商務印書館。

郭敏學 (1984)。**臺灣農會發展軌跡**。台北：臺灣商務印書館。

陳希煌、黃振德 (1997)。健全農會信用部體制之研究。台北：行政院研考會。

陳坤煌 (2001)。戰後糧政體制建立過程中的國家與農民組織。台灣大學社研所碩 士論文。

陳尚懋 (1998)。台灣銀行政策的政治經濟分析。台北：國立政治大學政治學系碩 士論文。

陳岩松 (1983)。**中華合作事業發展史（上）（下）**。台北：商務。

陳維曾 (2000)。**法律與經濟奇蹟的締造**。台北：元照。

陳聰勝 (1979)。**台灣農會組織之研究**。台北：政治大學經濟研究所博士論文。

黃百全 (2002)。如何解決農會信用部問題之研究。**產業經濟**，250，頁 1-59。

黃建森 (2001)。台灣地區農會發展與信用部管理問題。**信用合作**。

黃建森 (2001)。台灣地區農會發展與信用部管理問題。**信用合作**。

台灣省政府農林處 (1949)。**農會與合作社之合併**。南投：台灣省政府農林處。

廖正宏、蕭新煌、黃俊傑 (1986)。戰後台灣農業政策的演變：歷史與社會的分 析。台北：中研院民族所。

廖坤榮 (1997)。地方農會的改變與調適：農會信用部經營弊端與改革。中國地方 自治，50(3)，頁 4-14。

廖朝賢 (1999)。研修農會法的迷思——金融農會法？農民農會法？。金融財務， 3，頁 25-42。

臺灣省政府農林廳 (1949)。臺灣省農會與合作社合併文彙。台北：臺灣省政府農林廳。

趙永茂與黃瓊文 (2000)。台灣威權體制轉型前後農會派系特質變遷之研究——雲林縣水林鄉農會一九七〇及一九九〇年代為例之比較分析。政治科學論叢。13，頁 165-200。

劉進慶 (1992)。**台灣戰後經濟分析**。台北：人間。

蔡宏進 (1994)。台灣農會組織結構與功能的演進與啟示。改進農會與組織功能之研究。台北：台灣大學農業推廣學系。

蔡明惠、張茂桂 (1994)。地方派系的形成與變遷——河口鎮的個案研究。中央研究院民族學研究所季刊，77，頁 125-155。

蕭全政 (1990)。台灣地區的新重商主義。台北：張榮發基金會。

賴英照 (1999)。農會信用部改革方案之評析。**華信金融季刊**，8，頁 35-53。

賴英照 (2000a)。農會信用部管理法制之探討。**月旦法學雜誌**，56，頁 92-108。

賴英照 (2000b)。農會信用部管理法制之探討。**月旦法學雜誌**，57，頁 81-94。

藍秀璋 (2001)。論農業金融法制之建立 —— 以農會信用部為中心。企銀季刊，24(3)，頁 65-80。

Cheng, Tun-Jen (1993). "Guarding the Commanding Heights: The State as Banker in Taiwan." in Stephan Haggard, Chung H. Lee, and Sylvia Maxfiled (eds.) *The politics of Finance in Developing Countries*. Ithaca: Cornell University Press.

Francks, P., Boestel, J. and Kim, C. H. (1999). *Agriculture and economic development in East Asia : from growth to protectionism in Japan, Korea, and Taiwan*. New York : Routledge

Haggard, Stephan and Chung H. Lee (1993). "The Political Dimension of Finance in Economic Development," in Stephan Haggard, Chung H. Lee, and Sylvia Maxfiled (eds.) *The politics of Finance in Developing Countries*. Ithaca: Cornell University Press.

Krasner, Stephen (1978). *Defining the National Interests: Raw Materials and U.S. Foreign Policy*. Princeton: Princeton University Press.

Moran, Michael (1984). *The Politics of Banking: The strange Case of Competition and Credit Control*. NY: St. Martin's Press.

Wiarad, Howard J. (1997). *Corporatism and Comparative Politics: The Great Other "Ism"*. NY: Sharp.

第參篇

農業金融與工業化

9 從農業金融法之制定論台灣農業金融制度*

丁文郁

（中華民國農民團體幹部聯合訓練協會高級研究員兼
訓練處處長、私立輔仁大學社會學系兼任助理教授）

目次

一、前言

　　為回應2002年「1123與農共生」13萬農漁民大遊行的訴求，2003年7月10日立法院三讀通過制定「農業金融法」（以下稱本法），並在同年7月23日，由總統公布之。依據本法第61條規定，行政院函令本法於2004年1月30日正式施行。

　　值此台灣金融管理與監理一元化政策已告確立之際，且「農業」產值只佔台灣國內生產毛額（GDP）不到2％，台灣能夠像美國、日本、德國、荷蘭等許多已開發國家一樣，透過本法之立法與實施，將農業金融獨立於一般金融體系之外，除彰顯其難能可貴之處，更可說是完成一件不可能的任務。所以「農業金融法」的制定與施行，不但是台灣農業發展史上重大事件，更是金融史上劃時代新紀元。

　　配合本法於2004年1月30日之施行，在同一天行政院農業委員會農業金融局（以下稱農業金融局）掛牌成立，專司我國農業金融行政監理與輔導之責。2005年5月26日，扮演台灣政策性農業金融與系統性農業金融母行角色的全國農業金庫股份有限公司（以下稱全國農業金庫）隆重開幕；2006年1月1日，職司協助擔保能力不足之農業經營者，獲得農業融資的財團法人農業信用保證基金（以下稱農信保基金），其主管機關正式由政府財金部門，改隸行政院農業委員會，讓獨立於一般金融體系之外的農業金融制度於焉建構完成。

二、農業金融法摘述與台灣農業金融制度特性分析

　　制度（Institution）泛指以規則或運作模式，規範社會行動的一種社會結構。這些規則或運作模式蘊含著社會的價值，其運行表彰著一個社會的秩序。影響社會制度建立之原因實有多種，舉其犖犖大者如社會規範性價

---

*　本文已於2009年7月發表於台灣農村研究第九期。

值觀的改變、人們的行為互動、歷史文化的因素等皆屬之。而在現代化民主社會中，涉及社會規範性價值觀的法律規範，乃是影響社會制度建構的最重要因素，可說是眾所周知、不容置疑的共識與認知。

揆審台灣農業金融制度之建立，再次驗證法律規範，乃是影響社會制度建構的最重要因素。由前言所述，台灣農業金融制度，無疑是建立在農業金融法這項法律規範的基礎上。我國農業金融法計分4章共有61條條文，於2003年7月23日全文公布，2004年1月30日正式施行。2006年5月30日，首度修正第41、61條等兩條文。

職是言之，欲了解台灣農業金融制度，必須對本法有所認識與理解。有鑑於此，本文擬對農業金融法立法意旨與重點加以摘述，並以此為基礎，對台灣農業金融制度特性進行歸納、分析，並臚列如下：

（一）建立獨立於一般金融之外的農業金融體系，確保台灣農業轉型昇級所需資金融通不虞匱乏

依據吳榮杰等人（2000）分析，農業金融相對於一般金融具有1.周轉慢、2.風險高、3.單位服務成本高、4.消費性成本大、5.以農地為主要擔保品、6.農業共同設施投資所需比重大、及7.相對低利資金需求殷切等七項特性。

上述農業金融特性，使得以追求最大利潤為目的的一般金融機構，基於安全性、流動性、與收益性等考量，普遍不願意對農業部門融通充分資金。換言之，從投資報酬率及風險性而論，農業部門資金流向其他產業極為容易，但非農業部門資金欲流向農業部門將有很大困難。

如前所述，農業金融是確保我國農業永續發展等政策目標，得以落實有力政策工具之一。適逢台灣加入WTO，並積極推動經貿自由化政策的同時，農業面臨轉型昇級及農業部門產業結構調整的迫切需要，國內農業在生產、生活、生態兼顧的方針下，將逐漸轉型升級為技術密集與資本密集的產業。

因此，農業部門對資金的需求將由弱轉強，尤其是農業生物科技產

業、休閒農業方面的資金需求，及透過農民組織整合產銷或擴大出口因應而生的產銷自動化、資訊化之設備資金需求等，將特別殷切。職是而言，資金融通是否充足，將是影響台灣農業轉型昇級是否成功的關鍵因素。

　　為確保台灣農業朝技術密集與資本密集產業轉型昇級過程中，不因農業資金融通需求有所匱乏而告失敗，援引美國、德國、荷蘭、日本等已開發國家立法例，建立獨立於一般金融之外農業金融體系，以確保農業資金融通需求不虞匱乏，乃是必要的選擇也是其重要特性之一。

　　基於此一意旨，制定本法並於本法第5條明定農業金融業務中央主管機關，由財金部門的財政部，改隸為農政機關之行政院農業委員會（以下稱農委會）。配合農業金融主管機關改隸農委會，農信保基金基金主管機關，亦由財金部門改隸農委會；此外，成立全國農業金庫、大力規劃與推動政策性農業貸款，都是在落實建構台灣獨立於一般金融之外農業金融體系。

（二）架構以農漁會信用部為基礎，並以全國農業金庫為其上層機構之兩級制的系統性農業金融體系

　　依據本法第2條與第3條規定，我國架構了以農漁會信用部（以下稱信用部）為基礎、全國農業金庫為上級機構的兩級制農業金融體系。

　　彙整本法第12條至第15條規定，全國農業金庫採新設成立，由政府與各級農、漁會擔任發起人，共同出資設立之股份有限公司。其資本總額至少新臺幣200億元、政府出資比例成立初期為49％，農漁會占51％。

　　因全國農業金庫為信用部上層金融機構，所以依據本法第12條第2項規定，設有信用部之農、漁會，除信用部淨值為負數者外，負有出資之義務，且出資額以不低於各該農、漁會淨值百分之十為原則；至於未設有信用部之農、漁會，依其意願出資，且不得超過該農漁會淨值百分之二十。

　　歸納本法第2條、第4條、第6條第2項、第9條及第22條等規定，全國農業金庫功能有如下兩項：

　　1.農漁會信用部之上層金融機構。

2. 我國政策性與系統性農業金融體系資金融通、調度母行。

（三）明定農漁會信用部與全國農業金庫之任務與業務範圍

系統性農業金融機構之任務，依據本法第4條規定，信用部以辦理農、林、漁、牧融資及消費性貸款為主；全國農業金庫則以輔導信用部業務發展，辦理農、林、漁、牧融資及穩定農業金融為任務。

至於系統性農業金融機構之業務範圍，就信用部部分，依據本法第31規定，計有如下十項：

1. 收受存款。
2. 辦理放款。
3. 會員（會員同戶家屬）及贊助會員從事農業產銷所需設備之租賃。
4. 國內匯款。
5. 代理收付款項。
6. 出租保管箱業務。
7. 代理服務業務。
8. 受託代理鄉鎮（市）公庫。
9. 全國農業金庫委託業務。
10. 其他經中央主管機關核准辦理之業務。

另外，信用部經中央銀行許可者，得辦理簡易外匯業務。

有關全國農業金庫的業務範圍，則依據本法第22條規定，計有下列五項：

1. 重大農業建設融資。
2. 政府農業專案融資。
3. 配合農、漁業政策之農、林、漁、牧融資。
4. 銀行法第71條各款所列業務。
5. 其他經中央主管機關會商銀行法主管機關及其他有關機關核准辦理之業務。

全國農業金庫經中央銀行許可者，得辦理外匯業務。

（四）全國農業金庫雖為信用部上層機構，兩者卻為緊密業務策略聯盟關係，並無「總行與分行」之實

全國農業金庫與信用部，依本法第2條規定，雖分屬上下層金融機構之關係，但因全國農業金庫與農漁會皆為獨立私法人，故兩種組織在法律上並無隸屬關係。故在法律上及實務上，就金融事業而論，全國農業金庫與信用部，無「總行與分行」之實。

鑑於全國農業金庫與農漁會皆為獨立私法人，不應有法律上隸屬關係，但又需兼顧全國農業金庫與信用部，分屬上下層級農業金融機構法律關係之事實，故將兩者定位在緊密業務策略聯盟關係，應是最恰如其分。

有關全國農業金庫與信用部兩者緊密業務策略聯盟關係，則落實在本法第23條、第28條第3項、第31條第4項、第32條第4項及第36條第1項等相關規定上。

（五）全國農業金庫開台灣金融機構風氣之先，引進獨立董事與獨立監察人制度

基於公司治理（Corporate Governance）之理念，引進不具股東身分的外部專業董事與監察人制度，乃是世界潮流。依據本法第17條與第20條規定，具股份有限公司型態的全國農業金庫，開我國金融機構之先，首度引進的外部專業獨立董事與監察人制度，其名額獨立董事為董事人數1/3；獨立監察人為監察人人數1/2。其產生方式由農委會推薦，經全國農業金庫股東會選任擔任。

（六）農業金融機構之金融檢查與存款保險機制，比照一般金融機構，皆採一元化管理

　　農業金融以其異於一般金融之特性及功能性，故應將對其監理獨立於一般金融之外；但即便如此，農業金融仍是我國金融體系的一環，其健全與否，依然深深影響台灣金融市場秩序。故涉及健全我國金融體系管理機制應一體適用，不能因農業金融而與一般金融有所異同。

　　就金融檢查而論，它是健全我國金融體系重要管理機制，且金融監理一元化，也已是我國既定金融政策，故本法第7條第1項，落實農業金融機構與一般金融機構的金融檢查，應採一元化管理之理念。

　　次就存款保險而言，它是保障存款人權益，健全我國金融體系必要管理機制。「保險」理念源於風險分擔，所以「大數法則」是保險重要原則之一。在本法施行後，仍讓農業金融機構一如往昔參加中央存款保險股份有限公司（以下稱存保公司），應符合「大數法則」原則。故在此種理由支持下，農業金融機構存款保險不另設機制，將直接「參加存保公司」，列入本法第8條規定。

（七）明定農委會規劃及推動政策性農業專案貸款與編列預算支應的法源依據

　　低利政策性農業專案貸款在台灣已推行多年，但一直多沒有法源依據。爰利用制定本法時，於第6條明定農委會應規劃及推動政策性農業專案貸款、並應於農業發展基金優先編列預算，支應辦理政策性農業專案貸款所需經費。

　　此外，亦授權農委會訂定政策性農業專案貸款之貸款資格、期限、利率等事項。並責成全國農業金庫及信用部應積極配合推動、辦理政策性農業專案貸款業務。

（八）明令農業金融機構對擔保能力不足的農民或農業企業機構之農業用途融資，應協助送請農信保基金基金保證

本法第9條規定，農業金融機構對農業用途之放款，應優先承作；對擔保能力不足之農民或農業企業機構，應協助送請農業信用保證機構保證。

本法所稱「農業信用保證機構」，即是指於1983年成立的財團法人農業信用保證基金。

（九）制定農業金融機構退出市場時機及其處理機制

依據本法第二條與第三條規定，台灣系統性農業金融機構，計有全國農業金庫與信用部兩個層級。所以農業金融機構退出市場時機及其處理機制，也有全國農業金庫與信用部之別。

1. 全國農業金庫退出市場時機及其處理機制

本法並無針對全國農業金庫退出市場時機及其處理機制有所規範，而是依據本法26條規定準用銀行法第61之1至第69條規定加以處理。

歸納銀行法第61之1至第69條規定，全國農業金庫退出市場時機及其處理機制，計有如下二種：

(1)退出時機：因業務或財務狀況顯著惡化，不能支付其債務或有損及存款人利益之虞時。

處理機制：農委會應勒令停業並限期清理、停止其一部業務、派員監管或接管、或為其他必要之處置，並得洽請有關機關限制其負責人出境。

(2)退出時機：虧損逾資本三分之一者。

處理機制：農委會應於三個月內，限期命全國農業金庫補足資本；逾期未經補足資本者，應派員接管或勒令停業。

2. 信用部退出市場時機及其處理機制

依據本法第36條及第37條規定，信用部退出市場時機計有如下三種：

(1)累積虧損超過上年度決算淨值三分之一，或逾放比率超過百分之十五者，主管機關及全國農業金庫設置輔導小組，以三年為期整頓之；期滿未達所訂改善目標，或輔導期間經主管機關認定無輔導績效者。

(2)淨值為負數者。

(3)因業務或財務狀況顯著惡化，不能支付其債務或有損及存款人利益之虞時。

至於信用部退出市場之處理機制，係由農委會命令信用部經營不善所屬之農、漁會，合併於其他設有信用部之農、漁會。而非採取金融機構合併法第十三條規定，只將經營不善之信用部強制讓與銀行承受，其所屬農漁會仍可繼續存在之模式。

（十）明定經營不善信用部退場時，資金缺口由行政院金融重建基金（簡稱為RTC）賠付機制

依據本法第36條與第37條規定，信用部經營不善需退場時，其資金缺口之賠付責任，明定由金融重建基金擔綱。雖然依據「行政院金融重建基金設置及管理條例」第15條規定，RTC將經營不善金融機構列入處理之期間只到2005年7月10日。但由於2005年6月22日修正公布「行政院金融重建基金設置及管理條例」第3條第3項與第4條第2項規定，台灣業已建立農業RTC機制，約有220億元農業RTC專款，可做為處理經營不善信用部使用，且不受RTC設置期間之限制。

經由上述有關農業金融法的立法意旨與其重點之彙整，可以具體勾勒出台灣農業金融體系，本文以圖9-1示之。

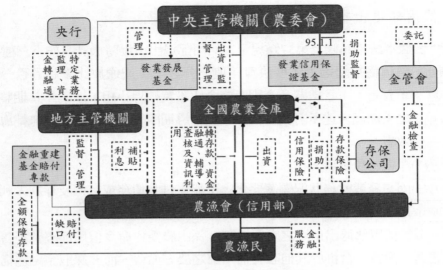

圖 9-1　台灣農業金融體系圖

三、台灣農業金融體系現況分析

農業金融制度可分為農業系統金融（一般性農業金融）及農業制度金融（政策性農業金融）兩個系統（吳榮杰等，2000：35）。前者負責中、短期農業資金融通；後者以政策性農業貸款為核心組成融資體系，職司長期農業資金融通。

台灣農業金融體系，由圖9-1顯示主要是由信用部、全國農業金庫為主軸的系統性農業金融；輔以農信保基金基金與政策性農業貸款業務，建構出具體而微的政策性農業金融。

表 9-1　1998 年至 2008 年農漁會信用部經營概況統計表

金額單位：新台幣億元

年度 項目	2008 年底	2007 年底	2006 年底	2005 年底	2004 年底	2003 年底	2002 年底	2001 年底	2000 年底	1999 年底	1998 年底
家數	289	286	278	278	279	278	278	285	314	314	314
存款餘額	13,664 (5.03)	13,576 (5.37)	13,742 (5.47)	13,693 (5.72)	13,324 (5.92)	12,761 (6.04)	12,472 (6.22)	13,053 (6.62)	13,924 (7.40)	14,166 (8.00)	13,491 (8.18)
放款餘額	7,369 (3.99)	7,218 (3.76)	6,455 (3.44)	5,803 (3.07)	5,587 (3.5)	5,533 (3.9)	5,944 (4.4)	7,363 (4.8)	7,532 (4.3)	7,758 (4.7)	8,021 (5.1)
存放比率	51.40	50.07	45.43	40.83	38.09	41.76	45.97	49.21	53.75	53.46	58.17
逾放比率	5.32	6.25	8.13	10.92	14.46	17.57	18.62	19.33	17.90	16.03	13.10
資產	15,738	15,671	15,868	15,797	15,241	14,883	14,494	15,173	16,280	16,474	15,729
淨值	916	886	841	823	771	758	762	803	718	771	738
損益	38.15	45.35	36.04	28.5	21.4	-0.29	-17.01	1.42	9.34	38.1	69.0
虧損家數	14 (4.84)	7 (2.45)	8 (2.88)	15 (5.40)	28 (10.04)	39 (14.03)	48 (17.27)	43 (15.09)	32 (10.19)	25 (7.96)	19 (6.05)
逾放比率 超過 15% 家數	36 (12.5)	43 (15.0)	63 (22.7)	88 (31.7)	113 (40.5)	131 (47.1)	141 (50.7)	156 (54.7)	133 (42.4)	110 (35.0)	81 (25.8)

說明：1. 存款餘額、放款餘額列（　）表示市場占有率。
　　　2. 虧損家數列（　）表示占全體農漁會信用部百分比。
　　　3. 逾放比率超過 15%家數列（　）表示占全體農漁會信用部百分比。
資料來源：行政院金管會銀行局網站金融統計指標。行政院農業委員會農業金融局網站金融統計。

　　隨著2004年1月30日本法的施行，台灣逐步建構了獨立於一般金融體系的農業金融制度。經過整體農業金融體系近5年的努力，為台灣農業金融穩健經營，交出一張亮麗的成績單。茲於此，謹將建構台灣農業金融制度的信用部、全國農業金庫、農信保基金基金等3個主要機構，與政策性農業貸款業務之現況，依序做一分析。

　　由表9-1資料顯示，整體農漁會信用部，不管是存款餘額或放款餘額，其市場占有率普遍不高，且有逐年下降趨勢。但是基於對農業絕對重要性的認知，與農業金融特性的理解，台灣終於能夠如已開發國家一樣，建立獨立一般金融之外農業金融制度，其意義之重大與難能可貴由此可見。

表 9-2 2005 年至 2008 年全國農業金庫經營概況統計表

金額單位：新台幣億元

年度 項目	2008 年底	2007 年底	2006 年底	2005 年底
存款餘額	3,834	3,920	3,171	956
放款餘額	864	423	135	31
存放比率	22.53	10.80	4.25	3.21
逾放比率	0.82	0.005	0	0
資產	4,397	4,398	3,529	1,182
淨值	101	186	203	201
稅前損益	-99.72	1.63	1.48	0.68

說明：全國農業金庫於 2005 年 5 月 26 日正式營運。
資料來源：全國農業金庫業務發展部彙整。

　　但自從本法施行後，信用部無論是從存放比率、逾放比率、資產、淨值、損益、虧損家數與逾放比率超過15％家數等多項指標的表現，在在顯示信用部經營體質，已大幅改善且趨於健全，也彰顯出台灣建構獨立的農業金融制度必要性與正確性。

　　由表9-2資料得知，扮演台灣系統性農業金融與政策性農業金融母行角色的全國農業金庫，成立近4年來，透過履行法定任務接受信用部轉存款，導致存款餘額與資產急速增加。並且超過多家1990年代配合台灣金融自由化，開放成立的新銀行，經營近20年的存款餘額與資產，其增加速度之快與金額之龐大由此可見。

　　但在沒有分支機構，只有總行一個營業據點的前提下，也造成全國農業金庫存放比率最高只有22.53％，遠遠低於台灣本國銀行平均存放比率83.51％。雖然存放比率偏低，但卻從2004年5月26日開始營運當年度起，連續3年都能創造出盈餘，對一家新成立金融機構而言，殊屬難能可貴。

表 9-3　1998 年至 2008 年農業信用保證基金經營概況統計表

金額單位：新台幣億元

年度 項目	2008 年底	2007 年底	2006 年底	2005 年底	2004 年底	2003 年底	2002 年底	2001 年底	2000 年底	1999 年底	1998 年底
保證件數	41,045	39,670	44,375	37,415	10,912	5,875	4,553	4,921	6,046	7,438	7,125
融資金額	189	201	234	190	109	95	83	87	113	141	148
保證金額	154	159	183	154	87	75	65	69	90	113	118
保證餘額	403	394	355	280	225	216	217	233	246	257	250
淨值	22.3	19.9	19	16.7	2.5	-6.3	3.6	21.1	29.6	29.2	28.9
保證倍數	18.07	19.75	18.68	16.72	89.68	∞	60.8	11.1	8.3	8.8	8.7

資料來源：財團法人農業信用保證基金 25 週年紀念特刊；財團法人農業信用保證基金策略規劃部彙整資料；行政院農業委員會農業金融局網站金融統計。

　　如今受到全球金融風暴衝擊，全國農業金庫財務投資遭到不小損失，導致在2008年轉盈為虧，也使得全國農業金庫經營面臨嚴峻挑戰。但信用部體質在政府政策支持與全國農業金融輔導下，才得以大幅改善與強化，單從這項成就而論，全國農業金庫業已達成最重要政策任務。

　　由表9-3資料指出，農信保基金在獨立農業金融制度確立施行後，無論在保證件數、融資金額、保證金額與保證餘額，相較於過去大舉攀升，對於協助擔保能力不足之農漁民或農企業，取得農業資金有莫大助益。再從財團法人農業信用保證基金25週年紀念特刊，有關歷年來金融機構送保情形統計資料顯示，配合本法的施行，農信保基金承作的保證案件與保證金額，絕大多數來自信用部，此種轉變不但讓信用部債權獲得進一步確保，且實際有裨益於近來信用部經營體質之強化。

　　政府辦理政策性農業專案貸款的目的，在於經由低利融資方式，支應農業的發展與轉型所需的資金，並謀求農漁家生活品質的改善。其辦理方式，係由貸款經辦的農業金融機構自行出資並承擔風險，政府就經辦機構自行出資之資金給予利息補貼。

表 9-4　2004 年至 2008 年政策性農業貸款業務狀況統計表

單位：新台幣億元

年度 項目	2008 年底	2007 年底	2006 年底	2005 年底	2004 年底
貸放金額	373	364	411	396	175
貸放餘額	1,092	983	840	588	288
補貼息	34.67	29.70	24.20	13.00	4.89

資料來源：全國農業金庫專業金融部彙整。

　　由表9-4資料顯示，獨立的農業金融制度確立施行後，在政策大力支持與推動下，政策性農業專案貸款業務，不管是在年度貸款金額與歷年貸款餘額，都呈現大幅度的成長。再從辦理政策性農業專案貸款，政府對經辦農業金融機構補貼息金額，對照於表9-1信用部損益所占比率而言，信用部辦理政策性農業專案貸款業務，對其財務健全與經營體質之改善之貢獻，實不言可喻。

四、台灣農業金融制度未來發展之剖析

　　由前述台灣農業金融制度現況分析，得知以信用部為基礎的農業金融體系，依據本法授權基礎，與政府政策支持與輔導，已然建立穩健的農業金融制度。尤其信用部體質強化及大幅改善，更為台灣農業金融制度穩健經營奠定丕基。雖然如此，為確保台灣農業金融制度能夠永續發展，建立在目前既有的良好基礎上，本文擬提出台灣農業金融制度未來發展方向，做為提昇其競爭力的精進的目標。

（一）揚棄目前以準商業銀行架構監理全國農業金庫思維，將全國農業金庫重新定位為農業投資銀行，以符實際與其功能之發揮

經由本文前面論述在在指出，全國農業金庫扮演著台灣農業金融體制樞紐的地位。所以其經營績效良窳與功能是否能夠發揮，深深影響著台灣農業金融制度之健全運作。

揆審本法第22條第1項第4款、第26等條文規定顯示，無疑將全國農業金庫定位為「準商業銀行」。但由表9-2資料指出，無論是從放款結構、或存款餘額與資產快速成長趨勢而論，將全國農業金庫定位為準商業銀行，並以商業銀行進行監理，不僅侷限了全國農業金庫業務發展，也嚴重阻礙其應有的角色與功能之發揮，這也是造成目前全國農業金庫陷入經營困境主因之一。

受到全球金融風暴的襲擊，的確對全國農業金庫經營帶來不小負面影響。常言道：「危機即是轉機」，所以依據全國農業金庫角色與功能，重新思考與釐清全國農業金庫的定位，此正其時。考量全國農業金庫的角色與應有功能、及台灣農業確往資本密集與技術密集產業轉型發展趨勢，本文認為全國農業金庫應揚棄目前準商業銀行的架構與監理，並將其重新定位為農業投資銀行，爾後再逐步朝農業金融控股公司方向邁進。

（二）積極籌設全國農業金庫設置分支機構，藉以提升對信用部服務品質與落實促進農業轉型升級政策任務

基於台灣處於金融機構過度飽和（overbanking）的金融態勢，故從農業金庫營運以來，政府一直未便核准其配合任務需求申設分支機構，故迄今僅有位於台北市總行1處營業據點。然而依本法規定，信用部新增餘裕資金轉存及資金融通，僅能向全國農業金庫辦理。惟遠距服務，除徒增作業困擾與成本外，欲提供信用部即時、有效率的服務，無疑是緣木求魚般不可得，因此也造成信用部對全國農業金庫服務品質抱怨連連。

如同前述，由於全國農業金庫為信用部上層金融機構，兩者間有著緊密業務策略聯盟關係，隨著時間的推移，全國農業金庫與信用部彼此依存度將更形密切，所以信用部對全國農業金庫設置區域分支機構，以提供更即時、有效率服務之要求，亦不絕如縷。

收受信用部轉存款，為全國農業金庫法定任務之一。由於這項法定任務，使得全國農業金庫擁有成長快速且金額龐大的存款餘額。但從表二資料指出，由於全國農業金庫只有一處營業據點，讓授信業務難以開拓，導致存放比率嚴重偏低，影響其經營績效至鉅。也因為全國農業金庫在總行之外未設分支機構，導致台灣5處農業生物科技園區業者，無法就近取得方便融資，與來自農業金庫即時的相關金融服務，讓成立全國農業金庫，以落實促進農業轉型發展的政策任務受到質疑與挑戰。

由上述立論觀之，在做好市場區隔，避免與信用部產生競業問題的前提下，適度設置全國農業金庫分支機構，不但是健全全國農業金庫經營的必要措施之一，更蘊含有善盡其法定任務與落實農業政策目標的意涵。

（三）透過政府經費挹注，加速提高農信保基金淨值，以促進農業轉型升級發展與嘉惠農漁民

產業發展最重要兩項因素為技術與資金，台灣農業已確定朝技術密集與資本密集產業之轉型與升級，在技術面已有政府相關科技部門進行研發與推廣，至於資金部分，則有賴農業金融機構提供充裕之資金融通，以協助產業發展。

農業生物科技產業，可說是集技術密集與資本密集於一身之典型代表產業。由於台灣農業生物科技業者，多屬中小企業，研發規模小，尚無法達到量產化、商品化之階段。所以當農業生物科技產業向農業金融機構申請融資時，最常遇到的是擔保品不足，無法順利取得貸款資金。此時農信保基金就可發揮功能提供信用保證，以協助擔保能力不足的農業生物科技之農企業，順利取得經營所需資金。

表 9-5　2008 年底台灣金融機構營業單位數一覽表

機構別 數量	本國銀行	外國銀行 在台分行	信用合作社	農（漁）會 信用部	票券金融 公司	郵政儲匯處
總機構	37	32	27	農會:264 漁會:25	10	1
分支機構	3, 264	141	271	農會:813 漁會:42	33	1,321
合計	3,301	173	298	1,144	43	1,322

資料來源：行政院金管會銀行局網站金融統計指標。

　　此外，隨著政策性農業貸款業務蓬勃開辦，貸放餘額大幅成長，為嘉惠擔保能力不足的農漁民或農業產銷班，能夠獲得農業經營所需低利融資，藉以改善農漁業經營，並提高其收益。此時亟需農信保基金發揮成立宗旨，經由其保證，以協助擔保能力不足的農漁民或農業產銷班，順利取得低利融資。

　　但是由表9-3資料顯示，截至2008年年底農信保基金淨值為22. 3億元，保證餘額為403億元，保證倍數為18.07倍；為不超過保證倍數為淨值20倍上限之規定，農信保基金承保業務，無法也不能配合農漁民與農企業實際需求大力承做，由此也凸顯出農信保基金淨值偏低，保證能量不足的問題。為使農信保基金充分發揮其角色與功能，以促進農業早日達成轉型升級，並能嘉惠擔保能力不足之弱勢農漁民，實有賴政府大力挹注經費，讓農信保基金淨值得以快速增加，協助其解決保證能量不足的問題。

（四）善用信用部營業據點優勢，儘速建置農業金融機構資訊共同利用平台，以提昇整體農業金融體系與農漁會競爭力

　　由表9-5資料得知，台灣同一金融機構系統，信用部營業據點之數量，僅次於郵政儲匯處（郵局）。但從服務據點區位分布均衡與綿密而論，則是非任何金融機構能望其項背。然而目前信用部之帳務系統，卻分

由5家電腦共用中心及5家自設單位提供，不但系統互異，且大部分已年代久遠，讓信用部營業據點區位分布均衡與綿密的優勢，無法透過統一的資訊共同利用平台，建置成一農業金融通路而加以彰顯。

有鑒於此，善用信用部營業據點優勢，儘速建置農業金融機構資訊共同利用平台，整合金流、物流、資訊流，以提昇整體農業金融體系與農漁會競爭力，目前不但已取得全體農漁會高度共識，更是未來台灣農業金融發展當急之務。

為促成農業金融機構資訊共同利用平台得以早日建置，全國農金庫於2005年5月開業後，即依據本法第23條 規定，積極與目前5家農漁會電腦共用中心洽談整合事宜，但進展甚緩。爾後經由農委會強力主導，終於在2007年8月7日整合全國農業金庫與4家農漁會電腦共用中心，完成財團法人「全國農漁業及金融資訊中心」（簡稱農金中心）的法人設立登記，並於同年9月10日正式開業，為建置農業金融機構資訊共同利用平台，跨出成功整合的第一步。但離建置完成一個統一的資訊共用系統並可連線使用，仍有一段差距，尚待農委會與農業金融界共同努力奮起直追。

（五）強化農業金融相互支援基金經費來源，做為取代金融重建基金處理信用部退場賠付資金缺口機制

台灣農業金融制度是建立在以信用部為基礎之上，故其穩健與否，取決於信用部經營是否健全。信用部經營不善退場時，若致生資金缺口必須先行賠付，方能後續處理。有關資金缺口賠付機制，台灣係由公共資金（主要為金融業營業稅收入）設置的行政院金融重建基金（以下稱RTC）支應。然而由於各國RTC制度皆為過渡性機制，我國RTC亦明定2005年7月10日為列入處理的期限。雖然台灣如前述已建立新台幣220億元規模的農業RTC機制，專款處理經營不善信用部之用，且又不受到RTC設置期間之限制。

從表9-1統計資料顯示，逾放比率超過15％的信用部家數已從最高峰2001年156家（約占全體54.7）一路下降至2008年年底36家（約占全體

12.5），全體信用部經營體質已大幅改善，但並無法保證信用部經營不善需退場的情事不再發生。職是之故，農業RTC終會有用罄之日，待農業RTC基金用畢，爾後面對經營不善信用部，退場時資金缺口賠付問題無法支應，勢必衝擊到農業金融制度的穩健。為期台灣農業金融制度能夠永續發展，未雨綢繆故，必須建構一個可長可久的資金缺口賠付機制。

　　從系統理論觀點而論，一個獨立系統面對系統內所發生問題，基本上應具備自我解決、自我治癒恢復的能力。台灣農業金融制度，如前所述都已在本法法律基礎上，成為獨立於一般金融之外自成一格的農業金融體系。揆審日本農業金融制度，針對經營不善系統性農業金融機構之處理，在農協銀行體系（JA Bank System）之經營理念下，除了退場時資金缺口之賠付，另外包括資金挹注或補助等財務支援，都是由系統性農業金融機構所組成「指定支援法人」支應，真正做到自我解決系統內問題的境界。

　　然而反觀我國農漁會信用部經營不善，需要財務支援時，依據本法第24條規定，是由全國農業金庫年度盈餘10％提撥成立之相互支援基金支應，但退場時資金缺口之賠付，仍然是由以金融業營業稅稅收為主設置的RTC負責。但從相互支援基金機制的設計，不難看出在立法上，台灣系統性農業金融體系有自我解決系統內問題之強烈意圖。

　　所以，為落實日本經營不善系統性農業金融機構善後處理資金，由體系內自負的啟示，台灣農業金融制度下所設置相互支援基金，除了應善加利用農業RTC基金未用畢期間，加緊累積相互支援基金規模外，更需修改本法第24條第2項，讓相互支援基金除了用於對經營不善之農漁會信用部之財務支援外，也可以做為經營不善農漁會信用部退場時，支應資金缺口之賠付。

　　至於台灣，即使能夠如本文建議修法，讓相互支援基金可以做為經營不善農漁會信用部退場時，支應資金缺口賠付之用。但以本法第24條全國農業金庫盈餘分配規定而論，每年度將全國農業金庫盈餘10％提撥成立之相互支援基金，依全國農業金庫負有農業政策任務與目前經營現況而言，也只有區區之數，對經營不善信用部進行財務支援都已顯捉襟見肘，期其

對經營不善信用部退場時資金缺口加以賠付，絕對是力所未逮。

　　為加速累積基金規模，以彰顯台灣農業系統金融機構自我解決系統內問題金融之決心，並參酌日本指定支援法人基金，由各級系統性農業金融機構，依負擔金比例提撥之做法，本文建議修正本法、農會法與漁會法，讓全國農業金庫與信用部，應每年依其存款規模、風險承擔能力與盈餘情形等指標，提撥經費共同設置成立相互支援基金，讓相互支援基金有穩定、持續且豐沛經費來源，以取代目前農業RTC過渡性機制，支應經營不善信用部財務支援或退場時賠付資金缺口之用，以確保台灣農業金融制度得以永續經營。

五、結論

　　受到2007年美國次級房貸（Subprime Mortgage）的衝擊，所引發的全球金融海嘯至今方興未艾，相較於一般金融機構，台灣農業金融體系所受到傷害相對輕微；尤其是信用部係以提供基層與農漁民金融服務為主，著重在地化經營，並未與國際金融接軌，所以在本次全球金融海嘯中，倖免於難並未直接受害。而全國農業金庫因財務投資之故，成為唯一遭受波及的農業金融機構。

　　但整體而言，獨立於一般金融之外的台灣農業金融制度，隨著信用部體質強化與大幅改善，已屬穩健局面。面對這次全球金融風暴，雖因全國農業金庫之故有所受傷，尚不至於引發農業金融的系統性危機與風險。尤其是信用部並未直接受害，所以以信用部為基礎建構的台灣農業金融制度，雖然歷經這次全球金融風暴的襲擊，但仍健全依舊。

　　建立在目前穩健的基礎上，為期台灣農業金融制度得以永續經營，本文提出將全國農業金庫重新定位為農業投資銀行、積極籌設全國農業金庫分支機構、加速提高農信保基金淨值、儘速建置農業金融機構資訊共同利用平台、與強化農業金融相互支援基金經費來源等5項建議，做為朝向台灣農業金融制度永續經營的努力目標。本文期盼政府相關機關與農業金融

界，對上述建議能夠加以研議，並在取得共識後，積極落實推動，方有以致之。

<h1 style="text-align:center">●●●　參考文獻　●●●</h1>

丁文郁 (2003A)。**農業金融法立法意義之分析**。台北：中華民國農民團體幹部聯合訓練協會。

丁文郁 (2003B)。農業金融法立法意義及其影響。**台灣鄉村研究**，2，頁133-176。

丁文郁 (2003C)。論農業金融法對台灣農業發展之影響。**農業推廣文彙**，48，頁245-249。

丁文郁 (2005)。台灣與日本農業金融制度之比較分析－兼論日本農業金融制度之啟示。**存保季刊**，18(4)，頁38-63。

李聰勇 (2008)。**農會相關業務法規 - 信用部篇**。中華民國農民團體幹部聯合訓練協會上課講義。

吳榮杰、周百隆、陳永琦、黃士榮 (2000)。建構健全完整的農業金融體系。**農業金融論叢**，44，頁29-47。

陳肇文 (2006)。**當前農業發展與農業金融政策**。中華民國農民團體幹部聯合訓練協會上課講義。

10 農村金融何去何從

李金珊、李湘銘
（浙江大學公共管理學院教授、碩士班）

　　合作金融是一個組合概念，是合作性質的金融企業，既非一般意義的合作企業，也非一般的金融，而是兼具合作經濟組織和金融企業的雙重特徵的企業。因此合作金融的前提基礎是合作經濟。而所謂的合作經濟，專指一種經濟組織形式，即合作社經濟。勞動者為了謀求和維護自身經濟利益，在自願互利的基礎上聯合起來，從事生產信用和技術服務等經濟活動的一種經濟活動組織。世界上先是有消費合作、生產合作，後有信用合作。

　　自從1849年德國人創辦世界上早期農村合作金融組織——儲金社以來，受到農村社會和農民普遍認可和擁護的農村合作金融在全球發展迅速，成為國際金融家族中的重要成員，無論在發達國家還是發展中國家的經濟發展特別是農業、農村發展過程中，均起到了決定性的促進作用。相當一些國家的農村合作金融組織已發展成世界級的跨國金融機構。西方國家農業合作金融發展的基本原因是隨著農業商品化程度的不斷提高，農民對資金的需求增長迅速，但其所具有的小規模性、風險程度較高、生產資金與生活資金合二為一等特點，與商業銀行的經營原則有著內在的矛盾。因此，為了獲得有效的金融服務，抵制高利貸的盤剝，合作金融應運而生並持續發展到現在。當今世界，發達國家農村合作金融的制度體系已非常完善和成熟，如德國的信貸合作社、法國的農業信貸互助銀行、美國的農業信貸協會和日本的農業信用協同組合，都建立了完整的縱向一體化的組織系統，功能強大，服務範圍廣泛，在農村金融發展中居於主導地位。一些中等發達國家和發展中國家及地區農村合作金融的發展同樣十分迅速，如南韓的農業信用合作聯合會、臺灣的農會信用部、泰國的農業信貸合作社、印度的農業合作信貸協會等，在農村金融體系中佔據的地位也日益提高，成為推動農村金融和經濟發展的重要力量。

　　儘管世界各國農村合作金融的組織形式各有不同，但其共同特徵都是遵循合作社自願互利、民主管理的基本原則，並且程度不同的得到了政府的政策支持。從制度功能看，農村合作金融的突出優勢表現在以下四方面：一是能夠方便、快捷地滿足一般農戶大量的小額、短期的資金需求；二是有較強的內部監督和制衡機制，有利於減小資金投放風險；三是機構

分布面廣，能夠覆蓋大多數農戶；四是自我服務功能較強，有助於防止農村資金的外部流失。一般而言，上述功能是商業銀行所不具備的。因此，農村合作金融是農村金融制度架構中不可缺少的重要組成部分，在農戶家庭經營的基礎上大力發展多樣化的農村合作金融組織，也是在世界各國農村金融發展中占主導地位的共同趨勢。

一、中國農村合作金融的發展現狀

我國農村信用社是1950年代初期根據中共中央關於開展合作化運動的政策組建起來的，其後經歷了四十多年曲折發展歷程，積累了一些經驗，也有不少沉重教訓。

經過幾十年反復和曲折的發展歷程，對農村合作金融，中國人民銀行於1998年發布《進一步作好農村信用合作社改革整頓規範工作的意見》，提出要「通過擴股，把真正願意參加合作金融的農戶和農村集體經濟組織吸收為新成員，經過2-3年努力，使農村信用社真正恢復合作制的性質。」實踐證明，同組織體系和管理體制的改革比較，這方面的改革基本上沒有任何實質性進展。許多地方增股擴本，規定可以退股並保息分紅。但農民還是無法與農村信用社結成利益共同體，參與程度很低。

在江蘇省農村信用社改革試點的基礎上，2003年6月27日，國務院出臺了《深化農村信用社改革試點方案》，決定擴大試點範圍，將山東省等8省市列為試點單位。該方案明確指出：「按照『明晰產權關係、強化約束機制、增強服務功能、國家適度支援、地方政府負責』的總體要求，加快信用社管理體制和產權制度改革，把信用社逐步辦成由農民、農村下商戶和各類經濟組織入股，為農民、農業和農村經濟服務的社區性地方金融機構」。

《方案》充分考慮了我國地區經濟發展不平衡的現狀，在構建適合我國國情的農村信用社管理體制，因社制宜地開展明晰產權改革等方面進行了有益的探索，摒棄了以往政府主導的強制性改革模式，給予試點地區農

村信用社一定的選擇空間，可以說，這是一個開放的、有彈性的改革方案。農村信用社根據當地經濟發展狀況、自身實力和主觀意願等因素，可以分別進行股份制、股份合作制和完善合作制的試點。《方案》還特別強調，無論採取何種產權制度和組織形式，農村信用社都要堅持服務「三農」的經營宗旨，從農民和農村經濟發展的實際需要出發，進一步增強和完善農村信用社的服務功能。《方案》的出臺是我國農村金融改革漫長道路上的重大步驟，是農村信用社改革朝著正確方向推進的關鍵舉措，它為農村信用社的改革和發展提供了正確和有力的政策法規保障。

在此過程中，農村合作金融機構進一步發展壯大，資產、負債規模合理均衡增長，盈利能力明顯增強。2006年底，農村合作金融機構總資產44193.1億元，比年初增長18.8%，其中貸款餘額26244.8億元，比年初增長19.5%；總負債42151.8億元，比年初增長18.6%，其中存款餘額38899.2億元，比年初增長19.3%；所有者權益達2041.4億元，比年初增加430.5億元。全年實現盈利280.9億元，同比增加101.1億元。

二、農村金融的窘境

在中國農業、農村、農民生產性投入不足的問題上，除了農村信用社體系的弊端以外，還有其他很重要的制度性的原因。例如國家為彌補郵政系統的虧損，批准開設了全國性的郵政儲蓄，加上國有各商業銀行和其他商業銀行又從縣級以下網點吸存，2001年這幾項總計約有6500—7000億元的涉農存款淨流出縣以下地區即鄉村。此筆款額是同年全國農戶實際貸款額的3倍多。加上無法統計的工農業產品剪刀差，農村地區資金倒流入城鎮的現象非常嚴重，農村地區發展的資金缺口是巨大的（李金珊、葉托，2008）。

像中國農村這樣巨大的金融市場，一旦出現缺口，任何財政力量都難以填補。據全國農村固定觀察系統在31個省市自治區20294戶農民的常規調查表明，1999年農民從民間借貸管道獲得的貸款資金占農戶貸款總額的

69.41%，平均每戶為1008.56元。國內農村經濟問題專家溫鐵軍對15個省40多個鄉村的調查顯示，民間借貸發生率高達95%，其中高利貸發生頻率85%；高利貸中33.8%是生活性借貸，29%是必須支付的教育，醫療等費用，只有11%左右是生產性支出。這種狀況到目前為止並沒有太多的好轉。大量的資料分析和實際調查的結果均表明，在國有商業銀行從縣以下區域撤出，中國農村信用社因資產狀況不良，資金規模不足，經營成本偏高而日益萎縮，中國廣大農民的自有生產性投入已陷入普遍的資金困境，以高利貸維護的生活必需性投入也難以維持許久，更難以啟動更大的消費需求。

我國農村的資金狀況可以從表10-1、表10-2、圖10-1中可略知一二。

表 10-1　金融機構對農業貸款

	金融機構對農業貸款	
	農業貸款總額（億）	占總貸款餘額的比重
1995	3019.1	5.9
1996	7123.0	10
1997	3314.6	4.4
1998	4444.2	5.1
1999	4792.4	3.9
2000	4889.0	3.6
2001	5711.5	5.1
2002	6884.58	5.2
2003	8411.35	5.3
2004	9843.11	5.5
2005	11529.53	5.9

注：1995、1996 年的農業貸款總額中包括對鄉鎮企業的貸款。
資料來源：《中國金融統計年鑒》，2000、《中國金融統計年鑒》，2006、《中國統計年鑒》，2001。

表 10-2　信用社存款額

	1988	1991	2001
信用社存款總餘額	766 億	7671 億	14700 億
貸款總餘額	258 億	1487 億	2700 億
存貸比	34%	19%	18%

資料來源：《中國後發展地區農業合作創業檔》，年份。

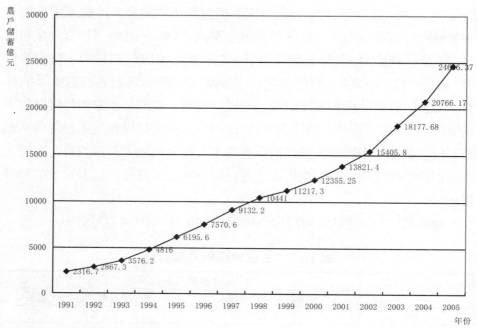

資料來源：《中國金融統計年鑒》，2006。

圖 10-1　農戶儲蓄趨勢

　　我們比較一下1991年信用社的貸款總額與農戶儲蓄餘額，二者分別是1487億、2316億元，信用社的貸款主要是面向農戶的小額貸款，只占農戶儲蓄的60%，也就是說農戶的資金有40%流向了其他領域或城市。

　　農業和農村從國家銀行系統獲取貸款的份額越來越少。我國長期實行農業支援工業、農村支援城市的金融政策，農村的金融機構承擔著從農村吸收資金為國家工業化服務的職能，為農村和農業提供的貸款服務微乎其微。改革開放20年來，這種狀況依然沒有根本性的轉變。從《中國金融年鑒》各年的資料可看出，農業和鄉鎮企業從國家銀行系統獲得貸款額度最高的年份也沒有達到17%，而且從1995年以來一直呈下降趨勢。2000-2005年開始緩慢上升，但增幅極為有限。這種狀況與農業的基礎地位不相稱，也與農村各產業對國民經濟的貢獻份額不相適宜。在90年代的大多數年份

中，農村地區的產值在國內生產總值中基本上一直保持半壁江山的地位，但其獲取的國家銀行系統的金融資源卻不到1/7。

　　農村信用社的利率遠高於國家正規銀行的利率，也阻礙了農民貸款。農民和鄉村企業從正規金融系統得不到貸款的狀況，促進了民間借貸的發展。民間借貸在一定程度上緩解了資金的供需矛盾，但借貸者卻不得不付出更高的利息。據中國社科院農村發展所研究人員2001年的調查，中原某省一個3000人口的村，以放貸為主業的就有10戶，平均放貸規模為12-15萬元，大約70-80筆貸款，多是1000-2000元的小額貸款。月息3分，年息36％。此外村裏還有50戶小規模的放貸戶。資料還顯示，江西省贛州地區1997年民間借貸總量達2億元以上，1996、1997年分別較上年增長18％和36％；借貸範圍也由原來的主要局限於個人之間，擴大到以企業與個人之間、集體企業之間、私營或個體工商戶之間為主；1997年民間借貸資金中流向生產性投資領域的占75％，比上年增加26％。在非國有經濟的資產負債表中，來自民間借貸的資金比重高達36％，而來自銀行等正規金融機構的貸款僅占8％。

　　統計年鑒的資料顯示，2004年，中國農業占全國GDP份額15.2％，農業就業份額占全國的50％；中國鄉村人口78241萬人，占總人口的60.91％，而農業貸款餘額僅占5.5％（中國統計年鑒2005）。2005年底農業貸款和鄉鎮企業貸款餘額之和占全國金融機構各項貸款餘額的10.10％。據江西省農調隊對全省2450戶農戶的抽樣調查，2003年有574戶有借貸行為，占23.4％，其中從銀行或信用社得到貸款的有120戶，占被調查農戶的4.9％；從2001年至2003年，從銀行或信用社得到的貸款僅占農戶總借貸收入的13-23％左右，而民間貸款所占比重為76-86％（傅志寰，2004）。據安徽省農委從農村調查點瞭解的情況，2003年農民戶均借款中，來自銀行、信用社的占12.6％，來自民間借貸的占83.50％（傅志寰，2004）。根據人民銀行濟南分行2004年的調查，山東省50％的中小企業資金需求的滿足依賴於民間借貸，在流通領域這一比例則高達80％，而且民間借貸的利率往往在10％以上。

　　2000年起，中央政府加大力度扶植農村金融，在全國推行「農戶聯保

貸款」和「小額信貸」，使有貸款需求的農戶中的40%以上者有機會獲得農村信用合作貸款，用政府調控方式推動了農村合作金融發展。2002年3月，中國人民銀行批准在浙、黑、蒙、吉、閩5省8家農村信用社試點，允許其存款利率對國家規定利率浮動30%，貸款利率浮動100%。這是中央政府為補償農村信用社運作成本過高而採取的變通政策的前兆，此次運用的是利率扛杆即金融政策工具。但農民的小額貸款比城裏工商企業甚至個人從銀行借錢做生意的利率還高，100%的利率上浮跟高利貸也差不了太多，這顯然不是「扶」農。過去農村的融資管道有四大商業銀行、農村信用社、合作基金會等多個管道，現在只有農村信用社一家，這顯然不是「利」農。農村資金向城裏倒流，城鄉發展速度差別越來越大，這顯然不是我們的政策所追求的。

三、農村合作銀行何去何從

2003年9月，按照國務院的部署，全國農村信用社改革進入了新的階段。以法人為單位的產權制度改革是改革工作的重點，各試點省（區、市）農村信用社按照「因地制宜，分類指導」的原則，分別進行了組建農村商業銀行、農村合作銀行的試點。此後，全國各地紛紛將農村信用合作社改組成農村合作銀行，北京、上海組建了一級法人的農村商業銀行，天津組建了兩級法人的農村合作銀行。新生的打著「股份制+合作制」旗號的農合行，雖然在產權制度上有所創新，但與傳統的口頭標榜合作制的農信社一樣，在實踐中，與以往的信用合作社一樣，還是很難沖出生天。

首先是產權問題。農村合作金融是相對獨立的一級法人主體。而合作金融的制度基礎是合作制，其產權應是一種「合作產權」。理論上講，合作產權是但各出資人的「單個產權集合」，單個產權從屬於法人產權。但實踐上，由於合作金融的「合作」性質，決定了合作產權不可能使單個出資人單個產權的累加，同時法人產權又不能脫離單個產權而獨立。合作銀行的這兩個產權特徵，決定了可以衍生出許多權能，如監督權、退社權、

剩餘索取權等。合作產權與單個產權是一種委託代理關係，而在這種關係中，單個產權應該是法人產權的硬約束，通過委託契約，單個產權人的集合形成對合作產權的內在制約。但實際上，目前的合作銀行體制中，一如以往的信用合作社，所有者缺位依然是個嚴重的問題，以首家農村合作銀行，浙江寧波鄞州區的農村合作銀行為例，名義上歸全體股東所有，但其1萬多名股東中絕大部分是自然人，這些自然人股東合計出資額僅占鄞州農合行股本金總額的58.5%，且分散在眾多的自然人股東之中（每人1000元），他們對合作銀行的所有權，除了剩餘索取權以外，其他權利基本上無法體現，農信社所有者缺位的舊病在合作銀行制度下仍然存在，而且由於合作銀行是在合併了許多信用社的基礎上建立起來的，規模越大，所有者缺位後產生的弊病也將越嚴重。

其次，「自願」和「一人一票」是合作制的精髓，但在合作銀行的這種制度下，「自願」原則不難體現，但「一人一票」的管理體制基本上無法實現，原有的「內部人」控制和經理層說了算的弊病絲毫沒有改善，而且在「自願」原則下，一旦合作銀行經營或管理出現問題，自然人股東的退社抽取資金是必然的事情，因此合作銀行的弱抗風險能力也是毋庸置疑的。

在中國農村不斷市場化的條件下，農村合作金融缺位、農村金融抑制嚴重、農民獲得金融服務困難，已經成為制約農村發展的重要因素。立足于中國的現實情況、借鑒國外的成功經驗和總結農村合作基金會的失敗教訓，進而探索農村合作金融真正意義上的突破，是中國農村金融制度變革和發展的關鍵。農村合作基金會被取締之後，農村信用社在農村內部的金融壟斷地位得到重新恢復，雖然中央政府反復要求其增加對農戶的貸款比重，但由於受盈利動機支配，農村信用社的貸款重點仍然明顯傾斜于獲利機會較大的農村工商企業或經營大戶，而一般農戶的貸款要求則被必須提供抵押品或質押品的制度設計所排擠。事實證明，沒有農民真正參與的農村信用社是很難承擔起以互助合作方式為廣大農戶提供資金服務的任務。目前農村內部金融抑制的矛盾不是有所緩解而是有所加劇，一般農戶求貸無門的情況變得更加嚴重。在一些地方，曾經受到扼制的高利貸死灰復

燃，成為急需資金的農民的無奈選擇，而其付出的代價則是十分沉重的。在今天，中國農村金融體系結構和功能殘缺的矛盾再一次充分突現，對農村合作金融的呼喚比以往任何時候都更加迫切。

在我國的溫州地區，在改革開放前就已存在某種意義上的合作金融，通常情況下是為人生幾件大事而進行一些合作金融活動，如婚嫁、蓋房子，也有為添置生產設備的。改革開放後，合作金融活動更加頻繁，由為生活、生產為主要目的轉向生意和小規模的工業化生產。溫州地區的經濟發展奇跡實際上離不開當地活躍的合作金融活動。1980年代末在四川首先發展起來繼而遍佈全國的農村合作基金無論在規模上還是在形式上都比溫州的民間合作金融進步，但「合作」二字的精髓則大為遜色。

農村合作基金會雖然在合作金融的發展上是有其形而無其實，並沒有實質上的突破。但必須看到，農村合作基金會在傳統體制之外實現高速擴張的事實本身就表明，在中國發展農村合作金融的經濟條件已完全具備，社會基礎十分深厚。此外，儘管合作基金會是中國發展農村合作金融的一次不成功的預演，但通過其引入的會員代表大會、理事會和監事會等全新的制度架構，也留下了一筆值得珍惜的制度遺產。

我們認為，中國農村合作金融的發展既有現實需要又有客觀基礎，現在的關鍵是必須選擇正確的發展道路，提供良好的法律保障和政策環境。

發展農村合作金融組織的根本目的，是為改變農民在農村金融資源獲取上的不利地位提供制度支持，讓農民依靠這一制度創新形式分享農村金融發展所帶來的收益。因此，農民是發展合作金融組織的最大受益者，毫無疑問也應當是主體力量。國外農村合作金融發展的歷史經驗和中國在小額信貸扶貧等方面的成功實踐同時表明，只要能創造良好的外部法律和政策環境，農民是有能力充當農村合作金融的主體的。

四、農村金融的發展選擇

儘管已有20多年的改革努力，但將農村信用社重新改造為以農民為主

體的合作金融組織並未收到任何實際成效。所謂的合作金融，其前提基礎是合作的存在，正如先有英國的生產合作組織，後有法國的農產品銷售合作組織，最後才有德國的農村金融合作組織一樣，如果農業生產、農產品銷售始終是分散的千家萬戶各自為政的狀態，無法讓農民有合作生產的基礎和可能，那麼合作金融也只能是一句空話。從四川的農村合作金融的經驗教訓來看，其合作基金會的興起真實地放映了中國農村金融體制變革的內在需求，而它由興盛迅速走向衰亡的過程則深刻表明，沒有真正意義上上的制度創新，沒有農民的實際參與，沒有合作、沒有共同（民主）管理，農村合作金融的發展將是十分困難的，或者只能因走入歧途而歸於失敗。

從農村信用社轉制而來的農村合作銀行，實質上仍然是一個官方的非合作的金融組織。真正的改制應該是通過股份制改造建立農村商業銀行，並以此確立其在中國農村金融體系中應有的地位。與此同時，政策導向上應該支援國際上行之有效、在我國1950年代也證明效果很好的農村合作金融。

因此，我們認為，農村金融的發展選擇應該是合作金融和股份制農村商業銀行並重。合作金融由於內生的產權缺陷問題，衍生眾多的經營性困難，但在小範圍內，仍然可以為農民的生產和生活提供商業銀行不可替代的作用。

可以彌補合作金融不足的是農村股份制商業銀行。在經營管理上，股份制相較具有合作制具有巨大的優勢：吸納資本的能力、法人治理的能力、產權的明晰等等，因此國家政策在給農村股份制商業銀行定位的時候，可以明確其經營方向（例如投放三農的資金必須在60以上）、在國家鼓勵的行業發展項目上（例如種養業）的經營上，給予所得稅收優惠等。鼓勵壯大農村股份制商業銀行，使其在支農的同時也是自身能夠得到良好的發展。

溫州農村合作銀行案例

2003年，這將成為全國首批農村信用合作社改組農村合作銀行的試點，溫州龍灣農村合作銀行成立於2005年6月，出資入股的股東有4639人，其中農民逾4000人（包括農村個體工商戶）、33家企業股東、249名銀行員工股東，無任何國有資金。

從2003年公開招股和正式開業以來。龍灣農村合作銀行的效益比一般商業銀行都好。2004-2006年連續三年，銀行給股東的分紅都達15%，2007年沒有分紅，但轉增20%股份。2008年利潤1.12億。預計2009年的利潤會高於2008年（中國經濟網，2009）。

利潤主要有兩個來源。首先是給農民發放小額貸款：數額在5萬元以內的貸款無須抵押或擔保；5萬元以上的需要抵押或擔保；在10-30萬元之間，由5個農戶聯保。在此基礎上，合作銀行對所在片區的所有農戶進行信用村和信用戶的評選，信用戶的貸款可以享受月利率千分之六點三的優惠利率，比非信用戶的貸款利率低35%左右。李潤的另一個來源是對當地農村企業的貸款。同時，龍灣合作銀行還開展了為民營企業待發工資、為幾千戶農民代交水電費、向農民提供消費貸款和住房貸款等銀行業務，但範圍和物件還是農村地區的農民和農業。涉農貸款占總貸款近93%。

從其經營的狀況和資本金結構看，龍灣的農村合作銀行已經超越了原信用社體制的一些弊端如產權不明晰導致的問題、資本吸納問題以及農村信用社不支農問題等，更多地體現了股份合作制的特點。也許這也正是我們所希望看得的發展方向。

●●● **參考文獻** ●●●

中國金融統計年鑒 (2000)。

中國金融統計年鑒 (2006)。

中國統計年鑒 (2001)。

郭曉鳴、趙昌問 (2001)。以農民合作的名義：1986-1999 四川省農村合作基金會
　　存亡里程。**農業經濟問題**。

李金珊、葉托 (2008)。農村金融體制改革與創新。**學習與實踐**。

傅志寰 (2004)。**全國農業信貸投入呈逐年增加趨勢**。2004 年 6 月 25 日，取自新
　　華網。

11 儀隴縣鄉村發展協會農村金融扶貧商業模式與村級扶貧互助合作組織建設模式的探索與實踐

高向軍

(西南財經大學西部經濟中心特邀研究員、

四川儀隴縣政協副主席)

目次

一、儀隴縣鄉村發展協會、十六個村級互助社（互助基金）的基本情況、組織架構

　　儀隴縣鄉村發展協會，是1995年10月在執行聯合國UNDP「鄉村扶貧與可持續發展」專案過程中建立發展起來的一個非盈利性的社會團體組織。協會的宗旨：以人為本的鄉村扶貧與可持續發展；主要活動領域：農民組織建設、小額信貸服務、鄉村扶弱濟困與婦女參與、社區能力建設與推進鄉村可持續發展。協會現有全職職工25人，內設3部1室，下轄7個分會。員工中10%為下崗職工，90%為公開在當地招收的農村青年。

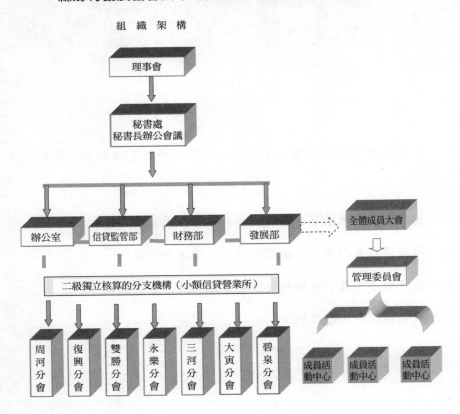

縣鄉村發展協會與十七個村扶貧互助社（互助基金）

組織架構

儀隴扶貧互助社（互助基金），是為幫助農村中低收入人們在農村社會市場化轉型過程中適應發展的需要而在現行黨在農村基本經濟制度和分散小農現狀基礎上，按照國際互助合作原則結合當地農村實際設計的一種用資金互助合作的方式使小農變大，提高弱小農戶進入市場的組織化程度的社區互助組織建設模式的探索。該模式以推動農村中低收入農民出資為基礎與組織紐帶，以資金互助為出發點，建立村級互助合作的法人自治組織。2005年下半年，我們協會推動地方政府支持開始了儀隴扶貧互助社（互助基金）模式在儀隴的實踐。

二、協會農村金融扶貧商業模式與村扶貧互助基金的運作模式

（一）儀隴縣鄉村發展協會扶貧小額信貸的運作模式

1. 以以人為本、扶弱濟困和社區發展理念為基礎，建立與農民生產經營及經濟狀況相適應的金融服務品種和服務方式，最大限度地滿足低收入人群發展的需要。

協會通過多年探索建立起來有自動瞄準窮人功能為低收入人群提供的零門檻金融服務體系、制度和有效的管理體系很好地解決了以下三方面的問題：

(1)全體農戶借得方便還得起。首先，排除擔保和抵押的前置條件實現零門檻服務；其次，廣泛的進村入社到戶的可持續農村發展知識的宣傳和培訓，使我們的組織和組織如何幫助農戶的發展以及我們信貸的管理等做到家喻戶曉；第三，為所有借貸農戶入戶進行分戶貸款品種的討論與設計，讓農戶的借貸量與其還貸能力相適應；第四，在提高借貸農戶能力為目標的技術支援和人性化服務基礎上建立協會與農戶的相互信任和理解。第五，在與借貸農戶一年30多次的交往中讓農戶充分理解我們這樣的金融服務帶給農戶的幫助；第

六，讓社區全體借貸人員都能實現有效的償還全部貸款是我們的責任和對社區農戶的承諾。農民在借得到錢而且還得起錢後，大大地激發農民的借貸積極性和增強了投入生產發展的信心，但使得我們組織的壓力就越來越大。

(2)支持體系有效滾動不斷壯大。協會在支持幫助農民發展上堅持市場原則和可持續發展原則，在實現公益目標的同時建立起了在有效管理基礎上的贏利模式並實現成功運行。

(3)有效防範信用風險。首先使借貸者的還貸成為可能是我們的首要責任及與農民家庭生產經營相適應的信貸模式的建立；其次，幫助每個借貸者在其家庭的經濟狀況基礎上設計貸款品種是關鍵；第三，帳齡風險機制設置和應用保證了全部借貸到期100%的安全。

2. 建立起了以實現公益性目標為前提的組織內部責、權、利相結合的有效經營管理的治理結構。

根據扶貧與金融經營相容的特殊性質，創建起了扶貧與相容組織的經營責任、權利、義務相結合的內部治理結構，從治理結構上建立起了員工風險責任機制和調動員工積極努力為低收入人們服務的內在動力機制，從治理結構上構建起了為低收入人們服務和促進信貸有效管理可持續發展的核心管理體系。協會內部實行統分結合的授權分級經營管理和分級獨立核算的組織架構與管理體系

(1)協會統一發展戰略、政策制定、組織年度計畫制定；

(2)協會控股各分支機構，各分支機構授權獨立經營管理轄區內的小額信貸的發展與經營，自負盈虧；

(3)協會建立統一的資訊管理系統，總部負責對各分支機構經營的小額信貸監管到日、到戶；

(4)協會負責各分支機構的資金調劑、隊伍建設、對外交往和籌資。

3. 建立嚴格可控的動態信貸帳齡管理體系與崗位控制相結合的風險防範體系，有效規避了信貸風險。

在國際專家的幫助下協會經過多年的努力，開發和建立了小額信貸財務和管理軟體系統；建立起了國際標準的小額信貸帳齡風險控制體系；建

立起了組織架構與崗位控制相結合的風險防範體系，實現了更加嚴格的事前管理和日常監管；從機制上建立起了信貸資本金保全經營管理體系，實現了在農村為低收入人群提供無需任何擔保、抵押的金融和發展服務的同時，實現了機構的自負盈虧和自我發展。

建立起統一的內部責、權、利相結合的風險治理機制與嚴密科學的風險管理體系：

(1)按崗位設置風險股本,建立全員風險股本激勵機制

(2)實行分期償還與過程帳齡管理相結合；經營核算與風險考核相結合；員工激勵與服務低收入群體面相結合進行日常經營管理

(3)建立起了到期貸款零風險管理制度

4. 協會的扶貧小額貸款的信貸產品：

(1)面向農村個人的小額度等比例償還的信用貸款；

(2)貸款額度：純農業3千元，亦工亦農5千元，離土不離鄉的經營性農戶7千元；

(3)服務物件：從事農業生產、家庭養殖、小型農業加工業、小工商業經營的農戶；

(4)貸款期限：以1年期為主，6月期和3月期；

(5)償還方式：等比例分期償還多次貸款 老客戶在上筆貸款正常還款3個月後、新客戶正常還款6個月後，因擴大經營規模需用款時可以申請續借款，但餘額不得超出本年度對該客戶確認的最高貸款額度，每位元客戶只能同時享有兩筆貸款。

（二）儀隴村級扶貧互助基金的運作模式

儀隴縣建立扶貧互助基金主要立足點：在農村社會向市場經濟的轉型過程中探索與嘗試以人為本的農村扶貧與發展模式，以適應農村社會變化的需要。

1. 模式主要目標

1. 貧困村大量的中低收入農戶自願參與的互助合作經濟組織
2. 模式能實現面對全體成員服務以推動互助與發展的功能
3. 建立起內部可成長的商業模式以實現自我可持續發展
4. 從資產形成性質、管理運作機制上建立起真正的民有、民管、民受益和承擔風險的適應市場經濟發展的體制機制

2. 基金的組成原則

在政府的支援和社會組織的幫助下，幫助貧困村村民在自願、自主、互利的基礎上的資金自聚，責任自擔，獨立核算，民主管理，互助合作的原則下建立互助基金組織。

(1)自願入股和政府配股的原則：

在本村範圍內，村民自願申請入股，每股1000元，一般農戶入股自己出資500元，政府按1：1的比例配股500元，富裕農戶入股自己全額出資1000元。

(2)贈股的原則：

為了幫助貧困農戶參與互助社及互助基金，政府為通過自願申請、村民民主推薦，經村兩委平衡認可，政府扶貧主管公示審核批准的貧困戶，贈送股份一份，即人民幣1000元（讓貧困農戶有機會參加到社區的農民合作組織中，讓合作組織的發展帶動貧困農戶的發展）。

(3)股份轉讓和自願退股的原則：

基金：個人出資部份和政府配股，贈股資金的所有權歸持股者個人所有，使用權歸合作社集體所有。入社三年以上的持股人確因特殊原因，可以轉股，轉股實行合作社成員優先原則；入股三年以上的農戶可以自願申請退股。凡自願申請轉股和退股的農戶，只能轉移和退還個人入股部分，合作社經營盈餘，應分給其應得紅利，合作社經營虧損，應扣除其應承擔的虧損份額，政府配股部分不予退還個人，由合作社集體討論分配給新入社成員。不得分配互助社集體財產（公積金、公益金）。

3. 基金營運

基金營運遵循：民主、便捷、小額、短期、高效、連續滾動原則。

(1)建立和開展有效組織活動的原則：

合作社全體成員每 15 天組織一次成員活動，大部分的貸款均在成員集體活動上還款；每一次新的貸款的審批和發放必須是在本互助社收款正常的情況下進行，並公開信貸經營過程的全部資訊。

(2)小額短期借款和分期還款的原則：

貸款期限：最長期限不得超過一年。

貸款利率：貸款的名譽利率為年利率8%。計算和收取方法為：年貸款本金和年貸款利息的總和除以全年的還款次數及為每一次還款的額度。

還款方式：從貸款之日起間隔15天開始在15天一次定期的成員集體活動上進行還款：

(3)貸款限制的原則：單筆貸款與貸款戶的貸款餘額之和最高不得超過該組織總資產的5%。

(4)連續貸款的原則：農戶在借了第一筆貸款滿三個月後，如果還款正常、信譽良好，則可連續借下一筆貸款，但貸款餘額不能超過該年度約定的最高貸款餘額，每筆貸款期限最長不能超過一年，對全部貸款均實行分筆管理，分筆分期還款。

4. 基金的監控

基金監控的原則：村級互助基金的集合、操作運行、日常管理都必須遵循公開、公平、公正的自我管理原則，並接受村兩委和支援組織的監督。

(1)基金集合的監督：要保證所有的參與農戶在對基金及本合作社的目的、意義、要求、責任、義務完全瞭解的基礎上的自願參與；

(2)基金管理人員選拔的監督：由持股者在全體成員會上公推直選民主產生，每兩年更換一次，可連選連任。

(3)基金營運過程的監督：村級互助基金的申請、審批、發放及回收都

必須公開、透明，必須遵循合作社制定的管理制度和原則。

(4) 財務管理的監督：基金管理人員必須按照財務制度對每一筆業務及時進行處理，做到日清月結。每月10日前，向村兩委會和支援組織提供上一月的財務報表，同時在村裡的公示欄裡進行公示。

三、儀隴兩種農村扶貧金融模式前三年的運行情況

（一）2005—2006年先後建立起來的十六個扶貧互助社互助基金的運行情況表

2008 年 12 月 31 日

村名	成立時間	成員數	股份數	基金總額（元）	累計放款筆數	累計放款金額（元）	累計貸款餘額（元）	累計實收本息（元）	準時還款率	累計利息收入（元）	組織互助資金（元）
昆　山	2005.7.23	116	137	116000	230	790633	119169	692677	96%	43854	12300
九　灣	2005.10.22	85	100	89000	99	480598	155638	380737	93%	24468	98000
虎　嘴	2006.3.14	85	86	86000	112	409408	102047	264494	94%	13083	43500
何家溝	2006.4.21	86	129	129000	155	673200	158767	542926	95%	29891	16500
燎　原	2006.4.23	99	129	129000	126	544400	146365	418534	90%	24778	80660
會　明	2006.6.28	136	153	153000	121	368000	71251	327139	97%	18665	0
獅子頭	2006.6.29	109	134	145000	93	292110	94797	218412	89%	20697	0
張爺廟	2006.7.15	86	117	126000	249	1019530	257727	855035	99%	33146	84130
燈　包	2006.7.24	53	82	82000	179	912150	304557	647877	98%	48033	182850
觀音庵	2006.8.3	70	87	87000	134	491890	106674	404649	99%	21484	50500
萬　興	2006.9.13	151	195	195000	179	925200	252543	718620	96%	49559	64800
榮　光	2006.9.17	116	134	134000	63	192700	59901	139406	89%	6738	0
玉　蘭	2006.9.20	100	112	112000	100	374800	112497	301475	97%	18103	37000
九嶺場	2006.9.20	79	87	87000	130	591800	164645	453125	96%	33867	76400
檬子梁	2006.9.20	105	124	124000	123	517500	152915	390032	99%	23643	25000
蔡家坪	2006.10.9	105	123	123000	53	214750	88095	142339	90%	6977	0
合　計		1581	1929	1917000	2146	8798669	2347587	6897476	95%	416987	771640

從兩至三年的扶貧互助基金的發展上看有以下明顯效果：

1. 設計的村互助基金的扶貧金融商業模式，通過農民自我管理得到有效運行。基金服務了大多數的成員並常年性地為成員的生產與生活提供信譽貸款服務；成立起初的190多萬基金，累計滾動發放小額貸款2146筆，8796669萬元，準時還貸率在95%以上。實現了互助基金的有效滾動服務成員的效果；

2. 十六個互助基金累計實現利息收入416987元，除去管理成本172800元外，累計成員分紅192600元，提取風險準備金42298元，未分配利潤9289元。互助基金自運行以來實現了基本的財務自負盈虧；

3. 一方面在成員的民主參與與透明管理下，另一方面在年度分紅效益的影響下，有效的基金運行管理模式被成員和村民所信心；一是在再沒有政府配股的情況下，村民開始自願出資參股，互助社成員在不斷的增加；二是12個運行效果好的村互助基金已經吸引了成員自願將自己的閒散資金交由互助社經營，目前十二個互助社共組織了互助資金771640元，村互助基金通過有效運行管理，得到了村民的信任，基金開始了有效成長。

（二）儀隴縣鄉村發展協會過去三年扶貧小額信貸發展情況

項目	2006 年 12 月	2007 年 12 月	2008 年 12 月
貸款發放筆數	1404	2457	2910
貸款發放金額	7685300	11103800	12297950
貸款總餘額	4026651	6111777	6699394.5
風險貸款額	42883	25787	109637
貸款風險率	1.07%	1.15%	1.62%
準時還貸率	99.70%	99.46%	98.49%

2006 年－ 2008 年協會小額信貸發展動態圖

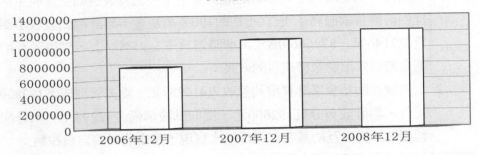

貸款發放額

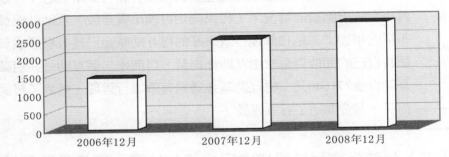

貸款發放筆數

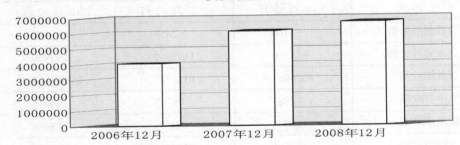

貸款總餘額

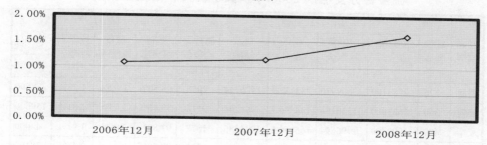

貸款風險率

2006 年－ 2008 年貸款風險帳齡表

	逾期期限	人數	風險貸款餘額	貸款損失準備比率	貸款損失準備金
	逾期 0–30 天		832.00	10%	83.20
	逾期 31-60 天			25%	0.00
2006 年	逾期 61-90 天		3320.00	50%	1660.00
	逾期 90-120 天			75%	0.00
	逾期 > 120 天以上		28381	100%	28381.00
	合　計		32533.00		30124.20
	逾期期限	人數	風險貸款餘額	貸款損失準備比率	貸款損失準備金
	逾期 0–30 天		19625.00	10%	1962.50
	逾期 31-60 天			25%	0.00
2007 年	逾期 61-90 天		6120.00	50%	3060.00
	逾期 90-120 天			75%	0.00
	逾期 > 120 天以上		35443	100%	35443.00
	合　計		61188.00		40465.50
	逾期期限	人數	風險貸款餘額	貸款損失準備比率	貸款損失準備金
	逾期 0–30 天		3583.00	10%	358.30
	逾期 31-60 天		7182.00	25%	1795.50
2008 年	逾期 61-90 天		1831.00	50%	915.50
	逾期 90-120 天		10595	75%	7946.25
	逾期 > 120 天以上		85331	100%	85331.00
	合　計		108522.00		96346.55

協會各分支機搆 2008 年扶貧小額貸款的經營情況

分支機搆	小額信貸經營情況						信貸品質			互助資金
	貸款發放筆數	貸款發放金額	收回貸款本金	利息收入	貸款餘額	農戶平均貸款餘額	準時還貸率	貸款風險率	貸款累計拖欠率	
周河	726	2783100	2609970	233172.9	1426744	2038	98.50%	1.52%	1.28%	288500
雙勝	360	1633000	1530154	134896.7	961706	2118	99.40%	1.83%	1.81%	159600
永樂	409	1992700	1996694	166060.6	1025485	1878	97.80%	2.09%	1.92%	42000
碧泉	213	750800	716998	66349.78	413000	1465	99.30%	0.42%	0.42%	78100
復興	458	2533000	2445544	198975.5	1293163	2576	98.10%	2.14%	2.14%	131600
三河	248	804800	806761	72613.19	438685	1229	98.30%	1.86%	1.73%	11000
大寅	475	1595550	1274224	104268.3	852152	1498	98.40%	1.41%	1.41%	134200
金城	21	205000	329871	30393	388460	4796	100.0%	0.00%	0.00%	33500
合計	2910	12297950	11710215	1006730	6799395	1948	98.49%	1.62%	1.53%	878500

從協會三年的運行上可以看到的效果：

1. 到2008年農戶的平均貸款餘額不到2000元；

2. 2006—2008三年的平均貸款風險率僅在1.28%；

3. 實現了貸款資本金的保全經營

4. 機構實現基本的自負盈虧

四、我們的兩種農村金融扶貧商業模式回應了五大挑戰

（一）處理好了扶貧與發展的關係，實現社會效益與組織自身經濟效益之間的平衡。

（二）以合作制為基礎，植根於社會底層，以推動低收入群體發展的社會公益性發展為目標組織的可持續發展問題。

（三）建立了公益性組織良好的內部公司治理結構，走市場化發展道路的組織模式。

（四）建立起了以低收入群體需求為目標的自動瞄準低收入群體的扶貧信貸管理模式。

（五）建立起了更加嚴格有效的內部控制、事前管理和日常監管體系，有效地防範了信用風險。

五、我們面臨的問題與期望

1. 自2004年以來我們不斷地看到國家對農村金融的政策在放開，給我們以信心和鼓勵，我們不斷努力探索與奮鬥，使我們的服務更有效地幫助貧困人們的發展，使我們的管理水準逐步達到國際微型金融管理標準。我們在逐步實現，但我們一年一年的失望，我們得不到政策的支援；

2. 由於我們沒有融資管道，我們的小額信貸營業所每天都面臨著等錢借的農戶而無能為力。我們用扶貧小額貸款商業計畫多方尋求政策與社會的投資支持，但都沒有結果。我們希望政府給我們一條融資管道，我們的扶貧小額信貸是能夠得以有效擴大幫助更多貧困人們發展。

12 戰後台灣糧食政策之轉變與農業產業化

劉志偉
(中央研究院社會學研究所博士後研究)

目次

一、前言

　　近年來因國際穀物價格暴漲，「糧食危機」（food crisis）議題開始受到各界重視。儘管台灣境內的糧食供應未見短缺之虞，但行政院於2008年12月提交〈農村再生條例〉予立法院審查引發各界質疑的同時，學界與社運界相關人士則開始注意到台灣「糧食自給率」過低的現象。[1]

　　「糧食自給率」（food self-sufficiency ratio）乃是指國內所消費的糧食（包括食用及非食用），其中由國內生產供應之比率。換言之，糧食自給率一方面展現了一個國家自身供給國內糧食需求的能力，另一方面也同時反應了其對於進口糧食的仰賴程度。倘若糧食自給率過低，即可能出現「糧食依賴」（food dependency）的狀況，進而危害「糧食安全」（food security）。若以糧食自給率作為討論戰後台灣農業歷史發展的切入點，我們便會驚訝地發現，台灣於戰後短短數十年間居然從糧食自給自足的國家迅速轉變為高度依賴進口糧食的國家。圖12-1即清楚顯示，相較於其他歐美主要工業國家之糧食自給率，台灣的糧食自給能力可謂慘不忍睹。美國、法國的糧食自給率均超過100%，而英國的糧食自給率於1960年代初期雖僅介於41%到45%間，但經過多年努力，自1980年代起即達到70%以上的水準。雖然臺灣於1960年代中期前糧食自給率均超過100%，但其後卻急速下滑，自1980年代開始甚至低於工業化程度高於臺灣甚多的日本。最新的統計數據更顯示，2007年台灣的糧食自給率僅剩下30.6%（農委會2008：194）。

　　台灣之所以從糧食自給自足轉變為出現高度糧食依賴的狀態，於極大的程度上與政府糧食政策的轉變息息相關。相關研究已明確指出，二次大戰後由美國主導之「國際農糧體制」（international food regime）創造了有利於美國輸出剩餘農產品之國際貿易結構。1960年代起美國開始於世界各地與當地政府結合，積極運作「麵食推廣運動」，透過各種宣傳與制度性

---

[1]　關於各界對於〈農業再生條例〉的反對意見，可參見「台灣農村陣線」官方網站：http://www.todei.org/。

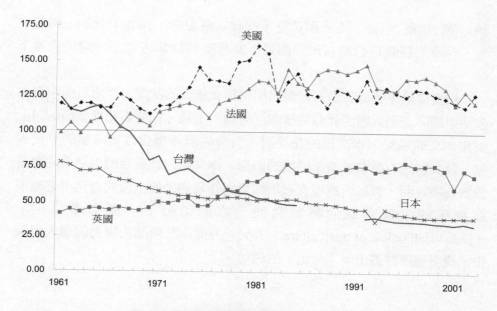

圖 12-1　各國糧食自給率，1961-2003

說明：臺灣於 1986 – 1991 年的數據闕無。

資料來源：臺灣糧食自給率部分：1961-65 年數據引自邊裕淵（1978: 201-228）；1966-85 年數據引自
臺灣省糧食局（1986: 149）；1991-2003 年數據引自行政院農委會，《糧食供需年報》歷年
份。其餘國家數據皆引自日本農林水產省總合食料局食料企畫課（2008: 226）。

措施，鼓勵第三世界國家人民接受麵食，進而改變飲食習慣。麵食需求量
的增加，導致了對美進口小麥需求量的擴張。與此同時，美國並以改善健
康、增進國民營養為名，強調動物性蛋白質的重要性，鼓勵肉類食品的攝
取，各國因此積極發展所謂的「現代化」的畜牧業。在中國農村復興聯合
委員會（以下簡稱「農復會」）的指導下與推動下，「綜合性養豬計畫」
於1960年代中期的實施改變了台灣的養豬業。由於美式畜牧與飼料製造技
術的引進，台灣養豬業因此改採玉米飼料餵豬。台灣養豬業蓬勃發展的同
時，也導致玉米與黃豆進口量的大增（劉志偉，2005，2009）。1960年代
晚期開始，台灣的小麥、玉米與黃豆進口量即逐年攀升。此外，台灣人均
米食消費量也因國民飲食習慣的改變而逐年遞減，稻米產量更因政府政策
的介入而衰退。2007年台灣稻米產量為109.8萬公噸，但卻進口了高達

804.6萬公噸的小麥、玉米與黃豆（行政院農委會，2008：38）。職是之故，台灣的糧食自給率在以「熱量」為權數的計算方式下，開始急速下滑。

　　糧食自給率過低意謂著台灣已出現糧食依賴的狀況，其所可能引發的政治與國防安全問題因此開始被關注討論。不過，相關規範性議題的討論並非本文的焦點。本文目的在探討，台灣的農業糧食政策轉變的歷史過程，及其對既有農業經濟所造成的影響。本文將以戰後台灣養豬業的轉型發展為例說明，戰後台灣糧食政策轉變與作為商品性生產的養豬業之勃興息息相關。養豬業的轉型發展一方面帶動了「農業產業化」（industrialization of agriculture），另一方面由於商品化驅力的導入與深化，使得豬農群體出現「分化」的趨勢。

二、理論回顧與討論

　　關於戰後台灣農業發展的討論，既存文獻多以部門雙元論（sector dualism）的研究視角出發，將農業與工業領域視為截然不同的部門，兩者的關係乃是建立在資本的移轉與農業剩餘的汲取上（李登輝，1972；廖正宏、黃俊傑、蕭新煌，1986；劉進慶，1995）。雙元論者們均以稻作部門為主要分析對象，認為戰後國民黨政權在「以農業培養工業」的政策目標下，不斷榨取（squeeze）農業部門的剩餘資本與廉價勞動力，並將其移轉至工業部門。此舉不僅助益工業部門的資本積累，同時也實現了工業化的目標。

　　廖正宏、黃俊傑與蕭新煌等人認為，戰後對農業部門的擠壓政策也間接摧毀農業部門自身的成長動力。1960年代農業經濟成長率開始出現遲緩的現象，單靠農業收入愈加難以為生，農民於工業部門「兼業」的情況日益嚴重，農村青年紛紛離開家鄉進入城市的工業部門就業，所謂的農村危機（farm crisis）益加惡化，社會各界紛紛開始關心農業問題（吳豐山，1971）。1972年起政府開始廢除諸多不利農業發展之制度性措施，投入大

量資金挹注農業建設，制訂稻穀收購政策，台灣的農業政策自此開始轉變為「保護性」的農業政策。不過，相關補救措施似乎無法抵擋台灣農業發展的頹勢。此外，1980年代起，因應「貿易自由化」趨勢，台灣被迫開啟貿易大門，允許更多的農產品進口。而當台灣加入世界貿易組織（World Trade Organization, WTO）後，面對國外廉價農產品的大舉入侵，台灣農業的困境更是每況愈下（Bello & Rosenfeld, 1992）。

　　傳統雙元論似乎已支配學界與多數台灣民眾對戰後台灣農業發展歷史的既定觀點，而2005年紀錄片《無米樂》所造成的廣泛迴響更強化了前述的刻板印象。然而，雙元論觀點是否真的能捕捉戰後台灣農業發展過程的全貌？其對台灣農業的歷史發展——特別是1970年代開始出現的結構性轉型——是否能提供更具啟發性的分析？值得商榷。筆者認為，以下三項因素使得雙元論的觀點產生了一定的侷限性：

　　首先，傳統雙元論的發展論述均將「發展」視為農業資源移轉至逐步擴大之工業部門的過程。一旦工業化的腳步起飛之後，工業部門對農業部門之剩餘資本的依賴性也日益下降，農業與工業部門間的連結程度（degree of the intersectoral linkage）將一併衰退，兩者之間僅存國家政策對於農業部門的貼補措施（Francks et al. 1991: 1）。儘管1972年起政府對農業已改採保護性政策，但並不表示農業與工業部門間的連結並未因此而消散。更重要的是，所謂的「連結性」不應該只侷限在對農業資源的榨取。以米作部門為例，1980年代起當小包裝米逐漸取代傳統零售米，成為消費市場主流後，稻農與消費者的關係也隨之改變。具備品牌優勢的米商成為主要的米穀收購者，食米主要的販賣通路由傳統的米店轉為超市與量販店，食米販賣的型態則由零售米改為包裝米。此外，具備品牌優勢的米商為確保米穀原料的品質與穩定，甚至與稻農簽訂契約，同時更規約稻農的耕作方式。而此過程的產生不僅需要商業與工業資本的介入，它同時也將食米的販售過程與零售通路業及包裝業緊密地結合。[2] 換言之，農業與工業部門間的連結程度不僅未見衰退，反而益加緊密。然而，傳統的雙元

2　相關案例可參見《壹週刊》（408期，2009/3/18），〈捍衛盤中飧金墩米〉。

論模型並無法解釋此一現象。

其次，傳統雙元論將「工業」與「農業」兩者視為截然不同的部門、擁有不同之運作邏輯時，同時也自然地將構成農業部門的主體——農民——視為同質性的群體，而雙元論者所關注的對象主要是以生產糧食作物的稻農為主。[3] 戰後初期國府對農業資源的擠壓主要是透過米穀汲取的手段為主，而1972年起相關農業保護政策也將稻農視為主要的保護對象。因此，以稻農為主體所開展的研究確實能符合雙元論的觀點。然而，當各界不斷將所謂的「農民」聯想為殘破農村中，如同風中殘燭般年邁的老農時，我們也不難發現農村中亦存在著許多從事商品化作物生產而致富的農民（如豬農或花農）。相關研究更已指出，因外部的國家政策與資本主義市場所造成的選擇性驅力，台灣農民群體於1960年代起已出現異質化的趨勢，農民已不能再被視為具有同質性的群體（柯志明、翁仕杰，1993）。倘若農民已不再是同質性的群體，不同類型的農民所從事的生產活動存在著相異性，農民對其生計維持與生產經營的邏輯更各有所異，農民所構成的「農業部門」便難以再被視為單一的整體，雙元論模型也就失去其分析效力。

最後，儘管稻作農仍舊構成台灣農民的多數，然稻米早已不是台灣最主要的農產品。表12-1數據顯示，我國前五項最重要的農產品依序為豬、

表 12-1　五項最重要的農產品（2006）

單位：新台幣仟元

產品	價值
1. 豬	55,476,552
2. 雞	30,508,520
3. 鮪魚	29,866,449
4. 稻米	29,379,921
5. 雞蛋	12,174,944

資料來源：行政院農委會，「農業統計要覽」資料庫：http://stat.coa.gov.tw/dba_as/As_root.htm

---

3　倘若雙元論者未將農民預設為同質性的群體，由農民所構成的「農業部門」即難以成為單一且可供研究的分析單位。

雞、鮪魚、稻米與雞蛋。

　　而圖12-2關於台灣戰後農業產出之構成比例亦清楚顯示，畜牧業對農業總產值的重要性於1970年代起即超過稻米。與此同時，1970年代起稻作產出於農業總產值所佔的比例日益下滑。

　　當稻作已不再是農業部門中最重要的經濟生產活動時，若繼續以稻作農／稻作部門作為對台灣農業經濟分析的主體，勢必會產生一定的侷限性。雙元論的分析效力也因此衰退。儘管雙元論對於過去台灣農業部門遭受工業部門之擠壓，以及農工部門不平等交換等現象，具有一定的說服力，然其對於1960年代晚期之後諸多以商品生產為主之農業活動的崛起，卻毫無解釋力可言。[4]

　　相較於傳統的雙元論，筆者認為「農業產業化」（industrialization of

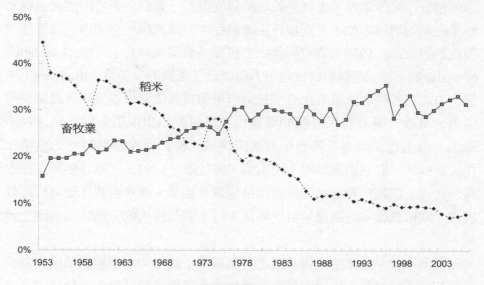

圖 12-2　農業產值構成（％）

資料來源：行政院農委會，「農業統計要覽」資料庫：http://stat.coa.gov.tw/dba_as/As_root.htm

---

[4]　1970年代開始，學界對於台灣農業發展之相關論著即大量減少。當然，此一方面或許導因於農業於台灣經濟之所扮演的角色日益衰退；另一方面，筆者認為，雙元論的侷限性亦使學界對台灣農業的變革與轉化難以開展進一步的研究，亦是主因之一。

agriculture）的概念或許更適於用來描繪戰後台灣農業發展的變遷狀態。Friedmann & McMichael（1989）即認為，二次世界大戰後農業發展最主要的特徵即在於「農業產業化」。所謂的「農業產業化」指涉的不僅是工業產品（農業機械）的引入，它更是一種結構性的轉變，它代表的是農產品的生產、流通、消費更為專業化，其間所經歷的各項環節不斷增加的過程。當「農業產業化」發生之時，農民越來越仰賴透過市場獲取其於農業生產中所必須投入的農業資材與勞動。而農民於農產品生產、流通與消費過程中所必須從事的活動將逐漸減少，其重要性也日益下降（Boehlje & Schrader, 1998: 3）。

如同前述稻米的流通過程，過去農民將稻米販賣予糧商後，糧商即在自家店面將食米販賣予一般消費者。然如今此一流通過程中，則出現量販店或超級市場等環節。也就是說，稻穀從農民一直到消費者的流通過程所必須經歷的環節增加了。同樣於生產過程中，傳統農民必須自己負責插秧與收割等工作。1970年政府開始大力推動「農業機械化」（mechanization of agriculture），而農業機械化一方面降低了農民的辛勞度（drudgery），另一方面它同時也意謂農民必須透過市場購買農機資材以完成其農業生產勞動。其後，隨著農民群體的異質化，農村開始出現所謂的「機工包工農」。機工包工農本身擁有重型農業機械，他們負責承包特定的農事工作，如插秧、收割與運輸等（柯志明、翁仕杰，1993）。諸多農事工作改採外包後，稻農自身從事的農務項目也越來越少。而在台灣，受限於經營規模，當稻農從事的農務項目逐漸減少時，其所投入的勞動時間也隨之遞減。[5]

簡單來說，農業生產與流通之各項環節不斷增加，而相關環節之需求必須仰賴市場機制才得以滿足時，此也暗示了農民於勞動生產過程中之自

5　行政院農委會農糧署2008年第一期稻作平均每公頃稻田所投入的「自工時數」為154.16小時。換句話說，每日工作時間若以8小時計，從育苗、插秧、施肥到收割，長達四個多月的生產期中，農民僅下田工作19.27日。參見行政院農委會農糧署（2009），〈九十七年第一期稻穀生產成本調查結果提要分析〉，下載於http://www.afa.gov.tw/Public/GrainStatistics/2009226166485334.pdf

主性的下降。Friedmann & McMichael便表示，資本一方面將各項農業生產環節從農民手中內分離出來，另一方面則運用市場機制將這些被抽離的環節緊緊地重新組合運作（separated and recombined by capital）（1989: 107）。我們注意到，當台灣的糧食政策於1960年代開始轉變、商業性農業蓬勃興起之時，同時也伴隨著「農業產業化」過程。農業產業化一方面提高了農民的生產力，另一方面則迫使農民開始遵循資本主義市場的邏輯運作。本文將以養豬業的發展為例說明，於商業生產的農業領域內，農業產業化所造成的結果即是農民群體內部的分化。

三、戰後初期國府的糧食政策及其成因

（一）自給自足政策的形成

　　戰後初期國府的糧食政策乃由台灣省政府糧食局主導與執行，當時糧政的主要任務在於：1. 充裕軍公糧的供應；2. 維持民食的安定；3. 增加餘糧的外銷（糧食局，1955：5）。換言之，糧食生產不僅要能充分滿足國內的需求，同時需力求餘糧外銷以賺取外匯。無庸置疑的是，戰後初期國府的糧食政策乃在追求整個國家糧食生產與供應的自給自足（national self-sufficiency in food）。而國府之所以會出現以自給自足為目標之糧食政策，其成因主要為兩部分：其一為戰後初期國府接收台灣的歷史經驗所導致；其二則導因於國府所身處的國際政治經濟結構。

1.「米荒」經驗與戰時經濟

　　儘管「糧食」最主要的功能在於滿足人類最基本的生物性需求，而糧食作為一種滿足人類基本需求的資源，其生產、流通與消費所衍生的問題通常被納入經濟學或農業經濟學的範疇內。然在戰後獨特的時空背景下，糧政卻被界定為「政治問題」：

　　「所謂政策，簡言之，即指解決政治問題的方法。糧食問題從廣義上

說，也是政治問題的一種」（糧食局 1962：19）。

當糧政被披上帶有高度政治色彩的外衣時，即展露出兩種強烈的意涵：一方面，糧食政策的制訂乃是為服膺政治目的；另一方面則暗示執政當局認定，當糧食問題未能妥善處理時，即會導致政治問題的出現。而國府之所以將糧食問題視為政治問題的一部份，顯然與其當初接收台灣時即遭遇所謂的「米荒」經驗息息相關。1945年底所出現的米荒，讓國府統治台灣的合法性於接收初期即遭逢嚴重的打擊。

1945年10月國民黨政府接收台灣。由於1945年度因天候因素與戰爭因素導致稻米生產嚴重衰退。日人離台前夕即指出，「生產條件急激惡化」，欠收已屬必然，今後的糧食供需問題，令人「憂慮」（台灣總督府，1945：244-6）。此外，大戰結束（8月14日）至國府接收（10月25日）這段期間，「相關情勢的急激變化，今後米穀的供出與確保將愈形困難」（台灣總督府，1945：357）。當稻作生產量衰退、供應量出現嚴重吃緊狀態之時，若任由自由市場調節糧食供需，只會使情況益加惡化。於此狀況下，國府因此決定承續殖民政府於大戰時期所發展的「總徵購總配給」體制，期盼透過國家行政力量的介入，以解決民食問題。然事與願違，國府接收台灣初期，糧政單位的接收與運作即混亂不堪。其次，當初由中國來台執掌糧政單位的人員素質極差，甚至對整套糧政體系的運作模式處於茫然無知的狀態。此外，相關人員並無心於工作。各項因素導致國府的「下層結構權力」（infrastructure power）未能滲透、掌控既有的糧政體制，致使原先日人遺留的「總徵購總配給」體制的運作幾乎停擺（劉志偉、柯志明，2002）。

糧政體制運作的停頓即代表著國家權力滲透進社會基層的挫敗，位於末端的農民也因此敢於抗交米糧。於此狀況下，糧政單位亦無法掌握充足公糧，配給制度難以為繼，「米荒」因此爆發。當長官公署接收台灣之時，台北市的米價約為每台斤3元，但1945年12月初即已上漲至每台斤5元。當配給制度無以為繼之時，米價攀升的狀態也就越演越烈。甚至連長官公署亦公開承認，已出現「米荒狀態」。當時相關報載更顯示，部分地區居民不願行搶或行乞，因而自殺（劉志偉、柯志明，2002）。

　　米荒問題隨著行政長官公署放棄「總徵購總配給」體制，再加上1946年第1期稻作的收穫而抒解。然1947年2月228事件發生前夕，「米荒」的問題再度發生。1946年末期長官公署錯誤的金融政策使得民間游資劇增，為台灣社會埋下惡性通貨膨脹的種子。其後，國共談判破裂導致中國出現「金鈔風暴」，民間紛紛搶購黃金與美鈔。當然，金鈔風暴同時也誘發中國資金入台炒作黃金。然行政長官公署為阻絕中國資金入台的同時，卻也造成中國資金無法離台的反效果，中國資金因此開始與台灣民間游資結合，共同炒作各類民生物資，米價因而暴漲。

　　1946年11月台北市蓬萊米價為每台斤14.56元，1947年2月時即已上漲至32.33元。糧食問題於228事件發生前夕時顯然非常嚴峻，Kerr即描述：「到1947年2月中旬，食物缺乏的現象再次出現。在全台灣島上，稻米騷動次數有增無減，此即為革命的火種」（1965: 234）。隨著米價的不斷飆漲，1947年2月初台北市出現「台灣民眾反對抬高米價行動團」的油印傳單，號召民眾實行搶米運動（陳芳明編，1991：19-20）。2月13日上午，近千位市民集結於龍山寺遊行抗議，要求糧食局立即解決米荒問題（新生報 1947/2/14）。米荒問題不僅出現於台北，台南縣亦出現「全縣各地民眾無米可炊，餓莩遍地」的現象（新生報，1947/2/19）。2月26日，台大法學院的學生們則因多日均以甘薯果腹，導致體力不支、紛紛返家（楊碧川，1996：23）。儘管228事件的出現包括了文化、政治與族群等因素，但事件爆發前夕所再度出現的米荒問題，其重要性顯然不能輕忽（劉志偉，1998）。

　　戰後接收初期與228事件前夕的米荒經驗對國府日後於糧食政策的制訂上扮演了不可輕忽的角色，日後糧食局長李連春即多次告誡屬下：「若糧食沒控制好，會亂」。由此可知，國府清楚地認定，倘若糧食問題未能妥善處理，必定會導致政治問題。因此，國府會希望透過各項糧食增產措施以達到糧食自給自足之目標，同時運用各項制度性措施掌握一定數額之公糧。掌握公糧一方面是為了充裕軍公糧的供應；另一方面，當市場米糧供需失調時，政府得以進場拋售公糧，以維持民食的安定。

2. 美元體制

1944年各國代表於美國召開布列頓森林會議（Bretton Woods），確定了戰後美國作為戰後國際經濟中心的地位，美元也將作為戰後國際貿易的通行貨幣。因此，戰後各國擬定經濟政策時，遂將節約善用寶貴的美元外匯納為重要的考量要點。各國因此實施外匯管制措施，規約其貨品的進出口。對外匯短缺的國家而言，實施進口替代政策（import substitution），將稀少的外匯資源儘量用於進口工業產品，發展民族工業；而於農業領域部分，追求糧食生產的自給自足，避免因進口糧食消耗外匯，顯然是較為明智的抉擇（劉志偉，2009）。

另外，戰後亞洲人口暴增，農業生產增長的速度卻相對緩慢，許多亞洲國家都面臨糧食短缺問題，導致國際市場上稻米的價格高於其他糧食作物甚多，當時的米價甚至是小麥價格的兩倍。由於稻米輸出能創造豐厚的利潤，因此「增加餘糧的外銷」會被列入當時糧政的工作目標內。

（二）國府的糧政措施

1. 糧食增產與糧食掌握

為求糧食的自給自足，同時掌握一定數額之公糧，以滿足軍公教人員的需求與民食供應的穩定，糧食局的首要任務即為力求糧食增產，此目標的達成乃由兩方面著手進行：一方面為擴大糧食生產面積，除鼓勵農民開墾外，糧食局並積極獎勵農田水利設施的改善，貸放資金予農民購買抽水機，使許多旱田能轉變為適宜栽種水稻的水田。殖民時期稻作面積之最高水準為1936年的68.1萬公頃，然戰後在糧食局的努力下，1948年即達到71.8萬公頃，1951年起更達78.9萬公頃，超過殖民時期的水準達10萬公頃（省糧食處，1997b：16-21）。另一方面則為提高單位面積產量，糧食局除增加化學肥料的供應外，同時提供資金購買相關農業資材，如「正條密植器」與耕耘機等（劉志偉，1998：170-173）。稻作面積的擴張與單位產量的提高，使得戰後台灣的稻米產出得以充分供應台灣米食的需求量。

其次，1946年中李連春就任糧食局長後，糧食局即在李連春的帶領

下，透過外包合約關係，運用各地農會與糧商的倉庫，逐步建構穩健的徵糧體制，創造了「公糧委託倉庫」體制，竭盡所能透過各項制度性措施以增加其所能掌握的糧食數額（劉志偉、柯志明，2002）。主要的米穀汲取措施包括：

(1)**徵收**：徵收乃是依據法律、透過賦稅的形式強制汲取農民的稻穀實物，而糧食局強制徵收米穀的制度性措施為「田賦徵實」。田賦征實本屬國民政府於抗戰時期在中國大陸所發展出的征糧制度。殖民時期日人已設計一套完整的賦稅體制，田賦的徵收也以土地生產力、土地收益作為稅率的標準，戰後台灣的田賦征實即是在日人所設計的田賦體制上進行。農民納賦不再是繳交現金，而是根據一定比率折算成稻穀實物繳納。其後，糧食局又於田賦徵實的基礎上，另外加徵「公學糧」（1947年）與「防衛捐」（1950年）。若將殖民時期農民的田賦負擔與戰後相較，以9等則水田為例，1944年時每公頃水田之稅課負擔為229.36公斤稻穀，但1949年時則為338.56公斤稻穀。顯而易見的是，戰後國府對於農民的徵斂更甚於日本殖民政府（劉志偉，1998：95）。

(2)**收購**：糧食局依據公定價格，於徵收田賦時向農民收購一定數額的稻穀，此即為「隨賦徵購」。然糧食局訂定之收購價格通常僅為市場價格的一半（李登輝，1972：72），因此隨賦徵購可被視為另一種變相的強制徵收措施。

(3)**交換**：糧食局提供物資向農民交換稻穀，其中以「肥料換穀」機制最受爭議。由於糧食局壟斷了化學肥料的流通，農民被迫以稻穀實物向糧食局交換肥料。然糧食局訂定的折換比率高出國際市場價格甚多，農民以稻穀實物向糧食局購買化肥時，無異遭受變相剝削。

(4)**貸放**：糧食局提供各項貸放資金給予農民購買相關農業機器與資材，農民必須以稻穀實物償還貸款。

　　透過上述米穀汲取措施，糧食局得以掌握數額龐大的公糧。表2數據顯示，1955年時糧食局所掌握的公糧數額甚至佔全台總生產量的32.68%。

表 12-2　戰後糧食局掌握之公糧數額

單位：千公噸

年度	1948	1949	1950	1951	1952	1953	1954	1955
A). 公糧量	144.4	201.5	261.7	387.7	393.1	428.8	496.3	553.9
B). 總生產量	999.0	1,068.4	1,214.5	1,421.5	1,484.0	1,570.1	1,641.6	1,695.1
C). A/B %	14.45	18.86	21.55	27.27	26.49	27.31	30.23	32.68

資料來源：省糧食處（1997a: 7-15）

　　由於糧食局控制了全台近1/3的稻穀，因此它得以根據其意願積極地干預控制米價。其不僅能充分供應軍公教人員所需之米糧，穩定民食供應，同時更能出口賺取外匯。

2. 雜糧作物的推廣

　　儘管稻米為台灣人的主食，但甘薯亦為台灣主要的糧食作物之一。此外，1949年隨著國民黨政府來台的200萬左右外省人士中，許多人更來自北方省分，習慣以麵食作為其主食。因此，台灣對於糧食作物的需求不再只侷限於稻米，它同時包括了其他雜糧作物。

　　另一方面，除外省移民外，民間食品工業對小麥／麵粉亦有所需求。1950年代台灣民間「調味粉」（味精）工業發展蓬勃，並開始外銷東南亞國家。早期味精的製造又以麵粉為原料，味精工業的發展也因此同時增加了對麵粉的需求。[6]

　　以米糖經濟為主的台灣顯然無法滿足戰後初期對小麥的需求量。台灣氣候過於潮濕，小麥易患赤銹病，種植小麥本身就意謂著高風險。其次，由於小麥在台灣屬於「間作」，種植期間正值地力亟需恢復時期。因此，農民種植小麥時必須使用大量的肥料，此即意謂著農民投入小麥生產必須耗費大量資本購肥。而相關研究甚至發現，農民種麥的利潤不高。若將工資列入生產成本計算，收益甚至為負數（Tsui, 1975：30-35；廖士毅

---

[6]　味精的主要成分為麩胺酸。由於麵筋（即麵粉中的蛋白質）含高達23%的麩胺酸，早期味精工業便以麵粉為原料，透過水解方式以萃取麩胺酸。

1968：209）。換言之，若無外在因素的推動，農民種植小麥的意願勢必甚低。日本殖民時期台灣麥作的種植面積除於1902-21年間曾維持5,000公頃的水準外，1920年代起小麥種植面積僅有不到1,000公頃的水準。1939年起，出於戰爭的需要，為增加各種類型糧食的供給量，日本殖民政府曾刻意推動小麥種植，1941年時小麥種植面積甚至高達10,450公頃（省糧食處，1997b：117）。

　　相較於殖民時期，戰後台灣的小麥需求量增長許多。但當時在美援架構下，國府可以援引〈480公法〉以台幣向美國購買美援小麥。因此，即使進口小麥，尚不至於出現太嚴重的外匯支用問題。[7] 然儘管接受美國小麥援助可獲取鉅額的經濟利益，但農糧單位卻從糧食自給自足的觀點出發，擔心此會導致依賴性。此外，倘若兩岸發生戰爭，美援小麥是否仍能穩定供應？不無疑問。因此，農糧單位仍舊不遺餘力地積極推廣麥作。

　　關於小麥增產部分，農復會除引進、培育優良麥種外，同時補助各地農林改良場設立小麥示範田，致力於單位生產量的提高（農復會，1958：46，1959：53-54）。糧食局的雜糧增產措施則包括提供小麥生產貸款，供應小麥病蟲害農藥與貸放優良小麥種籽等。此外，儘管國際市場食米價格約為小麥的兩倍，糧食局仍以每100公斤小麥兌換75.5公斤在來糙米的優惠比率向農民收購小麥（糧食局，1962：72-80）。麥作推廣成效卓越，種植面積持續增長，甚至大幅超越殖民時期的顛峰水準（10,450公頃），達到25,208公頃。1957時農復會更自信滿滿地預測，若能改進輪作制度、嚴加控制病蟲害，麥作種植面積應該能擴張至55,000 - 66,000公頃左右（Tsui, 1957: 1-2, 30-35）。

　　當農復會樂觀預估麥作將能大幅擴張時，其實也暗示了農政單位對於達成糧食自給自足目標的信心。1957年度台灣的小麥進口量為143,767公噸，若以1957年度台灣麥田單位面積產量1,812公斤做為計算基礎（省糧食處，1997b：118），60,000公頃麥作即能生產108,720公噸小麥，為進口

7　需強調的是，美援小麥仍有配額限制。倘若提出的需求量高過美方所願提供的配額，超額部分即需採商業性交易，並以美金支付貨款。

量的75.62%。儘管預估的產量與當年度的小麥進口量尚存1/4的差距，但必須強調的是，單位生產量「1,812公斤」只是非常低的水準，若能增加施肥並改進栽種技術，單位生產量的提高絕非難事。換句話說，小麥總產量的突飛猛進在當時是指日可待的。

　　而於黃豆部分，其增產措施與麥作推廣無異。農復會引進具早熟特性的大豆品種，糧食局主動提供黃豆種籽、鼓勵農民種植。1950年時，黃豆種植面積為20,300公頃，而於1960年時，已經攀升至59,665公頃（省糧食處，1997b: 108）。總的來說，儘管戰後初期的糧食生產仍舊是以稻米為最主要的項目，但農糧單位仍積極推廣種植其他台灣尚不足自給之糧食作物，希冀透過自產量的增加以減少對進口糧食的依賴程度。[8] 如同農復會所言：「部分農作物產量較低，需依賴進口以補不足者，則設法提高其生產量，以節省外匯支出」（1953: 23）。

（三）糧食局的支配性角色

　　如前所述，戰後台灣糧食政策的主管單位為台灣省糧食局。由於戰後初期台灣的糧食政策於政府政策中佔據極為重要的地位，因此糧食局的角色也異常重要。同樣的，戰後初期特殊的時空因素也創造出糧食局此一獨特的官僚機構。因此，要掌握戰後初期的糧食政策，我們也必須同時理解糧食局的獨特性。

　　日本殖民時期台灣的糧食事物乃由台灣總督府殖產局農務課與商工課主管。1936年10月起，因所謂的「米糖相剋」問題日形惡化，總督府干預介入稻作部門的壓力也逐漸上升，殖產局內因此新設「米穀課」專職稻米事務。1939年為配合〈台灣米穀移出管理令〉的發佈與戰時「總徵購總配給」制度的實施，米穀課則升格為「米穀局」，直屬於總督府並與殖產局平行。米穀局的業務範圍不再侷限於米穀，開始擴及其他雜糧與食品，權

8　玉米在1950年代並未列為積極推廣的雜糧作物，主要是因為玉米在當時的需求量極低，台灣對飼料玉米的需求乃是1960年代養豬業轉型後才出現。

力因此大幅擴張。1942年米穀局又進一步改稱為「食糧局」（省糧食處，1997a：2-18~19）。

戰後國民政府將「食糧局」轉制為行政長官公署農林處的下轄單位，同時改名為「糧食局」。然1945年12月當行政長官公署開始實施配給制度時，米荒問題隨之爆發。為了加強行政系統運作的能力，行政長官公署緊急將原屬農林處的糧食局升格為直屬行政長官公署的一級單位。換句話說，糧食局的行政位階與長官公署農林處乃是平行的。

從行政學的角度出發，糧食局既是行政單位、亦是事業單位。作為行政單位，糧食局職掌田賦徵收與糧商管理等工作。然另一方面，糧食局又承辦了稻米的出口與進口、肥料的購置與配銷、資金的貸放與回收等業務，使其帶有強烈的事業單位色彩。然與行政單位不同的是，相關業務的盈虧均由糧食局自理。

由於糧食局本身負責田賦徵實、隨賦徵購與肥料換穀等業務，因此掌握數量極為龐大的米糧資源。當市場米價過高時，糧食局即於市場拋售公糧，藉以平糶。然糧食局於農村強制徵購米穀的收購價格通常僅為市價的一半，因此，當市場米價居高不下時，即使糧食局以所謂的「平價」拋售公糧，糧食局仍舊賺取了極為豐富的利潤。另一方面，糧食局更能出口米糧至日本換取化學肥料，再以不合理的對價關係將肥料轉賣予台灣農民、換交米穀，賺取高額的利潤價差。透過米糧的賤買貴賣與肥料換穀機制，糧食局得以獲得利潤資金。而糧食局更能以其利潤為基礎，對農村進行各項糧食增產補助與低利放貸措施。

糧食局所掌握的公糧不僅能作為其經營各項業務的「營運資本」，更能充作向台灣銀行借貸的「擔保品」，以掌握更多的資金以擴大其業務範圍。例如，糧食局於1954年所需負擔的利息便達5,313餘萬台幣（糧食局，1955：44）。筆者依據當年度一般行庫定期放款利率推算，糧食局的借貸金額應該達到1億4,634萬餘元。[9] 令人驚訝的是，1954年農復會各項

---

[9]　1954年7月1日調整之一般行庫放款利率為月息1.98%，換算成年利率即為26.526%。詳見陳榮富編著，《六十年來台灣之金融與貿易》（台北：三省書店，1956），頁91，附表9。

計畫之總預算僅為9,404萬元台幣（農復會，1954：154），糧食局的經濟實力顯然勝過領取美援補助的農復會甚多。此外，當年度台灣省政府全年預算額僅為16億台幣[10]。換句話說，糧食局透過借貸而能自行掌控、不受省府規範的事業預算，即近達省府總預算的9%。

　　糧食局的業務執掌使其帶有強烈的糧商性格。作為糧商，糧食局不僅希望能透過米穀的流通領域進行米穀的掌握工作。同樣因為糧商性格使然，當糧食局得以全面控制米穀流通管道後，便出現直接介入稻米生產過程之驅力。因此，糧食局會介入「肥料換穀」業務，提供各類農業生產工具之貸放資金，最後並協助改善水利措施。1967年時糧食局更參與曾文水庫的修建工程，整項工程所需經費為60億台幣，其中26.5億即是藉由糧食局發行的實物債券所得（省糧食處，1997a：9-3）。

　　透過以上討論可以得知，戰後初期國府的糧食政策乃是以追求自給自足為目標，而相關糧食政策的訂定與執行單位則是糧食局。糧食局一方面積極介入稻作生產過程，鼓勵增產。另一方面則透過各項制度性措施，竭盡所能地汲取米穀。由於糧食局掌握數額充沛的稻米，使其得以充分配給軍公教人員的口糧，調節市場供需、穩定民食，同時能出口稻米、賺取外匯。而特殊的時空環境也造就糧食局的獨特性，糧食局不僅是行政單位，它更是全台最大的糧商。而由於其背負著重要的任務，其所享有的行政權力也就超乎想像。在特殊的行政權力的加持下，糧食局得以涉入許多原本並非其所執掌的業務。然而，隨著糧食政策於1960年代的轉變，糧食局的地位也相對式微。

四、糧食政策的轉變

　　台灣糧食政策的轉變發生於1960年代。先前小麥與黃豆的進口幾乎全部依賴美援管道，然美援預定於1965年停止，臺灣對美採購小麥將改採

10　見《台灣省政府施政報告：四十三年十二月》，頁17。

美金交易，美方自1960年起便亟欲開發臺灣市場（Foreign Agriculture 1965）。甘乃迪總統上任後，對於農產品的輸出更為積極。原先的〈480公法〉所涵蓋的範圍不僅擴增，且重新更名為〈糧食和平〉（Food for Peace）法案。此外，白宮並決定，將投入更多的金額給予農業團體進行海外市場的開拓工作（Foreign Agriculture 1963）。另一方面，美國政府亦將玉米、高粱、大麥、燕麥與黑麥等雜糧納入出口補貼範圍內。也就是說，從1960年代起，雜糧穀物亦成為美國積極促銷的產品之一。

當美國希望台灣對美農產品採購採取更積極的態度時，勢必會衝擊到既有的糧食自給自足政策。台灣地狹人稠，可耕地的擴張早已達到極限。儘管台灣自身已能充分供應自身所需的稻米，但剩餘的可耕地是否也必須用來種植糧食作物？各方見解也有所不同。

1959 年的八七水災導致稻米減產、米價上揚，各界討伐糧食局的聲音接踵而來，其後更演變成為時兩年的糧食政策大辯論。批評者認為，臺灣農業政策過於重視糧食行政，有限的耕地面積用於種植糧食穀物比例過高，導致農業生產結構僵化（徐慶鐘，1961：31-35）。此外，批評者更呼籲放棄「以糧為綱」的農業政策，改良農業生產結構。必要時甚至可從泰國進口食米，以補國內糧食之不足（省糧食處，1997a：8-56，8-72）。

糧政大辯論發生之時，農復會當時並未直接涉入，其態度也極為曖昧。農復會一方面支持糧食局，認為政府應掌握適量公糧。但在另一方面亦贊同改革派，認同改善農業生產結構之必要性。不過，李登輝 於1963年發表之〈臺灣小麥之經濟分析〉一文終於清楚地標示出農復會的立場。李登輝於文中直言，小麥為耗肥作物，對農家經濟並無太大利益。農民若轉作白菜、甘藍菜、亞麻或甘薯，收益都高於小麥甚多。此外，假設政府增加小麥進口10萬公噸，麵粉售價將下降30%。因此，放棄麥作推廣並開放增加小麥進口，將創造農民與全體消費者雙贏的局面（李登輝，1984）。同年度農復會於《工作報告》亦表示，「為增產糧食起見，應在開發水資源及土地資源以外對可能進一步提高主要作物單位產量之各種因素予以確定」（農復會，1963：100）。換句話說，農復會認為，除作為主要糧食的稻米仍需維持自給自足外，其他糧食作物大可仰賴進口，無須

推廣種植。釋放出之農地可轉作經濟作物，以增加農村收益。

　　農復會的表態不僅涉及到小麥推廣事項，它更涉及日後養豬業的發展計畫。由於1960年代起，美國開始積極推銷飼料穀物。為擴大其飼料穀物

表 12-3　歷年小麥種植面積與進口量，1946-2000 年

年	小麥種植面積（公頃）	進口量（公頓）	年	小麥種植面積（公頃）	進口量（公頓）
1946	1,996	2,241	1966	14,507	286,211
1947	5,511	3,544	1967	11,891	283,810
1948	8,967	1,416	1968	7,716	448,840
1949	13,940	4,025	1969	4,660	705,822
1950	18,333	7	1970	2,003	603,069
1951	14,335	18,363	1971	1,036	516,632
1952	14,582	6,615	1972	672	734,671
1953	13,506	64,353	1973	386	551,899
1954	11,089	200,327	1974	304	757,272
1955	12,843	170,088	1975	1,268	542,905
1956	15,615	210,768	1980	1,137	685,698
1957	19,943	143,767	1985	1,053	754,657
1958	22,706	233,832	1990	1,085	848,089
1959	22,841	169,962	1995	1,316	1,011,814
1960	25,208	278,175	2000	36	1,157,932
1961	21,759	266,489			
1962	20,363	254,576			
1963	16,512	370,832			
1964	9,511	300,855			
1965	11,119	376,608			

資料來源：1. 小麥種植面積：1946-1995 年部分，臺灣省政府糧食處（1997b：頁 118）；2000 年數據，農委會，2002，《臺灣糧食統計要覽：中華民國九十一年版》，頁 71。

　　　　　2. 小麥進口量：1946-1952 年部分，華松年，1958，頁 19。1953-2000 年部分，「財團法人臺灣區雜糧發展基金會」網站，http://taiwan-grain.myweb.hinet.net/food-info/before-food/history-food-info-list--01--02.xls。

的海外市場，美國因此以增進國民營養健康為名，鼓吹各國發展畜牧業。而於1960年之時，美國更開始將玉米列為臺灣可向美國申請之援助農產品項目之一。1962年10月農復會因此宣佈將於1963年起於屏東縣試辦「綜合養豬計畫」。所謂的綜合養豬計畫就是將各項與改進農民養豬相關之推廣計畫整併為一特完整的方案，其共包含以下5個項目：1. 預防注射與家畜保險；2. 改良品種；3. 提供平衡飼料；4. 改善飼養管理技術；5. 共同運銷（沈宗瀚，1972：119-120）。

　　綜合養豬計畫規定參與此計畫的豬農使用農復會所調配的平衡飼料，此飼料配方則是以玉米為基礎所調配。先前台灣農民總是習慣以自產的甘薯作為養豬飼料，而甘薯亦可供人食，由於甘薯本身亦被視為重要的雜糧，因此甘薯的增產亦符合戰後初期糧食自給自足政策的目標。不過，倘若日後綜合養豬計畫推行成功，台灣養豬業對於飼料的需求必定增加，屆時必定又會牽扯出是否要繼續增產甘薯的爭論。此外，以美援玉米作為製造配方飼料的原料，必定又會招致糧食依賴的疑慮。因此，農復會在小麥生產問題上的表態，事實上也同時代表它對其他糧食作物生產配置的觀點。糧食辯論結束後，行政院便決定將小麥進口關稅稅率自10%調降至5%（聯合報，1963/6/1）。換言之，戰後奉行的農業生產自給自足政策至此出現重大轉折。台灣僅需維持必要的稻米生產，其餘糧食作物皆可透過進口方式以滿足國內的需求量。隔年（1964）小麥種植面積立刻從16,512公頃下降至9,511公頃（見表12-3），而綜合養豬計畫也順利開展。

　　台灣糧食政策於1960年代中期轉變後，小麥、黃豆與玉米進口量逐年增長的趨勢便從未停歇。由於糧食政策不再追求全面性的自給自足，農業生產活動也因此多元化，而養豬業於當時的興起更是值得注意的焦點。

五、綜合養豬計畫與農業的工業化

（一）傳統農家與養豬副業

　　過去台灣農村盛行以養豬作為一種家庭副業。1965年的調查顯示，當時台灣的養豬戶數為679,553戶，同年度總農戶共計854,203戶，養豬農戶即佔了總農戶數的79.55%（省糧食處，1997b：8，339-40）。養豬副業不僅盛行於農村，更早之時，諸多都市居民亦在家中後院飼養家禽、家畜以增加家庭收入。據估計，1955年時台北市即有25,000 - 30,000戶住家養豬（聯合報，1955/3/30/p3）。

　　農民通常於自家農舍附近搭建豬舍，圈養豬隻約3-5隻。豬舍地面鋪上乾稻草或木屑，豬隻排放的糞尿則會與豬舍墊料共同發酵成為堆肥。[11] 儘管臺灣農民於殖民時期即已開始大量使用化學肥料（李登輝，1972），但堆肥對農民而言，仍是不可或缺的生產資材。堆肥一方面可作為化學肥料的補充，減少農民的現金開支。另一方面，農民深知化學肥料對地力的破壞性，堆肥／有機肥仍有其必要。因此，養豬過程所創造的堆肥對農民而言，具有不可或缺的經濟效益。豬隻製造的堆肥促進了糧食生產，糧食則被農民與豬隻食用。待豬隻成熟後，農民除宰殺自食外，亦能出售予肉販、賺取現金收入。[12] 按照糧食局的說法，豬隻、糧食生產與農戶呈現著「三位一體，循環互補」的關係（省糧食處，1997a：7~5）。

　　儘管養豬能帶給農民現金收益，但並不表示養豬具有豐厚的利潤。筆者根據台灣省政府農林廳於1952-53年的調查數據計算，農戶飼養每頭肉

11　部分農戶則會於豬舍旁設置化糞池，同時收集人畜的排泄物。每日清掃豬舍時，污水便會順著水道流入化糞池內。

12　農民養豬除獲取豬肉外，另一項誘因則是豬油。由於臺灣油籽類作物的產量極少，食用油的供應並不充足，因此過去豬油成為臺灣人獲取油脂的主要來源之一。例如，1935-39年臺灣人平均每年的油脂攝取量為2.95公斤，其中大豆沙拉油、花生油或麻油等植物性油脂的攝取量為1.2公斤，而豬油攝取量則達到1.75公斤（參見農委會，Food Balance Sheet）。同樣的，臺灣過去的飲食烹飪方式（foodways）中，傳統飲食會出現「豬油拌飯」，習慣以豬油炒青菜，或以豬油當作製作糕餅時所需的酥油（shortening）等，均反映了臺灣本地的糧食生產體系。

表 12-4　肉豬飼養收支（1952-53）

每頭生產價值	元	每頭生產費用	元
1. 生產肥料價值	70.00	1. 仔豬購入成本	174.00
2. 成豬售出價值	667.26	2. 飼料費	
		（自給）	186.03
		（購入）	188.15
		3. 勞力費	57.22
		4. 去勢費	2.22
		5. 其他費用	107.00
總計	737.26	總計	714.62

附註：「其他費用」包含豬舍費、燃料費、器具費與雜支等。
資料來源：計算自台灣省政府農林廳（1953：16-17）。

豬所能產生的經濟收益為737.26元，而其花費之成本則為714.62元。因此，每頭肉豬所能創造的收益為22.64元，其利潤率為3.2%。「3.2%」表面上代表著是正收益，不過早期農民養豬所使用的飼料品質不高，仔豬長到成豬至少要耗費10個月、甚至是18個月的時間，而1953年時台灣銀行定存的年利率即達到17.46%（陳榮富 1956: 89），相較之下，養豬所能創造的利潤甚微。

　　台大農經系與農復會於1966年的調查也顯示相同的結果（表12-5）。調查數據顯示，若將勞力成本列入計算，一般的中、小型養豬戶（即未參加綜合養豬計畫者）的收益為負值。換句話說，當時一般小農戶養豬只是在賺辛苦的勞力錢。然即使排除勞力成本，其利潤率也僅有4.6% 與2.3%。

表 12-5　養豬平均收益 (1966)

養豬規模	A. 每頭平均收益	B. 每頭平均費用	C. 每頭純益 (A－B)	D. 不計勞力費之純益	E. 利潤率 (D／B)
4-9 頭	2,093	2,281	-188	105	4.6%
3 頭以下	2,088	2,395	-307	55	2.3%

資料來源：許文富（1968：248）

　　若從經濟收益的角度分析，對傳統農民而言，金錢利潤顯然並非傳統農民養豬的主要目的。養豬首先是為了獲取堆肥，其次則為婚喪節慶時宰殺自食。最後，養豬可能是為特定目的（如娶媳婦）而提前預做的儲蓄行為。Gallin於1957-58年在台南農村進行田野調查時即發現，農民養豬反而像是一種強迫性的儲蓄行為，養豬的過程就好比每日將零錢存入小豬撲滿內（Gallin, 1966: 59），而許文富更將此副業養豬型態稱為「儲蓄式養豬」。

　　傳統農家在將養豬僅僅視為副業的同時，養豬方式也呈現傳統的型態。也就是說，從豬隻的育種一直到消費者吃到豬肉這段過程中，其所涉入的環節數量並不算多，而農民也盡量不透過市場取得養豬過程中所必須投入的資材。以下筆者將對傳統農民養豬過程中所經歷之各項環境，進行概述：

1. **育種**：農民獲取小豬仔的來源途徑有兩種：(1) 透過市場購買；(2) 自家母豬生產。傳統豬隻配種乃是採取自然受孕方式，而早期農村有專門飼養「豬哥」的農戶，所謂的「豬哥」即是公種豬。當母豬發情時，養豬戶即會通知種豬主人，種豬主人便會帶著種豬前往交配，此即俗稱之「牽豬哥」。而於豬隻品種上，農民飼養的多是本地桃園種母豬與日本殖民時期引進的「盤克夏」種豬所雜交的混血種。

2. **飼料**：豬本身為雜食性動物，對食物並無特定偏好，傳統農家多以自產飼料飼豬。豬隻的照料與豬食的準備多由婦女或年紀稍長的孩童負責，而豬食的主要來源為自家的殘羹剩飯（亦即所謂的「餿水」）與自產的甘薯。農婦將殘羹剩飯、甘薯簽與野菜等，一併放入洗米水內燒煮後，再以水瓢舀入豬舍的飼料槽內供豬食用。台灣省農林廳於1952-53年進行之養豬經濟調查顯示，農民使用的豬食中，若以重量計算，其中「雜汁」與「殘飯」兩者即佔了48.88%。其次，甘薯、甘薯蔓、甘薯簽等則共佔了41.41%。換言之，甘薯類與餿水類飼料兩者佔豬食的比例即達90.29%（劉志偉 2009）。

3. **販售**：若不自食，農民會將長大的豬隻直接販售與當地的肉販或屠夫。

4. **勞動力**：於勞動力的使用上，豬隻飼養並非家庭主要勞動力（男人）的

工作，而是由婦女或年紀稍長的孩童所負責。換句話說，農民並未將養豬視為主要的生產活動。因此於勞動力的配置上，才會安排由家中次要的、或剩餘的勞動力負責養豬工作。

　　然而，當政府改變糧食政策、積極推廣綜合養豬計畫後，台灣的養豬業便發生結構性的轉變。它不僅帶動農業生產愈加專業化與商品化的趨勢，同時也導致了「農業產業化」。

（二）養豬型態的轉變

　　前已提及，綜合養豬計畫乃於1963年開始推廣。而其推廣的目的不僅是在鼓勵農民養豬，它同時改變了台灣農民養豬的方式與養豬業的結構。同樣針對相關的生產環節進行比較分析，我們不難發現前後的差異性：

1. **育種**：相較於傳統的「黑毛豬」，農復會引入「藍瑞斯」（Landrace）與「杜洛克」（Duroc）等新品種「白毛豬」。新品種肉豬最主要的特點在於其瘦肉率高，不過，與傳統耐粗食、耐濕熱的本地豬相較，新品種肉豬對於台灣氣候的適應能力也較差。更重要的是，藍瑞斯與杜洛克種豬最早被引進美國並被發展為可供推廣的種豬時，即是為了配合美國當地的玉米飼料所培育。因此，若要讓此外來豬種達到最佳的成長效能，便需餵食玉米飼料。而於豬隻的繁衍部分，綜合養豬計畫則積極推廣人工受精技術，以取代傳統的「牽豬哥」模式。

2. **生產規模**：如前所述，傳統農家僅將養豬視為副業，生產並不以利潤為主要目的。因此，飼養規模不大。1960年的調查數據顯示，45.86%的養豬戶僅養豬1-2頭，飼養3-5頭的農戶則佔了36.09%。而1965年的調查數據顯示，全台年底庫存豬隻計2,935,503頭，養豬戶數為670,402戶，平均每戶養豬4.3頭（省糧食處 1997b：340）。不過，綜合養豬計畫則規定，參與農戶需飼養2頭母豬與20頭肉豬。當飼養規模擴大時，農民的購豬成本也隨之倍增，舊有的豬舍也不堪使用。因此，若要加入綜合養豬計畫，農戶必須修建豬舍。而當時相關農政單位更宣導，豬舍的修建不僅要將母豬舍與肉豬舍區隔，內部亦應架設飼料槽、水槽、排尿溝與

糞尿池等。依據當時農林廳的估算，搭建符合規格之簡易豬舍成本約8,483.5元（台灣省農林廳 1969：33-36）。筆者進一步計算，搭建豬舍的成本約為當時每戶農家年平均收入的88.2%。[13]

3. 飼料：傳統農家多以自家廚餘加上自產甘薯作為養豬飼料，以減少現金開支。但此種飼料品質甚低，營養分佈更不均衡。綜合養豬計畫要求農戶使用由農復會指導、屏東縣農會飼料廠生產的平衡飼料，此飼料不僅含有豐富的蛋白質，同時兼顧營養均衡。與此同時，政府更積極推動飼料工業的建立，宣傳配方飼料的好處。1960年代初期，農民使用的飼料尚有60%以上來自於農家自身（詳見表12-6）。但從1960年代後期開始，透過市場而取得的飼料所佔的比例不斷增加。而於1975年時，自己飼料佔農家畜牧飼料的比例已下降至16.8%。外購飼料比例的增加即代表農民透過市場獲取其生產資材之程度的提高，當然，這也相對暗示了

表 12-6　養豬飼料構成

年	自購（元）	自給（元）	外購（%）	自給（%）
1958	1,037.11	1,772.31	36.92%	63.08%
1959	1,134.48	2,367.50	32.40%	67.60%
1960	2,658.79	4,096.34	39.36%	60.64%
1961	2,801.96	4,428.71	38.75%	61.25%
1962	2,244.10	4,068.40	35.55%	64.45%
1965	3,282.10	3,121.40	51.25%	48.75%
1966	4,964.70	4,149.70	54.47%	45.53%
1967	5,066.60	4,426.50	53.37%	46.63%
1968	6,090.00	4,121.40	59.64%	40.36%
1969	5,967.70	3,507.40	62.98%	37.02%
1970	6,267.70	3,188.90	66.28%	33.72%
1975	19,798.60	3,998.30	83.20%	16.80%

資料來源：計算自台灣省政府農林廳，《台灣省農家記賬報告》歷年份

---

[13] 1965年農業人口平均收入為1,421元，當時每戶農家平均人口數為6.77人，因此每戶農家年收入約為9,620.17元。參見〈聯合報〉，1965/02/08/P2；省政府糧食處（1997b：8）。

農民受控於市場程度的加深。

4. **動物性用藥**：綜合養豬計畫提供之平衡飼料中，添加了0.25%由台灣氰胺公司生產的「歐羅肥」（aurofac®）（余如桐1965: 42-32）。歐羅肥（aurofac®）乃是飼料添加劑（或稱「輔助飼料」），主要成分為金黴素（aureomycin）。[14] 儘管動物用抗生素在1950年代時已經透過貿易商引進台灣，但礙於成本售價，普及率並不高。其後美國氰胺公司與台糖公司於1960年合資，並運用480公法貸款成立台灣氰胺公司（台糖持有股份45%、美國氰胺55%）（台灣糖業股份有限公司，1976: 489-492）。農復會於綜合養豬計畫之平衡飼料內主動添加動物性用藥，等於起了直接帶頭示範的作用。

5. **販售**：在農林廳的協助下，農復會畜牧組開始在嘉義縣與台南縣設立毛豬共同拍賣市場，並引入「按鈕決價」制度。毛豬共同拍賣市場的引入，逐漸改變傳統農民販售毛豬的方式與管道（余如桐，2005: 26-28）。

6. **勞動力**：傳統農家均由婦女或年紀較長的子女負責飼豬，但綜合養豬計畫則清楚地以家中主要的勞動力──男性戶長，為主要的訴求對象。換言之，此計畫希望農民開始將養豬視為主業，而非副業。

　　如同先前關於「農業產業化」之討論，肉豬生產之各項環節因綜合養豬計畫而逐漸擴增。首先於豬隻的育種方面，人工受精取代了傳統的「牽豬哥」方式，種豬的精液成為可獨立販售的商品。民間也因此興起了專門飼養公種豬的養豬場，專門販賣種豬精液予豬農，由豬農自行為自家母豬施予人工受精。而於豬種的推廣與選擇上，傳統農戶偏好飼養本地雜交豬，主要著眼於其耐粗食、易飼養的特性，此種選擇性偏好顯然與傳統農戶僅將養豬視為一種副業有關。然農復會刻意選擇「瘦肉率」較高的豬種，希望能開拓台灣豬肉的外銷市場，明顯地將養豬作為商業投資行為。平衡飼料與配方飼料的推廣，則帶動了飼料工業的興起。1954年登記為飼

---

[14] 抗生素添加於飼料的功能在抑制禽畜體內病原菌之生長，減少罹患腸胃疾病的機率，並降低死亡率。此外，由於禽畜體內病原菌生長之受抑制，體內養分不致被細菌吸收，可以節省養分消耗，從而促進其生長。儘管現今對動物用藥多有規範，但抗生素於畜牧業的使用在當時被視為科學性的發明。

料製造業之業者共計21家，1971年時則暴增為1,071家。[15] 至於毛豬共同拍賣市場的設立，則改變了傳統農民以人際網路為基礎，將毛豬販賣與熟悉的肉販或屠夫的模式。

　　總的來說，綜合養豬計畫推動了養豬業的轉型，導致了「農業產業化」。在市場機制的刺激下，台灣的養豬產業開始蓬勃發展。戰後初期至1970年代前，台灣豬隻之年底庫存量一直在200-300萬頭間擺盪，難有實質的增長（見圖12-3）。然自1970年代開始，養豬產業的規模即不斷擴大。1979年時年底庫存量已突破5百萬頭，1991年時更超過1仟萬頭。而於口蹄疫爆發前（1997年3月）的1996年時，當年台灣豬隻屠宰數量為1,431萬頭，年底庫存量則為1,070萬頭。也就是說，當年在台灣這座小島上曾生活過的豬隻即超過2,500萬頭，甚至超過台灣的總人口數。不過，「農業產業化」同時也意謂著外部資本對於養豬產業控制能力的增強。同樣的，豬農也將面臨殘酷的資本主義邏輯的挑戰。

圖 12-3　歷年豬隻年底庫存量（1898-2006）

---

[15] 臺灣省工商業普查執行小組，《中華民國臺灣省工商業普查總報告》（台北：臺灣省工商業普查執行小組，1956），頁10；行政院台閩地區工商業普查委員會，《中華民國六十年台閩地區工商業普查報告：第三冊，製造業》（台北：行政院台閩地區工商業普查委員會，1973），頁22。

（三）農民的兩極化（polarization）

　　傳統稻農因國家保護，以及相關法令對於農地移轉的限制，故其能繼續維持小農經濟的生產模式。然而商業化與專業化養豬型態引進後，農民即需遵循資本主義的邏輯從事養豬事業。表12-7的數據顯示，當綜合養豬計畫實施後，養豬規模在10頭以下的小農戶在10年間立即減少了164,343戶，而飼養規模超過10頭以上的養豬戶則增加了15,341戶。因此，養豬業整體規模擴大的同時，未能通過市場規律考驗的小農戶不得不退出養豬事業。與此同時，能在市場繼續生存下去的養豬戶，必須具備一定的經營規模與經濟效益，始能獲益。換言之，養豬愈來愈難以當作一項「家庭副業」經營。

　　「強者恆強，弱者恆弱」本屬市場規律的一部份，當1960年代末期農村危機問題受到各界普遍重視，此又給予執政者莫大的壓力。但是當養豬業出現結構性的變化，大型豬場不斷出現、造成小農被迫退出養豬市場，連簡單的家庭副業都無法維繫時，此便引起了執政者的高度重視。政府因此開始思考，是否該限制「大規模養豬」（聯合報，1971/06/23）。民間亦有聲音表示，大規模養豬場因其享有規模經濟之利，擠壓了小豬農的生存，有違社會福利的原則（王明來，1973）。其後，經濟部因此訂定〈民

表 12-7　豬農飼養規模與戶數之比較（1960、1970）

	1960		1970	
	豬農數（戶）	百分比	豬農數（戶）	百分比
1－2 頭	302,840	45.86	247,925	42.45
3－5 頭	238,300	36.09	204,419	34.99
6－9 頭	75,620	11.45	72.914	12.48
10－19 頭	39,200	5.94	49,037	8.39
20－49 頭	4,070	0.62	8,824	1.51
50 頭以上	290	0.04	1,040	0.18
總計	660,320	100.00	584,159	100.00

資料來源：行政院臺閩地區農漁業普查委員會編印，1970，《中華民國五十九年臺閩地區農業普查報告（第一卷）》，頁117。

營大規模養豬場管理辦法〉，明訂飼養肉豬達一千頭、種母豬達二百頭以上的養豬場，必須經過經濟部的核准才能設立。

政府法規雖有照顧小農之心，卻無抵擋市場趨勢之力。表8數據清楚地顯示，養豬產業長期的發展趨勢乃是呈現兩極化的發展（polarization）。1985年時，飼養規模少於200頭肉豬的小型養豬戶佔了總養豬戶的90.51%，而其飼養之豬隻數尚佔全台豬隻總數的24.99%。然至2002年時，

表 12-8　歷年豬農飼養規模與戶數之比較（1985-2002）

年份	全台養豬戶數	豬場規模			
		小於 200 頭		大於 1,000 頭	
		豬場數佔總養豬戶比例	飼養數佔總頭數比例	豬場數佔總養豬戶比例	飼養數佔總頭數比例
1985	83,709	90.51%	24.99%	0.73%	29.85%
1986	72,393	87.97%	21.87%	0.92%	30.03%
1987	63,229	86.46%	20.27%	1.09%	32.59%
1988	55,574	84.69%	19.40%	1.26%	32.51%
1989	53,022	81.85%	17.47%	1.44%	32.89%
1990	47,221	79.17%	15.90%	1.94%	36.27%
1991	39,662	73.38%	10.23%	3.10%	41.01%
1992	33,247	71.57%	9.54%	4.12%	44.75%
1993	29,771	70.10%	8.83%	6.07%	50.87%
1994	27,324	67.55%	8.31%	7.50%	53.86%
1995	26,153	65.06%	7.84%	9.10%	56.68%
1996	25,357	62.24%	8.02%	9.50%	55.63%
1997	20,454	63.64%	9.02%	8.74%	54.78%
1998	17,072	65.40%	8.32%	8.66%	56.94%
1999	16,016	59.86%	6.55%	11.43%	60.19%
2000	15,629	58.05%	5.85%	12.34%	61.00%
2001	13,753	55.52%	5.21%	13.91%	62.55%
2002	13,054	55.10%	5.29%	13.64%	61.96%

資料來源：台灣省政府農林廳，《台灣農業年報》歷年份。

小型養豬場僅剩下55.10%，其飼養豬隻僅佔全台豬隻總數的5.29%。與此同時，大型養豬場的重要性日益加增。2002年時，飼養規模超過1,000頭的養豬場雖然僅佔全台豬場總數的13.64%，但其控制的豬隻卻為全台豬隻總數的61.96%。

養豬業內部生產結構的變化趨勢已清楚說明了，由於商品化農業的引入，所謂的「農業資本主義」（agricultural capitalism）確實已落腳於台灣農村。集中化（concentration）的趨勢使得不具規模經濟效益的中、小型養豬場被迫不斷地退出市場，而大型養豬場則能藉由不斷擴張的方式，佔據其於市場上的穩固地位。

六、結論

藉由政治經濟學的研究視角，本文重新審視了戰後台灣的糧食政策與轉型，以及其後「農業產業化」對台灣農業造成的影響，特別是此現象於政治經濟學中所透露的意涵。

傳統對於戰後台灣農業發展之論述，均習慣以雙元論的立場進行批判性的研究。論者的研究焦點多關注於國民黨政權如何於土地改革之後，利用多項米穀汲取措施，榨取農業資源，以滿足城市部門工業化之資本積累需求。然相關論述對於1960年代後期台灣農業的轉變，特別是商品化驅力的引入與「農業產業化」等面向，不但毫無解釋能力，同時也抱持視而不見的態度。

本文從戰後糧食政策的形成與轉變作為論述的主軸，筆者強調，戰後追求自給自足之糧食政策的形成，有其獨特的歷史時空背景。此一方面導因於國府戰後接收台灣時所遭逢的米荒經驗，另一方面則是當時國際政治經濟結構所使然。糧食自給自足政策造就了糧食局此一獨特的行政官僚組織，其不僅掌控稻米市場的流通，同時更直接深入稻農的生產過程。換言之，糧食局對於小農擁有著令人難以想像的控制能力。糧食局的政策得以刺激稻米的生產，而糧食局的汲取手段則使其能掌握全台多數的稻米。

　　對於糧食自給自足政策的追求，雖然獲得了一定的成果。不過，「以糧為綱」的政策卻使得台灣的農業生產結構趨於僵化。與此同時，美國為拓展其剩餘農產品的海外市場，因此施壓要求台灣改變戰後初期追求自給自足的糧食政策。1960年代初期的糧政大辯論，使台灣的糧食政策出現了變化。對於稻米之自給自足的要求仍舊不變，但其他雜糧作物則完全透過進口以滿足本地的需求。而此糧食政策的轉變，同時是為了回應美方關於發展畜牧業的要求，綜合養豬計畫也因此同時實施。

　　綜合養豬計畫直接引進美式的養豬技術，成功地將傳統農村的養豬副業轉變為具備高度資本與技術投入的產業，商業化的養豬型態同時驅動了「農業產業化」，豬隻生產過程的各項環節數不僅增加，更被抽離於豬農的掌控範圍，再透過外部資本緊密地結合。不過，資本主義邏輯的引入同時也造成豬農群體內部的分化。大型豬場挾其規模經濟之力，不斷迫使小型豬農退出市場，養豬業也越來越朝向由少數豬場操控的集中化趨勢而邁進。

●●●　**參考文獻**　●●●

中國農村復興聯合委員會 (1953)。**工作報告：第四期**。
中國農村復興聯合委員會 (1954)。**工作報告：第五期**。
中國農村復興聯合委員會 (1958)。**工作報告：第九期**。
中國農村復興聯合委員會 (1959)。**工作報告：第十期**。
中國農村復興聯合委員會 (1963)。**工作報告：第十四期**。
王明來 (1973)。台灣養豬事業面臨的問題和應有的對策。**豐年**，23(24)，頁44-45。
日本農林水產省總合食料局食料企畫課 (2008)。**糧食需求表：平成十九年度**。
台灣省政府農林廳 (1969)。**綜合性養豬**。
台灣省政府農林廳。**台灣省農家記賬報告**（歷年份）。

台灣省政府農林廳。台灣農業年報（歷年份）。

台灣省政府糧食局 (1955)。十年來的台灣糧政。

台灣省政府糧食局 (1962)。中華民國台灣省十六年來之糧政。

台灣省政府糧食局 (1986)。台灣糧食統計要覽。

台灣省政府糧食處 (1997a)。台灣百年糧政資料彙編，第一編：一百年來台灣糧政之演變。

台灣省政府糧食處 (1997b)。台灣百年糧政資料彙編，第二編：近百年來糧食統計資料。

台灣糖業股份有限公司 (1976)。台糖三十年發展史。

台灣總督府編 (1945)。台灣統治概要。東京：原書房。

行政院農委會 (2008)。96 年糧食供需年報。台北：行政院農委會。

余如桐 (1965)。養豬致富記（二）。豐年，15(9)，頁 42-43。

余如桐 (2005)。一個農業老兵的話：台灣養豬事業的昨日、今日與明日。載於財團法人獸醫畜產基金會（主編），推動台灣獸醫畜產界發展的手（頁 20-36）。

沈宗瀚 (1972)。農復會與我國農業建設。台北：台灣商務印書館。

李登輝 (1972)。台灣農工部門間之資本流通。台北：台灣銀行。

李登輝 (1984)。臺灣小麥之經濟分析：兼論小麥種植地改種其他作物問題。載於李登輝（主編），臺灣農業經濟論文集（頁 661-667）。作者自刊本。

吳豐山 (1971)。今日的台灣農村。台北：自立晚報。

柯志明、翁仕杰 (1993)。臺灣農民的分類與分化。中央研究院民族學研究所集刊，72，頁 107-150。

徐慶鐘 (1961)。臺灣農業生產計畫之研討。台北：國民黨中央委員會設計考核研討會。

陳芳明 (1991)。台灣戰後史資料選：二二八事件專輯。台北：二二八和平日促進會。

陳榮富 (1956)。六十年來台灣之金融與貿易。台北：三省書店。

許文富 (1968)。臺灣農戶儲蓄式養豬之經濟分析，台灣銀行季刊，19(2)。

楊碧川 (1996)。台灣現代史年表。台北：一橋出版社。

廖正宏、黃俊傑、蕭新煌 (1986)。光復後台灣農業政策的演變：歷史與社會的分析。台北：中央研究院民族學研究所。

廖士毅 (1968)。臺灣小麥產業市場之分析。臺灣銀行季刊，19(4)，頁 202-224。

劉志偉 (1998)。戰後土地關係轉型中的國家、地主與農民，1945-1953。國立清華大學社會人類學研究所碩士論文。

劉志偉 (2005)　。美國霸權下的國民飲食。論文發表於國立台北大學主辦之「2005 台灣社會學年會」，2005，台北。

劉志偉 (2009)。國際農糧體制與臺灣的糧食依賴：戰後臺灣養豬業的歷史考察。臺灣史研究，16(2)，頁 105-160。

劉志偉、柯志明 (2002)。戰後糧政體制的建立與土地制度轉型過程中的國家、地主與農民（1945-1953）。臺灣史研究，9(1)，頁 107-180。

劉進慶 (1995)。台灣戰後經濟分析。台北：人間出版社。

邊裕淵 (1978)。台灣農業發展與糧食自給率。《台灣銀行季刊》，29(1)。

Bello, Walden and S. Rosenfeld (1992). *Dragons in Distress*. San Francisco, CA: The Institute for Food and Development Policy.

Boehlje, Michael & Lee F. Schrader (1998). "The Industrialization of Agriculture: Question of Coordination," in Royer, Jeffrey S. & Richard T. Rogers (eds.), *The Industrialization of Agriculture: Vertical Coordination in the U.S. Food System*. Aldershot, England: Ashgate Publishing Ltd.

Foreign Agriculture (1963). *White House Conference Group Calls For More Overseas Trade Promotion*. Oct. 14, pp.10.

Foreign Agriculture (1965). *U.S. Wheat Foods Exhibit Caps Consumer Promotion Campaign in Taiwan*. Feb. 8, pp. 12.

Francks, Penelope, Choo Hyop Kim, & Johanna Boestel (1999). *Agriculture and Economic Development in East Asia: From Growth to Protectionism in Japan, Korea and Taiwan*. London: Routledge.

Friedmann, Harriet, & Philip McMichael (1989). Agriculture and the State System: the Rise and Fall of National Agricultures, 1870 to the Present. *Sociologia Ruralis* XXIX (2), pp.93-117.

Gallin, Bernard (1966). *Hsin Hsing, Taiwan: A Chinese Village in Change*. Berkeley: University of California Press.

Kerr, George H. (1965). *Formosa Betrayed*. Boston : Hought Mifflin Company.

Tsui, Young-chi (1957). *A Study of Wheat in Taiwan*. Taipei: JCRR.

第肆篇

農村社會與人力

13 台灣集村興建農舍政策施行成效之探討——以新竹縣為例

顏愛靜

(國立政治大學地政學系教授)

目 次

一、前言

　　農地政策為一國增進農地合理利用和地權公平分配的最高指導方針，故各國多藉由土地改革方案的推行，以彰顯成果。台灣在1949年至1953年間，即實施一連串的土地改革方案，並獲得相當成效，引致社會向善變遷（Yang, 1970: 467-547）。惟最初制度的建構多著重在地權平均分配的促進，對於地用效率的提升仍較少顧及，故在進入經濟發展的階段，縱使於1982年推動第二階段農地改革，卻因農業基礎條件難以調整順應，以至於農業結構轉趨僵化，從而阻礙農業的發展（顏愛靜，1986）。

　　邁入1990年代，為因應台灣加入世界貿易組織（WTO）農業勢將面臨農產品開放進口之衝擊，政府乃檢討行諸多年的農地政策，決議由人地皆管的「農地農有農用」原則，轉向為管地不管人的「放寬農地農有、落實農地農用」原則，並於2000年1月4日大幅修正「農業發展條例」[1]，放寬自耕農方能取得農地之限制，以降低農地市場交易成本，便於引進農企業法人之資金技術，俾提升農地利用效率。

　　然而，農地農用的落實，關鍵在於農地利用的基礎設施完備，以及農地的生產環境維持完整，如此方能有利於農民或農場主從事農業經營。有鑑於家庭農場仍是主要的農業經營單位，農場主為直接從事農業的生產者，其「農舍」[2]為與農業經營不可分離之設施物，有必要規範其建築管理，以避免對農地利用產生不良影響，乃有條件地開放無自用農舍之農民得申請以集村方式或在自有農業用地興建農舍[3]。換言之，現行農舍興建管制採雙軌並行制，凡符合資格之農民如欲興建農舍時，得選擇在自有農地以「個別」方式興建，亦可採行「集村」方式為之。

---

[1]　農業發展條例係秉諸農業發展與農地利用政策以規範相關事務之基本大法。

[2]　顏愛靜（2001）認為農舍理應供作農民（家庭農場）從事農業經營、方便其家庭成員居住使用，而准予在農地近處興建，以取得其管理近便性並減輕建屋成本（31）。

[3]　農業發展條例第18條：本條例2000年1月4日修正施行後取得農業用地之農民，無自用農舍而需興建者，經直轄市或縣（市）主管機關核定，於不影響農業生產環境及農村發展，得申請以集村方式或在自有農業用地興建農舍。

　　然而，農舍的規劃建築使用對於農業生產環境與農村發展難免滋生負面之影響，故各國皆以審慎態度予以管制。以英國為例，對位於農村聚落外的獨棟農宅興建，須經申請規劃許可，如確係供農業經營之需，且農宅規模和其提供的功能相稱，方能獲准興建；倘以農場主長期收入能力維持觀之，其建造成本異常昂貴，或將駁回其申請[4]。次以日本為例，農業振興地域內經劃定為「農用地區域」之土地，應依農業振興地域整備計畫中所載土地之農業上用途區分使用，除法令另有規定者外，其「開發行為」（如：宅地造成）應經都道府縣知事之許可（陳立夫，2008：144）。對於上開區域內進行宅地等開發行為皆應加以限制，目的在於確保可利用的農地面積，並避免由於開發行為致使周邊的農地利用受到不良的影響，以確保良好的農業生產環境（殷章甫譯，2006）。

　　反觀台灣，在缺乏完備的法令規範下，農民習慣於自有農地興建個別農舍，造成土地利用失序，加上政府對於農地興建農舍管制的執行不力，使農民視農地興建農舍為理所當然，導致田間建物零星散布，阻礙大型農耕推展，影響農地有效利用（徐宏明，2006）。又因個別農舍興建欠缺規劃，以及任意排放家庭污水，不僅造成整體農村住宅景觀雜亂無章，亦導致農耕環境的破壞及污染，對於糧食生產安全暨農業發展的負面影響可謂至深且鉅（林孟慶，2001）。

　　換言之，儘管個別農舍之興建對於家庭農場經營管理相對便利，惟隨著客觀環境變遷，業已產生不少負面影響。首先，因個別農舍散布於農業用地，造成農耕面積細碎切割，不利農業機械化操作，影響農業「生產」效率；再者，個別農舍零散矗立，不僅不利農村景觀的形塑，更將影響農村「生態」環境之永續維繫；此外，興建個別農舍亦導致公共設施浪費，加上農藥噴灑影響鄰居農民的健康，以及農舍排放污水流入農田及垃圾處

---

[4]　根據英國的「規劃政策聲明7：農村地區的永續發展」（Planning Policy Statement 7: Sustainable Development in Rural Areas）附件A：農業、林業和其他職業的住宅（Annex A: Agricultural, Forestry and Other Occupational Dwellings）第1點、第9點規定參照。http://www.communities.gov.uk/documents/planningandbuilding/rtf/155046.rtf（2009.03.23搜尋）

理不當，對環境所造成的污染與破壞，皆不利於農民「生活」素質的提升。

　　有鑑於此，為改變農民在個別農地興建農舍之習慣，解決其所衍生的農業生產暨環境污染問題，政府遂援引「土地發展權移轉」概念，獎勵農民以「集村方式」興建農舍，透過農地所有人之間權利交換分合，將農業用地上依法允許興建農舍面積在空間上集中至同一或鄰近區位興建，除能保障私有財產的價值外，亦可進一步達到保護農業生產環境暨提升農民生活品質之目的。而在此所謂「集村方式」興建農舍，係以相毗連之農舍戶數須達到二十戶（離島十戶）以上共同集中興建農舍稱之[5]。相較於遍行的個別農舍言，以集村方式興建農舍應可透過合理的制度設計與法令規範，消弭傳統個別農舍興建方式對農業生產、農村生態暨農民生活所造成的負面衝擊，進一步維護農業生產環境的完整及促進農村永續發展。而細究其政策目標有三：

（一）在「生產」方面，透過農舍的集中規劃，避免農地細碎分割，保持
　　　農場經營最適規模，方便農業機械化耕作，發展高附加價值農業，
　　　以提升產業競爭力，提高農民經濟所得，進一步確保國家糧食安
　　　全。

（二）在「生態」方面，經由在地農民的自主參與，集中規劃興建農舍，
　　　以凝聚鄉土意識，形塑具備地方特色的農村景觀，進一步保護重要
　　　農地，避免優良農田遭受污染破壞，確保農業生產環境之完整，追
　　　求農地永續經營。

（三）在「生活」方面，藉由集村整體規劃，興建綠色農村，有效配置公
　　　共設施，提升公共安全暨公共效益，以改善農民居住環境，提高農
　　　民生活品質，進一步平衡農業發展權益差距，建立維持農用誘因機
　　　制。

　　迄今為止，申請集村興建農舍案例累積漸多且持續增加，據水土保持局的統計，截至2008年12月底，台閩地區核准集村興建農舍案件，共有13

---

[5]　在此之戶數計算專指共同集中興建之農舍，不含附近一般農宅或住宅。

個縣市，總計71件個案、1758農戶參與；其中以新竹縣的32件，906農戶參與高居全國之冠，最為醒目。然而，這些「集村」興建農舍案件，是否真如預期般達到促進農地利用、照顧農民生活暨維護農業生態的政策目標，實有必要進一步加以檢視。爰此，本文以集村興建農舍個案最多之新竹地區為例，藉由文獻分析暨深度訪談等方法，瞭解集村興建農舍之實施現況及其所面臨的問題，並從生產、生活、生態等三個面向，檢視該制度的施行成效，最後提出「集村興建農舍指導原則」之建議，以為政府農地政策建構與制度改進之參考。

二、農地政策定位與集村興建農舍理念之建構

（一）農地政策之定位

聯合國糧農組織（FAO）將「永續的農業和農村發展」（sustainable agriculture and rural development）界定為：「…對於自然資源基礎的管理和保育，並且在某種程度上採取技術取向和制度變遷，以確保持續地滿足當代與未來世代所需。這樣的永續發展（在農、林、漁業等部門）可保護土地、水資源、動植物生命和動物基因資源，使之在環境上不退化，技術上很適當，經濟上可實行，和社會上可接受。」（FAO, Netherlands Den Bosch Conference, 1991）。由此可見，永續發展即是兼顧世代發展的公平性、生態保育的延續性、技術採用的適當性及社經條件的可實行性，使發展與保育之間能尋求一個均衡點，相輔相成而不致扞格；因此，農地政策的定位可循這樣的方向來加以思考，並考量我國特殊的現實情況，訂立出一套適宜的政策，而在現今台灣的農業環境中，永續發展（持續性）、社會公義（公平性）、知識經濟（技術性）三大環節或核心概念應該綜合考量，方能達成農地資源合理利用之目標。

有關農地政策的建構，顏愛靜等（2004）認為，在環境永續方面，生產用地以維持國家基本糧食安全為主，規劃作生態、生活功能之地區視為

生產環境之儲備用地，當國家糧食需求增加時，可立即加入生產行列，又為達成農業之永續發展及農地永續經營，應確保農業生產環境之完整性。其次，在社會公義方面，首重權益平衡之課題，在農業發展地區與其他功能分區之間，以及農業發展地區各次分區之間，皆能設法使人民的財產權因規劃所產生之損益獲得平衡，俾減少制度實施阻力。另應提供農業發展地區足夠之留農誘因，例如獎勵或補貼，以利維持分級分區之規劃成果。最後，追求經濟效率之農地利用，首重農業生產之研發創新，因此，農地於進行次分區劃設時，宜考量劃設生物科技有機農業、觀光休閒農業等專用區，或容許該類型農業能於各分區從事農業經營。唯有發展高附加價值之農業，方為減少農地擅自變更使用的最佳策略；換言之，與其以處罰的方式取締農業用地的違規使用，不如積極誘使土地所有權人或使用人不違規，故其規劃考量重點應在於如何提升農業產值，此亦即以規劃促進管制的最佳途徑。此等理念，有如圖13-1所示（顏愛靜等，2004：204-205）。

由於農地政策乃農業政策的重要一環，在追求「效率」與「安定」的現代化農業，確保農業永續發展的農業政策前提下，顏愛靜等（2004）進而將農地政策定位為：

1. 保護重要農地，維持基本糧食安全。

2. 發展高附加價值農業，提升產業之競爭力。

3. 平衡農業發展權益差距，建立維持農用誘因機制。

4. 確保農業生產環境之完整，追求農地永續經營。

申言之，農地政策的定位，應著重在謀求環境、經濟和公平（environment, economy, and equity；三個E）之間的平衡，以促進農地資源合理利用，進而達成農業永續發展的最高目標（Berke, 2002：30）。於我國「農業發展條例」第一條規定：「為確保農業永續發展，因應農業國際化及自由化，促進農地合理利用，調整農業產業結構，穩定農業產銷，增進農民所得及福利，提高農民生活水準，特制定本條例...」[6]亦即，揭示

6　參見中華民國96年01月10日華總一義字第09600001891號令修正公布之農業發展條例條文。

當前農業政策的「永續發展」最高目標以及農地政策的「落實農地農用」最高目標。因此，任何形式之農地利用，不僅應積極地增進利用效率，也要消極地避免危害；換言之，依法實際供農作、森林、養殖、畜牧、保育及設置相關農業經營所使用的各種農業設施或農舍等營農設施物[7]，其設置的適當區位或條件也要加以考量，方可畢竟其功。

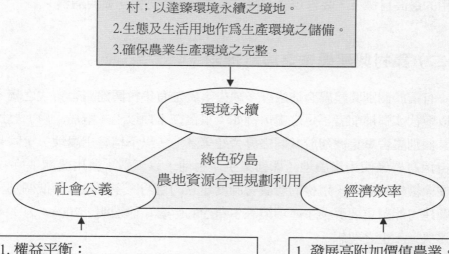

圖 13-1　綠色矽島願景下農地政策之基本理念

資料來源：酌予修改自顏愛靜等，2004: 205。

7　同前註之條例，第三條第十二款規定。

　　又前述農地政策的定位包含範圍雖廣，惟其最終目標都在促進農地資源的合理利用。然而，農地農用的落實，則有賴於相關基礎設施完備、生產環境維持完整，方能有利於農民或農場主利用農地，從事農業經營。農場主為經營農業，自需興建相關之農業設施，如：農作產銷設施、林業設施、水產養殖運銷設施、畜牧設施、休閒農業設施，以及和農業經營不可分離之農舍等設施物；其中尤以農舍的興建最為特殊，既為營農設施，又是居住場地，也是本文關注的焦點所在。為避免農舍零星散漫之發展，破壞農業生產環境之完整，甚至影響農民或農場主的健康，當須在增進農地利用的最高目標下，妥善規範這些設施物之設置方針，始克有濟。

（二）集村興建農舍之設計理念

　　有鑑於個別興建農舍造成許多缺失，於是有集村興建農舍方式之議，用以取代或彌補前者不足之處，例如：集合二十戶以上（離島十戶）農民將其個別農舍聚集興建於共同之農舍建築基地（以下稱建用農地），同時各自保有農業使用之農地（即農業生產用地，以下稱「農用農地」[8]），以便繼續維持農用。這樣的新農舍制度建立的目的，主要是為降低個別農舍興建可能對重要農業生產環境滋生負面的影響（徐宏明，2006：71），以達農業三生之理想。

　　集村興建農舍制度的設計理念，論者以為係應用「發展權移轉」（transfer of development rights, TDR）理念，以兼顧社會公平與土地利用效率，並實現農地政策中的多樣目標（徐宏明，2006:28；林惠娟，2007：2-12～16）。所謂TDR原是指將發展權由某個地區移到另個地區，而原地區的土地設定保育地役權（conservation easements）加以保護或留供農業使用，並將建築密度或容積轉到另個發展區以資「獎勵」（bonuses），至於購買這種保育地役權的經費或成本，則由得到前述獎

8　「農用農地」為集村興建農舍扣除集村農舍興建基地以外，應為農業生產用地部分。部分文獻或實務上稱之「配套農地」或「配套地」。

勵的開發業者加以承擔（Lawrence, 1998）。建構TDR的主要元素有四：
指定保存區（送出區，the sending area），指定成長區（接收區，the
receiving area），創設和土地分開的一系列法定發展權，規定發展權在不
同土地之間移轉的程序。如果這四大要素並不具備，土地所有權人將很難
找到發展權的買者，以藉由市場交易實現其經濟價值。再者，如果不指定
接收區，建築和開發行為不能集中在另個地區進行，則優良農田就不能獲
得保護。

　　若將上述的TDR理念加以引介，將有助於保護優良農田以及農舍的興
建。申言之，假定個別農地所有權人得以在一定面積以上的「農用農地」
有條件的興建農舍（建用發展權），但這種各自建築方式容易導致散漫分
布的後果。為保護可貴的農地資源，或可運用TDR的理念，將原擬在優良
農地上興關農舍的建用發展權（類似送出區），轉移到適當區位的「建用
農地」（類似接收區）之上，後者可將農舍集中興建或者獲得關建農舍增
加建築容積的獎勵，使原有移出建用發展權的優良農用農地放棄興建農舍
的權利，或可保護較大規模的優良農地，以維持農業區的完整性，使規模
經濟的效益得以發揮。至於集村興建農舍用地則可選鄰近地區地點較佳、
地利較次，但具發展潛力的土地，一方面可便集中興建所需公共設施，減
少舖設道路、水電管線等公共支出的浪費（圖13-2）；另一方面，將建用

保存區　　　　　　　　　　　　　　　　　　　成長區

農舍興建移入區位

獎勵方式

　　　　　　　　　　　　　　　　　　次等農地（建用農地）

優良農地（農用農地）

圖 13-2　集村興建農舍運用發展權移轉後之概念圖

資料來源：林惠娟，2007：2-15。

發展權移出的農地之有權人，其財產權不會因其農地被劃入保存區而受損失，因為藉由發展權的轉移，將可在另個成長區獲得土地發展權的補償。

由此可知，集村興建農舍的設計理念，雖然得自TDR理念的啟發，但與原先的運作方式有些差異。例如，集村興建農舍是由數位原土地所有權人就其農地擇取何者為農用農地，何者為建用農地，其間並無須透過市場買賣，故無須以金錢另外購買發展權，其操作模式較為簡便，可節省一些交易成本，只是必須妥為設計所謂農用發展權送出區和接收區的條件，以避免土地投機的情形滋生。

三、台灣農舍興建之沿革與規範

（一）農舍興建管制之發展

台灣早期對於農舍與農宅二者並未明確區別，農宅與農舍字義常交錯使用於各方案與文獻中，但農宅應定義為「農民之住宅」；其中包括二個意涵，一為「農民居住之住宅」，一為「農民居住於農地上興建之住宅」；前者住宅座落地不限農地，包括建地，後者則專指座落在農地上之住宅，亦即今稱之「農舍」。當時因農民定義為能自耕者，對「自耕農」資格有嚴格之限制，需取得「自耕能力證明書」者，方具自耕農身份。相關農宅政策[9]皆以「自耕農」為實施對象，並無必要特別將農舍與農宅區別之。

「農舍」一詞開始出現於1973年頒布之「限制建地擴展執行辦法」中，可謂開啟了農舍之興建管制之始。按該辦法規定，一至八等則農田，

9　1977年5月行政院初步核定區域計劃施行細則，同年內政部公佈實施，規定農舍以及有關農業設施建築使用，並發布區域計劃地區建築管理辦法，正式規定農舍申請；另一方面政府於1980年開始實施農宅改善計劃方案，具體作法包括：1980年實施貸款自建，提供標準圖。1982年更進一步辦理農宅示範村，1984年推行吾愛吾村（徐錦壽，1985：86）。

除土地所有權人自建農舍外，應暫不准變更為建地；九至十二等則農田，有條件的轉供工廠用地及一般建地[10]；已實施農地重劃之農田，除經編定為工業用地及作農舍用地外，應暫不准變更為建地。在此辦法頒布之前，農地上興建農舍（或稱農宅）完全沒有管制。當時台灣的農宅大部份是在光復以前或日據時代興建，農宅興建完全為傳統合院的型式，由設計到施工全由工匠一手包辦，光復初期無論是北部散村或南部集村，佃農或地主的房子都遵循合院型式的原則著手興建，當初並無任何營建管理規則（徐錦壽，1985：86）。此辦法開啟訂定農地興建農舍的規定，使得後來農地興建農舍的成為區域政策下另一造成鄉村蔓延的途徑（張誌安，2005：6-3）。

　　1974年，政府頒布「都市計畫法台灣省施行細則」、「台北市土地使用分區管制規則」、「都市計畫法高雄市施行細則[11]」以及「實施區域計畫地區建築管理辦法[12]」，規定農舍高度限制[13]、建蔽率規定[14]、農舍最大基地建築面積限制[15]、農舍總樓地板面積限制[16]與農舍起造人資格限制[17]。後因人口急遽成長，都市擴張迅速，農舍相關營建細部規則陸續訂定。1989年修正頒佈「農業發展條例」，該法為落實農地農有暨農地農用之政

---

[10] 如轉作工廠用地，應經工業主管機關會同農業主管機關專案核准；如轉作一般建地，除農舍及為發展交通、學校及其他公共設施需用外，應一律暫停核准，並注意不得破壞灌溉及排水系統。

[11] 規範土地類別為都市土地。

[12] 規範土地類別為非都市土地

[13] 農舍高度限制：都市土地部份：台灣省為四層（14公尺）；台北市及高雄市為三層（10.5公尺）。非都市土地部份：台灣省為三層（10.5公尺）。

[14] 農舍建蔽率：在台灣省之都市土地及非都市土地皆為10%；台北市及高雄市之都市土地皆為5%。

[15] 最大基地建築面積：台北市及高雄市之都市土地皆為165平方公尺；台灣省之非都市土地為330平方公尺；台灣省之都市土地並未規範。

[16] 總樓地板面積：台灣省之都市土地為660平方公尺；台灣省之非都市土地為495平方公尺；台北市及高雄市之都市土地並未規範。

[17] 起造人資格：都市土地規定須具備農民身分；非都市土地規定：須為現耕農身分證明及無自用農舍之證明。

策，規定興建農舍除須具備農民身分，對於農民之資格認定以其檢附自耕能力證明書，以資證明。於2000年，農地政策大幅改變，該條例配合修正，放寬農地農有，任何自然人皆可購買農地，惟仍應落實農地農用。對於農舍興建方式並由原來單一選擇之「個別興建方式」，增加了「集村興建方式」，自此農舍興建分為「個別興建農舍」與「集村興建農舍」兩種方式。

（二）現行興建農舍之規定

1. 個別農舍與集村興建農舍申請規定之比較

　　有關農舍興建行為的規範，主要依循農業發展條例第18條授權規定的「農業用地興建農舍辦法」。依據上開辦法之規定，集村興建農舍和個別興建農舍的規範條款雖然略有差異，但兩者興建資格相關限制其實大部分相同，詳見表13-1所示。

　　由表13-1可知，集村興建農舍與個別興建農舍規定的最大區別，主要在於政府對二者之審查內容寬鬆與否，對於個別興建農舍者是以較嚴謹方式審查，然而集村興建農舍者在面積限制、農地持有與設籍規定上則完全不受限制。此等規定雖為鼓勵集村興建，但這樣寬鬆的規定究竟能否達到預期目的？詳究既定政策目標是期望不要在農地上興建農舍，若欲興建農舍應鼓勵農民參與對環境影響較小的集村興建方式為之，但其基本條件限制的要求卻比興建個別農舍者還要放寬，實為可議。其中，在農地條件部份，將面積限制加以解除，使得原本無法興建農舍的農地所有權人，反而可參與興建；又於集村興建農舍部分，將個別農舍申請人須在該地設籍兩年與農地持有兩年以上的限制規定加以排除，使得農地所有權人將農地出售後，新農地所有權人即可參與集村方式興建農舍。如此一來，是否會提供建築業者介入炒作的機會，並吸引非農民與都市居民成為集村興建農舍之起造人，乃本文後續觀察分析之重點。

　　除此之外，集村興建農舍是政府鼓勵之農舍興建方式，若建築物屋頂

設置瓦式或仿瓦式斜屋[18]者且其建築物總樓地板面積高於66平方公尺以上者，每戶給予補助款新臺幣20萬元；再者，若起造人採用主管機關提供之農舍（宅）標準圖者，每戶另補助新臺幣5萬元。但集村興建農舍因前述寬鬆之限制條件，將使得非農民成為起造人，故是否仍應以金錢補助鼓勵興建，以下將進一步探討。

表 13-1　個別農舍與集村興建農舍申請規定比較表

項目＼類別	個別興建農舍	集村興建農舍
申請建築農舍用地	該農地未有農舍興建（即不得重複申請）	（同左）
申請人	為該農業用地之所有權人	（同左）
農業使用之必要	該農業用地應確供農業使用，須取得農業用地作農業使用證明書	（同左）
興建農舍之核定作業	得由農業單位邀集環境保護、建築管理、地政、都市計畫等單位組成審查小組	（同左）
須無自用農舍	須申請財產總歸戶清查並立無自用農舍之切結書	（同左）
年齡限制	年滿二十歲或未滿二十歲已結婚者之成年人	（同左）
興建後移轉限制	須滿五年始得移轉	（同左）
持有面積限制	0.25 公頃以上（但離島地區興建農舍者不受限）	不限
農地持有年限	持有農地兩年以上	不限
設籍年限規定	當地設籍兩年以上	不限
免稅福利	符合農業使用之規定即享有免徵田賦、房屋稅與遺贈稅	（同左）
興建農舍區位限制	不得申請興建農舍之土地之情形有：1. 依區域計畫法編定之水利用地、生態保護用地、國土保安用地。2. 工業區內農牧用地、林業用地。3. 其他違反土地使用管制規定者。	（同左）
特別獎勵措施	無	明定於「集村興建農舍獎勵及協助辦法」

資料來源：本研究參考農業用地興建農舍辦法相關規定加以整理。

---

[18] 集村興建農舍獎勵及協助辦法第6條規定：建築物屋頂按其建築面積至少50%以上設置瓦式或仿瓦式斜屋頂，其斜屋頂之坡度以不小於一比四為原則。

2. 集村興建農舍其他特別規定

依據「農業用地興建農舍辦法」第6條第3款規定，農舍之興建基地須為全部農業用地10%以下，而作為農業使用之配合農地，則須達全部農業用地90%以上，且申請興建農舍之該宗農業用地，扣除興建農舍土地面積後，供農業生產使用部分應為完整區塊。其他不同於個別興建農舍之規定，集村興建農舍另有特別之規定，例如：申請人數、申請方式、建築基地、建築使用強度、臨路規定、公共設施配置與坡度限制等（見表13-2）。而在其應配置之公共設施部份（見表13-3），以戶數多寡來決定其需求，最基本的必要配置公共設施有：各戶停車場、社區訪客用之停車場以及促進農民交流的生活廣場。

表 13-2　集村興建農舍特別規定事項

項目	特別規定	備註
申請人數	20 戶以上	（離島：10 戶）
申請方式	一次集中申請	
建築基地	應完整連接	
農地座落	應位於同一鄉（鎮、市、區）或毗鄰之鄉（鎮、市、區）	應同屬於都市土地或非都市土地
建築基地建蔽率	不得超過 60%，但位於山坡地者不得超過 40%	
建築基地容積率	不得超過 240%，但位於山坡地者不得超過 120%[19]	
面臨道路寬度	10 戶至未滿 30 戶者，為 6 公尺；30 戶以上者，為 8 公尺	
與計畫道路境界線之距離	不得小於 8 公尺	
公共設施配置	停車位、廣場、兒童遊憩場、兒童遊憩場	
坡度限制[20]	平均坡度在 30%以下	

資料來源：詳參農業用地興建農舍辦法第 8 條相關規定，本研究整理。

---

[19] 山坡地建築強度較低，係因山坡地屬環境敏感地區，必須降低其建蔽率與容積率，以確保基（農）地之「容受力」，並維護建物安全。（陳明燦，2006：216-217）

[20] 另參建築技術規則建築設計施工編第262條：山坡地有左列各款情形之一者，不得開發

表 13-3　集村興建農舍之公共設施配置

戶數 公設配置	20-29 戶	30-49 戶	50 戶以上
每戶停車位	至少 1 個	至少 1 個	至少 1 個
社區停車場	2 個車位以上	5 個車位以上	10 個車位以上
廣場	集中留設面積 500 平方公尺以上	集中留設面積 500 平方公尺以上	集中留設面積 500 平方公尺以上
兒童遊憩場	×	集中留設面積 300 平方公尺以上	集中留設面積 500 平方公尺以上
閭鄰公園	×	×	集中留設面積 600 平方公尺以上

附註：1. 本表係按「新竹縣農業用地集村興建農舍審查小組設置暨作業要點」（2007.07.05 公布）第 8 點之規定而編製。該第 8 點另規定，如申請人自願減少建蔽率在 40%與容積率在 120%以下者，應設置公共設施之規定如下：（一）面積 150 平方公尺以上之廣場。（二）面積 100 平方公尺以上之兒童休憩場。（三）面積 300 平方公尺以上之閭鄰公園。
　　　　2. 按「農業用地興建農舍辦法」附表，原規定為 10 戶（應係顧及離島地區之最低戶數），對於不同戶數等級社區停車場的車位數、廣場、兒童休憩場、閭鄰公園等面積，並未有任何規定。
資料來源：詳參「農業用地興建農舍辦法」、「新竹縣農業用地集村興建農舍審查小組設置暨作業要點」之規定，本研究整理。

四、台灣集村興建農舍之現況與問題分析

　　從農地利用層面言，集村興建農舍政策的意旨在於有效解決過去農地上獨棟農舍四處林立、雜亂無章所造成農地無法有效管理利用及衍生農業資源浪費、缺乏競爭力、農民所得無法提昇以及有礙國土觀瞻、導致世界各國對台灣農業環境產生負面評價等問題。惟上開政策施行至今，真有解決以往個別農舍林立所產生之問題？回顧相關文獻發現，多數專家、學者對此抱持著保留態度，吳清輝（2002，2008）分析宜蘭縣個案資料發現，真正從事耕作的農民未必真能認同集村興建農舍之策略與制度設計，且認

　　建築。但穿過性之道路、通路或公共設施管溝，經適當邊坡穩定之處理者，不在此限：一、坡度陡峭者：所開發地區之原始地形應依坵塊圖上之平均坡度之分布狀態，區劃成若干均質區。在坵塊圖上其平均坡度超過30%者。但區內最高點及最低點間之坡度小於15%，且區內不含顯著之獨立山頭或跨越主嶺線者，不在此限。

為集村興建農舍宜回歸一般住宅課題加以處理，若要藉由整合型農地重劃予以提供這類住宅雖是好方法，但主管機關間權責整合恐曠日廢時；陳明燦（2004）進一步指出，集村興建農舍無法善用農村社區土地重劃實施機制以及未能符合農業發展目標等問題；陳博雅（2005，2006，2008）也提到集中興建農舍的誘因不足，需要進行資源、法規整合；張志銘（2007）則由委託代理的觀點，指出集村興建農舍制度之執行涉及不同組織間的多重委託與多重代理關係，在彼此目標不一致及訊息不對稱分析下，反而加速優良農地的流失，偏離當初立法美意。徐世榮（2008）從成長管理觀點審視農舍興建政策，是完全不及格，認為應適度引入成長管理理念，並考量農村居民的需要，訂定完善的縣市整體土地使用計畫以引導發展。

　　周志龍（2008）在舉辦「2008年農地利用與鄉村發展政策研討會」後，對於農舍興建及管理政策提出多項建議，其中與集村農舍興建有密切關連者，主要為：1.於法制面之制度建構為：導正對農舍功能之認知、建立農舍興建許可審查制度，如：以農業使用證明之審查取代現今農民資格檢查；2集村興建農舍及其配套農地的區位，應嚴格規範並列冊管理，非改善農民居住環境者應考量廢止；3.全面實施簡易環評，並成立環境警察或查報系統；4.檢討相關稅制，於農地興建之農舍及農業設施，不應享有免稅優惠（107-108）。

　　為釐清前述的諸多疑慮以及所提相關政策建議之適用性，以下藉由新竹縣集村興建農舍之案例現況，進一步檢視我國集村興建農舍之施行結果，並針對悖離政策目的之問題進行剖析：

（一）參與集村興建農舍之「起造人」並非農民或農業經營者

　　經查新竹縣集村興建農舍所有個案中，尚未有農民自行集結成功之案例，而係多由建商、地政士、規劃公司或建築師以商業營運形態，負責規劃與銷售[21]。由於建商不能買賣農地，故僅能以「募集公司」或「綜合規

21　據本研究於2007年4月11日，訪新竹縣政府農業處輔導課承辦員表示：「目前的建案大

劃公司」來召募集村會員，並為其規劃申請設計，嗣取得建照之後，再由集村農舍公司共有人（20戶以上）委託營造商興建。

　　由於集村興建農舍的有關規範並未限制起造人的農業用地持有年限以及須於當地設籍年限，導致出現「新購農地者」及「都市居民」成為集村興建農舍之參與主體，而「新購農地者」及「都市居民」可能都不是實際從事農業生產之農民[22]。以新竹縣為例，因當地的農舍具備建築設計豪華、基地暨樓地板面積較大，且價位較市區透天住宅為低等誘因，吸引轄區內科學園區之科技新貴以及退休公教人員等中產階級爭相購買，以致參與集村興建農舍之「起造人」多非實際從事農業生產之農民[23]。

部份是由建商、規劃公司和建築師來主導規劃的，少數則是由地政士策劃。」又於2009年3月24日再次詢問時，則表示「於實務作法，建商會先尋找地主談妥條件，再簽定書面契約，約定建商會代為幫忙申請興建集村農舍、並撰寫計畫書、申請必要補助，農民只要坐享其成即可。」

[22] 據本研究於2007年4月11日，訪新竹縣政府農業處輔導課承辦員表示，「現在買農舍的人大概都不是真正的農民了，只要達到符合審核條件，就是農民；大部份購買者大多以科技新貴居多。」當問及目前農民的定義為何？則答以：「現在已經變相，沒有所謂自耕農了，因為政府鼓勵集村興建，所以條件放寬，因此現在沒有所謂的農民。不過我們還是按照規定審核資格，只要你要蓋農舍，有符合這些條件，就是農民，就可以興建農舍了。目前是只要買二分半的地就是農民，就可以蓋農舍，可能以後面積大小的標準又會降低，那就更開放了。」惟經查當時適用之「新竹縣集村興建農舍資格條件審查表」，卻明載審查事項之一為「起造人應為農民且無自用農舍」。如非身為承辦員的代理人有便宜行事的「投機行為」，就是中央主管機關在規則設計時，未能明確界定「農民資格」，導致地方承辦人員必須負擔極大的「辨識成本」，從而難以達成中央政府交辦任務，徒使其偏離政策目標。又於2009年2月13日再次詢問時，則表示「集村農舍制度實在不應繼續推動，因為大部分的申請人並非真正從事農業經營活動者，即使有的話，也只不過是維持最基本農業使用，粗放經營，起不了什麼作用。」

[23] 本研究曾委由時為碩士生的林惠娟前往訪查，為避免先前因暴露身份遭到拒訪，乃改以購屋者身份，於2007年6月4日前往新竹縣新埔一代詢問售地建商A，答以「我們這邊購買者大約都是園區的新貴和即將退休的公教人員」。又於同年6月7日訪新埔鄰近地區建商B，回以「我們這邊會購買的人，大約分成二種年齡層，一種是科技園區的新貴，大約三十歲至四十歲，另一種是準備退休的人，大約五、六十歲。」另者，就此情形詢問一般農民（C1～C5、D1～D4）的見解，受訪者雖以未表示意見者居多，但有表示意見者認為應視情形而定，因為既可允許非農民購買農地，只要尚有農業經營之事實，而非以純住宅目的之農舍興建者，則表示同意由非農民為農舍起造人。

（二）集村興建農舍之「建築基地」（以下簡稱建用農地）多位於特定農業區

　　以集村興建農舍個案最多的新竹縣觀之，迄2008年12月止，該縣核准之集村興建農舍共計32案，從表13-4、圖13-3（及表13-8）可知，農舍建用農地皆屬於農牧用地，共計181,807.85平方公尺，其中以位於特定農業區內面積最多，占總面積比率達81.6%；山坡地保育區次之，占總面積比率15.5%；一般農業區最少，比率占2.9%。探究其原因，多數集村農舍建用農地選擇座落於特定農業區，乃因此等農業區內之排水與道路設備已相當完善，且其區位條件較一般農業區或山坡地保育區更能符合集村興建農舍建築基地對公共設施的需求之故[24]。

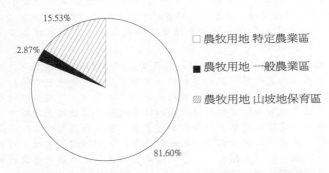

15.53%

2.87%

□ 農牧用地 特定農業區

■ 農牧用地 一般農業區

▨ 農牧用地 山坡地保育區

81.60%

圖 13-3　新竹縣集村農舍建用農地使用分區配置圖

資料來源：本研究整理。

---

[24] 本研究於2007年4月11日，訪新竹縣政府農業處輔導課承辦員A1表示，「我們的案件蓋在竹北、竹東比較多，因為是接近都市邊緣的關係。另外，建築基地大部份是在特定農業區，然後找林地做配合耕地，他們很少會找山坡地保育區的農用地作為配合耕地，因為需要水土保持計畫，而且林地比較便宜，像他們都有成本上的考量，除了購買便宜的配合耕地外，土地也都配到剛好達到1：9的標準。」又於2009年2月13日、3月24日再次詢問：「根據統計資料顯示，建用農地有80%以上在特定農業區，如此情形是否合理？」而受訪者則答以：「現在常有優良農田作為集村農舍基地，而配合耕地卻是次等農地之情事，如此將造成農業環境遭受重大破壞；但這種現象，畢竟是法規並未規定這類用地不可設置於特定農業區所致，故有這樣的結果，我們也相當無奈。」

表 13-4　新竹縣集村興建農舍之建用農牧用地座落區位及面積統計表

單位：平方公尺（㎡）,％

使用分區	特定農業區	一般農業區	山坡地保育區	合計
面積	148,345.37	5,223.00	28,239.48	181,807.85
百分比	81.60%	2.87%	15.53%	100.00%

資料來源：本研究整理（2008 年 12 月 31 日）。

（三）集村興建農舍之「農用農地」多位於山坡地保育區與森林區

承上所言，集村興建農舍建用農地多選擇位於特定農業區，惟因此等農業區地價較高，故考量購地成本，建商在選擇搭配「建用農地」以外90％空地比作為農業經營之「農用農地」時，常不以連接或臨近特定農業區內之農地為優先考量，而多選擇距離建用農地較遠、地價較低之山坡地保育區林業用地或農牧用地為主。以新竹縣為例，「農用農地」區位選擇在山坡地保育區林業用地者多達53.66％，加上39.43％的山坡地保育區農牧用地，選擇低度利用的山坡地作為農業經營之「農用農地」比例更高達93.09％（表13-5、圖13-4及表13-7）。

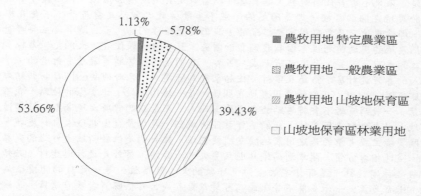

圖 13-4　新竹縣集村農舍農用農地使用分區配置圖

資料來源：本研究整理。

表 13-5　新竹縣集村興建農舍之農用農地座落區位及面積統計表

單位：平方公尺（㎡），%

編定用地	農用農地				
	農牧用地			林業用地	小計
使用分區別	特定農業區	一般農業區	山坡地保育區	山坡地保育區	
面積	19,799.43	100,526.50	686,209.60	933,771.00	1,740,306.53
百分比	1.13%	5.78%	39.43%	53.66%	100.00%

資料來源：本研究整理（2008 年 12 月 31 日）。

（四）建用農地與農用農地距離甚遠

　　經資料調查分析發現，新竹縣竣工之集村興建農舍案件，其「建用農地」與「農用農地」普遍呈現距離相對較遠的現象[25]。試舉該縣二個案例說明如下：

1. 位於新竹縣新豐鄉之集村興建農舍個案，該建用農地座落於新豐鄉員興段（見圖4-1-5之下方偏左側），屬於一般農業區；而該個案之農用農地則位於湖口鄉之祥湖段（見圖13-5之右下方），亦屬於一般農業區。惟

---

[25] 據本研究派員於2007年6月4日前往新竹縣新埔一代詢問售地建商B1，答以「我們的農用農地在關西，是山坡地，車程大約要二十分鐘，至於正確地點在那裡？我也不是很清楚。未來不會有任何規劃，購買者可以當做是買屋的附加價值，供以後子孫運用。至於農地在關西那裡，那是附屬的，並不重要，我們重點是賣房子，不是在那塊農地，那塊農地只是政府規定要搭配的，我們是送給你們的。」「購買者主要考量的是建用農地的交通便利性，因為我們靠近園區，且房價亦較便宜，大約是（每棟）七百多萬到九百萬不等，最高可貸七成。另外，我們是標榜替購買者量身打造的房子，依個人的喜好設計房子格局及建材，住起來更為舒適。」又於同年6月7日訪新埔鄰近地區建商B2，回以「我們的農用農地在關西，是一塊山坡地，但實際的地點，我不是很清楚，一般購買者不會將焦點放在那塊土地上。未來我們會將土地分割，隨起造人的建地大小去分配農用農地，我們不會做任何規劃，最後是交由起造人自行處理。」另「購買者主要考量的是建用農地的交通便利性，像我們是位於新埔與竹北的交界，所以，交通相當方便，開車到高鐵站也只要大約十分鐘，另外是設計與建材，必須為高等級之住宅設計，還有住宅的坐向、坪數的大小及價位…等。像我們的價位為（每棟）七百多萬到一千多萬不等，最高可貸八點五成，可供購買者多重選擇。」嗣後，林惠娟乃至地政事務所調地籍謄本查證，並以時速60公里開車到建商所指地點，發現約需費時30-35分鐘，且此等農用農地則是建商廣告看板所稱「生態農場」，以最自然狀態加以保存。

圖 13-5　新竹新豐鄉個案建用農地與農用農地距離示意圖

資料來源：土地測量局，此處引自林惠娟，2007。

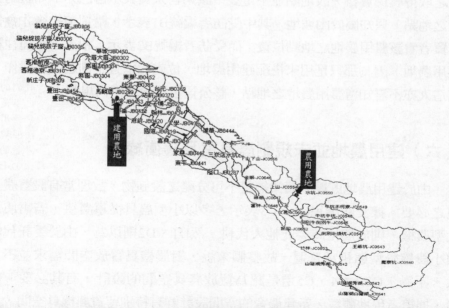

圖 13-6　新竹縣竹北市之集村農舍個案建用農地與農用農地距離示意圖

資料來源：國土測繪中心，此處引自林惠娟，2007。

二者距離遙遠，不利農業生產之經營。

2. 位於新竹縣竹北市之集村興建農舍個案，該建用農地座落於竹北市馬麟厝段（見圖13-6之左方），屬特定農業區；而其農用農地則位於芎林鄉之水坑段（見圖13-6之右下方），屬於山坡地保育區。不僅二者相距甚遠，且經營農業生產之土地條件相對較差，對於提昇農業經營之效果有限。

（五）農用農地上多未有農業經營之事實

集村興建農舍的農用農地，不乏在陡峭的山坡地，現況閒置荒蕪，受訪者編號B1表示，未來將農用農地整平做為爬山休憩使用，並設置涼亭。至於編號B1與B2的受訪者，認為農用農地並非買賣之重點，只是配合政府法令規定而搭配之農地，先將該農用農地移轉予購買集村興建農舍者，使之取得農民資格，故地點並不重要，該銷售人員表示自己亦不知農用農地之地點，只知屬於山坡地。其中受訪者編號B1表示，購買簽約後才會帶購買者看該農用農地之地點位置；而受訪者編號B2表示，根本不需前往該農用農地，因為那只是用來搭配建用農地，位處偏遠且不需起造人耕作，起造人亦不需知道農用農地之地點，該公司也不會作任何規劃。

（六）建用農地並未規劃農具室及緩衝綠帶

由於建用農地既屬和農業經營不可分離之設施物，故理當有設置農具室之必要。據受訪農民C1、C3表示，多以小型農具從事農耕，若需使用大型農機，則於農忙時委託他人代耕。然D1、D2則以為，由於委託代耕與小農經營型態相當普遍，故整體來說，對農機具置放空間需求並不太大。不過，C2、C4、C5還是認為置放農具空間的設計，有其必要。然而，據筆者現地觀察，新建農舍的空間設計鮮有特別留置農機具空間，此即表明其為純供居住的空間，和農業經營並無關連。

至於農業緩衝區的劃設，本為防止農業經營過程中因施放農藥、肥料

對周邊環境的負面影響，惟如反向思考，此等緩衝區的劃設，亦可防止或減緩來自周邊非農業用途可能對農業生產環境的不利影響（Sullivan et al., 2004: 302-303）。換言之，農地變更使用後將對周邊仍供農業用途的土地產生負面影響，如將上述緩衝綠帶設置的觀念加以推廣，當須責令開發者須於變更的用地植草、造林設置綠籬緩衝區等，以提升環境或生態的品質。

　　惟從相關的法規之規定可知，由於建用農地仍屬「農業用地」之一環，無須適用「農業主管機關同意農業用地變更使用審查作業要點規定」，故申請變更農業用地作集村農舍（實則為住宅社區使用）者，不須依規定「於特定農業區、一般農業區，應配置適當寬度（至少為20公尺、10公尺）之隔離綠帶或設施，並具體標繪於土地使用配置圖上」。然而，即使此等集村農舍屬於和農業經營不可分離者，也該明察其興設確對周遭的農業生產環境仍有影響，故設置適當的緩衝綠帶誠為不可或缺。

（七）集村興建農舍個案呈現固定操作模式

　　依據「農業用地興建農舍辦法」第6條第3款規定：「集村農舍之建用農地須為全部農業用地10％以下，作為農用農地則須達全部農業用地90％以上。」依據表4-1-6資料顯示，在新竹縣32個集村興建農舍案例中，農用農地占總農業用地面積比率超過92％者僅2例，佔個案比率6％；農用農地面積比率超過91％者3例，佔個案比率9％；農用農地面積比率90％者27例，佔個案比率85％。由此可知，除少數個案因對操作方式不熟悉，導致農用農地與總農業用地面積比率超過91％外，其他多數集村個案中農用農地占總農業用地面積比率多在90％左右。此乃表示參與集村興建之個案皆有固定操作面積之控制，只要農用農地足夠搭配集村農舍建用農地之規定即可。

表 13-6　新竹縣集村興建農舍建用農地、農用農地占總農業用地面積統計表

單位：平方公尺（㎡）

個案編號	座落地段	戶數	建用農地				農用農地					合計面積
			農牧用地			小計	農牧用地			林業用地	小計	
			特定農業區	一般農業區	山坡地保育區		特定農業區	一般農業區	山坡地保育區	山坡地保育區		
1	竹北市馬麟厝段	22	4,746.00			4,746.00			55,882.00		55,882.00	60,628.00
			7.83%	0.00%	0.00%	7.83%	0.00%	0.00%	92.17%	0.00%	92.17%	100.00%
2	竹東鎮下員段	42	10,222.79			10,222.79			32,979.00	59,767.00	92,746.00	102,968.79
			9.93%	0.00%	0.00%	9.93%	0.00%	0.00%	32.03%	58.04%	90.07%	100.00%
3	湖口鄉湖南段	27	8,072.51			8,072.51	11,798.25		66,361.00		78,159.25	86,231.76
			9.36%	0.00%	0.00%	9.36%	13.68%	0.00%	76.96%	0.00%	90.64%	100.00%
4	新豐鄉員興段	25	4,820.26			4,820.26		48,207.50			48,207.50	53,027.76
			9.09%	0.00%	0.00%	9.09%	0.00%	90.91%	0.00%	0.00%	90.91%	100.00%
5	竹東鎮下員段	23	5,199.90			5,199.90			28,180.00	19,216.00	47,396.00	52,595.90
			9.89%	0.00%	0.00%	9.89%	0.00%	0.00%	53.58%	36.54%	90.11%	100.00%
6	新豐鄉員興段	27		5,223.00		5,223.00		52,319.00			52,319.00	57,542.00
			0.00%	9.08%	0.00%	9.08%	0.00%	90.92%	0.00%	0.00%	90.92%	100.00%
7	竹北市麻園段	22	3,725.00			3,725.00			34,493.00		34,493.00	38,218.00
			9.75%	0.00%	0.00%	9.75%	0.00%	0.00%	90.25%	0.00%	90.25%	100.00%
8	湖口鄉長威段	49	14,841.28			14,841.28	8,001.18		65,655.72	62,400.00	136,056.90	150,898.18
			9.84%	0.00%	0.00%	9.84%	5.30%	0.00%	43.51%	41.35%	90.16%	100.00%
9	竹東鎮下員段	27	6,241.25			6,241.25			7,952.00	49,262.00	57,214.00	63,455.25
			9.84%	0.00%	0.00%	9.84%	0.00%	0.00%	12.53%	77.63%	90.16%	100.00%
10	竹北市麻園段	20	3,495.00			3,495.00			34,133.00		34,133.00	37,628.00
			9.29%	0.00%	0.00%	9.29%	0.00%	0.00%	90.71%	0.00%	90.71%	100.00%
11	竹東鎮上員段	20	5,651.19			5,651.19			52,954.00		52,954.00	58,605.19
			9.64%	0.00%	0.00%	9.64%	0.00%	0.00%	90.36%	0.00%	90.36%	100.00%
12	竹北市麻園段	20	2,460.00			2,460.00			22,926.00		22,926.00	25,386.00
			3.77%	0.00%	0.00%	9.69%	0.00%	0.00%	90.31%	0.00%	90.31%	100.00%
13	寶山鄉雙高段	49			6,482.45	6,482.45				58,770.00	58,770.00	65,252.45
			0.00%	0.00%	9.93%	9.93%	0.00%	0.00%	0.00%	90.07%	90.07%	100.00%
14	竹東鎮富貴段	37	10,327.90			10,327.90			30,098.00	65,339.00	95,437.00	105,764.90
			9.76%	0.00%	0.00%	9.76%	0.00%	0.00%	28.46%	61.78%	90.24%	100.00%
15	寶山鄉雙高段	29			6,345.85	6,345.85			850.00	56,735.00	57,585.00	63,930.85
			0.00%	0.00%	9.93%	9.93%	0.00%	0.00%	1.33%	88.74%	90.07%	100.00%
16	新埔鎮仰德段	28			7,830.29	7,830.29			4,216.00	78,401.00	82,617.00	90,447.29
			0.00%	0.00%	8.66%	8.66%	0.00%	0.00%	4.66%	86.68%	91.34%	100.00%
17	新埔鎮義民段	29	4,913.00			4,913.00				48,070.00	48,070.00	52,983.00
			9.27%	0.00%	0.00%	9.27%	0.00%	0.00%	0.00%	90.73%	90.73%	100.00%
18	竹東鎮富貴段	25			7,580.89	7,580.89			44,064.00	25,510.00	69,574.00	77,154.89
			0.00%	0.00%	9.83%	9.83%	0.00%	0.00%	57.11%	33.06%	90.17%	100.00%
19	芎林鄉富林段	28	4,859.21			4,859.21			13,415.00	30,924.00	44,339.00	49,198.21
			9.88%	0.00%	0.00%	9.88%	0.00%	0.00%	27.27%	62.86%	90.12%	100.00%
20	竹北市麻園段	20	2,460.00			2,460.00			23,370.00		23,370.00	25,830.00
			9.52%	0.00%	0.00%	9.52%	0.00%	0.00%	90.48%	0.00%	90.48%	100.00%

表 13-6　新竹縣集村興建農舍建用農地、農用農地占總農業用地面積統計表

單位：平方公尺（㎡）

個案編號	座落地段	戶數	建用農地 農牧用地 特定農業區	建用農地 農牧用地 一般農業區	建用農地 農牧用地 山坡地保育區	建用農地 小計	農用農地 農牧用地 特定農業區	農用農地 農牧用地 一般農業區	農用農地 農牧用地 山坡地保育區	農用農地 林業用地 山坡地保育區	農用農地 小計	合計面積
21	竹北市溪洲段	25	5,520.00			5,520.00			50,000.55		50,000.55	55,520.55
			9.94%	0.00%	0.00%	9.94%	0.00%	0.00%	90.06%	0.00%	90.06%	100.00%
22	芎林鄉富林段	23	3,861.64			3,861.64			12,075.00	22,792.00	34,867.00	38,728.64
			9.97%	0.00%	0.00%	9.97%	0.00%	0.00%	31.18%	58.85%	90.03%	100.00%
23	竹北市溝貝段	29	4,745.00			4,745.00				49,711.00	49,711.00	54,456.00
			8.71%	0.00%	0.00%	8.71%	0.00%	0.00%	0.00%	91.29%	91.29%	100.00%
24	竹北市溪洲段	39	5,982.00			5,982.00			36,653.33	17,740.00	54,393.33	60,375.33
			9.91%	0.00%	0.00%	9.91%	0.00%	0.00%	60.71%	29.38%	90.09%	100.00%
25	芎林鄉富林段	27	4,528.65			4,528.65			37,535.00	3,372.00	40,907.00	45,435.65
			9.97%	0.00%	0.00%	9.97%	0.00%	0.00%	82.61%	7.42%	90.03%	100.00%
26	竹北市溝貝段	28	4,321.00			4,321.00				43,549.00	43,549.00	47,870.00
			9.03%	0.00%	0.00%	9.03%	0.00%	0.00%	0.00%	90.97%	90.97%	100.00%
27	竹北市溝貝段	20	3,233.00			3,233.00				32,270.00	32,270.00	35,503.00
			9.11%	0.00%	0.00%	9.11%	0.00%	0.00%	0.00%	90.89%	90.89%	100.00%
28	竹東鎮上員段	42	5,970.52			5,970.52				53,920.00	53,920.00	59,890.52
			9.97%	0.00%	0.00%	9.97%	0.00%	0.00%	0.00%	90.03%	90.03%	100.00%
29	新埔鎮仰德段	27	5,485.35			5,485.35			4,700.00	46,856.00	51,556.00	57,041.35
			9.62%	0.00%	0.00%	9.62%	0.00%	0.00%	8.24%	82.14%	90.38%	100.00%
30	竹北市溝貝段	28	4,278.00			4,278.00			1,735.00	52,392.00	54,127.00	58,405.00
			7.32%	0.00%	0.00%	7.32%	0.00%	0.00%	2.97%	89.70%	92.68%	100.00%
31	新埔鎮仰德段	29	5,891.29			5,891.29			25,982.00	33,933.00	59,915.00	65,806.29
			8.95%	0.00%	0.00%	8.95%	0.00%	0.00%	39.48%	51.56%	91.05%	100.00%
32	竹東鎮上員段	20	2,493.63			2,493.63				22,842.00	22,842.00	25,335.63
			9.84%	0.00%	0.00%	9.84%	0.00%	0.00%	0.00%	90.16%	90.16%	100.00%
合計	戶數／面積	906	148,345.37	5,223.00	28,239.48	181,807.85	19,799.43	100,526.50	686,209.60	933,771.00	1,740,306.53	1,922,114.38
			7.72%	0.27%	1.47%	9.46%	1.03%	5.23%	35.70%	48.58%	90.54%	100.00%

資料來源：新竹縣政府農業處（2008 年 12 月 31 日）。

　　故在集村農舍建用農地確定興建面積與戶數後，再選擇所須之低價偏遠的農用農地，達到90％即可，若多加搭配農用農地，只是徒增農地成本；反之，若先確定農用農地面積，再尋找集村農舍建用農地，亦會選擇適合之建用農地面積，達到與農用農地搭配後10％以內即可。根據「農業用地興建農舍辦法」規定，農舍之起造人應為農民，農民所持有農地面積應有不同，若集合二十戶以上之農民土地再搭配所需之集村農舍建用農地後，因個案之差異性，在農舍建用農地與農用農地之比率上應有所差距，

並應有部份個案會呈現差距稍大情形，多數個案中之農用農地，在自然情況下理應高於90％以上甚多，但事實上並非如此。由此可知，目前集村興建農舍個案中，建用農地與農用農地面積之搭配，皆為人為操作，且呈現固定操作模式，這也是建商介入操作之明顯結果。

（八）集村農舍各起造人持有面積多數未達個別農舍興建面積之標準

農業發展條例規定，於自有農地上興建個別農舍者，其持有農地面積須達0.25公頃以上。惟政府為鼓勵農民參與集村方式興建農舍，去除農地面積持有之限制，致使未達0.25公頃之農地亦可參與興建，加上集村興建農舍有專案分割之特許，造成農舍興建起造人參與興建之面積多數未達0.25公頃。

以新竹縣32個案分析可知，平均每位起造人總面積達0.25公頃以上者，僅佔7個個案，其他25個個案均未達0.25公頃以上，而該縣各起造人參與之農地面積平均為2,121.54㎡，並未達0.25公頃。故在農地保護面積方面，集村興建農舍並未較個別農舍所保護之面積多，反較個別農舍為低（見表13-7）。

（九）集村興建農舍個案之農地遭到細分

集村興建農舍措施，因起造人條件限制寬鬆，使得建商能在符合法令規定下，先將「農用農地」分割後，售予購買集村興建農舍者，使之擁有「農用農地」而具有「興建農舍」資格。至於「集村農舍建用農地」則以「專案分割」方式先予以「假分割」，並附上分割協議書，向主管機關申請審查，待審查核准，即辦理正式分割並開始集村農舍之興建。而無論是「農用農地」或「建用農地」，皆有農地遭到細分之情形發生。「農用農

表 13-7　新竹縣集村興建農舍個案每起造人平均持有農地面積表

單位：平方公尺（㎡）

編號	座落地段	戶數	農地總面積	平均每戶總面積	編號	座落地段	戶數	農地總面積	每戶面積
1	竹北市馬麟厝段	22	60,628.00	2,755.82	17	新埔鎮義民段	29	52,983.00	1,827.00
2	竹東鎮下員段	42	102,968.79	2,451.64	18	竹東鎮富貴段	25	77,154.89	3,086.20
3	湖口鄉湖南段	27	86,231.76	3,193.77	19	芎林鄉富林段	28	49,198.21	1,757.08
4	新豐鄉員興段	25	53,027.76	2,121.11	20	竹北市麻園段	20	25,830.00	1,291.50
5	竹東鎮下員段	23	52,595.90	2,286.78	21	竹北市溪洲段	25	55,520.55	2,220.82
6	新豐鄉員興段	27	57,542.00	2,131.19	22	芎林鄉富林段	23	38,728.64	1,683.85
7	竹北市麻園段	22	38,218.00	1,737.18	23	竹北市溝貝段	29	54,456.00	1,877.79
8	湖口鄉長威段	49	150,898.18	3,079.55	24	竹北市溪州段	39	60,375.33	1,548.09
9	竹東鎮下員段	27	63,455.25	2,350.19	25	芎林鄉富林段	27	45,435.65	1,682.80
10	竹北市麻園段	20	37,628.00	1,881.40	26	竹北市溝貝段	28	47,870.00	1,709.64
11	竹東鎮上員段	20	58,605.19	2,930.26	27	竹北市溝貝段	20	35,503.00	1,775.15
12	竹北市麻園段	20	25,386.00	1,269.30	28	竹東鎮上員段	42	59,890.52	1,425.96
13	寶山鄉雙高段	49	65,252.45	1,331.68	29	新埔鎮仰德段	27	57,041.35	2,112.64
14	竹東鎮富貴段	37	105,764.90	2,858.51	30	竹北市溝貝段	28	58,405.00	2,085.89
15	寶山鄉雙高段	29	63,930.85	2,204.51	31	新埔鎮仰德段	29	65,806.29	2,269.18
16	新埔鎮仰德段	28	90,447.29	3,230.26	32	竹東鎮上員段	20	25,335.63	1,266.78
合計	總戶數	906	總面積	1,922,114.38		平均每戶面積			2,121.54

資料來源：本研究整理（2008 年 12 月 31 日）。

地」為「集村農舍建築用地」預設90％以上空地比，建商先覓「集村農舍建築用地」面積確定後，再搭配足夠之「農用農地」即可，分割前之「農用農地」可能為單筆或數筆農地，分割後即成為二十筆以上之農地。又「建用農地」之「專案分割」，亦是從單筆或數筆農地，經分割[26]後而成為二十筆以上之農地。

五、台灣集村興建農舍之成效檢視

按「集村興建農舍」係為改善現行「農舍政策」的缺失，落實「農地政策」農地農用的原則，以追求「農業政策」三生農業的終極目標。因此，上開措施有無達成既定的政策目標，發揮制度執行應有的成效，實有必要進一步加以檢視。爰此，本文從生產、生活、生態、執行等四個面向分析集村興建農舍施行至今有無改善以往「農舍政策」的缺失，落實「農地政策」的原則，達到「農業政策」的目標，並進一步探討該制度設計理念有無缺失、實際執行手段是否妥適等問題，俾利後續提供建議。

（一）「生產面」的分析

1. 現行集村興建農舍所配合的「農用農地」多數位於貧瘠荒蕪、低生產力的偏遠山地，且大部分呈現低度利用的情形（如整地設置涼亭等），不僅無法有效提升農業經營效率與產能，更沒有達到農地政策所揭櫫的落實「農地農用」理念，徒使增進安定效率的農業生產目標成為空談。
2. 由於現行集村興建農舍不限「農用農地」需為連接之土地，而允許參與興建起造人之農用農地，散佈於毗鄰鄉鎮農業用地，導致耕作之「農用農地」與居住之「建用農地」距離相去甚遠，不符農民就近務農之習

26　亦可以共有形式，由二十戶以上共同持分，雖無分割，卻亦造成共有人增加之情形。

慣[27]，且因所耗交通運輸成本與通勤時間較高，亦對農業經營造成負面衝擊。

3. 由於集村興建農舍法令限制寬鬆，造成農用農地嚴重細分且分散各地，平均每位起造人持有之農地面積多數未達0.25公頃，無法確實維護完整的農地面積，整合有效率的農業經營坵塊，不僅無助於農業機械之推廣使用，亦難以達成擴大農場經營規模之目標。

4. 目前集村興建農舍個案之建築設計規劃，皆與一般社區住宅空間配置無異，並未設置農具置放空間，加上建用農地與農用農地距離遙遠，無法有效成為農業使用的一部份。換言之，目前建用農地上興建的集村農舍，多非農用農地之必要設施物，幾無裨助農業經營之功能，更遑論達到提升農地利用效率之目標[28]。

（二）「生態面」的分析

1. 特定農業區為台灣優良之農業生產用地，且多有經過農地重劃[29]。多數學者主張特定農業區不得興建農舍，以維護我國農業生產環境。惟因法規並未限制集村興建農舍建築基地不得位於特定農業區，而特定農業區因其基礎設施完善，在區位條件優於一般農業區，乃成為選擇興建區位之首選，但因建用農地之開發無須循開發許可制提出申請變更，原則上

27　本研究曾於2007年6月7日派員針對新竹縣某個案實地開車量測「農用農地」與「建用農地」距離發現相距約三十公里，車程達三十分鐘，此等情形業已遠遠超過就近受訪農民（C1～C5，D1～D4）認為農舍與農地最適距離應為三至五公里之平均標準。

28　就農業發展條例第3條第10款規定以觀，農舍應是與農業經營不可分離者；且向來司法實務之見解均認為「所謂農舍，應以耕作為目的或為便利耕作而建，以供堆置農具、肥料或臨時休息之用，非以解決承租人家族實際居住為目的。」（最高法院64年台上字第571號判例、最高法院83年台上字第2636號判決、台灣高等法院台中分院97年上字第155號判決）。就此而言，如所建房屋係供居住之用，即與農舍有間，不符集村興建農舍之政策目標。

29　農地重劃係一種綜合性的農地改良；其目的在改善農場結構；經過交換分合，使坵塊整齊集中，並使每一坵塊直接臨路，直接灌溉，直接排水。如此整個生產環境改善之後，便於使用農業機械，推行農業機械化，節省勞力，降低生產成本。（張研田，1982：60）

仍屬農業用地「容許使用」之一環，並不受開發為住宅區需設置隔離綠帶之限制，如此恐將導致特定農業區之優良農業生態環境因此等用地變更而遭受破壞，實應值得關切。

2. 依統計結果顯示，在新竹縣的興建個案部份，屬優良農田、可以作為都市發展緩衝之特定農業區多成為集村農舍之建用農地，提供興建集村農舍之用地；而山坡地、林地等環境較敏感、容易發生土石災害的地區，反成為農業經營使用之農用農地，顯已本末倒置。為保護我國之農業生態環境，集村農舍建築基地區位實應予以規範與限制，以發揮農地涵養水源、保護土壤、淨化環境的生態功效。

3. 綜上所述，目前集村興建農舍方式雖可提升居住環境品質，卻未遂行「保護農業生態環境」之理念。又本文發現，集村興建農舍目前已淪為建商逐利之商品標的，在建用農地的選擇方面，其考量農地座落地區具有交通、道路與排水系統等完善之基礎設施[30]，選擇在特定農業區者，占八成以上之比例。而在農用農地區位之選擇，則以低利用度、貧瘠之山坡地保育區為主。應被保護之特定農業區，反將之成為集村興建農舍之建築用地，卻將山坡地視為農業利用之用地。由此可知，集村興建農舍制度並未達到保護優良農田之目的，反因區位選擇之偏好，破壞極多特定農業區之農地；截至2008年12月底止，僅只新竹縣個案之建用農地面積，即已超過18公頃，面積似乎不大，但因區位分散，儼然已成為破壞農業生態環境之病癥。故集村興建農舍制度，已成為破壞優良農地生態環境之營利商品制度。

（三）「生活面」的分析

1. 集村興建農舍在高級別墅商品的規劃、包裝操作之下，吸引了高收入之

30　基層設施（Infrastructure）是經濟建設的基本條件，包括的項目很多；其中鐵路、公路、港口、航空、電力、水庫與灌溉排水系統，關係最為密切，最後一項更是農業發展的先決條件。各種交通設施，包括鐵路、公路、港口、航空，是現代農業經營的必要條件；農用品的進口、運輸、配售；農產品的運送、輸出，均有賴完善的交通設施。（張研田，1982：34-35）

　　非農民前往購買，加上農民於鄉間地區多已有住屋，且農業收入不足以支付生活支出，在經濟條件不佳的情況下，對高價位之集村興建農舍個案，少有購買能力與參與興建的動機，導致「非農民」成為主要的集村農舍起造人，此一現象實與現行的農舍政策理念大相逕庭。

2. 理論上，集村興建農舍之「召集人」係為整合召集農民、設計出妥適的集村個案，並協助進行農舍興建。惟實務上由於農民對法令不甚熟悉，無法自行集結興建，以致目前集村興建農舍個案之召集人多以建商為主，造成集村興建農舍成為建商營利之標的[31]。

3. 由上述得知，非農民已成為多數集村興建農舍之起造人，並可依據「集村興建農舍獎勵及協助辦法」，向政府申請二十萬至二十五萬不等之補助款，使得農民特有之補助專款，由非農民申請領取，故集村興建農舍在金額補助方面，無法落實嘉惠農民的政策美意。此外，依現行規定農地所有權人，無論為農民或非農民，皆可成為農舍之起造人，而同享有農地免稅之優惠。惟農舍因屬農業經營不可分離之設施物，應以農業使用需求而興建，只有在農用的原則下之才能享有之興建使用權利，在現行農民定義不明確的情況下，非農民成為集村興建農舍人，而該集村興建農舍已成為另一種「住宅型」社區，又能享有優惠稅賦，殊不公平（陳明燦，2006：219）。

4. 根據深度訪談發現，即使訂有補助款之獎勵，農民興建農舍時亦不願使用「農舍標準圖」，此乃由於農民認為自行興建農舍在選擇建築型式與設計之自由度較高，加上集村興建農舍之設計並不能符合本身務農之需求[32]，因此，即使政府給予金額補助，鼓勵農民參與集村興建農舍，亦

---

[31] 有關農民瞭解集村興建農舍法令的程度，經探訪農民，無論其是否居住在農舍，只有C1表示聽過但不太清楚，其餘都表示不瞭解，由此顯示政府在宣導集村興建農舍相關法令之成效不彰。這些受訪者的農地位於集村興建農舍個案的周邊，然在詢問農民是否知道此等個案時，發現農民多表示「知道有蓋房子」，但因無購屋需求或經濟能力不許可，故皆未前往該集村興建農舍之「召募處」探詢。

[32] 有關農民對採用農舍標準圖意願之情形，只有C1表示可能會採用，C2表示沒意見，其餘則說不會採用。經問其源由，多數受訪者表示，標準圖並不符合實際需求，寧可自行設計空間配置。另部份農民表示，為節省興建成本，農舍只要興建簡易居住之即可。

未提升農民參與意願。故政府應深入了解各地農民需求，分別訂其農舍標準圖，方能促使農民採用。

5. 由於目前集村個案之參與興建者，多以非農民為主，而非以農民為建築設計對象，因此，雖集村興建農舍能提供優質居住環境，但仍無法確實幫助農民提昇其生活環境品質，以致未能真正落實集村興建農舍之政策美意。

（四）「執行面」的分析

1. 集村興建農舍審核過程流於形式，各縣市執行單位在接受集村農舍興建個案申請後，僅依據所附文件資料為形式審核，並未將農民資格與農用農地為實質之審核。因此，在農民資格部份，僅須附上起造人之「農用農地」並切結無自用農舍，即認定該起造人具有參與集村興建農舍資格，對於起造人是否為農民，並無任何實質審查規定，致使集村興建農舍起造人資格的浮濫。另外，執行機關僅對建用農地為現場勘察，並未勘察各起造人之農用農地現況，根據訪談執行機關表示，農用農地只須附上各鄉鎮公所核發之「農業用地作農業使用證明」即可。另因法令並未限制山坡地保育區為農用農地，又執行機關亦漠視農用農地是否具農業利用價值與效率，未到場實際勘察，以致農用農地高達80％以上屬於低利用度之山坡地保育區。

2. 集村農舍興建後續管制未確實執行，由於各縣市政府農業局為該縣市集村興建農舍之審核單位，但該單位未能確定每一個案後續進度。以新竹縣為例，因集村興建農舍之申辦過程，「農業輔導課」僅在最初之書面形式上審查與簡單之現場勘查之角色，核准集村農舍個案後，除非主動詢問起造人進度，否則對於該案之後續興建等情形並無法得知。而興建後集村農舍是否農用之管制屬於「農業企劃課」所管理，但是未有明文規定核發農舍使用執照之「建管單位」須在核發農舍使用執照後，行文農業企劃課或原審核之農業輔導課，告知該案進度並通知列入農舍使用管理。至於集村興建農舍應由何單位來管理呢？根據訪談執行機關表

示，興建農舍後應回歸建築管理辦法與區域計畫法之管理，而非農業單位所管轄。惟農舍係「農業使用」之一部份，農舍是否農用應為農業單位之職責，故在農舍是否符合建築法規與安全結構部份雖屬營建單位之權責，但在興建後之使用管制部份仍應由農業單位作後續督察較妥，此係因日後該農舍移轉時仍須由該農業單位負責現勘並核發「農業用地作農業使用證明」之故。又依據「農業用地興建農舍辦法」第6條第3款規定，興建農舍之建蔽率不得高於10％，其餘90％的土地仍繼續維持農用，故農舍所處基地雖然其上具有合法提供住宅之建物，其外觀亦與一般住宅無異，但其基地並非屬「建築用地」，而是仍供「農業使用之農業用地」，不得要求將農舍所在之土地變更編定為各種建築用地；然若農業用地欲開發為農村之住宅，卻須另依區域計畫法、都市計畫法相關土地之開發或變更使用之法令規定辦理（邱金火、葉英娟，2005：5）。由於集村興建農舍基地仍屬於農業用地，亦不得申請變更為建築用地，是以建管單位與農業單位應不定期主動勘察，若有違規使用情事，應命其限期回復使用較妥。

3. 政府並未向農民積極推廣集村興建農舍制度，根據訪查農民發現，雖擁有農地農民之住所毗鄰集村興建農舍個案，惟仍有多數不知道該個案為集村興建農舍，另農民對集村相關法令表示未曾聽過者佔極多數，可見政府於實施集村興建農舍制度之際，並未積極推廣讓農民了解其概況，致使農民可能因對相關法令並不熟悉，而未以參與集村興建農舍為選擇農舍興建方式之考量[33]。

4. 有關集村興建農舍「募集公司」代銷行為之合法性暨成員召募方式，在現行法規上並無具體規範。由於集村興建農舍現在皆由建商規劃、銷售（或稱募集）並負責興建，加上集村興建農舍須集合20戶以上之農民，並且共同一次向審查單位申請，在尚未開始建築或尚未建築完成之建築

---

[33] 經探詢受訪農民表示不願意、非常不願意者之理由，C1、C2答以設計還得找人，C3、D1、D2答以經濟尚有困難，其餘受訪者則覺得手續麻煩。由此顯示，如何簡化手續並協助經濟弱勢者解決問題，是為當務之急。

物，應將之視為「預售屋[34]」性質，而集村興建農舍須歷經募集、規劃、申請、興建、完工等階段，故比一般建築物之興建所須時間還長，相對地，相關交易風險將更為提高，若起造人因集村農舍興建案與建商有消費爭議，如何適用消費者保護法規以保障起造人，亦為政府應予重視之課題。

六、結論與建議

曾幾何時，台灣田間破落的老宅悄悄地換上別墅豪宅的新裝，鄉間老農日出而作、日落而息的身影也開始被新興的中產階級所取代，這樣強烈對比的景象交織出現代農村寫真，娓娓地訴說著台灣農業不斷沒落以及農地逐漸流失的真實故事，也反映出政府的農舍政策無法在產業變遷的過程中發揮應有的功能與效用。

所謂「放寬農地農有」必須建築在能夠「落實農地農用」的條件之上。惟本文發現，參與集村方式興建農舍，因放寬條件與專案分割之特許，讓建商能視為商機而居中操作規劃，都市居民亦為築屋鄉間、坐擁田園的建案所吸引而先購買配合農地並隨即參與集村興建。從而，農舍淪為非務農之都市居民的另一住宅選擇，成為高級別墅社區的代名詞。又因專案分割後之配合農地面積不大且多在偏遠地區，非務農者如何經營配合農地部分，能否真正落實農地農用，皆不無疑問。換言之，現階段以集村方式興建農舍之亂象，不僅僅是中央及地方組織未能有效合作、訊息無法充分流通，激勵誘因及監督配套無法有效落實等委託代理問題而已，更重要的是實務執行手段與制度設計理念出現悖離的情形，與農舍政策立法當時的理念完全相左。

爰此，本文以環境永續（生態面）、社會公義（生活面）、經濟效益（生產面）、運作效率（執行面）等農地政策永續發展之核心概念，檢視

34　預售屋：指領有建造執照尚未建造完成而以將來完成之建築物為交易標的之物。

集村興建農舍施行成效，並藉由新竹縣的個案分析，歸納建議以下農地政策對於集村農舍興建的指導原則：

（一）集村興建農舍，應與農業經營密切關連

　　農業設施既是農業經營所必須，則興建屬於相關設施物的農舍當是與農業經營不可分離。為便於農民就近照顧農務，以往允許農民在其農地上興建個別農舍，然卻因管理不善，以至於對生產、生態與生活帶來之負面影響；如今，為紓解所困，乃希藉選就鄰近經營農地之處集村興建農舍，方能持續進行農事。申言之，與農業經營不可分離的集中式農舍，應有如下性質：

1. 集中式農用農舍應有別於一般住宅：農用農舍因需兼顧農業經營之需，故其與經營農地不可距離過遠，約以半徑1至5公里的範圍為度[35]。如果超越此一範圍，則無異於供作一般住宅使用，難以支應農業經營之需。

2. 集中式農用農舍應支援營農的農民：農民是農業經營的主體，故這種農舍的興建應以支援其經營農業為最優先，並符合其生活之需。惟農民的定義，仍應嚴謹界定為「擁有農業用地並直接從事農業生產之自然人」，而不是擁有「供農業使用土地之人」[36]。

---

[35] 據受訪農民表示，可以接受集村農舍座落處與農用農地之距離以5公里內者為限。

[36] 於2009年3月24日電訪新竹縣政府承辦員，答以「…但現在棘手的是，集村興建農舍對農民的身份其實並未查核，只有審核是否具備農用證明？也就是說，若具備農用證明即可核可，並未真正審核農民身份。…未來解決的方案，或可在申請時，要求附上農業經營計畫書，因農業興建要與農業不可分離，故或許這是個可行的方式。但是，若事前農民身份未充分限制，只憑農用證明而缺乏經營之事實即可來申請，法令這樣規定也拿他沒法子。故未來必須從兩方面著手，一為事前農民資格審核，非只審核農用證明，以為事後管控是否有按照農地農用經營之事實。」

（二）儘量避免於特定農業區集村興建農舍，以保護優良農地

農業區的劃設，理應考量農業發展、基本糧食安全，積極保護重要農業生產環境及基礎設施。因此，農業區以供農業使用為主，其土地、建築物及設施之使用，不得妨礙劃設之目的。農業區因其使用之特性，可依其基礎條件之高下，進一步加以劃分次區。以現行非都市土地使用管制制度而言，係就農業區劃分為特定農業區和一般農業區。就其劃分條件而言，曾經或已進行投資建設重要農業改良設施之農地被劃入特定農業區之內，而其他仍供農用的農地則被劃入一般農業區[37]；再者，由於特定農業區的生產條件優良，單位產量較高，坵塊方整，生產規模大、成本較低，對於維持糧食安全的公共財效益較一般農業區還大[38]。由此可知，特定農業區屬於優良農地，應該優先保護，並避免如農舍等農業經營相關設施物過於零散分布。

或謂農舍既然為生產和生活功能兼具的設施物，理當無須考量其是否座落在優良農地的區位之上。惟如前述，在以農為主的經濟結構下，農舍

---

[37] 製定非都市土地使用分區圖及編定各種使用地作業須知（2002年3月11日內政部台內中地字第0910083763號函修正）第6點規定：「非都市土地使用分區之劃定原則：（一）特定農業區—有下列各目情形之一者，得會同農業、糧食、水利主管機關劃定為特定農業區。1、曾經或已進行投資建設重要農業改良設施之土地。2、現為田地目土地、或其他地目實際已從事水稻生產之土地。但區域性生產力較差之低等則或不適農作生產之水田，不在此限。3、位於前二目土地範圍內供農業或非農業使用之零星土地，應一併予以劃入。（二）一般農業區—特定農業區以外，可供農業使用之土地，得會同農業、糧食主管機關劃定為一般農業區。」

[38] 根據上開作業須知第7點規定：「非都市土地使用分區檢討之原則：1、劃定或檢討變更為特定農業區—（1）優良農地。（2）曾經投資建設重大農業改良設施之地區，如辦理農地重劃、灌溉、排水等工程地區。（3）經農田水利會認定供水能力可達者。（4）面積完整達二十五公頃以上者。2、劃定或檢討變更為一般農業區—（1）特定農業區以外，供農業使用之土地。（2）特定農業區內，生產力較低或地層下陷、都市邊緣、已被建築用地包圍之零星農地及不適農作生產之地區。（3）鄰近都市計畫或重大公共建設之農業生產地區。」由兩種農業區的劃設條件可知，前者優於後者。雖然，由於現行非都市土地使用管制制度執行不良，以致於農業區的劃設條件和實際狀況有所相違，但因本文論述目的不在於建構農業區劃設之基本原則，故假定當前特定農業區的三生條件，仍較一般農農業區略勝一籌。

的生產功能還大於居住功能；但隨著經濟結構轉為以工商為主之後，農舍的功能也隨之轉變，生活的功能逐漸凌駕生產功能之上。又因交通工具發達，營農可在離農舍不遠處進行。然而，伴隨著規範建築物樓層、高度、建蔽率的營建管理規則的產生，建材的改變，竟使一幢幢的水泥建物散置田間，農家廢污水排放欠缺妥善管理，對周遭環境的影響也就擴大。

因此，農舍座落的位置，也就起了關鍵的作用。特定農業區多為辦理農地重劃等重大投資建設之地區，如將農舍個別興建於田間，恐因農家廢污水排放未能集中處理，致使鄰近農地遭受污染。或有論者以為，這些辦竣農地重劃地區因道路寬敞，進出方便，已成為變更使用的最佳標的。然而，這些進行大量農業投資的優良農地，仍應以直接生產為重，是以避免占用過多面積興設農舍，乃有必要[39]。

據悉，為避免影響農業生產環境及農村發展，有關「農業用地興建農舍辦法修正草案」，曾規範申請興建農舍需符合下列條件：（1）以集村方式興建農舍坐落之建築基地，不得位於特定農業區經辦竣農地重劃用地。但集村興建農舍各起造人提出申請之農業用地皆屬於特定農業區經辦竣農地重劃用地者，不在此限；（2）農舍之興建，不得影響直轄市或縣（市）主管機關執行中之區段徵收或土地重劃事業；（3）農舍之興建，不得影響具有保存歷史、文化、藝術、紀念價值農村社區之發展[40]。然而，或因以集村方式興建農舍坐落之土地，究竟屬於建築基地，還是屬於農業用地，仍有疑義，尚未納入正式法令規範。惟經辦竣農地重劃用地理當供作農業經營之用，以免藉集村方式興建農舍佔用過多土地，有礙維護農業經營適度規模，方達成保護優良農地的目標。

39　經於2009年2月13日訪查A1，答以「在現行制度設計上，建議禁止於農地重劃區興建集村農舍。」

40　參見「農業用地興建農舍辦法修正草案總說明」，2007.07.17搜尋自：www.swcb.gov.tw/System/SubSYS/Bulletin2/File/2004/7/修正總說明及對照表.doc

（三）集村興建農舍應為農民專屬之權利

集村方式興建農舍既為支援農業經營之所需，則農舍之起造人應為農民，允許其於自有農地上興建農場經營所需之農舍，以增其營農之便利性，促進農地利用。同時，為鼓勵農地農用，並減低農民的農地或農舍的持有成本，則農用與建用農地同享地價稅、土地增值稅、遺贈稅等賦稅減免的優惠，而農舍亦可享有免納房屋稅的優惠。而集結二十戶以上之農民，共同選擇以集村方式興建所需之農舍，除了享有如同個別農舍在稅捐方面之優惠待遇外，應以處於經濟弱勢之農民為優惠獎勵的實施對象，方符合社會公義。

惟集村興建農舍雖是農民專屬之興建權利，但因涉及集合興建農舍之建築行為，且農民對於法令並不熟悉，勢必容易導致建築商、營造商或建築師等，居中為農民代理並興建其集村農舍。又因集結二十戶以上的農民，並非易事，建商等亦可能成為農舍興建之召集人，以協助農民處理建築設計興建等相關事宜。是以，集村興建農舍制度設計或可考量由農會居中協助，由農會協助農民擬定「農業經營計畫書」，而地方政府亦須查核其有否按該計畫使用，以落實農地農用目標，以防杜集村興建農舍成為建商炒作農地之逐利標的。

（四）農用農地應有農業經營之事實，並以提高農作生產效率為目的

農地為經營農業之場所，也是農民收入的主要依靠。是以，農民參與集村興建農舍後，理當促其繼續使用其農業用地，以持續獲得執行農務之收入，維持其生活所需。如圖13-2集村興建農舍運用發展權移轉後之概念圖可知，集村興建農舍為集合各農民之持有農地於同一區塊興建農舍，該興建處所即為建用農地；如此方能維持農用農地的完整性，以利運用大型農機具，並便於執行農務以提高其生產效率。又為確保其有農業經營之事實，於其申請集村興建農舍時，理當附有共同之農業經營計畫，並按計畫

管制其土地使用，以提高其農業生產效率。如此一來，農用農地之面積得以維持完整，農民又共同聚集於鄰近的生活場所，使得農民間互助與生活之聯結更為緊密，進而提高農產之收入並改善農民之生活。

（五）集村方式興建農舍應達成維護農業、農民、環境等多重目標

集村興建農舍是為取代個別農舍的較優措施，因而，為能落實此等理念，其關鍵所繫即為採取措施之合理性與必要性。要言之，實施集村興建農舍應較個別興建農舍，能夠達成下列之多重目標：

1. 在保護農地生態方面：集村興建農舍應維持農業生產區塊之完整性，故需考量實施開發許可制[41]，責令建用農地周圍應設置隔離綠帶以為緩衝，以達到保護廣大重要農業生產環境之目的。
2. 在提高農作生產方面：集村興建農舍應確保農用農地之使用應符合農業經營計畫書之項目，以期達到提高農業生產與農民收入之目標。
3. 在提高農民生活水平方面：集村興建農舍應以農民為實施對象，故在農舍建築設計部份，以農民營農兼供住宅需求為設計重心，宜考量農具室之設置，俾符合農民生活和生產所需，且提昇居住品質之目的。

（六）集村興建農舍建前審核及建後監督應確實執行

為落實集村興建農舍措施與目標，在基層執行機關之責任，分為建築前之資格審查部份與建築後是否持續農用部份。在資格審查部份，基層執行機關應嚴格審核各起造人確為農民，且現無自用農舍，才具有起造人的資格；在農民持有之農用農地方面，應有農業經營之事實，並應到場勘查確為農用之狀態（含政策性之臨時休耕）；在建用農地方面，應引導農民

41　據本研究於2009年3月24日電話訪談，受訪者以為，「有關將來若集村興建農舍採取開發許可制究竟是否可行之問題，若透過開發許可制來審查集村興建農舍之相關計畫，固然可行，但如何運作則有待進一步考慮。」

避免選擇在特定農業區內興建集村農舍，若於特定農業區內興建，應有附帶條件與限制，並確實審核該集村興建農舍確未影響農業生產環境。

在集村興建農舍興建後，基層執行機關仍應不定期監督，在集村農舍之建用農地部分，建管單位應管制其不得做違反使用管制之事項，例如：商業行為或成為違規之工廠等。而在集村農舍之農用農地部分，農業單位應持續監督其有否作農業使用，是否確實按農業計畫書所載項目從事農業經營，必要時應給予農民支援與意見參酌。

據悉，為創造集村居住誘因，建設兼具現代生活品質及傳統特質之農村，擬議中的「農村再生條例」（草案）規定，直轄市或縣（市）主管機關應就選定（整合型農地整備）範圍內之農村社區集中規劃，並將農地興建農舍之需求及所需公共設施同時納入；範圍內原有土地，經扣除前條折價抵付共同負擔之土地後，予以重新分配整理。（第28條參照）究其真義，當是藉由整合性農地重劃提供集村興建農舍用地。然因其目的在於提升農村居住品質，並非為供農業經營之需，如此恐怕有違集村興建農舍政策之初衷，果若如此，則此等用地不宜視為農業用地，而需改編為建築用地，並課徵地價稅、土地增值稅，方符合公平原則。值此之際，該草案規範內容應予重新檢討，以避免政策目標難以遂行。

●●● 參考文獻 ●●●

1. 期刊論文

邱金火、葉英娟（2005），集村農舍整體規劃及地政問題探討，土地事務月刊，413 期。

邱湧忠（1998），農民身分認定的策略探討，農政與農情，74 期。

洪忠修（2000），由台灣農舍問題論談鄉村地區建築規劃，鄉村發展，第 1 期。

陳明燦（2004），我國鄉村地區農地興建農舍之法制分析，台灣鄉村研究，4。

富田芳郎原著 陳惠卿譯（1933），臺灣地學記事，第 4 卷第 2 期。

張志銘（2007），從委託代理觀點探討集村農舍制度之執行，土地經濟年刊，第18期。

劉富善（1998），再論析農民的定義，農政與農情，第309期。

顏愛靜（2001），從農業發展條例修正頒行看今後農地利用與管理，台灣土地金融季刊，第三十八卷第三期。

顏愛靜(2004)，國土永續發展，台灣智庫通訊，第14期。

2. 書籍

于宗先、毛育剛、林卿（2004），兩岸農地利用，台北，台灣：喜瑪拉雅研究發展基金會。

李鴻毅（1996），土地政策論，台北，台灣：中國地政研究所。

郭肇立（1998），聚落與社會，台北，台灣：田園城市文化。

李永展(2003)，永續發展─大地反撲的省思，台北，台灣：巨流。

3. 博（碩）士論文

林孟慶（2001），農村住宅政策配合農村發展之研究，台北，台灣：國立中興大學農業經濟研究所碩士論文。

林惠娟（2007），從我國農地政策目標檢視集村興建農舍措施之執行成效，台北，台灣：國立政治大學地政系在職專班碩士論文。

洪佳慧（1998），傳統聚落保存方式之研究─以北埔客家聚落為例，台北，台灣：國立中興大學都市計畫研究所碩士論文。

徐宏明（2006），集村興建農舍之制度經濟分析，台北，台灣：國立政治大學地政系碩士論文。

徐錦壽（1985），農村宅地及住屋平面變遷之研究─以桃園縣大溪鎮仁善里為例，台北，台灣：國立台灣大學土木工程學研究所碩士論文。

袁世芬，2005，農舍興建管制政策之研究以財產權限制之法律保留原則為中心，台中，台灣：逢甲大學土地管理學研究所碩士論文。

黃暖方（2003），農業發展條例修正後我國都市計畫地區農舍興建管制政策之研究，台北，台灣：國立台北大學地政系碩士論文。

張誌安（2005），台灣鄉村蔓延之研究，台北，台灣：國立台北大學都市計畫研究所碩士論文。

梅繼恒（1986）城鄉互動對農村聚落型態變遷影響之研究—以桃園觀音鄉為例，

台北，台灣：中國文化大學實業計畫研究所碩士論文。

黃瓊慧（1996）屏北地區的聚落型態、維生活動與社會組織，台北，台灣：國立
臺灣師範大學地理研究所碩士論文。

劉冠德（2002），以農村社區土地重劃方式取得集村興建農舍用地之研究，台
北，台灣：國立台北大學地政系碩士論文。

簡俊發（1986），農村聚落規劃途徑之探討－以鹿谷聚落為例，台北，台灣：國
立中興大學都市計畫研究所碩士論文。

陳菊萍(2003)，地區推動永續發展行為意向之研究－以大鵬灣周邊鄉鎮為例，高
雄，台灣：國立中山大學公共事務管理研所碩士論文。

顏愛靜（1986），台灣農業基礎條件與農業結構變遷之研究，台北，台灣：國立
政治大學地政研究所博士論文。

4. 研討會論文

陳立夫（2008），日本農地管制制度，2008 年「農地利用管理法制」研討會，臺
北大學公共事務學院、中國土地經濟學會主辦，台北，台灣。

吳清輝（2002），農地分割與新購農地興建農舍之探討，農地政策與農業發展條
例座談會，行政院農業委員會科技計畫報告，中國土地經濟學會。

吳清輝（2008），集村興建農舍問題與管理，2008 年農地利用與鄉村發展政策研
討會，台灣鄉村展望學會，行政院農業委員會。

徐世榮（2008），土地使用規劃與農舍興建政策檢討，2008 年農地利用與鄉村發
展政策研討會，台灣鄉村展望學會，行政院農業委員會。

陳博雅（2005），在現行法規及制度下如何有效解決農舍與農地利用管理問題，
農地資源利用管理重要議題研討會論文集，台灣農業與資源經濟學會。

陳博雅（2006），如何調整農舍管理方向以維護農業經營環境，安全農業目標下
之農地政策座談會，行政院農業委員會。

陳博雅（2008），個別農舍興建問題與管理，2008 年農地利用與鄉村發展政策研
討會，台灣鄉村展望學會，行政院農業委員會。

5. 研究報告

周志龍（2008），2008 年農地利用與鄉村發展政策研討會，台灣鄉村展望學會，
行政院農業委員會委託。

殷章甫譯（2006），日本保護農地之基本理念及其主要措施，行政院農業委員會

委託。

顏愛靜、賴宗裕、陳立夫（2004），新國土計畫體系下農業用地分級分區管理機制建構之研究，行政院農業委員會委託。

6. 外文部分

Berke, P. R. (2002), Does sustainable development offer a new direction for planning? Challenges for the twenty-first century, Journal of Planning Literature, 17(1), 21-36.

FAO/Netherlands.(1991), Conference on Agriculture and the Environment, S-Hertogenbosch, Netherlands, 15-19 April 1991. Report of the Conference. Vol. 2.

Lawrence, T. J.(1998) ,Transfer of Development Rights, CDFS-1264-98, Land Use Series, Ohio State University Fact Sheet, Community Development, http://ohioline.osu.edu/cd-fact/1264.html.

Platt, Rutherford H.(1996), Land Use and Society: Geography, Law, and Public Policy. Island Press: Washington, D.C.

Yang, M. M. C.(1970), Socio-Economic Results of Land Reform in Taiwan, Honolulu, Hawaii: East-West Center Press.

Sullivan, W. C., Anderson, O. M. and Lovell, S. T. (2004), Agricultural Buffers at the Rural–urban Fringe: an examination of approval by farmers, residents, and academics in the Midwestern United States, Landscape and Urban Planning 69: 299–313.

附錄

訪談紀錄表

受訪者編號	身份別	性別	訪談地點與方式	訪談日期
A1	新竹縣府農政承辦員	男	新竹縣政府面談	2007.04.11
A2	新竹縣府農政承辦員	男	新竹縣政府面談	2009.02.13
A3	新竹縣府農政承辦員	男	新竹縣政府面談	2009.02.20
A4	新竹縣府農政承辦員	男	新竹縣政府電訪	2009.03.24
A5	新竹縣府地政承辦員	男	新竹縣政府電訪	2009.03.24
B1	新竹縣建設公司	女	新竹縣新埔面談	2007.06.04
B2	新竹縣建設公司	男	新竹縣新埔面談	2007.06.07
C1～C5	新竹縣居住於農舍農民	男	新竹縣新埔、竹北、新豐面談	2007.06.04～12
D1～D4	新竹縣非居住於農舍農民	男	新竹縣新埔、竹東、寶山面談	2007.06.04～10

14 災後重建政策與誘因排擠——以九二一地震後某社區營造集體行動為例*

湯京平
(國立政治大學政治學系教授)
黃詩涵
(兩岸交流遠景基金會研究員)
黃坤山
(嘉南藥理科技大學講師)

目次

Inadequate public policy destroys the moral incentives to donate voluntarily.

　　　　　　　　　　　　　　　——Richard M. Titmuss, 1997(1970)

一、前言

　　台灣的社區營造政策，自2000年代中期開始推動以來，[1] 篳路藍縷，幾經轉折，迄今已累積相當可觀的成果。[2] 許多感人的故事一直在不同的角落默默上演，有些雖然也匆匆地落幕，但走過的必留下痕跡，此起彼落的嘗試，已展現我國民主化之後充沛的公民社會活力與可貴的市民美德。這些快速累積的社區營造經驗，不但在實務上能夠提供具體的策略以解決行動者遭遇的問題，許多具創意的作法也得以廣為流傳，並激發更多的想像與創意；在學術上，它們同時也是珍貴的素材，讓研究者得以從不同角度，檢視這些草根努力的歷程與結果，冀能發展出通則化的論述。

　　不論是社區營造或草根治理的實踐者，公共政策的制訂者，還是長期關心這種新興治理模式發展的學術工作者，都希望能夠有系統地了解影響其發展結果的因素為何，並進一步釐清政府在這類治理工作上所應扮演的適當角色。尤其當自然災害發生，政府人力與財政捉襟見肘，亟待充沛的民間活力主動出擊，以無比的創意為自身的利益與長遠發展提出可行的規

---

* 　本文已於2009年12月政治學報（48期）出版。

1 　雖然「社區發展」一詞早在1965年就出現，但在本質上不是一種草根治理的努力。政府由上而下地頒佈了「民生主義現階段社會政策」、「社區發展工作綱要」（1968年）等政策，主要目的在於動員民間的人力與物力以配合政府施政，與自發性的草根治理概念並不一致。直到1994年行政院文化建設委員會提出「社區總體營造計畫」，呼應李前總統登輝在台灣社區文化巡禮活動的致詞中所提出的「創造新的人與新的社會」、「社區意識就是生命共同體的意義」等主張，由下而上的草根精神才被突顯出來。關於政策起源比較詳細的介紹，請見徐震，2004。

2 　關於社區再造問題的諸多面向，請見劉蕙苓，2000；關於生態保育的社區故事，請參考何貞青等，2005；曾旭正，2007。關於社區發展的動態報導，請參考官方網站定期更新的資訊 http://sixstar.cca.gov.tw/index_new.php。

劃，才能儘快將災民帶回生活的正軌。台灣這股草根的力量近年已沛然成型，國內對於社區治理的研究也累積相當可觀的成果，尤其在本土化的風潮下，許多學者與研究生都開始關心在地的、生活的，以及發生在當下的研究素材，結合學術工作與理想的實踐。這些研究固然有效地累積了豐富的實證資料，但用來消化這些資料的學理基礎及理論架構，卻發展得相對緩慢。這導致許多現象還不太容易被解釋。例如，有些社區雖得天獨厚，有相對豐富的自然資源，在發展上卻乏善可陳；另有些社區明明就沒有特別的賣點，卻也能做得有聲有色；[3] 有些雖有還不錯的開始，但最後無疾而終，[4] 有些則真能的建立起永續經營的發展模式。[5]

　　影響社區治理成效以及發展成敗的因素相當複雜，本研究特別針對政府介入所造成的影響，進行探討，希望以個別成員參與社區營造的動機為切入點，並透過實際的案例，來討論政府如何影響社區發展的成敗。以下本文將簡單介紹自治型社區發展的性質，並以集體行動的邏輯來分析這類治理模式的困難與對應的策略，然後以實際的案例展示命題，並在結論中提及相關政策意涵。

二、社區治理的特性

　　就行政管理的角度而言，社區自主發展的運作邏輯是自發性的治理行動，由社區成員志願參與的方式來提供公共財貨，[6] 或管理共享資源（common-pool resources），[7] 在運作邏輯上與依賴敕令（fiat）的傳統政

---

[3] 　如雲林縣林內的湖本社區（盧道杰，2001；Tang and Tang, 2004）。

[4] 　如嘉義縣東石船仔頭社區（呂文皓，2003；劉如倫，2005）。

[5] 　如宜蘭縣蘇澳無尾港社區（盧道杰，2001）、新竹縣尖石鄉司馬庫斯社區（洪廣冀與林俊強，2004；Tang and Tang, 2010）。

[6] 　如台北縣汐止夢想社區的藝術踩街嘉年華（陳建榮，2006）、雲林縣褒忠花鼓隊等文化財貨（呂桂英，2002）；嘉義縣山美的達娜伊谷生態公園（Tai, 2007；盧道杰，2001）、台南市巴克禮公園等實體公共財貨。

[7] 　如新竹縣尖石鄉司馬庫斯管理部落附近的原始森林等（洪廣冀與林俊強，2004）。

府治理模式，有著重大差異：「公權力」不再扮演核心的角色，負面嚇阻、被動接受的特徵減弱，「治理者vs.被治者」之雙元對立模式退場；取而代之的是協調（coordination）與合作（cooperation）等強調正面激勵、主動爭取的原則，由「治理者vs.被治者」的二位一體模式主導。

（一）社區治理的優點

　　當被治者與治理者的身份大致重合時，治理工作可望享有諸多好處。首先，治理成本可以大幅降低。一般而言，治理者與被治理者的關係，常用「委託人–代理人」理論（principal-agent theory）來理解：握有選票與納稅的人民可被視為委託人，委託具備專業能力的政府官員為代理人，形成一種具信託關係（fiduciary relationship）的契約，為人民執行治理任務以謀求人民最大的利益。然而，委託人與代理人之間，存在「資訊不對稱」（information asymmetry）的情形：既然涉及專業，委託人可能缺乏選擇適合代理人的判斷能力，而產生「逆向選擇」（adverse selection）問題；[8] 同時，進入委託代理契約關係後，也可能因缺乏專業監督能力而導致代理人在執行代理職務時，以隱藏性行動追求私利而危害委託人的利益，形成「道德風險」（moral hazard）問題。[9] 要控制這些問題，需要引進以揭露資訊的制度、恰當的誘因結構，以及專業監督機制等。這些都是形成治理關係時即需付出的交易成本（Weingast, 1984）。

　　從這個角度思考，許多草根性事務治理的範圍或規模較小，所涉及的

8　所謂「逆向選擇」，乃交易成本理論所強調，在資訊不對稱的情況下進行選擇交易對象，委託人常會做出不利於交易的選擇，導致市場失靈：如罹病的人最有動機投保醫療險，庸醫最有動機把門面裝潢得美輪美奐以氣勢來吸引顧客上門，本質不良的旅館更有動機以網路等行銷手法衝高人氣，透過隱匿不利資訊來增加成交的機會，而讓成交的對象受害。

9　所謂「道德風險」（道德淪喪之風險），乃代理人執行契約責任時，利用專業知識欺瞞委託人以追求自身利益的可能性，如牙醫為了增加自身收入而輕易拔除病患牙齒，建議病患植牙，或保險從業者推銷佣金最高的保單，而非依照客戶需求設計等。這種行為在政治場域中十分常見：國家領導人為勝選故意升高與他國緊張關係、為照顧特定人士利益而採行不合理決策（如特殊軍購項目或金融改革方案等）。

專業門檻較低的，因此可能透過賦權（empowerment）與培能（capacity building）等方式，讓被治理的民眾能夠自己擔起治理責任，而不必委託專業代理人來執行治理的職務。此間，雖然衍生協調治理集體行動的相關成本，但資訊不對稱的問題既能獲得解決，也就能夠免除為了尋找並控制代理人所衍生的各種的交易成本。

第二，當被治理者與治理者的身份重合，或可提高治理的滿意度。以經濟學的概念表達，治理可以被視為公共財貨的提供與管理，公部門提供究竟要何種品質與數量的公共財貨，比較無法像私部門一樣運用市場價格機制來決定。[10] 除了定期的選舉競爭讓候選人籠統地回應地方民意，也只能靠公聽會、公民陪審團等公民參與機制來探測被治理者的偏好。而治理者事實上也非常缺乏動機去探測並迎合這些偏好。然而，當公民自己就是治理者，能夠透過某種集體行動的機制把自己的偏好反應在治理的過程中，自然能夠提高公共財貨消費者的效用，乃至於治理的整體滿意度。在財貨提供或生產成本不變的條件下，消費者的滿意度提高，也代表整體效用提高。

第三，當公共財貨的生產者能夠透過自治機制而融入在地社會，就能夠在生產過程中充分利用在地知識，以更有創意的方式開發更有競爭力的地方特色。以往由上而下、官民殊途的治理模式，往往強調普遍適用的官僚理性，缺乏因地制宜的想像動機與能力。當在地居民共同參與公共財貨的提供與管理時，就比較能把草根社會網絡的特性、歷史文化的遺緒，乃至於自然生態的稟賦，適當地融入財貨的生產過程，可能創造出獨具特色的社區風貌。尤其當社區發展要依賴這些公共財貨來吸引外在資源的挹注時，這些在地知識都是許多文化創意產業的發展基礎，是提升競爭力的珍貴資產。[11]

---

10 如果各地方政府有充分的自主權規劃財政收支方案（像是如何徵稅、提供何種市民服務），並且讓居民遷移的成本相對較低，就可能產生居民「以腳投票」（foot voting）的效果，讓各地方政府像私人公司一樣，必須降低生產成本（稅收）、提高所提供的公共財貨品質與數量，以避免居民（以及稅基）流失。

11 例如，台北市北投區的溫泉博物館。

第四，強調治理者與被治者身份重合的自發性社區治理模式，比較能夠塑造具備公共意識的市民文化。「社群主義」（communitarianism）的道德規範無法單靠振臂疾呼而來，必須在制度設計上，設法讓私利與公益能夠契合，俾使理性的個人在追求私利的同時，道德面向的動機也有萌芽、成長的空間。誠如許多研究所顯示，要培養市民參與的公共精神（public spirit），必須築基於民眾之政治功效意識（political efficacy），讓他們相信自己的參與，能夠有效地改變現狀；而功效意識的培養，則須以賦權為先決條件：只有當治理體系釋放出權力，讓被治理的公民具備影響治理結果的參與管道與經驗，被治者才會相信其努力不致於徒勞無功，也才比較可能讓民眾逐漸培養出參與公共事務的自信與意願。

（二）社區治理的挑戰

雖然由下而上的草根自治擁有上述優點，但其挑戰與侷限也相當明顯。除了前述專業性不足的問題需要克服之外，由於缺乏公權力介入所能達成的強制效果，這類治理模式大致上可以被視為一種生產或管理公共財貨的集體行動，因此在發起與維持集體行動時常見的問題，也會是這類治理模式必須處理的問題。首先，對內而言，這類努力需要協調行動者的投入。由於理性的成員可能有搭便車的投機心理，而集體行動必須有夠大比例的成員參與才能維持，[12] 故如何以激勵手段及制度的引進以維持成員持續而公平的參與，必然是這類治理行動經常必須面對的重要課題。

其次，任何在地治理的集體行動都涉及資源的問題。資源一方面可能是集體行動希望創造或維繫的標的，如共享性資源管理文獻中所提及的森林、魚蝦、水源等，另一方面也是維持集體行動的重要工具，如社會運動理論中「資源動員論」（resource mobilization theory）所強調，不論是積極地提供行動誘因，還是消極地攤派行動相關成本以降低行動參與者的負

12　以專有名詞表達，即為「臨界質量」（critical mass），請參考Marwell and Oliver, 1993。

擔，對於集體行動的維繫，皆有舉足輕重的影響。[13] 此外，在許多社區營造的努力中，外部資源也在公共財貨的生產或提供上，扮演重要角色。社區作為治理單位，人力勞務也許還算充分，但因為治理規模的限制，稅基過小，資金往往十分匱乏，在企圖創造公共財貨的集體努力中，能否爭取到外在社會財務上的奧援，因而往往成為攸關行動成敗的關鍵因素。爰此，由政府針對具備財務需求的社區集體營造行動提供部分財務上的補助，而由社區提供勞力，產生公、私部門優勢互補、協力生產公共財貨的完美搭配，[14] 可預期發生增效（synergy）的理想效果（Ostrom, 1996）。

上述合產的原理也是目前我國補助社區發展的政策邏輯：藉由評鑑挑選表現良好的社區，並依據其計畫書提供部分財務上的補助。然而，外部資源的挹注，將因誘發利益分配的爭鬥而衝擊社區內的政治生態，並改變居民參與集體行動的誘因結構，對於基層治理的持續運作以及發展，將有舉足輕重的影響。既有的文獻對於政策介入社區發展的助益，甚少進行有系統的評估，關於外部財務補助對於社區自主管理的實質影響，更未見著墨，值得進一步探討。

---

[13] 論者將社會運動定義為一種資源動員的過程，強調資源匯集對於集體行動的重要性，認為集體行動者會透過資源的匯集達成集體行動的目標，而資源則包括金錢、溝通網絡、友善的制度環境、甚至於成熟的公民意識等。而策略與戰術的開發或習得，也被視為重要的資源（Tilly, 1978）。另外，McAdam（1982）則認為社會運動的資源，並非一定要來自於直接當事者之外，他反而強調社會運動中，組織內部資源(indigenous organizational resources)的重要性。根據資源動員論的說法，資源是泛指各種有利於運動動員的各種條件。早期資源動員論的學者似乎將資源的概念視為既定的，不需要進一步解釋。如McCarthy and Zald（1977）曾提到資源匯集的重要性，但是卻只將貨幣與勞力兩項因素納入考量，而未詳加說明。稍後，Freeman（1979: 174-175）曾提供比較細膩分類，將資源分為有形的、專業的、地位的與非特定的。但後來McAdam（1982）和Kitschelt（1991: 336）等主要學者則又恢復從寬定義的作法。這讓資源動員論遭受某種循環論證的批評：解釋項的內涵擴充到無限大，其解釋力也就降到最小。

[14] Ostrom（1996）解釋只有在公部門與私部門各擅勝場、彼此功能互補的局面下，合產才會是一種有利的安排。Evans（1996）更進一步主張增效是發生在兩種條件下：一是互補（complementary），意指公私部門相互支援的關係，當將兩個單位的投入資源結合時，其產出結果會比只由一個單位所產出的結果還要豐碩；二是內嵌（embeddedness），意指連結兩個單位之間的網絡關係。Lasker, Weiss, and Miller（2001）認為將市民團體與政府組織的能力、技術與觀點相結合即是增效。也就是說，合作是透過資源的交換達到合產的增效效果。其他關於公私部門合產的討論，請參閱Wang（1999）。

三、誘因結構與社區治理的集體行動

　　將社區發展的集體努力視為集體行動，固然有其學術分析的獨到視野，但必須正視這類努力與傳統社會運動在本質上的差異：一是挑戰、解構既有體系，另一則是企圖重構新的體系。台灣社會力的發展，自1980年代起，經歷兩階段的重大轉變，展示了這兩種集體行動。[15] 伴隨著經濟發展，社會逐漸富裕而多元化，其成員也開始集結起來抗拒政治上不合理的安排。抗議性的社會運動此起彼落，最後雖促成了政策改革與制度革新，但運動本身的角色者是變革的觸媒，而非設計者與執行者。這類運動隨著民主日趨成熟以及各種制度合理化，在1990年代逐漸平息，取代這些破壞性抗爭行動的則是建設性、創造性社會運動：除了許多更具專業性的公益團體紛紛進入政治體制內，參與政策規劃與制度改革，更多草根市民團體則在基層推動社造的努力，以自發性的集體行動營造理想的生活型態、改善生計、維護生態環境。這些行動，比抗爭性集體行動更需要長遠的規劃，更強的後勁，更長期的投入，以及更穩定而持久的組織網絡關係。

　　相較於抗議性的集體行動可以依賴有效的領導來激發參與，[16] 創造型的集體行動因涉及持續性的努力，因此特別需要提供制度化的誘因結構來維繫其成員長期的投入。關於民眾參與集體行動的動機，以往的研究已累積相當的共識，雖然所用的詞彙或有差異，但大致可區分為物質性的（material）、社群性的（solidary）、目的性的（purposive）、情緒性的（emotional）動機。

　　首先，所謂物質性的動機，比較屬於理性計算的報償，如參與集體行動志在追求實質利益，如許多鄰避設施的抗爭行動，在為參與者爭取到更

15　誠如楊弘任（2007：38）所評論，台灣的社會轉型，以其快速變動體態輕盈而倍感迷人。

16　領導者在集體行動中常扮演重要的角色，其一是以其魅力（charisma）吸引支持者，其二是提供願景（vision）以說服支持者付諸行動，其三是以監督者的身份確保各參與者公平地投入，避免讓搭便車的情形破壞集體行動，以博弈理論的詞彙表達，即建立一個「擔保賽局」（assurance game），確保集體行動的參與者不會搭便車（Chong, 1991）。

高額的補償金或相關福利，或免於公害威脅的具體好處（丘昌泰，2002）。在治理上，這類動機比較容易搭配市場機制來達到治理的目的，也是管制性政策手段（command and control）主要依賴的誘因機制。對於許多社造活動而言，一個強而有力的訴求就是增加收入與改善生活環境，在本質上都屬於物質性的動機。[17] 另有一種特別的動機，通常與物質性報償有關，Moe（1990）稱之為選擇性動機（selective motivation），意指參與者企圖從集體行動中取得私人的好處，如透過參與行動建立個人事業網絡或累積政治資本等，Olson（1965）則以集體行動的「副產品」（by-product）名之。

　　第二種參與集體行動的主要理由是與社會壓力有關的社群性動機。當社會網絡相對綿密，例如在互動密度高的鄉村地區，既有社會規範的強度足以發揮某種強制力，便能在集體行動中，透過人情壓力、道德譴責的方式，嚇阻搭便車社會成員的企圖。[18] 這類動機往往在小範圍的社區營造中發揮關鍵的角色，而在社會資本相對深厚而強調互惠（reciprocity）關係的社區裡，這類動機也可能扮演積極招募志願者而非消極嚇阻成員退出的角色。

　　第三種動機被稱為目的性或理想性動機，主要是成員基於認同某些理念或意識型態的訴求而加入集體行動，[19] 如早期抗議杜邦在鹿港設廠的抗爭中，除了地方居民因擔心污染公害而組織起抗爭集體行動，另有一群外地來的學生與環保人士加入，即以追求社會正義、環境保護等理念為主要動機。以這種動機為行動依據的參與者通常因為理想性格而比較不容易妥

---

[17] 「物質性」動機乃Clark and Wilson（1961）的用語，Etizioni（1975）則稱之為「功利的」（utilitarian），Knoke and Wright-Isak（1982）稱之為理性抉擇的（rational choice）動機。

[18] 同樣，「社群性」動機乃Clark and Wilson（1961）的用語，Etizioni（1975）稱之為「強制性」（coercive），Knoke and Wright-Isak（1982）稱之為「感情約制的」（affective-bonding）動機。

[19] 此乃Clark and Wilson（1961）的用語，比較接近Etizioni（1975）所稱之「規範性」（normative）動機，Knoke and Wright-Isak（1982）稱之為「順從規範」（normative conformity）的動機或Fireman and Gamson（1979）所稱之道德原則（moral principle）。

協，故有時雖能成為地方性集體行動的重要奧援，有時也和在地訴求及行動所扞格。在社造的行動中，這類理想性訴求也可能扮演重要的角色，如嘉義山美社區的護魚行動中，恢復鄒族傳統與生態永續等理念一直是與改善生活平行的重要訴求。其他相關的動機包括宗教信仰以及許多道德面的訴求（Tang and Tang, 2001）。

除了Clark and Wilson（1961）所提的前述三種動機，有批評者認為目的性動機所包含的內容太廣，會稀釋其對於集體行動的解釋力，因此把情緒性或激情的（emotional）動機從前者中抽離出來，另成一個類目（Holländer, 1990; Searing, 1991）。[20] 例如，許多公害的受害人，在威權體制的壓制下，長期忍受公害之苦卻不敢反抗，但突然爆發的公害意外成為抗爭集體行動的觸媒，在群情激憤、互相感染的集體行為情境中，這股怒氣一舉衝破了箝制集體行動發生的壓制力，引爆抗爭行動。這種情緒性動機有時確實和道德理念有概念上重合的模糊地帶，如普遍被接受的公平正義等道德原則被破壞時，群眾可能在領導的鼓動下，激起相當強烈的情緒反應（Wallis and Dollery, 2002）。然而，也許因為人無法長期處於激動的狀態，因此其對於集體行動的激勵效果比較無法持久，因此在強調持續性參與的社造行動中，比較少成為重要助力。

雖然參與集體行動的動機已經累積相當豐富的文獻，但對於如何建構適當的誘因結構來維繫成員的參與，認識卻相對有限。目前大多討論都針對各種動機，設定相對誘因（incentives），以吸引潛在的行動者加入。這些文獻呈現兩部分重要缺陷。首先，既有文獻忽視「時間」在這動員過程中扮演的角色。換句話說，因為動機可能因時間變動而有變化，故各種激勵參與的誘因也都會有時效，因此誘因不能被視為靜態的因素，必須把隨時間而變化的情形納入考量。例如，某些動機比較穩定，持續的時間比較長，如果套用化學元素的概念，其「半衰期」（half life period）較長，如情緒性動機可能有比較大的起伏，比較不適合作為長效性的激勵措施。另

20　Emotion如何被界定，在用法上有些模糊，有些學者也認為emotion不是一個恰當的類目（LeDoux, 1995）。但Elster（1998）則成功地予以釐清，並運用在經濟理論的建構。

外，物質性誘因可能有邊際效用遞減的效果，短期內同樣強度的誘因機制可能無法達到同樣的激勵效果。諸如此類的細節，對於基層水平式治理模式的重要性不言而喻，但尚未受到足夠的重視。

對於制度設計者或公共治理者而言，更重要的問題是誘因之間的關係。以往的研究想當然爾地假設各種誘因可以獨立運作，因此想要激勵更多的民眾參與，只要針對擁有不同動機訴求的民眾提供對應的誘因機制，就能吸引更多的民眾參與及投入。如Porter與Lawler（1968）即提出誘因效果相加總（additive）的看法，認為外部資源所提供的報酬性誘因，對於行為者在決定參與集體行動中，扮演著關鍵性因素。由於報酬性誘因對內在動機（intrinsic motivation）或外塑動機（external motivation）所造成的效果是正面性與獨立性，因此可以透過相加的方式增強個體的參與動機。稍後的學者如Knoke（1988）與他的同僚（Knoke and Adams, 1987），則進一步提出誘因之間的相乘組合模式：當組織所提供給成員的誘因類型越多面向時，具有異質性動機的成員就越容易涉入，並有意願提供個體的資源給組織。

然而，有些研究證明這樣簡化的假設不符合實際情形，而成為理論發展的障礙。知名的先驅性研究是Titmuss在1970年代比較英國與美國的血液供給制度，發現單純依賴志願捐贈的英國體系，比擁有捐贈與販賣雙軌制但比較依賴市場交易的美國體系，運作得更為順暢有效（Titmuss, 1997）。這令人訝異的發現引發學界對於人類行為動機之間複雜關係的重視。人們行事同時受到不同動機的驅使，但強調功利、理性計算的物質性誘因會勾起行為者的物質性慾望，而壓抑同時存在的道德性動機，讓平行存在的目的性誘因機制失靈。大約同時，Deci（1972）之流的社會心理學家也注意到內塑的、自發的動機可能受到外塑的動機干擾，[21] 而對於物質

21　此外Grepperud and Pedersen（2001）也運用了心理學中的排擠理論來表達，其實是與兩個動機有相關連的：一是內塑動機，意指一個人的行為動機是從其內心深處衍生出來的，如道德；二是外塑動機，意指一個人的行為動機是基於外部誘因所產生的，如薪資、處罰等。Seabright（2002）也有類似的說法，認為內在動機乃指從事某種行為是會為個體帶來滿足感與成就感；外在動機則指從事某種行為是為了要達到某種目標，如薪資給付等。

性報償在組織管理中可能產生的隱藏性代價（hidden costs of material rewards, Lepper and Greene, 1978）提出警告。

　　Kreps（1997: 362）從經濟學的角度分析，認為外部誘因的提供可能改變行動者效用方程式（utility function），因為行動者可能會先有行動，再回過頭來為其行為尋找合適的理由。當外部誘因不存在，行動者會援用內在的理由為自己解釋該行為，形成一套效用方程式，尋求內在價值的一致性（Festinger, 1957）。一旦外部誘因介入，原先被建立好的說詞則可能不再具有存在的價值而被揚棄，該效用方程式也就不知不覺地轉變成以外部誘因為主軸的新效用方程式。待外部誘因機制再度消失，內在動機也已不復存在，行動者就會感受很大的效用落差，進而抗拒繼續投入。

　　近年的學者如Frey（1997）以其同僚（Frey and Oberholzer-Gee, 1997; Frey and Jegen 2001）則明確地以誘因的「排擠」理論（crowding-out theory）來說明許多治理的問題。他們以鄰避性（NIMBY, not-in-my-backyard）設施為例，指出傳統經濟學者習慣以補償金的方式提供誘因給嫌惡性公共設施預定地的居民，以排解其抗拒（O'Hare, 1977; Mitchell and Carson, 1986; Rabe, 1994）。然而，這些補償金正是典型的外在誘因，會把政策論述的焦點轉移到補償金的多寡——不同地區間所要求的補償金多寡（相對價格效果）——以及分配方式；市民責任以及道德原則等支持的聲音可能被削弱或排擠，原先的支持度反而可能因為排擠與賄賂效果（bribery effect）而降低，[22] 導致補償金必須不斷加碼以提高該政策支持度的不利趨勢（Frey, Oberholzer-Gee and Eichenberger, 1996: 1038）。[23]

　　此間，值得注意的是，上述「排擠效果」與「賄賂效果」會與「外溢

---

[22]　因為補償金而改變道德立場，Frey, Oberholzer-Gee and Eichenberger（1996: 1038）稱之為「賄賂效果」（briber effect）。

[23]　Seabright（2004）更解釋個體的利他動機，為何會因為外部資源挹注而被抵銷。他分析個體願意從事不求報酬的行為，主要是為了向其他人表明，他們是屬於能夠從市民義務中，得到心靈報酬的這類型的人，並且藉此與他們同類型的人互動，所以金錢誘因便不是他們所在意的回報選項。相反的，具體外部資源的注入（如報酬）卻會侵害個體的市民道德觀，於是個體會停止從事他們起初願意付出代價。故不適當的政府政策介入，將排擠掉個體自發性奉獻的道德誘因。類似的看法還有Nyborg與Rege（2001），他們認為個體願意投入貢獻於公共財貨的生產中，主要是基於道德動機所致。

效果」（spillover effect）互動而擴大其對集體行動的破壞力。傳統上，古典經濟學者假設每個人的效用方程式是獨立運作的。但越來越多實證研究發現，事實上，不同個體之間的效用會彼此影響，[24] 尤其在比較小、互動頻繁的社會群體中，或因為模仿、社會學習，還是有點競爭性質的社會助長效果，外顯的、具炫耀效果的報償機制，比較容易藉由社會化被傳播並感染他人，導致物質性誘因常常成為主導性的誘因機制，削弱其他幾種機制的影響。

　　如果動機或誘因之間有排擠效果，當然也可能有其他關係，例如可能有彼此增強的「增效」（synergy）關係。這方面的討論還不太多，但湯京平（2001）在研究嘉義中埔慈濟志工資源回收的案例中，發現基於不同誘因結構的政策工具間，可能透過相互搭配而取得更有效的治理成果。由於慈濟志工從事資源回收乃基於目的性誘因，希望成就證嚴法師的興建醫院的志業而甘願受，歡喜做。然而，如果政府管制紙漿進口，提高廢紙的價格，增加物質性誘因，則慈濟志工會因為能夠賣得更多錢，更有成就感而受到激勵，覺得自己行善更有成效。此外，許多人從事資源回收不一定很在意蒐集保特瓶或其他回收資源能提高多少收入，但如果它能因為政府的退瓶政策而能換多一點錢來幫助拾荒的社會弱勢者，可能也會讓很多人感到更高的功效意識（efficacy），因此更熱中作垃圾分類與資源回收。此時，物質性誘因機制即與目的性（慈善性）的動機存在互相增強與增效的關係。

四、危機也是轉機？災後明星社區總體營造的案例

　　社區在治理工作上，因為能以低廉的成本生產與提供多種集體財貨，

---

[24] 效用互動論（utility interdependence）常被拿來解釋慈善行為：幫助他人改善其困境，也會提高自己的效用；另效用互動論也被用來解釋社會心理學中有名的「社會助長理論」（Social facilitation, Zajonc, 1965）：當一隻雞被餵飽離開後，放出其他飢餓的雞群競食，會吸引那隻飽食之雞回頭搶食。

讓它在九二一大地震後的災後重建過程中，更顯得重要，因為災後社區重建所必須面臨的是民生生計（地方經濟與產業發展）、環境生態保護、及文化傳統的保存等各項集體財貨的提供與生產問題，強調在進行基礎重建工作之外，更以建立永續社區為最高指導原則（陳昱茜、李文瑞，2000）。以社區作為基礎的社區重建計畫，一方面能夠有效地運用當地居民的知識與能力，立即提供符合災民需求的社區服務，解決政府災後支援計畫不足的問題，另一方面，相較於只依靠政府部門進行災區重建，透過全體社區居民共同參與，建造屬於他們的永續家園，更具有公民參與的實質意義。[25]

（一）明星社區總體營造發展背景

明星村位於台灣的中西部，九二一大地震發生之前是沒沒無聞的散居型農村聚落，[26] 村內地勢東高西低，多屬山地丘陵，地形起伏夾雜有台地、丘陵、高山及少數的農田等。九二一發生之時，造成受災情況相當慘重，但因為地處偏遠，只有一條產業道路對外聯絡，外界的救災物資無法在第一時間抵達，導致其備受外界冷落。此外，政府也將明星村列為土質鬆落與土石流潛在危險區的名單內，使得明星村居民面臨被迫遷村的命運。

（二）災難危機引發的造社集體行動

遷村政策引發村民的危機意識。明星村的農民多為自耕農，加上每戶人家都擁有十幾甲的私人農地種植檳榔樹，有土斯有財，突然要放棄長期

---

25 本調查主要以面訪進行，研究者約在2005年底至2007年中之間，造訪該村數趟，除針對官員、村中主要領導人與利益涉入人進行正式訪談（備有逐字稿），並以滾雪球的抽樣方式及民宿業者的介紹，訪談多位村民。有些則以比較非正式的聊天方式，俾體會村民的真實感受。事後有些問題也以電話訪問補充。

26 村內目前總共有250多戶近千人。由於該村只有一個社區，因此在訪談過程中，村民只要談及村內所舉辦的活動，幾乎是意指整個社區的活動。

所依賴的土地與營生方式遷移他處，造成村民很大的不安；此外，遷村政策造成土地價值大幅貶值，在災後亟需向銀行貸款重建的關鍵時刻，反而借不到錢（A1訪談記錄 2005/12/30；B6訪談記錄 2005/12/30）。此時，一位常年在外發展的陳先生，[27]藉由昔日豐富的經商經驗與過人的口才，加上豐富的學識背景，[28] 提出反遷村理念與社區重建的替代方案，趁勢匯集民意成立反遷村協會，透過村民大會的公投表決，最後以近95%的優勢民意否決遷村計畫，開始就地重建家園的工作。[29]

　　重建工作遇到的第一個難題便是缺乏經費。由於無法申請到政府所提供的重建經費，而握有行政權力的村長，也因為贊成遷村而不願支持社區重建工作（C5訪談記錄 2007/06/18）。此外，政府當時提出的以工代賑策略，則因明星村多數村民是以自耕農或者臨時工作維持生計，多半不具有勞工身份而不符合申請資格；且工作所需具備的專業技能，對於超過半數人口以老人為主的明星村來說，實際上相當困難。[30]

　　極度缺乏外援的情況反而刺激社區居民，以自食其力的方式營造災後的新社區。村民們首先以廢棄的教堂作為重建工作站，村民每日集會討論社區重建工作、溝通情感。即使沒有人支領過任何薪資，但大家依然有錢出錢，有力出力，有地的捐地，不計較付出的多寡，不埋怨困境。他們共同經歷了一場世紀大災難，災後餘生的革命情感讓「恢復生活、重建家園、反對遷村」成為他們共同追求的目標。[31]

---

[27] 為避免造成個人困擾，在此使用假名。

[28] 「他很厲害，因為他以前從商，所以口才很好，很會講話，加上他學歷比我們高，所以我們都很相信他。」(C4訪談紀錄 2007/06/18；B2、B3、B4訪談記錄 2005/12/31)

[29] F3訪談記錄，2005/12/30。

[30] 政府在災後根據社會救助法提出以工代賑的政策。行政院勞委會先後公布「協助九二一集集大地震受災勞工災民以工代賑就業服務措施」（1999年10月1日），以及「九二一大地震受災者臨時工作津貼要點」（2000年10月1日）。前者主要針對勞工身分（過去三年內曾投勞保三個月以上）的災民給予救助；後者則放寬至十五歲至六十五歲國中畢業之民眾皆可申請。請參考財團法人九二一震災重建基金會 http://www.taiwan921.lib.ntu.edu.tw/6.html，於2009年9月1日檢索。

[31] 「那時候我們每個人都捐了好幾千塊錢，甚至好幾萬塊出來參與社區重建」（D3與D1訪談記錄 2007/06/19）；「錢還沒進來的時候很辛苦，所以我們大家都一起努力，一起

由於重建過程必須要耗費許多建材，而當時明星村內最多且最易取得的建築材料便是檳榔樹幹，於是許多村民絲毫不在意檳榔樹為其主要生計來源，主動地捐出土地，讓村民們砍除檳榔樹作為重建建材，並將檳榔樹砍除後所產生的空地改建為公共菜園。而村民們也發揮巧思與創意，善用檳榔樹的樹幹，搭建具有獨特風味的檳榔涼亭、便橋或檳榔垃圾桶等。隨著社區居民的用心投入與彼此私有財貨的共享，靠著有限的內部資源，讓缺乏外援的初期重建工作得以順利地進行。

社區工作的投入與完成，讓參與的村民從中獲得相當高的成就感，因此，對於社區後續的發展策略，以及如何創造自身特色，也在村中形成熱烈討論。首先，面對賴以維生的農地受到土石流的無情淹沒，他們開始意識到以往在山坡地上的濫墾濫伐，可能是造成當地土石流與土質鬆落嚴重的關鍵因素。同時隨著山坡地被嚴重破壞，更使得他們懷念起昔日村裡豐富的生態景觀，因此刺激村民對於生態的重視。此外，得天獨厚的水文氣候，讓明星村曾有水果王國的盛名。這些因素讓村民決定逐步砍除檳榔，改植果樹，俾恢復昔日水果之鄉的名號。緣此，村民於翌年4月成立有機文化工作站，並且推舉陳先生作為領導人，有計畫地發展有機蔬果，以提高農產品的價格，增加大家的經濟收入。[32]

作為領導人，陳先生也很稱職地思考向政府單位尋求協助的可能性。雖然當時該縣政府並無意提供任何人力或資源方面的協助，[33] 但當時在野

拔草整理環境。」（陳先生訪談記錄 2006/05/24）；「那時候大家都一起做公工，沒有任何的差別，做完工肚子餓了大家就在我家集合，有菜的人就把菜捐出來炒給大家吃，因為我家庭院比較大。」（B6訪談記錄 2007/06/18）「你看到整個社區的人幾乎都有參加，因為那時候我們都會互拉，你沒來我就拉你進來，且有些人看到別人參加，自己卻沒有參加也會不好意思，就跟著進來，之後村裡面很多人幾乎都有參加，感情很好。」（B6訪談記錄 2005/12/30）

32　「那時候我們委員會裡總共有32個人，每個人都捐出好多錢給陳先生，當作他每個月的薪水。可是除了他以外，我們每個人就真的都沒有薪水做事，很辛苦。不過他那麼辛苦的幫我們東跑西跑，給他薪水也是應該的。」（C5訪談記錄 2007/06/18）

33　「那時候他們竟然以經費不夠、自己想辦法、事務繁重等理由拒絕我兩三次。」（F3訪談記錄 2006/05/24）；「那時候洪雅縣長弊案纏身，大家都怕的要死，特別是基層做事的人，也很容易因為一個章蓋下去就惹禍上身，所以很自然就沒有人願意幫助明星村，沒有資源投進去也很正常。」（E4訪談記錄 2006/04/17）

的民進黨則提出「一縣市認養一災區」的口號，並由南部某縣政府負責認養該鄉。在陳先生的求助下，該縣政府最後承諾，提供八千株樹苗給明星村民們栽種。對於當時備受外界冷落的明星村民來說，此一慷慨援助實為一大鼓勵，視為其初期成就的肯定。截至翌年7月為止，社區景觀已大致恢復。

（三）新政府「就業重建大軍」臨時工作津貼的挹注

　　九二一地震後半年，民進黨新政府上台，希望迅速繳出救災與災後重建的政績，並解決失業率高居不下的問題。為此陳水扁總統宣示，於3年內完成賑災工作。陳先生注意到新政府的政策意向，於是開始積極地對外宣傳，[34] 藉由各家媒體不斷地重複報導嚴重災區的災後重建情況，順利地打響了明星村的初期社區營造成果與「檳榔變綠樹」的口號，更成功地提升明星村在所有災區當中的曝光程度。因此，明星村順利地搭上政府以大筆資金補助九二一「重點災區」的列車，進一步地發展社區總體營造的工作。[35] 自翌年8月開始，外部資源紛紛湧入。首先，當時行政院長唐飛決定由政府認養明星村內的生態公園，以及補助其450萬元的建設費用；同年9月，陳水扁總統亦到明星村參訪，宣示「重建大軍及生態景觀復健」方案成軍，表示三年之內將提供災民20000個就業機會，估計每年花費28億元。另外亦選定明星村為就業重建大軍與社區生態景觀復健的重點示範村，並由勞委會提供參與村民三年工作收入的保障。自此，明星社區的轉型目標開始得到政府部門的全力支持。

　　根據規定，[36] 倘若民眾要申請就業重建大軍的工作機會，必須要由政

---

[34] 「在有初期成果之後，我有效地透過媒體宣傳，讓大家看到我們的成果，也讓政府開始注意我們，所以大筆資源就開始進來。」（F3訪談記錄 2006/05/24）

[35] 關於政府如何決定資源的挹注對象，一位省政府的官員提到表示：「我們會先評估哪個社區做的比較好，比較有共識，自然政府就會開始注意，且投入比較多的資源。」（E4訪談記錄 2006/04/17）

[36] 行政院勞委會「九二一地震災區就業重建大軍臨時工作津貼作業要點」。

府機關，或立案之非營利團體提出「派工計畫書」，才能核准臨時工作人員的申請。而陳先生為了順利解決明星村民們在就業申請上的問題，著手成立「有機文化協會」（簡稱協會），並順理成章地被選為協會總幹事，且在大家的決議下，由協會控管社區內所有收入，以作為社區發展的公益基金（B2，B3，B4訪談記錄 2006/12/31）。另外，陳先生也與當時的社區理事長共同合作，一起協助村民向勞委會申請工作津貼。在兩個非營利單位的聯手之下，三年期間，勞委會至少同意該協會所提出的200多位臨時工作津貼雇用的申請。[37] 相較於之前出「公工」投入社區重建活動的日子，有了政府的大力支持與經費補助，多數村民們的確得以暫時解決經濟問題，讓他們得以在重建家園的過程中，無家計的後顧之憂。

在這200多人當中，除了部分當初自發性參加社區重建的明星村民外，也不乏當初拒絕投入社區重建工作的老村長支持者，[38] 以及隔壁村落的人，[39] 亦有長年在外地找不到工作的失業者，或從外地辭職回來創業者，[40] 因為對於他們來說，每個月只需工作二十一天，便能領取每月至少15840元的工作津貼長達十一個月（B6訪談記錄 2005/12/30）。然而，由於當時臨時工作津貼的申請條件相當寬鬆，又加上申請的名額有限，[41] 所以在申請人數過多又沒有公平分配機制的情況下，導致原本許多自願性參與社區重建工作的居民，反而無法如願申請到政府所提供的臨時工作津

---

[37] 總經費達到32,749,992元，勞委會中彰投區就業服務中心內部資料。

[38] 「我們當初是反對他們，可是因為就業大軍，所以還是投入了，反正可以領錢啊。不過我們做完三年就走了，因為沒有錢可以領了。」（B1、B2、B4訪談紀錄 2005/12/31）

[39] 「我是隔壁村的，可是也可以申請阿，反正政府沒有限制。」（B3訪談記錄 2005/12/31）

[40] 「我本來在外地工作，可是我姊姊跟我說政府有提供以工代賑的工作，所以之後我就回來申請，並投入重建工作。」（F1訪談記錄2006/05/24）

[41] 「政府以工代賑提供的錢總共有三年，不過一個人只能申請一次而已，因為大家都搶著申請，名額會不夠，所以申請過的人就不能再申請了，要讓給沒有申請到的人申請才行，這樣才公平。但是因為我是拿我媳婦還有我兒子的名義去申請，所以我總共做了三年。當時申請沒什麼限制，大家都能申請，除了65歲以上的人不能申請以外，所以我老伴就不能申請。」（C4訪談記錄 2007/06/18）

貼，只好放棄對於明星社區未來發展的理想目標，到外地工作。

此外，來自民間企業的資源開始源源不絕地湧入明星社區。例如，2000年9月，某基金會為社區舉辦的募款造林活動，即籌得30多萬元之植樹獎勵金。[42] 中鋼也提供類似的造林工作津貼，並舉辦自強活動，贊助中鋼員工每人在明星社區內300元的消費額度。[43]

（四）自發性集體行動的質變：僱傭體制出現

當外界資源湧入，領導人陳先生及其所屬的協會，很自然成為接收資源的單一聯繫窗口，當然也成為主要資源分配者：[44]

> 那時候整個鄉的人幾乎都有參加種樹活動，而外界的補助也很多，但是都沒有從我們鄉公所這裡經手，村長那裡也沒有，都是明星協會他們那裡自己承辦自己做的，所以大家都找他們。（E5電訪記錄2007/05/11）

自此協會逐漸形成一種僱傭體制，陳先生代理外部資源挹注者，掌握分派工作及發放資源權力的雇主。在工作分派部分，相較於初期外部資源還沒注入時，居民在自發性地投入，並沒有工作範圍的設限，大家不計較做多做少，雖然未必很有效率，但至少樂在工作。在外部資源輸入後，申請到補助款的明星社區居民們，都在協會的劃分下有明確的分工，不再以

---

[42] A1訪談紀錄 2005/12/30；另外植樹獎勵金的內容為：每種下一株樹苗便可得到100元的獎助金。其發放方式共分為三年，第一年領取50元，第二年若樹苗依然存活，則可再領取25元，最後一年若樹苗順利成長，便可取得最後的25元，但若期間樹苗死亡，則只能領取七成的獎助金。另外，基金會也限制一甲地只能申請1600元而避免民眾過度種植（A1訪談記錄 2005/12/30；F1訪談記錄2006/05/24）。

[43] 於15日或提前栽種完，則可獲得15日的造林工作薪資8100元（B2、B3、B4訪談記錄2005/12/31）。

[44] 「在社區總體營造的過程中，有一個單一對外窗口是很重要的。那時候我們政府單位要撥款進去，當然要找一個對外窗口聯繫比較方便，而陳先生又一直很積極的對外宣傳，所以我們自然會將錢撥款給他們。不然要撥給誰，也不能在不知道對外窗口的情況下亂撥款。」（E3訪談記錄 2006/04/17）

集體、志願的方式勞動。[45] 此外，還有許多外部經費也都匯入協會帳戶，再由陳先生統一發放，所以居民們總會於每月完成各個階段的社區總體營造工作後，按時從協會領取政府所規定的臨時工作津貼、民間單位的點株造林補助，以及植樹工作津貼。

（五）永續的社造集體行動？

此後，省政府、水利署、水保局、教育部、營建署等，亦相繼投入9460萬餘元，協助明星村的社區總體營造建設工程。姑且不論投資報酬率，至少在資源挹注的三年期間，明星村的重建成果已經達到新政府所設定的災區重建政績目標，並將砍除檳榔樹以保護水土資源的活動擴及整個鄉；[46] 樹苗種植量達到32萬株，造林面積達220公頃。而為了讓明星社區營造的政績成果更為顯著，新政府更進一步地將明星社區作為指標性的輔導對象，所以各級政府單位，除了行政院勞委會所提供的人力資源補助方案之外，並於三年內吸引將近四萬五千名觀光客到明星社區消費。[47] 成功的災後重建、國土復育、生態保育，與有機蔬果栽培經驗，更讓台視、華視、三立、TVBS等各大媒體爭相採訪。

然而，新政府連續三年的急救措施，已經造成政府的財政負擔過重（民生報，2001/05/28 版A3），各級政府單位開始思考災後社區總體營造的長遠經營之計。勞委會開始對就業重建大軍方案急踩煞車，將其改為多元就業方案，以慢慢縮減申請臨時工作津貼的災民人數。[48] 另外，民間的

---

[45] 「以前沒有什麼工作分配，大家都是公工的參加，很自由，可是後來補助款進來之後，哪能再這樣，都有規定的。像在協會餐廳裡面煮飯的，就不能像以前一樣有很多人幫忙，現在都有規定人數，餐廳裡面會規定能有幾個人，其他大部分都是分配到外面進行環境整潔或種樹的工作，除非餐廳忙不過來，才派幾個人過去幫忙，忙完之後又要趕快回去自己的工作地方。」（C4訪談記錄 2007/06/18）

[46] 「我們只在明星村種20萬株，其他分散出去給橙花鄉，因為當時有些人還要生計，所以不種檳榔樹。」（A1訪談記錄 2005/12/30）

[47] 有機文化協會內部資料。

[48] 「我們這裡員工總共有12個人，還有六個是向勞委會提出補助申請，另外六個是我們自己賺錢負擔薪水，很辛苦。當初那些自願參加的人，都離開了，因為大家都還有事

點株造林補助與造林工作津貼，及其他企業單位動員大批員工到村消費的協助，亦於三年之後停止。[49]

外部資源的相繼撤出後，一方面社區並沒有建立起自給自足的營運模式，另一方面原本抱著熱忱參與的村民也不願繼續投入社區發展的工作。原來的志工，在資源投入後變成職員，資源撤出後變成失業者，得設法另謀生計（B1、B2、B3、B4訪談記錄 2005/12/31；C4訪談記錄 2007/06/18），在心理上也不再願意重回志工的角色；過去無償捐地的居民，發現在外部資源挹注後，協會已經成為最富有的資源分配者，捐地就成為多餘的行動，因此開始改以「有償性」的方式讓渡土地使用權，改捐為租：

> 我當時是主動把土地捐出來，還捐了一大片，公益餐廳到鐵皮屋那裡都是我們家的。可是我現在很後悔，…，不然就是要跟他拿我捐出去土地的租金。（B6訪談記錄 2007/06/18）

光環隨著補助終止而消退。不再有大批遊客湧進明星社區消費，導致協會在經營上相當困難。[50] 雖然理論上為了確保遊客能源源不絕，明星村民們應該要與協會緊密合作，並積極地參與協會活動，讓遊客看到他們重建的精神。實際上，村民覺得協會壟斷太多資源，分配又不公平，因此多選擇各自發展自己的觀光事業。村子的整體性不再能夠維繫，彼此還形成競爭關係。協會為了解決營收不足的問題，只好飲鴆止渴地與旅行業者與遊覽車公司合作，但在利益攤派之下，表面上所呈現的遊客人數雖然驚人，但實際上的營收卻更為短缺。[51] 志願行動的潰散、白熱化的競爭與衝

情要做，總不能一直待在這裡不賺錢。」（C2訪談記錄 2007/06/18）

49　部分原因是因為民間企業團體在災區所投資的金額，已經得以在四年內抵減營利事業所得稅額。

50　「我們之前都還處於虧損狀態，一直到上個月才剛好賺了十萬元。不過我們這裡還有很多建設要做，政府補助也越來越少了，就算有十萬元也不夠，我們還要自己想辦法生錢蓋小木屋。」（F3訪談記錄 2006/05/24）

51　「你不知道遊覽車司機抽得可厲害了，連吃飯都要抽錢，比如說他們都跟客人講吃一桌300元的菜，其實是吃一桌150元的，之後他們再把150元的差額抽走，這樣好幾桌下來他們就能賺很多錢，很可惡的。所以人家都看我們這裡人很多，但是賺得真的很少，我們都還要拿紅包給他們，請他們帶人來咧。」（C2訪談記錄 2007/06/18）

突，都說明社區的集體行動已然崩解，協會被村民孤立，整個村子也不再追求當初社區營造的理想。

五、分析與討論—控制政策干預的意外效果

這悲劇不是一句人謀不臧可以說清楚。探討社區總體營造文獻中，公私協力的合作模式無論從理論或是經驗上，都獲得大量實證證據的支持，顯示內外部資源能否有效匯集是集體行動成功的關鍵（McAdam，1982）。然而，本文從明星社區總體營造的案例中，卻發現內外部資源相互矛盾的特殊現象。政府大力支持，不但沒有造成公私協營增效的預期效果，反而造成社區集體行動的瓦解。此間教訓為何？

（一）誘因機制與公平

當初社區營造的發起，乃是一種回應資源短缺之逆境的集體行動。農村中原本綿密濃郁的社會關係因震災而被強化，領導人適時而出提供願景，村民們對於未來的期待也激勵其積極投入於重建工作。此間，Wilson（1995）的目的性誘因以及社群性誘因成為重要的激勵機制，而導致初期豐碩的成果。然而，隨之而來的外界資源投入卻改變了原來的誘因結構。當時政府為了能夠快速交出亮眼的執政成績單，在缺乏周詳考量之下，貿然投注大筆經費於刻意挑選的「重點災區」，並廣加宣傳，宣傳的結果又造成其他社會資源的盲目挹注。大量外部資源挹注之後，相對有限的內部資源顯得多餘，原先盛行之奉獻、利他的誘因因此被抑制。社區面對的問題，不再是維持募集內部資源的集體行動。反之，社區成員開始聚焦於如何搶當時外部資源的大餅。

由於當時政府政策有申請名額上的限制，但是在申請條件上卻相當寬鬆，除了明星村民外，許多特地從外地回來的失業民眾，只要戶籍仍設在該鄉，無不湧進明星協會申請有限的名額。順利申請到的居民，往後繼續

為「工作津貼」而工作，雖然也是在「社區發展」的名目下，但失去了自發的精神，覺得領得多的人應該多做，領得少的不應該那麼辛苦；沒有領到的居民呢，則感到異常憤怒，認為違反社會公平原則：當初大家都在同樣熱心投入社區發展工作，如今有人有津貼（甚至不只一份），自己卻沒有，甚至當初沒有投入的人現在也拿到，自己何必傻傻地再投入？理想性與社群性誘因至此被摧毀殆盡。

此間，在外部資源投入之前，是否存在某種公平分配利益的機制，似乎是社造集體行動能否維繫的關鍵（Tai, 2007）。外部資源如果能透過這種利益分配機制，順利轉化成物質性誘因，還是可能與既有的理想性誘因及社群性誘因發生互補增效的效果，維繫既有的集體行動（Porter and Lawler, 1968）。反之，當公平分配的機制不存在，領導人無力抑制成員追求更多物質利益的野心，利益的引誘以及對於利益分配不公的不滿，很快會侵蝕原本就纖弱的理想性及社群性誘因，造成集體行動瓦解。當外部資源維持挹注時，也許社區營造的工作還能夠以僱傭關係來維繫，一旦外部資源撤出，社區集體行動也不再持續，社區營造便難以為繼。

這個案例印證了誘因之間的排擠效果。兩個重要的機制造成這樣的效果：其一，外在誘因容易改變內在動機：如同Frey and Jegen（2001）所言，把既存的非財務關係移植到明確的財務關係時，對於參與者的內在參與動機將會產生負面的影響。透過改變個人效用方程式的過程，外部誘因可能強化了行動者外在的、物質性的動機，削弱了目的性、社群性以及感情性的內在驅力。其二，對於利益分配不公平的怨憤之情，會對這種排擠效果有推波助瀾的效果。前述二種正面動機存在的先決條件是彼此的信賴與互惠的友善關係。一旦這種關係因物質性誘因的引進而轉變成互相競爭的零和關係，當然會造成該前述兩種動機快速散逸。

（二）利益、權力與制度

本案例也顯示，社區發展的路徑有「打天下」與「治天下」兩種階段，打天下的時候，靠集體行動，大家一無所有的時候容易攜手合作，共

襄盛舉；一旦行動有了成果，一方面可能還需要繼續打天下，但也開始面臨治天下的挑戰：利益由誰分配？如何分配？利益分配當然會引發權力的爭鬥。在僧多粥少的情況下，自發性參與社區重建工作的村民們，離開了正和的賽局（positive-sum game），進入零和情境（zero-sum scenario）——因為資源有限，你拿多一點，我就拿少一點、甚至拿不到。社區的領導人或菁英也許會無私地奉獻，也許能夠公平分配，但也可能希望藉由掌握分配利益的權力來爭取更大、更長遠的私人利益。此時，是否能預先建立某種利益分配的制度，在外部資源大量挹注之前，先確立公平分配的機制，或至少形成有效協商與監督的機制，才可能讓社區度過利益爭奪的風暴。這種風暴一旦形成，往往會透過選舉等權力形成機制而進一步惡化，透過地方派系等政治性社會網絡複雜化，最終導致維繫集體行動的內在動機遭到徹底的破壞。

六、結論

本研究以案例檢視災後社區營造的治理集體行動，回應近年關於個人參與集體行動誘因的研究：物質性誘因僅僅只是眾多誘因中的一項，同時考量多元動機對於個人參與集體行動的影響，才是政策制訂者必須正視的課題。「誘因之間的複雜關係」是影響行動者參與集體行動的重要因素。換句話說，誘因之間並不必然會產生加總或增效的理想效果；反之，不同誘因可能相互抵觸，導致與預期情況相反的結果。而本研究發現，當外部資源挹注於集體行動時，隨資源而來的經濟誘因，對於集體行動而言，就可能產生排擠公民美德的效果。對於希望鼓勵社區自我管理的執政目的而言，明星村是個揠苗助長的真實經驗。類似的故事在許多地方不斷發生（Tai, 2007），但相反的故事——社造集體行動在政府的援手撤除後還能夠永續經營——也不在少數，如阿里山的山美經驗即是（湯京平、呂嘉泓，2002）。這種對照，顯示政府在推動社區營造的過程中，必須讓某些制度性元素和經濟援助一起帶進社區。質言之，就是公正公開的利益分配

制度。透過公平的資源分配，讓物質性誘因比較能夠和其他誘因機制和諧相處，長久維繫基層治理的集體行動。值此八八水災災後重建、亟待政府伸出援手之際，重建政策不只是舉債賑災，也不只是把資源送到需要的人的手中，而是透過制度的建構，鼓勵草根性的公民力量集結成自治的組織，發揮社區營造的創意，找到可長可久、自食其力的發展路徑。

◆◆◆ 參考文獻 ◆◆◆

中文部分

丘昌泰 (2002)。從「鄰避情結」到「迎臂效應」：台灣環保抗爭的問題與出路。**政治科學論叢**，17，頁 33–56。

呂文皓 (2003)。**社區發展中非營利組織其角色與功能之研究：以船仔頭文教基金會為例**。嘉義：南華大學非營利事業管理研究所碩士論文。

呂桂英 (2003)。**社區發展與文化重建：虎尾西安社區白鶴文化節與褒忠大部社區大部花鼓節的比較研究**。國立中正大學政治學研究所碩士論文。

何貞青等 (2005)。**臺灣生態社區的故事**。南投：新故鄉文教基金會。

林水源 (2004)。**火金姑，弄天燈：橙花明星村戀曲**。南投：南投縣橙花鄉有機文化協會。

洪廣冀、林俊強 (2004)。觀光地景、部落與家：從新竹司馬庫斯部落的觀光發展探討文化與共享資源的管理。**地理學報**，37，頁 51–97。

徐震 (2004)。台灣社區發展與社區營造的異同：論社區工作中微視與鉅視面的兩條路線。**社區發展季刊**，107，頁 22–31。

陳建榮 (2006)。**非常身。日常體：汐止夢想社區街道嘉年華中的身體意識與空間儀式**。台北：淡江大學建築學系碩士論文。

陳昱茜、李文瑞 (2000)。災後社區重建與發展策略。**社區發展季刊**，19，頁 9–18。

湯京平 (2001)。民主治理與環境保護：從中埔慈濟案例檢視我國資源回收的政策

體系。**台灣政治學刊**，5，頁 149–181。

湯京平、呂嘉泓 (2002)。永續發展與公共行政：從山美與里佳經驗談社區自治與「共享性資源」的管理。**人文社會科學集刊**，14(2)，頁 1–28。

曾旭正 (2007)。**台灣的社區營造**。台北：遠足文化。

楊弘任 (2007)。**社區如何動起來？黑珍珠之鄉的派系、在地師父與社區總體營造**。台北：左岸文化。

盧道杰 (2001)。分權、參與與保護區經營管理：以宜蘭無尾港與高雄三民楠梓仙溪野生動物保護區為例。**臺大地理學報**，30，頁 101–124。

劉如倫 (2005)。**台灣地方派系與社區營造：以嘉義縣東石鄉船仔頭與永屯社區為例**。嘉義：國立中正大學政治學研究所碩士論文。

劉惠苓 (2000)。**重見家園：社區再造的故事與省思**。台北：企鵝圖書。

英文部分

Chong, Dennis (1991). *Collective Action and the Civil Rights Movement*. Chicago: University of Chicago Press.

Clark, P. B., & Wilson, J. Q. (1961). "Incentive System: A Theory of Organizations." *Administrative Science Quarterly*, 6, pp.129-166.

Deci, E. L. (1972). "The Effects of Contingent and Noncontingent Rewards and Controls on Intrinsic Motivation." *Organizational Behavior and Human Performance*, 8, pp.217-229.

Elster, J. (1998). "Emotions and Economic Theory." *Journal of Economic Literature*, 36(1), pp.47-74.

Etzioni, A. (1975). *A Comparative Analysis of Complex Organizations: On Power, Involvement, and Their Correlates*. New York: Free Press.

Evans, P. (1996). "Government Action, Social Capital and Development: Reviewing the Evidence on Synergy." *World development*, 24(6), pp.1119-1132.

Festinger, L. (1957). *A Theory of Cognitive Dissonance*. Stanford, CA: Stanford University Press.

Fireman , B., & Gamson, W. A. (1979). "Utilitarian Logic in the Resource Mobilization Perspective." in Zald, M. N., & MacCarthy, J. D. (eds.), *The Dynamics of Social Movements: Resource Mobilization, Social Control and Tactics*, Cambridge, MA:

Winthrop Publishers, pp. 8-44.

Freeman, J. (1979). "Resource Mobilization and Strategy: A Model for Analyzing Social Movement Organization Actions." in Zald, M. N., & MacCarthy, J. D. (eds.), *The Dynamics of Social Movements: Resource Mobilization, Social Control and Tactics*, Cambridge, MA: Winthrop Publishers, pp.167-189.

Frey, B. S., Oberholzer-Gee, F., & Eichenberger, R. (1996). "The Old Lady Visits Your Backyard: A Tale of Morals and Markets." *The Journal of Political Economy*, 104(6), pp.1297-1313.

Frey, B. S. (1997). "A Constitution for Knaves Crowds out Civic Virtues." *The Economic Journal,* 107(443), pp.1043-1053.

Frey, B. S., & Oberholzer-Gee, F. (1997). "The Cost of Price Incentives: An Empirical Analysis of Motivations Crowding-Out." *The American Economic Review*, 87(4). pp.746-755.

Frey, B. S., & Jegen, R. (2001). "Motivation Crowding Theory." *Journal of Economic Surveys*, 15(5), pp.589-611.

Grepperud, S., & Pedersen, P. A. (2001). "The Crowding-Out of Work Ethics." *Studies in Economics 0102*. Canterbury: Department of Economics, University of Kent.

Holländer, H. (1990). "A Social Exchange Approach to Voluntary Cooperation." *American Economic Review*, 80(5), pp.1157-1167.

Knoke, D., & Adams, R. E. (1987). "The Incentive Systems of Associations." *Research in the Sociology of Organizations*, 5, pp.285-309.

Knoke, David. (1988). "Incentives in Collective Action Organizations." *American Sociological Review*, 53(3), pp.311-329.

Knoke, D., & Wright-Isak, C. (1982). "Individual Motives and Organization Incentive Systems." *Research in the Sociology of Organizations*, 1, pp.209-254.

Kitschelt, H. (1991). "Resource Mobilization Theory: A Critique." in Rucht, D. (ed.), *Research on Social Movements: The State of the Art in Western Europe and the USA*. Boulder, CO: Westview Press.

Kreps, M. D. (1997). "Intrinsic Motivation and Extrinsic Incentives." *The American Economic Review*, 87(2), pp.359-364.

Lasker, R. D., Weiss, E. S., & Miller, R. (2001). "Partnership Synergy: A Practical Framework for Studying and Strengthening the Collaborative Advantage." *The*

Milbank Quarterly, 78(2), pp.179-205.

LeDoux, J. E. (1995). "Emotions: Clues from the Brain." *Annual Review of Psychology*, 46, pp.209-235.

Lepper, M. R., & Greene, D. (1978). *The Hidden Costs of Reward*. Hillsdale, NJ: Erlbaum.

Marwell, G., & Oliver, P. (1993). *The Critical Mass in Collective Action: A Micro-Social Theory*. NY: Cambridge University Press.

McAdam, D. (1982). *Political Process and the Development of Black Insurgency 1930-1970*. Chicago: Chicago University Press.

McCarthy, J. D., & Zald, M. N. (1977). "Resource Mobilization and Social Movements: A Partial Theory." *American Journal of Sociology*, 82(6), pp.1212-1241.

Mitchell, R. C. & Carson, R. T. (1986). "Property Rights, Protest, and the Siting of Hazardous Waste Facilities." *American Economic Review*, 76(2), pp.258-290.

Moe, T. M. (1990). "Political Institutions: The Neglected Side of the Story." *Journal of Law, Economics, and Organization*, 6(2), pp.213-253.

Nyborg, K., & Rege, M. (2001). "Does Public Policy Crowd Out Private Contributions to Public Goods?" *Statistics Norway Discussion Paper No. 300*. Available at SSRN: http://ssrn.com/abstract=292802 or DOI: 10.2139/ssrn.292802

Olson, M. (1965). *The Logic of Collective Action*. Cambridge, Mass: Harvard University Press.

O'Hare, M. (1977). "Not on My Block You Don't: Facility Siting and the Strategic Importance of Compensation." *Public Policy*, 24(4), pp.407-458.

Ostrom , E. (1996). "Crossing the Great Divide: Coproduction, Synergy, and Development." *World Development*, 24(6), pp.1073-1087.

Porter, L. W., & Lawler, E. E. (1968). *Managerial Attitudes and Performance*. Homewood Ill: Irwin-Dorsey.

Rabe, B. G. (1994). *Beyond NIMBY: Hazardous Waste Siting in Canada and the United States*. Washington, DC: The Brooking Institution.

Seabright, P. (2004). "Continuous Preference Can Cause Discontinuous Choices: an Application to the Impact of Incentives on Altruism." *CEPR Discussion Paper No. 4322*. Available at SSRN: http://ssrn.com/abstract=536185

Searing, D. D. (1991). "Roles, Rules, and Rationality in the New Institutionalism."

American Political Science Review, 85(4), pp.1239-1260.

Tai, H.-S. (2007). "Development through Conservation: An Institutional Analysis of Indigenous Community-Based Conservation in Taiwan." *World Development*, 35(7), pp.1186-1203.

Tang, S.-Y. and Tang, C. -P. (2001). "Negotiated Autonomy: Transforming Self-governing Institutions for Local Common-Pool Resources in Two Tribal Villages in Taiwan." *Human Ecology*, 29(1), pp.49-65.

Tang, S.-Y. and Tang, C. -P. (2004). "Local Governance and Environmental Conservation: Gravel Politics and The Preservation of an Endangered Bird Species in Taiwan." *Environment and Planning A*, 36, pp.173-186.

Tang, S.-Y. and Tang, C.-P. (2010). "Institutional Adaptation and Community-Based Conservation of Natural Resources: The Cases of the Tao and Atayal in Taiwan." *Human Ecology,* 38(1), pp.101-111.

Titmuss, R. (1997). *The Gift Relationship: From Human Blood to Social Policy*. Oakley, A., & Ashton, J. (eds.), London: LSE Books.

Tilly, C. (1978). *From Mobilization to Revolution.* New York: Addison-Wesley.

Wallis, J & Dollery, B. 2002. "Social Capital and Local Government Capacity." *Australian Journal of Public Administration*, 61(3), pp.76-85.

Weingast, B. (1984). "The Congressional-Bureaucratic System: A Principal-Agent Perspective (with Applications to the SEC)." *Public Choice*, 44, pp.147-91.

Wilson, J. Q. (1995). *Political Organizations*. Princeton, NJ: Princeton University Press.

Wang, X. (1999). "Mutual Empowerment of State and Society: Its Nature, Condition, Mechanism, and Limits." *Comparative Politics*, 31(2), pp.231-249.

Zajonc, R. B. (1965). "Social facilitation." *Science*, 149, pp.269-274.

附錄：受訪者名單

政府單位				
受訪者	性別	身分	地點	時間
E1	男	農委會水保局企劃組組員	行政院農業委員會水土保持局	2005/12/30
E2	女	農委會水保局農村組約聘員工	行政院農業委員會水土保持局	2005/12/30
E3	男	農委會水保局農村組副科長	行政院農業委員會水土保持局	2005/12/30
E3	男	農委會水保局農村組副科長	農委會水保局農村課	2006/4/17
E4	男	農委會水保局農村組科長	農委會水保局農村課	2006/4/17
E5	男	秘書	橙花鄉公所（電訪）	2007/05/11
E6	男	秘書	勞委會中彰投區就業服務中心（電訪）	2007/05/11
明星社區				
受訪者	性別	身分	地點	時間
A1	女	明星村解說員	洪雅縣橙花鄉明星村	2005/12/30
A2	男	明星村村民	洪雅縣橙花鄉明星村	2005/12/30
A3	男	明星村村民	洪雅縣橙花鄉明星村	2005/12/30
B1	女	王村長母親	明星村王村長家	2005/12/31
B2	男	明星村村民	明星村王村長家	2005/12/31
B3	男	乙村村民	明星村王村長家	2005/12/31
B4	男	明星村村民	明星村王村長家	2005/12/31
B5	男	明星村村民以及民宿主人	田園民宿	2005/12/31
B6	女	明星村村民以及民宿主人	田園民宿	2005/12/31
F2	男	明星社區理事長	洪雅縣橙花鄉明星村	2005/12/31
F1	女	明星有機文化協會的會計人員	橙花鄉明星有機文化協會	2006/5/24
F3	男	總幹事以及民宿主人	橙花鄉明星有機文化協會	2006/5/24
F3	男	總幹事以及民宿主人	橙花鄉明星有機文化協會	2007/6/18
B6	女	明星村村民以及民宿主人	明星村活動廣場	2007/6/18
C1	女	明星村村民	明星村活動廣場	2007/06/18
C2	男	明星有機文化協會售票員以及乙村村民	明星村活動廣場	2007/6/18
C3	女	明星有機文化協會員工（由勞委會雇用）以及甲村村民	明星村活動廣場	2007/6/18
C4	女	明星村村民以及花香民宿主人	明星村活動廣場	2007/6/18
C5	男	明星村村民、興榮商店老闆、明星協會合作農社理事長	興榮商店	2007/6/18
C6	女	明星村村民以及興榮商店老闆	明星村活動廣場	2007/06/18

明星社區				
受訪者	性別	身分	地點	時間
B5	男	明星村村民以及民宿主人	田園民宿	2007/6/19
B6	女	明星村村民以及民宿主人	田園民宿	2007/6/19
D1	男	明星村村民	田園民宿	2007/6/19
D2	男	林先生的弟弟	獨角仙民宿	2007/6/19
D3	男	B5 與 B6 的女婿	田園家的民宿	2007/6/19
A1	女	明星有機文化協會解說員	橙花鄉明星有機文化協會	2007/6/19

15 扶貧中的參與和治理

郭虹
（四川省社科院社會學所研究員兼所長）

目次

　　消除和減少貧困，是中國農民和中國政府的共同願望。在可持續生計分析框架的視野中，貧困是因為農民自身擁有的資源不足，可用于生存、發展的自然、人力、財力、物力和社會資本有限，僅靠他們自身的努力難以克服所致，故需要掌握公共資源的政府給農民以支持，向有需求的農民提供反貧困的公共服務，並以此作為政府的職責。所以，反貧困僅靠政府的「扶持」是遠遠不夠的，無論是當前還是今後，除了政府的「扶貧」外，農村反貧困迫切需要的是農民自身反貧困能力提高、社會反貧困力量的增長，以及政府反貧困制度的健全、機制的完善和戰略導向的正確。

　　在中國政府越來越重視反貧困工作，不斷頒佈一系列扶貧政策，把扶貧工作作為重要內容列入國民經濟和社會發展規劃的同時，中國農民也在衝破體制性束縛，創造了土地承包、鄉鎮企業、打工脫貧、自主創業……一系列新模式，在反貧困實踐中探索著自己的脫貧致富之路。現行的許多扶貧措施和政策，最初大都是出於這類基層實踐。

　　為瞭解在反貧困實踐中，扶貧政策、制度及其專案對政府、村組和農民以及彼此之間關係的影響，本文將從參與-治理角度進行分析闡述。本文把「扶貧政策、制度和專案」作為一種推動村組反貧困的「外力」，而把村組中村民及村民組織的「參與、治理」作為村組自身反貧困的「活力」。力圖描述在達到脫貧致富目標的過程中，起催化劑作用的「外力」與村組自身「活力」間的關係；分析在「外力」的推動下，村組內部從村民到各種社會組織（或准組織）的參與狀況以及這些參與所形成的「鄉村治理」格局特點。

一、扶貧中的參與

　　扶貧中的參與是指在村組層面，村民和村民組織在扶貧專案（包括減貧、反貧有關活動）中的介入、行動及受益情況，以及對相關政策和制度的影響程度。

　　「扶貧」就其內容而言，是國家（政府）為改善經濟不發展狀況所採

取的一系列政策措施和制度安排。「扶」有支持、幫助和攙扶的意思，它更多地表現為一種自上而下的行政手段。包括：設計規劃並推動實現相關專案；建立機構及資源調配、經費劃撥等工作制度；制定和實施資金扶持、人力扶持和政策扶持等政策等。現階段中國農村地區的扶貧工作中，中央和地方政府多是通過政策、制度和專案「落實」扶貧工作，用層層下達的行政命令來推動政策貫徹、制度建構和專案實施。當扶貧工作採用這種自上而下的「政府模式」時，能夠充分利用國家資源，通過強有力的行政干預手段比較迅速地改變帶共性的「絕對貧困」的狀況，近30年來中國反貧困的巨大成就說明了這種模式的有效性。

　　但是，隨著中國社會的轉型，農村社會結構開始出現分層，貧富差距日趨加大；社會主義市場經濟初步建立，經濟成分的多元化導致了不同利益群體對有限資源的要求和競爭；政府職能的轉換則使過去行之有效的「行政手段」開始出現「失靈」。隨著「以人為本」科學發展觀的提出和貫徹，「反貧困中應該怎樣貫徹科學發展觀」的問題也被隨之提出。一個在過去「扶貧」中往往會忽視的問題越來越引起關注——「誰是反貧困的主體」？怎樣才能使「被扶助」的貧困戶和貧困村更積極主動地參與反貧困？

　　目前，現階段的農村中帶共性的絕對貧困逐漸被更具有個性的相對貧困取代。多數農戶的家庭經濟屬於生存經濟，貧困更多地集中在解決了溫飽後的「相對貧困」上。處於這種狀況的人群或家庭雖暫無饑寒之憂，但生活品質低，脆弱性高，抗風險能力極差，隨時可能重新陷入貧困；而造成他們返貧的原因主要有：疾病、子女就學、天災人禍、年老、土地資源匱乏等，特別是對於疾病和年老這樣喪失勞動力的剛性因素，許多人都無法逾越，依靠自己解決問題的能力嚴重不足。

　　然而，作為「被扶助對象」的貧困戶和貧困村的自身訴求，在扶貧行動中往往被符號化為眾口一致的「脫貧致富」，他們真實的聲音經常被有意無意地弱化，他們的具體問題通常沒有受到關注和回應，他們的現實訴求往往被批評為「短見」、「自私」、「小農思想」……而被認為需要「教育、轉變」。在中、東部地區，普遍的富裕還使政府和社會容易忽視

這些脆弱人群和家庭的訴求，貧困、貧困戶往往成為一種「透明的存在」，因為政府「扶貧」關注的是以村為單位的貧困，這些零散存在的「相對貧困戶」往往因為「當地沒有扶貧任務」而被忽視。

固然，「嚴重的問題是教育農民」這句話今天仍然有其現實意義。但在社會背景已經發生了如此巨大變化的情況下，遵循科學發展觀，重新審視扶貧工作，我們必須要有不同的視野——用農民和村組的眼光，由內而外、自下而上地去考慮怎樣克服貧困。這樣，也許更能發現和回應貧困人群真正的需求，從而也才能更全面地審視扶貧中出現的問題和評估扶貧的效果。堅持「以人為本」的科學發展觀，就應該看到：沒有農民和村組的真正參與，扶貧工作就始終存在「主體缺位或虛位」的問題，缺乏創新和建設的原動力。

（一）村組層面上的參與

在我國廣袤的農村，星羅棋佈的村落作為歷史文化延續體，至今仍然是以血緣、地緣等社會關係網路為主而構成的生活共同體。基於這樣的認識，我們所涉及的「扶貧中的參與」，是把村組（包括行政編制的「村」和自然村落的「村民小組」）整體作為一個重要的參與物件，同時在其內部分為：農戶（即村民和村民家庭）；村民組織（包括政治、經濟、文化等組織）。

1. 農戶的參與

作為扶貧「進村到戶」的最終對象，扶貧的最終受益者是貧困村裏的所有農戶和一般村裡的貧困戶。這些農戶在扶貧中的角色定位是「被扶助物件」。反貧困在他們看來是「政府要扶貧」——這幾乎是所有的調查報告裏都有的話語。因為事實上扶貧的主體是政府，在決定扶貧政策、建立扶貧制度、實施扶貧項目的過程中，幾乎沒有讓農戶、村民參與的制度設計。儘管他們或多或少也能夠從項目中受益，例如交通狀況的改善，住房的改善、飲水問題的解決、以及一些家庭經濟的好轉、收入增加等。

　　農戶在扶貧中的主體性很難得到體現的原因，一是村民參與扶貧並不取決於自己的願望，而是取決於村裏是否被安排了扶貧專案。沒有專案，貧困戶得到的只是「救濟」和困難補助，不能從根本上解決貧困問題。二是村民沒有直接反映扶貧訴求的管道。由於沒有下情上達的制度安排，村民的意見只能通過幹部「反映」，或上級「下來調查」才能得到反映，即使是解決他們自己的問題，如申請「樂民新居」、災後住房維修等往往也需要通過「村幹部幫助提出申請」。三是在扶貧工作中沒有村民意見的採納機制。當村民的意見與專案安排相左時，「沒有政策」來回應他們的訴求。四是對扶貧效果的評估沒有村民的獨立意見。除了個別國際項目外，在所有扶貧項目的實施前後都沒有專案的村民評估。同一個專案，不同主體有不同的評價，而來自村民的評價恐怕只有這次調查組去才能夠聽到。

　　在扶貧中真正受益，並且參與性比較強的，是所謂「有發展能力」的農戶——能人。作為地方的經濟精英和政治精英，他們比其他村民擁有更廣的社會關係資本，能夠有管道得到更多的資訊。因此在開髮式扶貧這樣全村受惠的形式下，他們已有的經濟實力使其比一般普通村民更主動地參與其中，從而能最終爭取到扶貧資源。一些涉及農村基礎設施的扶貧專案（如「千村扶貧」），接近資源的機會在村民之間是不平等的。在建設完成後的後期管理上，「有發展能力的農戶」也能占到先機。這些有經濟效益的項目向「能人」傾斜的機會更多。

　　扶貧專案扶持「能人」，是在各地都能夠看到的現象，而農戶層面的參與很大程度上也集中于這些「能人」「大戶」。顯然，專案是寄希望於「先讓一部分人發展起來，然後帶動其他困難家庭，促進村莊整體發展」。這在部分地區是有效果的。但是，就普遍情況而言，且不論先富起來的個人是否有動機來扶持地方上的其他困難群眾，這些等待「雪中送炭」的家庭和個人能否維持到那個「共同富裕」的未來也是很讓人質疑的。這種扶貧傾向於能人的做法有利於基層統計描述扶貧成效。有順口溜說：張村有個張千萬，99戶窮光蛋，平均起來看一看，戶戶都是張十萬。扶持「能人」既有利益的考慮，也有操作上的便利，還不可忽視地有「出成績」的誘惑。

就調查所見，目前農村從政府到群眾都容易習慣性地把貧困歸因於個人，被認為「沒有發展能力」的貧困戶和特貧戶常常容易被「邊緣化」，而且容易被冠以「沒有能力」、「沒有文化」等汙名，更加不容易參與到扶貧中去。

2. 村民組織的參與

目前的中國農村村組中多少不等地存著各種社會組織，如村支兩委、村民小組、以及農村專業技術協會等。它們在協調村組政治和經濟關係的同時，也在扶貧中發揮著各自的作用。從村組層面上看，是否能夠享受「扶貧待遇」，很少取決於村組的主觀願望，而要等待上級政府的決定。村支兩委作為最基層的社會管理機構有反映下情的職責，但也僅限於「反映情況」，村組本身很少有管道或機會參與扶貧專案的設計和決策。

作為「國家扶持」的體現是「扶貧資源」——主要是指資金、物資，以及很少（或很難落實）的培訓，這些資源的投入本應該得到減輕、或克服貧困的效果。但是，當扶貧專案最初以「分錢分物」的救濟形式進入農村後，「貧困」不是表明資源缺失的狀態，反而成了一種獲取資源的資格，維持「貧困」的定位成為某種生存和發展的途徑。因此，政府「扶貧資源」的投入不但沒有減輕貧困（儘管事實上已經有所減輕），反而在一些地區成為村組和村民的常規性生活資源。總的來說，大部分村民分享扶貧資源的方式更像是在分蛋糕，而不是借助外力，發揮內力並形成一股合力來改變自身和村組的貧困。

近年來，針對這種「吃貧困」的現象，扶貧政策也開始逐步改進，採取了「救濟扶貧」、「開發扶貧」、「勞務扶貧」和「整村推進」等多種形式結合的綜合性扶貧政策，注重「扶貧先扶志」、強調「造血」，重視以「外力」啟動村組或農戶的「活力」，而村民和村組織的參與保證了專案的有效和成功。但從某種意義上說，這樣的參與仍然只限於通過實際行動來參與、配合政府的扶貧工作，把政府安排下來的任務做好，而且前提還必須要有政府的扶貧資金帶動，村民才會參與其中。如果沒有外力的推動，村民的自主參與意願是否能夠激發和體現還很難說。

(1)村政治組織──村支兩委、村民代表大會

村民委員會和村黨支部（村支兩委）是目前農村社會最基層的管理者。一般所說的村幹部包括兩委成員和村民小組長，而在現階段農村普遍基層民主和自治發育不完善的情況下，多數村民代表幾乎沒有話語權。由於其參與缺乏必要的制度和機制保障，村支兩委在扶貧中的影響力有限，甚至不能決定村中專案的運行。能在發揮自身活力基礎上主動參與脫貧的村支兩委並不多，大部分村支兩委在扶貧中的角色，與其說是村民的「頭」，不如說是作為政府的「腳」。 在我們調查的大部分村組中，村支兩委的「日常工作就是及時給鄉里反映本村的困難、問題，爭取補助或救濟。這既是村幹部本職工作的主要內容，也是鄉鎮考察村工作的重要方面，如果沒有這方面的「彙報」，往往意味著村幹部的失職；而做這些「好事」並不需要村裏的資源，所以村幹部也很願意做這方面的工作，有時甚至有動員農戶報告「困難」的情況。

雖然村支兩委在困難農戶資訊的傳遞和收集、落實扶貧專案上能夠履行職責，但我們也發現，既然身分是代表村民的自治組織，僅僅把配合基層政府作為自己的日常工作是遠遠不夠的，這樣的參與最多算是完成行政任務，如何發現本村村民需求，把眼光不僅放在個人和家庭的脫貧上，更放在社區整體層面的脫貧上，才是真正意義上村民自己的自治組織。但大部分村支兩委恰恰在這方面表現出了不足，究其原因，雖有村支兩委的能力問題，但沒有從政策上賦予村支兩委（包括鄉鎮政府）相應的職能，恐怕也是扶貧制度上的缺陷。扶貧的專案和規劃都來自上級，不要說村支兩委，就是鄉鎮也沒有自主權，自然也就沒有相應的責任。

(2)村經濟組織

當人民公社作為農村集體所有制形態不復存在後，包產到戶的經濟模式成了農村的普遍生產方式。相互間沒有太多利益鏈的農戶缺乏集體行動與合作的動因，曾經的民間經濟組織也已經衰落。現在的農村不僅缺乏經濟組織，隨著承包制的推行和村組的行政變更，很多村組也沒有了自己的村集體經濟。

一個村手頭是否有可支配的資金，其對扶貧的推動作用和能否調動村

組內部的人力、物力來支持和可持續扶貧的效果意義重大。有集體經濟的村組一般都有反貧困的「活力」。但是現實是，大部分村組並沒有自己的財政資金，這也使政府的扶貧專案不能很好地持續發揮脫貧的作用。可以說，集體經濟是村組調動村民集體行動的重要因素，對於村組是否有能力主動參與扶貧專案起著很大的作用；同時，集體經濟也是凝聚人心的共同利益，沒有了共同利益，包產到戶狀況下的農村就很容易成為「一盤散沙」。

(3)村文化組織

村文化是村凝聚力的紐帶，傳統文化通過鄉規民約、廟會、傳統節日等方式對村民發揮著正式途徑以外的積極監督和約束作用，也使群眾對扶貧行動的參與能夠採取更加內化和自然的方式進行。各種公共活動場所的群體活動也客觀上營造出了農村的公共空間，使村民有效地參與到村組的管理和發展中，同時政府主導的社會經濟發展也有意識地利用各種傳統文化資源，出於「文化搭台、經濟唱戲」的發展策略，各種節日被再造成傳統的節慶，整合到當地的經濟發展之中。

在缺乏集體經濟凝聚力的情況下，文化是維繫農村公共空間的唯一紐帶。公共空間是形成公共意識的物質條件，而公共意識的存在有利於降低扶貧中的「發動」成本，提高群眾對扶貧的參與度。但對於大部分的村組來說，雖然村組社區傳統觀念與習俗仍然存在，其積極的一面具有維繫村民團結和保持社區秩序的功用，但社區集體意識、傳統價值、道德觀念正在經歷衰退在各地都可以看到，文化的紐帶作用日益減退和傳統集體意識衰落的趨勢，使得村組的內部凝聚力降低，而沒有凝聚力的村組很難具有公共意識，也難以形成其自身的反貧困「活力」。

村民組織在反貧困中的參與之所以不足，首先在於村民組織本身就極其弱小，無論是類型、數量、規模，還是能力，村組的各種社會組織自身都難以具有參與的資本和條件；其次，在現有的扶貧制度中也幾乎沒有賦予村民組織多少資源和權力；其三，地方政府也很少有政策鼓勵各種村民組織（如合作社、農技協）和社會力量（公司、黨政機關）投入扶貧。

（二）政府層面的參與

　　縣鄉兩級政府在扶貧中代表國家行使公共權力，因此成為扶貧的主要力量。地方政府在扶貧中的參與行為一般有兩類，一是將中央政府通過財政轉移支付等手段提供的資金、地方政府提供的配套扶貧資金、來自社會的扶貧資金以及相應的貸款、物資等資源，分配給需要扶貧的村組；二是按照上級要求，根據資源制定本地的扶貧規劃。在此過程中縣扶貧辦（局）有很大的決策權。他們不僅規劃扶貧地區如何使用資金，也規定哪些村組可以列入扶貧名單，這些村組應該安排什麼扶貧項目等等。

　　政府的參與既然是主導性的，所容易產生的問題也同樣與權力集中有關。在扶貧資源分配方面，地方政府最容易遇到的問題的地方的配套資金不到位。特別是在經濟不發達地區，不僅本地的資金不到位，甚至有可能為解本地的某些燃眉之急而挪用扶貧經費。而在扶貧規劃方面，由於各種扶貧資源（包括財政撥款和扶貧貸款專案）的配置基本是通過自上而下的程式決定的，在扶貧制度設計中缺乏目標群體的監督和回饋機制，扶貧專案缺乏公共性和透明性，就連鄉、村幹部也不瞭解項目的運作，極易滋生效率偏低、官僚作風及腐敗等問題。

　　負責的政府是為民辦實事的政府，但是大包大攬過度負責的做法，不僅不利於調動基層群眾的參與熱情和培養村民的參與能力，而且在實際工作中，還容易出現一些扶貧專案未結合當地實際狀況，扶貧專案開發選擇與村民需求脫節的情況。由於扶貧建設要與地方政績掛鈎，出於政績考慮的扶貧項目往往給農戶的生產和生活增加了新的負擔，甚至有可能導致新的貧困。

二、通過鄉村治理推進扶貧中的參與

　　現階段國家在農村的治理結構表現為「鄉政村治」，即在縣以下設立鄉（鎮）人民政府，實行行政管理；鄉（鎮）以下設立村民委員會，實行

村民自治。但是，近年來多數地方政府在財政上實行「村財鄉管，鄉（鎮）財縣管」，財權和管理權等社會資源往上級歸口，「鄉政村治」目前在很多地方已經是「鄉無行政、村無自治」。

在扶貧工作中，鄉鎮政府在扶貧中的決策權基本被縣取代。這雖然減少了扶貧資源的浪費和分流，但從專案設計來看更容易體現政府意志，而不是群眾的需求。從上面村組和政府兩個層面的分析可以看到，目前扶貧中的各個參與主體的權力地位，以及它們的參與途徑和狀況。現有的社會管理結構使得行政體系運行的「命令—服從」關係被引入鄉村，這在有助於鄉村組織的整合和聚集資源的同時，也使鄉村缺乏自主性和活力，基層群眾自治能力發育不健全，老百姓沒有形成在社區一級處理自己公共事務的意識，因此習慣依賴國家來解決問題。

黨的十六屆五中全會提出「建設社會主義新農村」的目標，其中包括建立「新型鄉村治理格局」。這是國家改革農村社會管理體制的新任務，也將給農村扶貧營造出更有利的社會環境。社會治理必須具備三個條件，一是特定的公共權力；二是相應的政治責任；三是一定的治理能力。一般來講，權、責、力愈一致，治理體系就愈完備。而新型鄉村治理的實質就是要改變政府、村組織和村民在社會事務管理中「權、責、力」的現有格局。扶貧中的「治理」問題因此被提了出來。治理即治理，是使公共利益最大化的社會管理過程和管理活動。治理的本質特徵在於它是政府與公民對公共生活的合作管理，是政治國家與公民社會的一種新型關係。「以人為本」是治理的根本價值觀，通過治理，政府從全能政府向有限政府轉型、從被動的管理型向更為主動的服務型轉型。在扶貧工作中，治理就是通過形成新型鄉村治理格局，整合動員政府、社會、公民各方面的資源，各盡其能、各得其所，推動反貧困的實施，使貧困人群得到實實在在的幫助。

（一）目前扶貧中的參與狀況

1.村民／農戶：權微、責重、力弱

村民們在扶貧中並沒有被賦予太多自主的參與權。他們在扶貧專案的決策、立項和前期評估中是一個沒有聲音的群體，同時在扶貧項目的實施中沒有民主監督權，事後也資訊回饋權。也就是在扶貧的前、中、後期都沒有多少參與機會。

村民在專案中的權力雖然很小，但責任卻很重大。他們在承擔扶貧專案收益的同時，也要承擔其風險。由於許多專案設立時缺乏民主性、科學性和參與性，屬於「長官意志」、「領導工程」，風險極大，而這些決策失誤造成的風險最後基本都是由村民自己承擔。

農戶的力弱，主要是指其生計能力弱，既沒有財力資本，也沒有人力和物力資本，有的甚至連社會資本都非常匱乏。在一些生產投入較大的扶貧專案上，特別是種養殖業的發展專案，都要求參與專案的農戶要自己投部分錢修圈或種植，符合標準了才有資格參與。村民自身的投入是應該的，因為不能一味都靠國家解決問題，但是投入不能超出村民可負擔的限度，動輒數以百計的投入對於年收入不足700元的貧困戶是根本不可能做到的。

2. 村組織：權小、責大、力弱

村組織指包括村支兩委在內的各種村民組織。其中村支兩委是在扶貧中代表村民和村組的自治組織，雖然在扶貧中它的參與力度比村民大一些，但調查發現，村支兩委被賦予的參與權利也很小。

村支兩委在扶貧工作中的責任重大。在村組扶貧過程中，村支兩委作為「上傳下達」的仲介組織在政府政策進入社區以及村民和政府進行溝通與合作方面發揮著積極的橋樑作用。它是村組發展的重要組織力量，承擔著全部基層社區管理職能，對上，村支兩委表達民意，爭取扶貧專案和資金，對下，村支兩委組織群眾利用好扶貧資金和物資，搞好村組的扶貧開發。不過調查資料也顯示，除了搞好組織和發動村民參與扶貧，溝通農戶

的貧困狀況的工作外，一些地區還出現基層政府將專案失敗的風險轉嫁到村組頭上，直接由村支兩委接手解決專案遺留問題。

　　村組織的力弱主要是指其治理能力弱。一是目前的稅費改革這把雙刃劍對村支兩委非常不利。由於絕大多數貧困村組都沒有集體經濟組織，稅費改革後如何保證村支兩委公共財政的問題已經凸顯出來。在財政緊縮的同時，村幹部的規模也在減小，和村落管轄範圍大形成反差。二是由於近20年農村基層社會的凋敝，現有的村組織普遍缺乏管理和協調能力。三是農民的合作意識缺乏，如果沒有外力的推動，村組織也難有聚集人心的物質基礎和精神基礎。

3. 鄉鎮政府：權小、責大、力弱；縣政府：權大、責小、力大

　　與其他層級的政府相比，鄉鎮級政府在治理結構中屬於「權小、責大、力弱」，這與村組織的狀況一樣，不同的是一個為國家基層政府，一個是群眾自治組織。鄉鎮政府作為基層政府直接管理和領導村組，但是卻沒有多大的權利。與縣政府比，鄉鎮缺乏獨立的決策和行政權力，只有協調作用，其幹部的任命也主要取決於縣級黨政。鄉鎮擔負著傳達和落實國家扶貧政策和專案，推動地方脫貧的重要職責。但是，鄉鎮政府缺乏完成承擔任務的手段和條件，實行鄉財縣管後，鄉鎮基本沒有自己的財政，行政機構和人員相當部分只能依靠自己經營經濟實體，一些鄉鎮為了完成上級交辦的任務，不得不「與民爭利」。這與其公共管理職能不僅不符，而且容易導致腐敗。鄉鎮的「力弱」表現在缺乏公共服務的能力。多年來國家對農村是多取少予，因此鄉鎮政府的職責就是「收糧收款」，完成上級交辦的任務，很少有服務意識；同時國家幾乎沒有為農村提供的公共服務，也使得鄉鎮政府多年來沒有「予利於民」的職能，「權為民用、利為民謀」的意識和能力都及其缺乏。這種權、責、力不均衡狀態使鄉鎮政府難以發揮有效整合鄉村組織的作用。

　　縣級政府的功能主要是落實上級政府的扶貧任務，對上級政府負責。但從調查資料中可以看出，各地的縣政府作為一級有責任能力的完備的基層政府，在扶貧中往往並沒有很好地履行其行事與親民之責，而成為新一

級「管官」的政府。在這種情況下，縣級政府的權、責往往是分離的，有決策權力，卻不直接承擔扶貧的行事與親民責任，其決策容易脫離實際或只對上不對下。同時行事與親民之責完全由鄉鎮政府擔任。鄉鎮政府卻無相應的決策和行政責任能力，許多專案的決策權又掌握在縣的手中。縣—鄉的關係更像是縣政府領導下的鄉長負責制。鄉長負責但不領導（決策），縣政府領導卻不負責。縣有整合鄉村組織之權，卻不直接履行整合鄉村組織之責，權責的分離，容易造成扶貧實施過程中不公正、不透明現象的發生。

（二）加強治理中的村組能動性，推動村民的參與

傳統治理結構自上而下行政化治理造成扶貧參與各方權、責、力分離，其重要後果是治理成本急劇加大，不僅加重了扶貧地區農民的負擔，也使得扶貧真正的效用不易發揮到位，從調查結果來看，如果現行的鄉村治理結構不改變，中央各項扶貧政策在執行過程中仍然會扭曲變形，各項扶貧資金還會出現跑冒滴漏現象，而農民的意願和表達也很難真實地傳遞到最高層。雖然扶貧資金投入不少，但由於政府不瞭解實際情況，盲目搬遷、征地，發展不合適的專案，使得被扶貧的地區貧困沒有減緩, 反而變得更差了，對政府也產生了不信任感。這些都影響到了村組層面主體的參與。由此可見，扶貧主體參與有限只是表面現象，其深層次的原因是鄉村治理結構不合理，是一個體制性的問題。

在治理中，縣、鄉政府應適當地放權，把主要的職能放在社會管理和公共服務上，使農民和基層自治組織逐步成為脫貧的主體，實現村組和村民真正意義上的自治，這是建立農村公共治理的前提條件。政府放權的同時，村組自身的治理能力至關重要。但目前各地在扶貧過程中對村組中摸得著的硬體建設相當重視，而對作為軟體部分的制度建設（村支兩委建設）有所忽視。調查反映，基層民主的發育、鄉村如何治理、治理效果的好壞都在很大程度上決定著當地人是否能夠很好地脫貧和發展。

「鄉村治理」是鄉村組織處理公共事務的制度，包括村民如何選舉村

幹部、村民代表，如何監督村幹部的工作和設置村委更迭的程式，也包括村委制定和執行政策的能力，以及村民對這些制度的服從狀況。這裡既包括一些正式的制度，也包括非制度性因素，如村內的民族文化、傳統習慣，家族宗法關係等。鄉村治理中有三個很重要的因素和扶貧相關：物力資源——村集體經濟；人力資源——村委和村民的參與；社會資源——村文化和村人際關係。良好的扶貧參與是村民、村組織、村集體經濟、村集體行動意識（傳統文化）共同作用的結果，缺一都會讓參與行動變得艱難。能在整合這些資源的過程中發揮關鍵作用的組織就是村民委員會。組織良好的村支兩委可以實現村域公共社會按照自我的意志相對自主地支配資源和管理社區，扶貧成效非常顯著。

傳統治理結構的弊病說明，只有治理才有助於解決扶貧中出現的問題，達到基層政府和村民的平等對話。也只有治理才能真正實現村支兩委權大、責大、力強的格局。在扶貧中，這種格局的形成對於村組脫貧的作用非常明顯。調查發現鄉村治理做得好的，把脫貧的主體定位於村組，特別是村支兩委，扶貧中出現的很多問題就能得到比較好的解決。如果當地政府更多地放權，就能夠激發起村組在參與扶貧中的活力；如果扶貧的項目本身由於貼近村組的實際情況和百姓的需求，就更容易獲得成功，同時這種成功也讓村民更信任村組織，使得村組織的威望提高，提高了村組的內聚力，推動了村民積極參與村組發展，有利於從根本上提高村組層面的反貧困能力。

三、改革完善扶貧制度，推進扶貧中的參與和治理

資源的匱乏是目前農村基層反貧困的最大問題。資源既包括資金、物資等物質資源，更包括制度、政策、文化等非物質資源。從前面的分析可以看出，目前我國農村反貧困更缺乏的是非物質資源，其中最缺乏的是制度資源。我國的扶貧制度曾在反貧困中發揮了巨大的作用，也取得了舉世矚目的成就。但是必須看到，我國的扶貧制度是在計劃經濟的基礎之上建

立起來的，是在條塊分割、城鄉分治、單位體制的基礎之上建立起來的，因此帶著深刻的時代印記。隨著改革開放不斷深化，隨著新的社會利益格局形成，特別是隨著科學發展觀的提出，扶貧制度必須「與時俱進」，不斷改革、完善，以適應新時期農村反貧困的新需求。

（一）貫徹「以人為本」的科學發展觀，探索扶貧資源配置的新模式

我國的扶貧制度建立於計劃經濟時期，其資源配置也承襲了「條包塊管」的模式，作為公共資源的扶貧資源是按照單位-行業和行政地區配置的。參與扶貧的各級政府和各職能部門，都各自掌握著一部分資源。如扶貧辦（局）、農辦（委）、發改委、建委、經委、沼氣辦、民政局、農業局、林業局、畜牧局、水利局、計生局、勞動局、就業局、教育局、衛生局、文化局、科技局、廣電局，直至科協、婦聯等黨群機構，都有不同的扶貧任務，也掌握了多少不等的扶貧資源。這種以單位和行政區劃為主的扶貧資源配置模式所形成的制度壁壘，使扶貧的物件——貧困戶和貧困村，很難直接得到扶貧資源和服務，而扶貧資源變成部門資源後也加大了運作成本，給某些部門及個人提供了尋租機會。同時，以管理為職能的政府缺乏服務的意識和能力，尤其是地方基層政府部門的工作人員，缺乏公共管理的基本知識，對於公共品、公共服務、社會治理等基本概念瞭解甚少，缺乏現代管理的技能和手段，在扶貧工作中習慣性地沿襲計劃經濟時期的做法，無論在扶貧理念，還是在扶貧制度和政策的制定中，普遍缺乏「公共性」，強調的是「政府管理」而不是「公共服務」，要求的是「社會配合」而不是「社會協同」，習慣於「動員群眾」而不是「公眾參與」。

在新的歷史條件下，貫徹落實科學發展觀，扶貧制度也迫切需要完善與改革。結合國家事業體制改革，改革和完善扶貧制度應是當務之急。例如，從制度設計上增強「扶貧」的「公共」性質和「服務」性質；加大公共財政的對農村公共服務事業的投入；從優化扶貧資源配置開始，探索

「扶貧資源社區配置」、「扶貧資源個人配置」等新模式；整合各部門的資源，對特別困難的村組、家庭和個人實行「救濟—培訓—資助」的系列服務，解決其生存和發展問題；通過政策吸引和鼓勵社會力量參與扶貧，增加扶貧資源的總量。等等。

（二）應對農村發展的多樣化需求，鼓勵和支持扶貧機制的創新

　　社會主義新農村建設和轉型時期農村發展的多樣化需求要求現有的扶貧機制不斷創新。就扶貧機制而言，從最初的救濟、到今天的「整村推進」就可以看出，扶貧機制一直在完善、在創新、在發展。在社會主義新農村的建設中，如何充分動員社會的力量，改變政府在扶貧中唱獨角戲的現狀，是需要解放思想、開拓創新的。

　　在這次調查中，我們也看到了一些扶貧機制的創新。例如通過專案推動脫貧的模式——專案扶貧。有的地方政府通過具體專案把扶貧資源整合在一起，政府不是把錢發到每戶，而是把各類資金（如扶貧局的新村建設款、陽光培訓款、防災辦的救災水泥，水利局的河道修建款，民政局的危房戶、倒房戶、缺房戶等救濟金、水務局的供水基建款等）捆綁在一起，整合使用，修堤造地，統規統建集中居住社區，農戶按成本價購買，水電按優惠政策供應，並提供職業培訓和職業介紹。比起「陽光培訓」和「新村建設」，這種模式的特點是「扶貧」主體的多樣化，因而更容易整合資源、更容易引導農民參與，也更容易推動經濟-社會-生態的協調發展。這種模式，把「陽光培訓」和「新村建設」與專案結合起來，根據產業規劃建設新村，根據產業需求培訓農民，根據產業發展整合資源，達到專案成功、農民受益、社區發展的多贏效益。

　　這種「以專案為載體，以市場為導向，以本地資源為基礎」的扶貧模式，設立或承擔專案的可以是政府，也可以是企業和社會組織，專案內容可以是經濟、也可以是產業，可以是教育、培訓，也可以是活動、建設，完全根據扶貧的實際需要而定，政府的職責是組織做好規劃、論證專案可

行性，引導整合本地資源，並提供公共服務。「專案扶貧」就是政府「賦權」予承擔專案的社會組織（企業、機構、以及村民委員會、農民協會、農業技術協會等非政府組織），並給予政策支援和配套資源，充分調動各種積極因素，為扶貧增添新的力量。在扶貧工作中，要宣導和樹立賦權的理念，要在堅持「黨委領導、政府負責」的原則下，通過賦權發揮市場、企業和社會的協調作用，還自治權於村組、賦參與權于村民，發揮農民的主體作用。這就需要從政府開始，轉變觀念、加大宣傳、對參與扶貧的有關人員進行培訓，營造「賦權」的社會氛圍。

（三）改革完善扶貧制度，推動扶貧中的「社會協同、公眾參與」

扶貧作為一項公共服務，屬於社會管理範疇，必須堅持「黨委領導、政府負責、社會協同、公眾參與」。就調查而言，我們看到現階段農村扶貧的情況是：缺乏村民參與的制度安排，缺乏促進社會協同的相關政策。

扶貧的參與既是人員的參與，也是財力、物力和人力等資源的投入過程，而在目前的農村扶貧中，主要還是中央政府的財力投入，特別是在經濟不發達地區，中央政府和國際援助組織的資金投入幾乎成為唯一的投入。其實，在反貧困行動中，真正能夠從根本上改變貧困的，還是來自村組和農戶自身的以人力投入為主的「活力」，財力和物力的「外力」只有通過這種「活力」才能達到消除和減輕貧困的目的。而在目前的扶貧專案中，怎樣鼓勵農戶和村組更多地投入人力，怎樣使這些投入的人力能夠發揮應有的效益，還沒有制度性的安排——比如農戶的人力投入途徑。人力資源的投入不僅是出工投勞，更重要的是參與扶貧規劃的制定、扶貧項目的設置、實施以及監督。如果這種人力投入用好了，將會大大提高扶貧資金的使用效益，降低浪費風險，保證專案的經濟效益和社會效益，如在一些地方所做的那樣，參與式的規劃制定不僅滿足了村民、政府等各方面的需求，人力資源的投入還帶動了本地社會資金的投入。

扶貧中的參與也應該是政府與農戶、村組互動的過程，而我們看到，

目前的農村由於普遍缺乏社會組織和公共意識，扶貧行動的「動員成本」較高，動員宣傳非常不足，農戶的主動參與很少，村組的參與亦非常有限。因此，在扶貧制度中必須要有必要的制度性安排（如評估、討論、訴求回應等），保證扶貧的參與者和利益相關群體之間雙向的互動，使處於資訊不對稱情況下的弱勢群體的知情權、話語權和監督權可以有實現的途徑，保證這些權利不會因制度缺失而喪失、放棄，或在無形中被消解。同時，各級政府也應該出臺具體的政策措施，鼓勵村民、村組織以及社會力量投入到扶貧中去。

　　最後扶貧中的參與還應該是農戶反貧困能力提高的過程。然而由於項目從設計到實施都是由政府在包辦，具體地說是縣規劃、鄉監督、村實施，而村在實施過程中為了在規定時間完成規定動作，往往是依靠「能人」做項目，而忽視了對貧困戶的具體幫扶，以及相應的培訓和宣傳教育。因此，在扶貧制度中要特別重視農民的反貧困能力建設，通過扶貧制度為農戶提供可持續生計：在保護土地、山林和水資源以增加其自然資本的同時，大力開展農民培訓，以提高其人力資本；通過「新農村建設」加強農村公共設施建設，增加村組和農戶的物質資本；利用政府對農村投入轉化，建立起民間的財務資本；發展農村社會組織，以形成農民的社會資本。要達到這些目的，一個必要的途徑就是培訓。國家的「陽光培訓」已經實施3年，千百萬農民因此而獲益，但受益的主要是準備外出當農民工的人。已經在城市當「農民工」的進城農民，留在農村從事農業和非農生產的農民則沒有享受到作為公共服務的政府培訓。從「尊重農民意願、增進農民福祉」出發，結合「專案」進行培訓，通過專案介紹，把給農民的利益（或轉產就業、或增產增收）現實、直觀地展示出來，讓農民有知情權，使農民可以根據專案需求選擇適合自己的培訓；同時，在培訓中注意進行組織建設，把培訓的學員組織起來，讓農民有話語權，在培訓後能夠繼續相互交流、支持，從中孕育新的社會組織；並通過多樣化的、群眾性的社會組織，獲得參與權，協同政府的「新農村建設」，推動農村扶貧、教育、衛生、社會保障、環境保護、文化等各項社會事業的發展，推動農村的社會發展，是農村反貧困取得決定性勝利的必由之路。

（四）在「整村推進」中重視機會平等，為形成新的鄉村公共事業奠定物質基礎

農村公共服務的生產和提供取決於農村公共資源的配置。目前國家給農村的公共資源主要是通過「扶貧」、「新村建設」等專案配置到各村。由於許多公共設施主要是配置在居住集中區，人口密集的社區能夠得到的公共資源較多，如：學校、衛生站、自來水工程、商業網點、交通站點、通訊網點等，能夠提供的公共服務也相應較多，如教育、醫療、飲水、購物、交通、通訊等，而散居的農戶則很難享受到類似的服務。怎樣使更多的農民能夠公平地分享發展的成果，是現有的扶貧制度面臨的挑戰。

政府應當明確規定：凡國家投資興建的基礎設施（如飲水設施、道路橋樑、水電設施、公共用房等）是「鄉村公共事業」，必須實行「公共管理」。重建的鄉村公共事業絕不能是過去「集體經濟」的複製或翻版，無論其權屬怎樣界定，其性質都應該是「公共服務產業」，其管理和運作都不能違背其「公共性」，要通過制度設計保證機會平等，做到公開、公平、公正，讓更多的村民共用公共資源和發展成果；要通過制度建設保證這些基礎設施的可持續使用，為新的鄉村公共事業奠定物質基礎。

重建的鄉村公共事業將是鄉村公共事務，也將是鄉村自治組織活動的平臺；是村民參與公共事務和社會活動的平臺，也是農民參與社會活動、參與社會事務能力培養和提高的「學習班」。為此，需要提高農村社區（村組）組織「自我管理、自我教育、自我服務」的能力，發揮農民的主體作用，讓群眾真正享有知情權、參與權、管理權、監督權，由此推動社會主義新農村鄉村治理機制的形成，為農村反貧困奠定紮根於本土的社會基礎和源自于社區的可持續社會支持。

16

中國大陸農村中小學布局調整的目的、方式、成效、問題及對策——基於中西部地區6省區38個縣市177個鄉鎮的調查與分析*

範先佐
(華中師範大學教育學院教授)

目次

　　20世紀90年代中後期開始，中國大陸農村地區，特別是中西部農村地區開始了新一輪中小學布局的大調整。那麼，這一次農村中小學布局調整的原因是什麼？調整的動力何在？取得了哪些成效？存在什麼問題？怎樣判斷布局調整的合理性？為了客觀把握中國大陸農村中小學布局調整的真實情況，全面瞭解當前中國大陸農村地區中小學布局調整的經驗及其存在的主要問題，探討科學、合理的農村地區中小學布局調整的途徑和方法，並結合中國大陸農村義務教育政策的調整和各地實際情況，提出一套科學、合理的農村地區中小學布局方案，華中師範大學《中西部地區農村中小學合理布局結構研究》課題組，受教育部財務司的委託，在英國政府雙邊贈款「西部地區基礎教育」專案的資助下，從2005年7月—2008年7月，對中西部地區的湖北、河南、廣西、雲南、陝西和內蒙古6個省（自治區）38個縣市177個鄉鎮的中小學布局調整情況進行了深入、細緻的調查研究。調查採用問卷、訪談、查閱文獻、觀察等方式進行。其中，每個省區選擇3-10個縣（經濟發達、中等發達和欠發達縣各1-3個，同時考慮到了山區、丘陵和平原等空間位置）；每個縣選擇5個鄉鎮（1個發達鄉鎮，2個中等發達鄉鎮，2個不發達鄉鎮）；每個鄉鎮選擇4－5所農村小學、1－2所初中。期間共發放問卷39，210份，共回收有效問卷31，055份。其中，發放教師校長問卷15000份（每個省區2000-3000份左右），回收有效問卷11463份；發放學生問卷12000份（每個省區1500-3000份），回收有效問卷11990份；發放家長問卷12000份（每個省區1500-3000份），回收有效問卷7421份；發放縣（市）鄉（鎮）教育行政部門負責人問卷210份（每個省區35份），回收有效問卷181份。訪談典型個案共638例，其中教師249人、校長237人、家長以及村民72人、教育行政負責人80人。

　　課題組在調查中深入瞭解了中國大陸農村中小學布局調整的目的、方式、成效與問題，分析了問題存在的原因，並在此基礎上提出了農村中小學合理布局的對策思路。

---

* 基金專案：本文為英國政府雙邊贈款「西部地區基礎教育研究」專案、國家級研究課題「中西部地區農村學校合理布局研究」的成果之一。

一、農村中小學布局調整的預期和動力

　　農村中小學布局調整是一個持續、漸進的過程。每一次布局調整都有其特定的行為預期，受這種預期心理的影響和制約就構成了每次農村中小學布局調整的動力。20世紀90年代中後期中國大陸開始的農村中小學新一輪布局大調整，既是當時社會變革的重要組成部分，也是中國大陸社會轉型與發展過程中的一種必然現象，同樣具有其特定的行為預期和動力。

（一）追求效益是各級政府進行農村中小學布局調整的初始動力

　　從20世紀90年代中期開始，隨著「分稅制」和「農村稅費改革」的推行，「三級辦學，兩級管理」的體制重心偏下引發的問題日益凸現。例如，許多地方鄉鎮財力有限，難以支撐義務教育維持與發展；學校必要的辦學經費得不到保障，向農民徵收的「教育費附加」不規範，致使農民負擔過重；教師工資拖欠，學校校舍維修不及時，學校運轉困難等等。在這種背景下，2001年中國大陸開始實行「以縣為主」的教育財政和管理體制。

　　「以縣為主」的教育財政和管理體制實質上是將對義務教育的投入責任以及重要人事管理責任由鄉級政府上移到縣級政府。這一體制的確立給縣級政府和教育部門帶來了相當大的壓力，相當一部分縣，特別是中西部地區以農業為主的縣長期存在財政能力薄弱的問題更加凸現。例如，湖北省英山縣是一個國家級貧困縣，全縣2005年財政收入4000多萬元，僅教育支出就高達6000多萬元，面臨巨大的財政壓力；湖北沙洋縣地處江漢平原腹地，是一個經濟欠發達的農業縣，2004年全年財政收入僅有1億多元，而「普九」負債卻高達9000多萬元。為了減輕政府財政壓力，緩解稅費改革後農村教育經費投入不足帶來的各種問題，各級政府試圖通過農村中小學布局調整，實現教育的規模效益和資源的優化配置。因此，追求效益就成為各級政府，尤其是縣級政府進行農村中小學布局調整的初始動力。

　　在面向6省區38個縣（市）177個鄉（鎮）教育行政管理人員發放的210份問卷中，共回收有效問卷176份。其中，160人認為農村中小學布局結構調整的目的，是為了「實現教育資源合理配置和提高教育資源利用效率的需要」，占有效問卷數的90.9％，位居布局結構調整目的的首位（見表16-1）。

　　在面向6省區學校教職員工發放的15,000份問卷中，共回收有關布局結構調整目的的有效問卷9,368份，其中有6,487人認為，農村中小學布局結構調整的目的是為了「實現教育資源合理配置和提高教育資源利用效率的需要」，占有效問卷總數的69.2％，也位元列布局結構調整目的的首位（見表16-2）。

表 16-1　農村中小學布局調整的目的（行政卷）

布局調整的目的	權重位次	頻數（人）	人次百分比 (%)	樣本百分比 (%)
實現教育資源合理配置的需要	1	160	31.4	90.9
提高教育品質的需要	3	113	22.2	64.2
方便教育管理的需要	2	138	27.1	78.4
實現教育均衡發展的要求	4	95	18.7	54.0
其他	5	3	0.6	1.7
合計	-	509	100.0	289.2

注：n = 176

表 16-2　農村中小學布局調整的目的（學校卷）

布局調整的目的	權重位次	頻數（人）	人次百分比 (%)	樣本百分比 (%)
實現教育資源合理配置的需要	1	6,487	29.1	69.2
提高教育品質的需要	2	6,240	28.0	66.6
方便教育管理的需要	3	4,907	22.0	52.4
實現教育均衡發展的要求	4	4,521	20.3	48.3
其他	5	131	0.6	1.4
合計	－	22,286	100.0	237.9

注：n = 9，368

　　行政卷和學校卷的調查分析結果都表明，實現教育資源的合理配置是各地農村中小學布局調整的首要目的。

　　從各地調研所收集的政府檔、政策文本等原始資料來看，實現教育資源的合理配置和追求效益也都是各級地方政府進行農村中小學布局調整的最重要目的。

（二）實現教育均衡發展是各級政府進行布局調整的直接目的

　　由於中國大陸各地經濟社會發展很不平衡，城鄉二元結構矛盾突出。作為處於二元社會的中國，教育發展最突出的問題之一，就是城鄉之間、地區之間，甚至同一社區範圍內教育發展不均衡。

　　在構建和諧社會和建設社會主義新農村的過程中，政府開始注意教育發展和資源投入過程中的差距，重視區域內中小學教育的均衡發展，使區域內的普通中小學在辦學經費投入、硬體設施、師資力量、辦學水準和教育品質等方面大體上處於一個比較均衡的狀態，與中小學教育的公共性、普及性和基礎性相適應。但長期以來農村形成的過於分散的辦學模式使政府無法均衡地進行資源投入和師資的調配。因此，通過學校布局結構調整，合理配置好公共教育資源，適當集中辦學，調整和撤銷一批生源不足、辦學條件差和教育品質低的學校，實現區域（縣、市、區）內或更大範圍內中小學教育的均衡發展就成了政府工作的一個重要方面。

　　從6省區問卷調查結果來看，在176份有效行政卷中，有20.3％的縣（市）鄉（鎮）教育行政管理人員認為，「實現教育均衡發展的要求」是布局調整的目的之一，占總應答人次的48.3％，位居布局調整目的的第四位元（見表16-1）。

（三）方便教育管理是地方政府進行農村中小學布局調整的迫切要求

20世紀90年代末，中國大陸開始實施政府機構改革，原來設在農村鄉鎮的教育組被撤銷，改為由中心校校長兼任教育幹事負責督導和管理本地教育事務的新型教育管理體制。管理人員的縮減使各地教育幹事或中心校校長負擔的農村中小學教育管理事務加重。特別是大量交通不便、偏遠地區的學校和教學點的存在，使得教育管理的成本增加，難度加大，甚至影響了教育品質的提高。因此農村中小學布局調整在客觀上被賦予方便教育管理的要求。農村中小學布局調整使教育資源得以集中，布點學校得以減少並趨向合理，管理的幅度因而大大縮小，特別是地處邊遠地區的教學點被撤銷後，管理時間得以縮短，交通成本也大大降低，從而有利於管理效率的提高。從管理的角度而言，布局調整在實際上減輕了教育行政管理工作的壓力，客觀上對地方政府特別是地方教育行政管理部門有利，激勵著地方政府積極推動本地的布局調整工作。因此，方便教育管理是地方政府尤其是地方教育行政管理部門進行布局調整的迫切要求。

問卷調查顯示，行政卷「方便教育管理的需要」人數為138人，占總應答人次的78.4%，在布局調整各目的的認同度中排第三位；在9,368份有效學校問卷中，同題項的應答人數為4,904人，占總應答人次的52.4%，也位列第三位（見表16-1和表16-2）。

（四）追求教育品質的提高是各級政府進行農村中小學布局調整的最終動力

隨著中國大陸農村人口出生率的下降和城市化的快速推進，廣大農民及其子女對優質教育的需求也日益迫切。但由於長期以來中國大陸不少農村地區中小學布局分散，辦學條件差，學校和班級規模普遍較小，複式班過多，教師負擔重，教學品質差，難以滿足廣大農民及其子女對優質教育的需求。因此，農村中小學布局結構的調整，既要關注學校的規模效益，

更要重視這項工作對於提高教育品質效益的意義。為此，各地通過大力調整農村中小學布局，大力發展鄉鎮中小學，積極推動村與村聯辦完全小學，擴大辦學規模；有計劃地撤並那些規模小、品質低、效益差的初中，有效地改善了辦學條件，促進了教育教學品質的顯著提高。

問卷調查結果顯示，「提高教育品質的需要」在行政卷中有113人應答，占176份有效問卷的64.2％，位居布局調整目的的第二位元（見表16-1）；在9,368份有效學校問卷中，「提高教育品質的需要」為6,240人次，占有效問卷總數的66.6%，在布局調整目的中也位元列第二位（見表16-2）。行政卷和學校卷高度一致的排序結果表明，「提高教育品質」是各級政府進行農村中小學布局調整的最終目的。

綜上所述，中國大陸農村中小學布局調整的目的十分明確，即追求教育資源的合理配置和學校規模效益的提高，方便教育管理，實現教育均衡發展和教育品質的提高，滿足廣大人民群眾對優質教育的迫切需求。正是對這些目的的追求構成了各級政府進行農村中小學布局調整的動力，推動著農村中小學布局調整工作的開展。

二、農村中小學布局調整的障礙及方式選擇

農村中小學布局調整不僅是教育資源合理配置與優化的過程，而且也是村民、學生家長、教師和政府四大主體利益的調整過程。其中，教師作為國家公職人員在思想和行為上容易接受和理解國家的政策，與政府的利益也基本一致。這樣布局調整主要涉及的就是村民、家長與政府的利益，村民和家長的利益在本質上是一致的，因此村民、家長與政府雙方的利益博弈就決定著布局調整方式的選擇。

（一）農村中小學布局調整的障礙

農村中小學布局調整主要是地方政府的行為，地方政府強調布局調整

追求的是效益和品質的提高，以便獲得社會的認可，但這並不意味著布局調整會自動取得當地社區的認可，獲得鄉村社會的支持。事實上，廣大村民、家長對農村中小學布局調整有著自己獨立的認識，可能與政府的想法一致，也可能不一致。根據我們對6省區的調查，各地在農村中小學布局調整之初都出現過部分村幹部、村民和學生家長反對撤銷當地中小學、讓本村學齡兒童到較遠地方上學的問題，個別鄉鎮的村民甚至採取抗議的方式反對布局調整。

之所以出現這樣的問題，調查發現，其原因主要在於：

1. 建校又撤校，幹部群眾不理解

多年來，農村教育，尤其是村級小學都是由農民自掏腰包辦起來的，國家投入極為有限，特別是20世紀80－90年代普及九年義務教育時，村級小學大都是由當地村幹部帶領村民多方籌資建起來的，他們為建校飽受艱辛，甚至至今仍為此負債。學校的建成使用往往屬於地方文化體系的重要組成部分，是當地的標緻性建築，因此常常作為一任或幾任村幹部樹立在村民心中的一座豐碑，他們常以此為榮。現在要將學校停辦或撤並，無論出於什麼理由大家在心理上都難以接受。在村民看來，一村一校天經地義。因此，一些村甚至在經費極為緊張的情況下寧願自聘教師也不願撤點並校。

當問及「你認為當地布局調整的障礙是什麼」時，對6省區行政問卷分析的結果顯示，「學生擔心上學路遠」、「家長不理解」和「村民不支持」依次分列布局調整障礙的前三位，三者的應答樣本百分比分別為63.4%、62.9%和49.7%（見表16-3）。

6省區的學校問卷調查結果也顯示：布局調整的最大障礙首先是「學生擔心上學路遠」，該題項有6,679人應答，占全部有效問卷的62.3%；其次是「家長不理解」，應答人數為6,624人，占有效問卷數的61.7%；再次是「村民不支持」，應答人數為3,972人，占總樣本數的37.0%（見表16-4）。

表 16-3　農村中小學布局調整的障礙（行政卷）

布局調整的障礙	權重位次	頻數（人）	人次百分比（％）	樣本百分比（％）
村民不支持	3	87	24.3	49.7
家長不理解	2	110	30.7	62.9
教師怕下崗失業	5	18	5.0	10.3
學校不配合	6	3	.8	1.7
學生擔心上學路遠	1	111	31.0	63.4
其他	4	29	8.1	16.6
合計	—	358	100.0	204.6

注：n ＝ 175

表 16-4　農村中小學布局調整的障礙（學校卷）

布局調整的障礙	權重位次	頻數（人）	人次百分比（％）	樣本百分比（％）
村民不支持	3	3,972	18.7	37.0
家長不理解	2	6,624	31.2	61.7
教師怕下崗失業	4	2,900	13.7	27.0
學校不配合	5	526	2.5	4.9
學生擔心上學路遠	1	6,679	31.5	62.3
其他	6	531	2.5	4.9
合計	—	21,232	100.0	197.9

注：n ＝ 10，729

　　對表16-3和表16-4的分析不難發現，無論是縣（市）鄉（鎮）教育行政工作人員還是學校教職員工都把「學生擔心上學路遠」、「家長不理解」和「村民不支持」依次列為農村中小學布局調整最主要的三大障礙，這說明他們對布局調整主要障礙的認識是高度一致的。家長實際上是學生利益的代表，村民是潛在的學生家長或曾經的學生家長，因此三者的利益在根本上是一致的。「學生擔心上學路遠」、「家長不理解」和「村民不支持」被行政卷和學校卷一致列為布局調整障礙的前三位充分說明：家長、村民的利益與政府的利益衝突是布局調整中最突出的矛盾。

2.學生上學路程太遠，家長擔心孩子不安全

農村中小學布局調整後不少學生距離學校十多裏路或更遠，早晚上學回家，難免不測，家長不放心。據調查，在問及家長「你認為布局調整後孩子上學是否方便時」，在7,200份有效家長問卷中，有29.6%的家長認為自己的孩子上學不方便。在面向在校學生發放回收的11,553份有效問卷中，當問及學生「你認為自己現在上學是否方便」時，有27%的學生認為自己上學不方便。

家長擔心子女上學不方便主要考慮的是路遠不安全。10,944份有效學生問卷的調查結果顯示，學生上學的平均距離約為4.8公里，最遠的為100公里[1]（見表16-5）。一方面，學生上學路程過遠；另一方面，調查結果顯示，66.2%的樣本學生上學靠步行。在路遠步行條件下，交通不便、經濟條件相對落後地區的農村學生，特別是低年級學生上學不方便就可想而知；家長的擔心也就是理所當然的。

在問及布局調整後「孩子上學你最擔心的問題是什麼」時，家長將「孩子的安全問題」列為第一位，占7,242份有效問卷的44.4%（見表16-6）；學生卷驗證了家長的擔心是真實的，當問及學生「你現在上學最擔心的問題是什麼」時，在11,580份有效問卷中有25.6%的學生將「路遠不安全」列為自己最擔心的問題，在所列問題中位居第二位（見表16-6）。

表 16-6　學生卷關於學生上學的距離統計結果表（單位：公里）

	樣本數	最大值	最小值	平均	標準差
離校距離	10,903	100	0	4.8	17.8269

3.部分家庭經濟困難，擔心增加額外負擔

農村不少家庭經濟比較困難，到外地就讀或寄宿既要增加生活費用和

---

[1] 為了避免大數對平均數的影響，該平均數是在我們剔除了部分異常資料和大數後顯示的結果。實際上在內蒙古牧區，部分學生上學的最遠的距離甚至高達400公里以上。

表 16-6　**家長和學生最擔心的問題（單位：人，％）**

家長最擔心的問題	人數	百分比	學生最擔心的問題	人數	百分比
孩子的安全問題	3,213	44.4	路遠不安全	2,968	25.6
家庭經濟負擔	1,477	20.4	受別村同學的欺負	891	7.7
孩子學習成績下降	2,229	30.8	加重了家長的負擔	6,107	52.7
孩子的生活問題	234	3.2	不適應學校環境	544	4.7
其他	89	1.2	其他	1,070	9.2
總計	7,242	100.0	總計	11,580	100.0

交通費用，又擔心孩子吃不好，睡不好。孩子在本村讀書，吃住在家中，不僅可以節省開銷，早晚還可以幫做些家務活。調查顯示，有20.4％的家長最擔心的問題是布局調整後家庭經濟負擔加重；有52.7％的學生最擔心的問題是加重了家長的負擔，列學生卷中最擔心問題的首位（見表16-6）。

　　實地調查中發現，布局調整後，由於上學路途較遠，不少路遠學生上學不得不乘車就讀，與以前在村小就讀相比增加了家庭的交通費開支，在校住宿的學生還要增加額外的伙食費（搭夥費、加工費）和住宿費，不少貧困家庭家長感到經濟負擔沉重。如內蒙古武川縣在布局調整過程中採用農村中小學校城鎮化模式，當地不少農村中小學生都在縣城讀書，由於學校寄宿條件不完善，不少學生就向學校附近的居民定期繳納一定的住宿費和生活費，吃住在戶主家中，當地人將這類農村學生稱為「留學生」。據瞭解，「留學生」交納給戶主的住宿費和生活費平均每學期在800—1000元左右。再加上學生回家的交通費用，以每月往返一次20元、每學期6次計算，一名學生一學期的交通費就多達120元。與布局調整前的就近入學相比，這些支出都是額外增加的，農村中小學生的家庭經濟負擔因此大大加重，一些貧困家庭甚至已經無力承擔孩子求學的費用，當地不少家庭已經開始以借款、貸款的方式幫助自己的孩子完成學業。

4. 部分孩子不適應新環境，父母擔心子女學習成績下降

　　農村中小學布局調整後，家長由於對新學校缺乏認識，擔心自己的孩

子到了新學校後不適應環境會引起成績的下降。調查顯示，有30.8％的家長擔心孩子成績下降，位居中小學布局調整後家長最擔心問題的第二位；此外，有4.7％的學生最擔心不適應學校新環境（見表16-6）。

調研過程中發現，不少地方農村中小學合併之後，都出現了班級規模過大，教師負擔過重的問題，學校教育品質受到一定的影響。不少家長因此認為：布局調整之前是小班教學，教師的責任心強，對孩子的學習輔導到位，有利於自己孩子的學習；而布局調整後實行的是大班教學，教師對自己孩子的關注程度可能會不如從前，再加上自己的孩子對新學校環境的不適應，都可能會導致孩子的學習成績下降。

由於以上問題和困難的存在，家長、村民與政府在布局調整中的矛盾就不可避免地存在乃至激化，成為布局調整的主要障礙。因此，農村中小學布局調整不是一種自發的行為，而是社會力量所塑造的，也是一種社會結構問題的反映。

（二）農村中小學布局調整的方式選擇

農村中小學布局調整在一定意義上就是政府與村民利益格局調整的過程，在調整過程中政府始終居於主導地位，並且不少地區是以運動形式進行的，這就使得布局調整的方式選擇呈現出教育行政與政治的特點。

依據政府行政方式選擇的類型，大致可以將農村中小學布局調整方式劃分為示範型、強制型以及強制與示範相結合三種類型。

1. 示範的方式

所謂示範的方式就是政府以成功的經驗來推動整個區域內農村中小學布局的調整。具體做法是政府制定較長時期的學校布局規劃，有意識地加強規劃內定點學校的建設，使這些學校具有吸引力，逐漸吸引周邊學生過渡到這些定點學校。

對6省區179份有效行政卷的分析顯示：在各種布局調整方式中居首位的是示範的方式，應答人數為96人，占有效樣本數的53.6％（見表16-7）。

表 16-7　農村中小學布局調整方式的選擇（行政卷）

布局調整的方式	權重位次	頻數（人）	人次百分比（％）	樣本百分比（％）
示範的方式	1	96	45.5	53.6
強制的方式	4	17	8.1	9.5
示範與強制相結合方式	2	74	35.1	41.3
其他	3	24	11.4	13.4
總計	—	211	100.0	117.9

注：n ＝ 179

表 16-8　農村中小學布局調整方式的選擇（學校卷）

布局調整的方式	權重位次	頻數（人）	人次百分比（％）	樣本百分比（％）
示範的方式	2	3,386	28.9	31.1
強制的方式	3	2,487	21.2	22.8
示範與強制相結合方式	1	5,450	46.6	50.0
其他	4	384	3.3	3.5
總計	—	11,707	100.0	107.5

注：n ＝ 10,892

　　6省區學校卷針對布局調整方式選擇的調查分析結果如表16-8所示。從表16-8可見，「示範的方式」應答人數為3,386人，占有效問卷總數的31.1％，在三種方式排序中位居第二位元。

　　通過對表16-7和表16-8的比較發現，縣（市）鄉（鎮）教育行政管理人員和學校教職員工對示範方式的看法位元次不一致。在行政卷中，示範的方式被排在各種方式的首位，而在學校卷中卻排在第二位。這說明縣（市）鄉（鎮）教育行政管理人員和學校教職員工對布局調整方式的認同具有一定的差異。這種差異主要是由於身份和工作性質的不同而造成的。

　　對家長卷的分析印證了行政卷和學校卷對示範方式比較高的認同度。在問及學生家長「當地布局調整採取的是宣傳動員還是採取強制手段」時，在6,639份有效家長問卷中，有61.3%的家長認為布局調整採用的是宣傳動員方式（如表16-9所示）。另當問及「當地布局調整是否徵求過包括你在內的家長的意見」時，有56.1%的家長回答「徵求過意見」。這說

表 16-9　家長對布局調整方式的看法

	回答人數（人）	樣本百分比（％）
宣傳動員	4,072	61.3
強制手段	724	10.9
說不清楚	1,843	27.8
合計	6,639	100.0

明，各地在進行布局調整過程中確實做了大量的宣傳和動員工作，因而政府在布局調整過程中主要運用示範的方式是可信的。

運用示範的方式可以發揮成功經驗的帶動作用。對廣大群眾而言，樣板的力量是什麼地方什麼時候都不能低估的，尤其是在農村中小學布局調整問題上，村民和村幹部都有著濃厚的攀比心理。因此，用布局調整成功的典型經驗不僅可以說服村民，而且可以減少他們與政府在學校布局調整方面的衝突。

2. 強制的方式

所謂強制的方式，是指政府利用手中掌握的資源，用行政手段對農村中小學布局調整進行直接的控制和干預，以達到政府意願目標。運用強制的方式，政府處於主導地位，群眾較少參與到決策過程中。

政府之所以能夠採用強制的方式，是因為中國大陸教育的發展主要是以行政力量推動的，相關群眾常常是被動的參與者，他們在教育改革過程中的角色是由政府設定的。與此同時，鄉村社會又缺乏對政府的強有力監督和有效的群眾意見表達機制，政府與村民的這種互動結構是導致政府發動「強制性變遷」的基礎，但村民在此過程中的消極態度和行為也會影響政府強制性變遷的效果。

由於一些村民對農村中小學布局調整的重要性缺乏充分的認識，在具體工作中表現消極，致使個別地方的布局調整工作不能如期完成。在一些地方，教育行政部門在操作過程中不及時召開家長會及社會各方代表的通報會，而是令到即行，造成家長、社會和學校缺少必要的溝通和瞭解。還有些地方為攬政績，層層加碼，以求超額完成任務。這樣一來，學校布局

調整就變成了自上而下的政府行為，而沒有立足於對本地的實際調查，結果導致布局調整方案一出臺，報告、反映雪片飛來，政府工作被動，方案難行，甚至擱淺。調研中發現，強制的方式在各地農村中小學布局調整過程中時有發生。

3. 示範和強制相結合的方式

示範與強制相結合的方式從某種意義上說就是胡蘿蔔加大棒的方式，即政府給予那些配合布局調整的學校以相應的好處，而對那些不願進行布局調整的學校和村民則採取威脅和強制的方法。

運用示範和強制相結合的方式具體做法是：政府首先將若干規模較小的中小學合併或併入其他規模較大的中小學，這些並掉的中小學校舍則整體移交給中心小學和那些交通便利、位於人口稠密地區的村校，使得這些學校吸納村小的能力增強，村小撤並後校舍則留給幼稚園。

運用示範與強制相結合的布局調整方式能夠相對妥善地處理各方面的矛盾。在具體實施過程中，政府一般會採用示範的方式，但如果一些村民不願撤並村小，政府也會採取威脅或強制的方式。比如告訴村民，如果不撤並將不會派最好的老師到村小任教，村小的品質無法得到保證。在這種威脅和強制下，一些不支持布局調整的村民也會被迫同意。因此，示範與強制相結合的方式在農村中小學布局調整過程中是一些地方政府經常使用的方式之一。

從各地實際選擇的布局調整方式來看，6省區選擇的方式存在著顯著差異。 內蒙古、廣西、雲南和湖北採用的首選方式都是示範的方式，並且內蒙古、廣西和雲南三個民族地區省份對該方式的認同比例都明顯高於湖北省。而河南和陝西兩個省份的首選方式卻是示範與強制相結合的方式。尤其值得關注的是，內蒙古和雲南沒有一個教育行政管理人員認為本地採用了「強制方式」，而且這兩個省區恰好又都是多民族地區。這就說明，為了照顧各民族的利益，防止民族衝突，在農村中小學布局調整過程中，民族地區較少或根本不採用強制方式，而更多採用示範的方式。

當然，在布局調整過程中，具體採取哪種方式與地方政府面臨的壓力

大小、當地村民的認可程度、習慣使用的行政方式和可用的資源以及一些偶然的機會有關。如果上級政府的壓力太大，地方政府可用的資源又較少，採用強制方式的概率就高；如果在平時的政府工作中地方政府較為習慣使用某種行政方式，那麼，在農村中小學布局調整過程中政府使用這種行政方式的概率也就高。

　　總之，地方政府在農村中小學布局調整過程中具體選擇何種方式，反映了國家與社會在當地發生互動的基本特徵。不過從上述分析中不難看出，示範的方式是一種較為理想的方式。

（三）農村中小學布局調整的具體模式

　　所謂布局調整的具體模式，就是指在農村中小學布局調整過程中具體採用哪種方式來達到布局調整的目的。按照布局調整在實踐中的具體實施方式可以分為完全合併式、兼併式、交叉式和集中分散式四種主要模式。

1. 完全合併式

　　完全合併式是指在學齡人口普遍減少，班額不足的情況下將兩所或多所學校合併為一所學校，學生按年級整體上加以合併和重新編班，校產和師資集中在一起。這種方式具體又可以分為兩種樣式：一種是分離式，將一所或幾所學校分離到另一所或幾所學校；另一種是聯合式，就是幾所學校同時撤並，然後再根據情況進行重新建設或設置新的校點。

　　6省區關於學校布局調整具體模式的問卷調查結果詳見表13。在180份有效行政問卷中，「完全合併式」應答人數為93人，占樣本總量的51.7%，位居各種具體模式的第二位元；在11,006份有效學校問卷中，「完全合併式」應答人數為4,937人，占樣本總量的44.9%，也位居各種具體模式的第二位元。

表 16-10　對布局調整具體模式的看法（行政卷和學校卷）

布局調整具體模式	行政卷				學校卷			
	頻數（人）	人次百分比（％）	樣本百分比（％）	排序	頻數（人）	人次百分比（％）	樣本百分比（％）	排序
完全合併式	93	32.2	51.7	2	4,937	32.1	44.9	2
兼併式	98	33.9	54.4	1	3,761	24.5	34.2	3
交叉式	32	11.1	17.8	4	1,446	9.4	13.1	4
集中分散式	59	20.4	32.8	3	5,030	32.7	45.7	1
其他	7	2.4	3.9	5	204	1.3	1.9	5
總計	289	100.0	160.6	—	15,378	100.0	139.7	—

注：行政卷 n ＝ 180，學校卷 n ＝ 11,006。

　　完全合併式的優點在於能最大限度地實現教育資源的合理配置和優化，能夠實現教育教學工作的統一管理和教育品質的提高。從布局調整追求效益和品質提高的角度而言，這是一種最理想的模式，因此也是各地在布局調整過程中採用的最基本的模式之一。

　　該模式適合人口分佈比較集中，原學校規模較小、校舍陳舊的地方。平原地區以及交通相對便利的地區採用這種模式較多。

2. 集中分散式

　　集中分散式是在中心學校的統一管理下設置一個或幾個教學點的形式。其具體做法是在人口相對集中、辦學條件比較好的村鎮設立一所完全小學為中心學校，就近輻射多個村，根據具體情況在原村小學設立教學點，教學點由中心校統一管理。高年級學生可到中心學校上學，低年級學生仍在原村小上學。學生較少的教學點則進行複式教學。對於教學點師資無法承擔的課程，如美術、音樂等，由中心校統一協調，安排教師巡迴授課。

　　從問卷調查結果來看，集中分散式在行政卷中的應答人數為59人，占樣本總數的32.8％，位居各種模式的第三位元；在學校卷中該模式的應答人數為5,030人，占全部有效問卷的45.7％，位居各種模式之首（見表16-10）。行政卷和學校卷對集中分散式的認同比重明顯不同，一個是第

三位，一個卻是首位。之所以出現這種差異，原因可能在於：農村中小學布局調整是一個連續、持久的過程，教育行政管理工作人員由於工作連續性的原因對布局調整具體採用什麼模式是從一個長期、多次調整的視角來考察的，而學校教職員工的視角卻是基於對近期布局調整模式的認識。經過前期幾輪農村中小學布局調整後，近期的布局調整進入了最困難的時期，集中分散式又是布局調整過程中利益關係難以調和的產物，因而在近期採用的比重也較高，但從長期來看卻並非當地布局調整的首選模式。所以教育行政管理工作人員和學校教職員工認識上會出現這種差異。

從布局調整追求效益的角度而言，集中分散式不符合規模效益的原則，因而是不徹底的；從管理學角度來看，校點分散也不利於統一管理；從教育均衡發展的角度講，教學點的辦學條件無論如何也不能與中心學校相提並論，因而也不利於教育均衡發展的實現。但是這種模式既方便學生就近上學，又在一定程度上保證了教學點的教育品質，特別是在交通不便的山區和丘陵地區，以及布局調整過程中矛盾相對突出的地方，尤為適合採用這種模式。

3. 兼併式

兼併式就是由一所社會聲譽和教學品質都比較高的學校去兼併另外一所或幾所相對薄弱學校，將校產、師資集中，學校規模擴大，實現以強扶弱、共同發展的目的。

從反映布局調整模式的問卷調查結果來看，行政卷中，「兼併式」有98人應答，占有效問卷數的54.4％，排在各種模式的首位；學校卷中有3，761人選擇了「兼併式」，占有效問卷數的34.2％，列第三位（見表16-13）。從表13來看，教育行政工作人員與學校教育工作者對本地布局調整「兼併式」使用比重的看法有明顯的差異。這種差異說明行政人員在主觀上更傾向採用兼併模式來推進布局調整，但客觀結果並非如此，學校教育工作者主要是從布局調整的實際結果來判斷布局調整的具體模式的，因此才會出現學校卷和行政卷對該模式使用比重看法的明顯不同。

兼併式是由一所優勢學校兼併另一所或幾所相對弱勢的學校，因而有

利於提高區域內的教育品質和實現教育的均衡發展。而且這種模式經常與政府布局調整所採用「示範方式」緊密結合在一起，從某種意義上講，「兼併式」就是地方政府在推行布局調整過程中採用「示範方式」良好效果的一種反映。兼併式主要不是受地理環境的影響，而是出於提高教育品質和實現教育均衡發展的目的而採用的一種模式，因而是一種適應性很強、選用比例較高的布局調整模式。凡是村與村之間相距比較近、學校辦學條件差別較大情況下的學校撤並都適宜採用這種模式。

4. 交叉式

交叉式是指幾個年級在甲村，另外幾個年級在乙村，彼此獨立運行的學校布局調整模式。其具體做法是，每所學校各自為政，校產不動，幾個年級集中於甲地，另外幾個年級集中於乙地；或者幾所學校同時保留幾個年級，另外幾個年級的學生則全部集中在另一所學校，一名校長總負責，教師統一調配。這種模式與集中分散式不同的是，儘管存在兩個或多個校點，但各個校點的地位是平等的，不是中心校和教學點的關係，而是一種分工協作的聯合辦學形式，並且每個校點的學生人數還相對比較多。

調查結果顯示，交叉式在行政卷中有32人應答，應答樣本百分比為17.8％；學校卷中有1446人選擇了交叉式，占有效問卷的34.2%（見表16-10）。兩種問卷中該模式所占的位元次都是第四位。

交叉式適合在學校相距較近，校舍相對都比較好，且校舍不便改作其他用途的地方採用。該模式的優點是便於充分利用教育資源，利於化解布局調整中的村際矛盾。

總之，農村中小學布局調整模式的選擇是村民、家長與政府圍繞不同利益相互博弈的結果。各地在實踐中具體採用哪種模式，有賴於各地政府對本地實際情況的把握和利益的協調。

三、農村中小學布局調整的績效評估

農村中小學教育布局既要受經濟社會發展的影響，又要受地理環境，人口密度、空間分佈及增長速度等多種因素的制約。經過布局調整，教育資源是否得到合理配置和有效利用，區域內教育是否得到均衡發展，農村中小學教育品質是不是得到提高等等，便成為擺在人們面前的現實問題。

（一）農村中小學布局調整的總體評價

在一定區域內是否設置、如何設置普通中小學校，受許多因素的影響，在決策時，要同時考慮學校規模、服務人口、服務範圍等因素。同理，對農村中小學布局調整進行總體性評價也必須充分考慮這些因素。

1. 布局調整後農村中小學學校規模

農村中小學布局調整的具體方式就是撤點並校，把一些教學品質差、生源不足的教學點撤並到中心學校，擴大學校規模，並集中資金、校舍、教師以及教學儀器、圖書資料等資源，改善這些學校的教學條件和教育品質。而反映學校規模的指標主要有學生人數和班級數。

就校均學生人數而言，所調查的中西部農村地區的小學校均295人，初中校均1,020人，九年一貫制學校校均748人，高中校均2,025人（見表16-11）。其中規模最大的小學有2,200人，最小的小學（教學點）只有3個學生，學校之間的差異非常大；學生人數最多的初中和高中分別有5,802人、5,097人，學生人數最少的初中只有111人，高中是400人，就學生人數最大值而言，學校規模已是夠大的；就學校班級數和班級人數來看，小學平均8.2個班，每班36人，初中平均16.7個班，每班61人，九年一貫制學校平均19.8個班，每班38人，高中平均32.6個班，每班62人，可以看出初中和高中目前平均每班學生人數已超過60人，班級規模較大，高中的校均班級數達到30多個班；就區分不同地理位置的學校來看，山區、丘陵、平原的小學校均學生數分別為278人、336人、312.4人，相互之間差別很小；

山區、丘陵、平原初中校均學生人數分別為878人、961人、1244人，班級數分別為15.8、14.6、17.9。比照教育部《關於報送中小學布局調整規劃的通知》中的規定，本次調查的實際情況表明，小學、初中的學校規模均超過了規定的指標，高中的情況與初中基本相似；再按是否是寄宿制學校來分類，寄宿制學校的學生人數、班級數都顯著高於走讀學校和寄宿走讀混合制學校。單純從教育效率和規模效益角度出發，寄宿制學校具有較高的教育效率和規模效益。這可能是許多地方教育行政管理部門對建設寄宿制學校「情有獨鐘」的重要原因之一。把農村中小學布局調整前的學校規模資料與本次調研所獲得的學校規模資料進行比較分析，可以瞭解學校規模的變化情況。從6省區農村中小學布局調整前（1999年）的學校規模與布局調整後（2006年）的規模比較中，能夠明顯看到各級學校的校均在校學生人數都有顯著增長：農村小學校均學生數由228人增加到295人，增長了29.5％；初中校均學生數由874人增加到1020人，增長了16.6％；高中校均學生數由773人增加到2025人，增長了162％（見表16-12），高中的規模增長極為顯著，這是由於高校擴招後對普通高中產生了極為顯著的拉動作用。

表 16-11　6省區農村中小學布局調整前後學校規模及師生比比較（單位：人）

比較項目及年份		6省區平均	陝西	廣西	湖北	雲南	河南	內蒙古
小學校均學生數	1999年	228	129	343	248	206	271	168
	2006年	295	303	230	445	336	304	560
小學師生比	1999年	1:25.2	1:28.6	1:29.5	1:26.5	1:24.1	1:27.2	1:15.2
	2003年	1:20.7	1:21.1	1:24.7	1:23.6	1:20.0	1:22.1	1:12.6
初中校均學生數	1999年	874	788	891	953	620	944	648
	2006年	1020	801	698	1359	1004	1139	2445
高中校均學生數	1999年	773	710	753	1093	801	953	640
	2006年	2025	1680	2492	1404	1404	3267	—
中學師生比	1999年	1:19.3	1:18.3	1:22.5	1:17.9	1:17.2	1:20.5	1:15.9
	2003年	1:19.9	1:20.1	1:21.4	1:20.7	1:19.2	1:21.5	1:16.6

資料來源：2003年的資料根據《2004年中國統計年鑑》中各級各類學校數、各級各類學校教師數、各級各類學校在校學生數等資料計算得出。

表 16-12　布局調整前後 6 省區農村中小學學校規模變化情況

學校類別	布局調整前（人）	布局調整後（人）	增長幅度（％）
小　　學	228	295	29.5
初　　中	874	1020	16.6
高　　中	773	2025	162.0

2. 布局調整後農村中小學的服務人口

中西部6省區農村中小學服務人口的資料統計顯示：小學的平均服務人口為5，168人，初中為27，902人，九年一貫制學校為10，220人，高中為158，116人，比布局調整前均有顯著的增加，其中小學增長幅度高達180.7%，初中為34.9%（見表16-13）。可見小學布局的調整幅度是最大的。

就不同地區、同一層次學校而言，山區、丘陵、平原的小學服務人口分別為5,062人、5,747人、5,201人，三者之間十分接近，但牧區小學的服務人口則達到11,300人，幾乎是前三類學校的2倍左右，這是因為牧區中小學普遍實行寄宿制，其中服務人口要比其他地區高得多。山區、丘陵初中的服務人口比較接近，分別為24,427人和22,103人；比較而言，平原初中的服務人口要多一些，為31,418人；最多的是牧區初中，達到147，589人。就普通高中而言，丘陵地區的服務人口最少（73,202人），其次是山區（150,818人），最多為平原地區（211,962人）。地理位置不同的學校服務人口不同的最主要原因是，不同地區人口分佈密度存在較大差異。此外，某一學校是否實行寄宿制對該學校的服務人口影響非常大（見表16-14）。

表 16-13　布局調整前後 6 省區農村中小學服務人口變化情況

學校類別	布局調整前（人）	布局調整後（人）	增長幅度（％）
小　　學	1841	5168	180.7
初　　中	20681	27902	34.9

表 16-14　6省區不同地理環境的學校布局情況

學校類型與位置		校均班級數（個）	校均學生數（人）	服務人口（人）	服務範圍（公里）
小學	山　　區	8.2	278	5062	3.1
	丘　　陵	8.1	336	5747	2.5
	平　　原	7.9	312	5201	2.1
	牧　　區	14.9	624	11300	23.2
初中	山　　區	15.8	878	24427	13.4
	丘　　陵	14.6	961	22103	6.9
	平　　原	17.9	1244	31418	9.0
	牧　　區	50.3	3150	147589	55.1
九年一貫制學校	山　　區	21.2	699	9130	5.1
	丘　　陵	16.8	811	16409	7.8
	平　　原	12.5	1114	14620	4.6
	牧　　區	—	—	—	—
高中	山　　區	30.2	1737	150819	42.3
	丘　　陵	20.8	1057	73202	43.1
	平　　原	43.5	3206	211963	52.6
	牧　　區	—	—	—	—

3. 布局調整後農村中小學的服務半徑

　　根據課題組對6省區問卷調查的統計分析，目前農村中小學服務半徑的均值約是：小學校均服務範圍為2.8公里、初中為12.2公里、高中為81.8公里。就小學而言，與1998年中國大陸小學的服務半徑1.24公里相比，增加了1.3倍；與1998年中西部5省區的均值0.99公里相比，增長了1.9倍。中學方面由於缺乏布局調整前的有關資料，難以得出其服務半徑變化情況的準確資料，不過根據課題組對6個省區的調研匯總情況來分析，農村中學在布局調整後實行寄宿制的學校更多、寄宿學生人數更多，加上撤並了相當數量的校點，因此中學服務半徑的增加幅度不會低於小學。總體來說，布局調整使農村中小學的服務半徑都大幅度增加。

　　綜合上述對布局調整後中西部地區農村中小學學校布局現狀的總體分析，可以總結為：農村中小學的布局調整力度較大，中小學的服務人口和服務範圍都有顯著的增加和擴大，學校規模的擴大更加明顯，以前存在的

學校規模過小、布局分散、資源利用效率低的狀況得到了相當程度的改善。

（二）農村中小學布局調整的具體成效

以上是對中西部地區農村中小學布局調整的總體評價，那麼，農村中小學布局調整究竟取得了哪些具體成效呢？課題組通過對中西部6省區的調研發現，經過幾年的努力，農村中小學布局調整工作已經取得明顯成效，初步解決了農村中小學學校布局中存在的「數量多、規模小」的問題，通過布局調整，教育資源的配置更加合理，學校的規模效益和教育品質得到了提高，並且促進了區域內的教育均衡發展。

1. 促進了教育資源的合理配置

在布局調整之前，各地農村中小學普遍存在著布局分散，校點過多，學校規模過小，需要改造的危房多等問題。由於教育資源的投入具有整體性和不可分割性，學校無論規模大小，都要有校舍建築和教學設備等固定資本投入，都要有教師、行政管理人員等人力資源投入，這使得本來就短缺的資源過於分散，難以形成規模效益。當規模小的學校和一些教學點被撤並以後，各地就將有限的教育資源集中使用，從而避免了過去分散辦學時普遍存在的教育資源利用效率低下的問題。

結果顯示，接受調查的縣鄉兩級教育行政部門負責人中有高達95.5％的人認為，農村中小學布局調整促進了教育資源的合理配置，而在所有接受調查的縣教育局局長（副局長）中，這一比例高達100％。儘管調查中學校校長、中層管理人員、教師及其他（教輔和工勤人員）的調查，對這一問題的認同比例呈遞減趨勢，分別為78.7％、77.6％、69.8％、66.9％，但在各項選擇中都居首位（見表16-15）。由此可見，儘管教育行政部門負責人、農村中小學校長、中層管理幹部、教師以及教輔、工勤人員對這一問題的看法不完全一致，但大多數人都認為，農村中小學布局調整促進了教育資源的合理配置。

表 16-15　　不同樣本群體對當地農村中小學布局調整的看法（單位：%）

人員類別	有效樣本（份）	提高了學校規模效益	實現了教育資源的合理配置	提高了教育品質	減輕了教師的負擔	有助於教育的均衡發展	其它
行政人員	178	70.8	95.5	78.7	37.1	70.8	3.2
學校校長	893	57.6	78.7	64.7	28.8	56.1	2.7
中層幹部	736	56.0	77.6	52.4	21.6	53.7	3.5
教師	8884	50.3	69.8	47.6	19.1	50.1	3.2
其他	121	49.6	66.9	52.1	19.8	48.8	5.0

注：縣（市）、鄉（鎮）教育行政部門負責人卷缺失值為 3，學校卷缺失值為 829

2. 提高了農村學校的規模效益

　　農村中小學布局調整不僅促進了教育資源的合理配置，而且有利於農村學校形成適度規模，提高學校的規模效益。所謂學校適度規模是指，在教育的其他條件不變的情況下，學校擁有恰好可以使所有資源得以充分和恰當利用，並在不違背教育規律的前提下，保證培養規格、教育品質不受影響的合理限額的班級數和學生人數。因此，學校規模是判斷和評價農村中小學布局是否合理的主要標準之一。因為在教育資源一定時，如果學校過多、單個學校規模較小，那麼每所學校就無法發揮規模效益，必然導致教育資源的利用效率低下。農村中小學布局調整後，學校數量得以減少，每所學校可支配的教育資源大大增加，形成了規模效益，其教育資源利用效率整體得到提高。

　　調查發現，在所有受訪人員中，分別有70.8％的教育行政人員、57.6％的中小學校長、56.0％的學校中層幹部、50.3％的教師和49.6％的教輔及工勤人員認為農村中小學布局調整提高了學校的規模效益（見表16-15）。而從實地調研情況來看，近幾年各地對農村中小學的調整幅度都很大，效果比較明顯。

3. 促進了區域內教育的均衡發展

　　促進義務教育的均衡發展，是近年來中國政府一直努力的目標，是建設和諧社會、促進社會公平正義的重要方面。教育均衡發展的最基本要求

是在教育機構和教育群體之間，公平地配置教育資源，達到教育需求與教育供給的相對均衡。那麼，農村中小學布局調整是否促進了教育的均衡發展呢？對6省區的調查結果顯示，有關各方都認為農村中小學布局調整有助於教育的均衡發展，其比例分別達到了70.8％（教育行政人員）、56.1％（中小學校長）、53.7％（學校中層幹部）和50.1％（教師）（見表16-15）。超過50％的各方認同度反映出農村中小學布局調整對於促進教育均衡發展，縮小地區之間、城鄉之間、學校之間的差距確實起到了積極作用。

在實地調查中我們看到，農村中小學布局調整以後，一些基礎設施較好、教學品質較高的農村中心校，由於投入加大、資源集中，其辦學條件在當地農村達到一流水準，其基礎設施、師資、教學儀器設備、管理水準等也朝著與城鎮水準差距縮小的方向發展，在這樣的情況下，農村學齡兒童可就近接受高品質、高水準的教育；從長遠來看，對縮小區域內、城鄉之間的教育差距，推進區域內、城鄉間的教育均衡發展起到了積極作用。其次，布局調整對於推動縣域、鄉域之間的教育均衡發展起了積極作用。當前中國大陸農村教育管理體制的一個重要特點就是「以縣為主」，縣級政府負有組織實施義務教育方面的主要責任，包括統籌管理教育經費，調配和管理中小學校長和教師，指導中小學教育教學工作等。因此，雖然一個縣域內各鄉鎮的經濟發展程度有差別，但縣級政府有權對全縣的教育經費進行統籌安排，有權對全縣的教育資源進行合理布局和調整，這對促進縣域、鄉域的教育均衡發展有著十分積極的意義。比如在廣西，很多鄉鎮中心學校的校長認為，當地在進行學校布局調整以後，除了鄉鎮中心小學條件要明顯好一些以外，其他的所有小學條件都差不多，學生可以選擇在全鄉鎮範圍內的任何一所小學就讀。

總之，中國大陸農村中小學布局調整後，一大批規模小、辦學條件差的中小學被調整和撤銷，教育資源得以進一步集中，師資隊伍進一步優化，定點學校的教育品質不斷提高，使更多孩子享受到了優質的學校教育，促進了區域內義務教育的均衡發展，為進一步縮小城鄉之間的差距打下了良好的基礎。

4. 促進了農村學校教育品質的提高

　　追求教育品質的提高，是中國大陸農村中小學布局調整的最終目的。調查發現，6省區分別有78.7％的教育行政人員、64.7％的中小學校長、52.4％的學校中層幹部和47.6％的教師認為，農村中小學布局調整促進了教育品質的提高；同時有51.9％的家長認為，孩子的學習成績提高了；49.4％的學生認為，自己的學習成績提高了。此外，有26.1％的教育行政人員和35.6％的教師認為入學率上升了，67.6％的教育行政人員和47.9％的教師認為升學率和調整前大致相當。

　　農村中小學布局調整之所以能促進農村學校教育品質的提高，除了布局調整後教師得到了合理配置，辦學條件得到改善外，關鍵是教師的責任心增強了。布局調整後清退了大量民辦教師，改變了以往農村教師「教書農活雙肩挑」的局面，教師能更專心於教學工作，家長和學生也更切實地體會到了客觀的變化，高達75.4％的家長認為布局調整後學校老師對學生更負責任了，還有63.5％的學生認為老師與自己相處的時間變多了。

　　綜上所述，不難看出，中國大陸農村中小學布局調整取得了較好的成效：促進了教育資源的合理配置，提高了農村學校的規模效益，促進了區域內教育的均衡發展和農村學校教育品質的提高，因此，得到了有關各方的充分肯定。

（三）農村中小學布局調整中存在的問題

　　中國大陸農村中小學布局調整在促進教育資源的合理配置，提高教育資源利用效率、促進教育均衡發展和提高教育品質等方面取得了顯著的成效，但由於經濟發展的差距和歷史形成的體制、機制等原因，農村中小學布局調整過程中也存在著這樣或那樣的問題。

1. 學生上學路程太遠

　　本課題的一項重要研究內容，就是要瞭解農村中小學布局調整存在哪

些主要問題。調查結果顯示，不論是教育行政部門負責人，還是學校校長和教師，或是家長及學生，都認為學生上學路程太遠是目前農村中小學布局調整後遇到的最大問題。其中，有74.0%的教育行政人員、77.5%的中小學校長、70.5%的學校中層幹部、69.8%的教師和62.1%的教輔人員，將學生上學路程太遠列為當地農村中小學布局調整中存在的最主要問題之一。在所有受訪的學生家長中，有44.4%的人將孩子的安全問題看作是他們最關心的問題（見表16-16和表16-17）。由此可見，有關各方的意見基本一致，即農村中小學布局調整以後，學生上學路程太遠已經成為一個突出的問題。

表 16-16　農村中小學布局調整中存在的問題（單位％）

人員類別	有效問卷（份）	學生上學路程太遠	家長負擔加重	班級規模過大	缺乏後續配套資金	教師工作負擔加重	教育品質下降	學生生活壓力加大	其他
行政人員	177	74.0	40.7	13.6	76.8	22.0	4.0	24.9	7.3
學校校長	901	77.5	34.0	27.7	64.2	33.7	8.8	26.1	2.4
中層幹部	739	70.5	34.8	36.9	65.9	50.3	10.3	31.4	1.6
教師	9018	69.8	33.9	39.8	52.9	56.8	12.8	32.9	1.7
其他	124	62.1	33.9	30.6	55.6	57.3	8.1	37.1	4.8

注：縣（市）、鄉（鎮）教育行政部門負責人卷缺失值為 4，學校卷缺失值為 681

表 16-17　家長對孩子上學最擔心的問題

	孩子的安全問題	家庭經濟負擔	孩子學習成績下降	孩子的生活問題	其他	合計
人數	3213	1477	2229	234	89	7242
百分比（％）	44.4	20.4	30.8	3.2	1.2	100

注：缺失值為 179

2. 學校缺乏後續配套資金

中國大陸農村中小學布局調整的主要原因之一，是稅費改革導致教育經費不足。那麼布局調整是否緩解了經費不足的問題？6省區的調查顯

示，經費不足仍是布局調整後的主要障礙，同時由於缺乏後續配套資金，布局調整後一些地方的學校又增添了新的債務。其中，有76.8％的教育行政人員、64.2％的中小學校長、65.9％的學校中層幹部、52.9％的教師和55.6％的教輔及工勤人員認為布局調整中存在的問題是缺乏後續配套資金，學校的工作難度加大（見表16-16）。

3. 增加了教師不少額外負擔

農村中小學布局調整後，儘管教師的教學工作負擔有所減輕，但其整個工作負擔並沒有減輕，大多數教師反映工作量和工作壓力加大。調查顯示，有50.3％的學校中層幹部、56.8％的教師和57.3％的教輔及工勤人員認為布局調整以後教師的工作負擔加重了（見表16-19）。農村中小學布局調整之所以給教師增加了不少額外負擔，主要是因為農村教師，尤其是寄宿制學校教師的編制太緊。農村中小學布局調整後，相當一部分學校實行了寄宿制，但由於學校沒有保育人員的編制，學生在校的保育任務只得由任課教師擔任。農村中小學教師的教學負擔本來就很重，現在還要讓他們額外管理寄宿生的生活和安全，負擔必然加重。

4. 家長的經濟負擔和學生的生活壓力加重

農村中小學布局調整後，由於路途遠，有部分學生需要寄宿，其成本必然增大，在調研中，有40.7％教育行政人員和33.9％的教師認為布局調整中存在的問題是家長負擔加重，有20.4％的家長和52.7％的學生表示上學最擔心的問題是加重了家庭的負擔；還有71.6％的家長和57.0％的學生表示家庭負擔寄宿生的住宿費和生活費存在困難；同時，有24.9％的教育行政人員和32.2％的教師認為學生生活壓力加大。

綜上所述，中國大陸農村中小學布局調整取得了顯著的成效，但也存在著這樣或那樣的問題。這些問題如果得不到妥善解決，不僅會影響農村中小學布局調整，而且會影響農村教育的進一步發展，必須引起高度重視。

四、農村中小學布局調整存在問題的原因分析

中國大陸農村中小學布局調整過程中存在的問題，其原因是相當複雜的, 既有經濟社會發展差距的影響，又有歷史形成的體制、機制方面的原因，必須進行系統的研究，方能得出正確的結論,採取行之有效的應對策略。

（一）缺乏科學合理的規劃

農村中小學布局調整是一項複雜系統的工程，要其能夠順利實施，必須制定科學合理的規劃，但由於一些地方政府對政績的片面追求，導致布局調整忽視當地的實際情況，缺乏長遠考慮。

據我們瞭解，中國大陸各地布局調整規劃方案重點考慮的是學校規模、服務範圍、服務人口等因素，並參照國內同類地區的做法先後出臺的。應當說，這些是很必要的，但對老百姓的心理感情、經濟承受能力、自然條件等也不能忽視。然而，一些地方政府對此卻缺乏全面和深刻的認識，將調整僅僅理解為效率的提高和「撤並」或「減少」農村中小學，將農村中小學布局調整的目標錯誤地等同於在一定年限內（甚至短期內）撤並一大批農村中小學。因而一些地區政府為攬政績，不顧客觀實際，層層加碼，一味追求撤並的數量與速度，以求超額完成任務。如西南某縣，在一次介紹布局調整的經驗時談到，「兩年來，我縣順利撤並小學261所、初中15所，從而提前三年完成農村中小學布局調整的十五規劃」（宋洲，2004）。其實，類似的介紹在我們對6省區的調研過程中也是屢見不鮮。然而，在這些地方政府引以為榮的「政績」背後，卻是邊遠貧困地區的學生和家長為此付出的艱苦代價。

（二）缺乏相應的政策保障機制

布局調整的順利實施需要一定的政策保障機制，特別是經費保障機制

來支撐，才能保證其積極效應的發揮。但是，目前政府的資金投入遠沒有達到布局調整規劃的要求。因此，由資金投入不足而引發的問題，如布局調整過程中予以保留的農村中小學的基礎設施不足問題、寄宿制學校貧困生的生活負擔問題、寄宿制學校建設和管理費用問題等已成為當前農村中小學布局調整過程中各種矛盾的集合點。當然，國家可以通過財政轉移支付、專項撥款等政策加大對農村特別是邊遠貧困地區農村布局調整的支援，但是，這些資金的分配和使用都是有條件的。

首先，中央和省的專項撥款需要地方資金予以配套。以農村中小學布局調整主要資金來源的「國家貧困地區義務教育工程」和「中小學危房改造工程」為例，這兩項工程都要求各地要按相應比例進行配套，如果配套資金無法落實，中央和省的專項撥款就無法到位。而越是貧困的縣、鄉、村、校，其配套資金的籌集就越困難。這就導致下述情況的產生，如被撤併學校的學生，每天要花大量時間在路上奔走卻無法在新學校享受到條件更好的教育；有些甚至因住宿條件太差，不得不幾個人擠在一張床上，沒有地方洗澡，沒有人做飯，導致翹課、失學，為此，老百姓議論紛紛，強烈要求恢復原來的教學點。而這樣的問題，越是在貧困的地方、交通不便的地方就越突出。

其次，中央和省的專項資金分配不合理。調查發現，布局調整過程中有關專項資金的分配，各地一般是根據專案縣社會經濟發展和教育發展狀況，並考慮人口數、危房狀況、生均校舍、人均財政收入、農民人均純收入、義務教育普及程度、地域特點、辦學條件基礎及規劃目標等各方面因素，按照因素的權重，運用電腦建立模型，計算出分配給各項目縣的中央專款、省級配套資金額度。一般來講，這樣的資金分配方法確實能避免人為因素的干擾，消除隨意性，確保資金分配的公平、合理。但調研中發現，由於缺乏充分的調查，不少專案資金的分配過程就是自下而上的材料申報過程；而在材料申報的過程中，有些鄉、村、校為了得到資金、多拿資金而在申報材料上弄虛作假，如把新建不久的學校用房當作已使用幾十年的危房、張冠李戴地把甲校的危房當作乙校的危房上報、把農家的危房當作學校的危房上報等等。而規劃資金的決策層由於人手少、時間緊、工

作量大，根本無法對每一項申報材料進行調查、核實，因此對其中的失真材料就缺乏瞭解和洞悉，這樣，無論運用什麼手段模擬計算出的資金分配去向、額度等都難做到公平、合理。一些特別貧困、最需要教育扶貧的鄉、村、校，則因為他們的貧窮、落後、閉塞及在當地政治生活中的弱勢地位而從一開始便失去了遞送申報材料的機會。

第三，辦學條件的惡化得不到及時反映。由於農村中小學布局調整是一項由上到下的政策推進工程，從中央至省、自治區到縣、鄉的各級政府都須層層制定中小學布局調整規劃，並有相應的獎懲措施，在這種情況下，無法按照有關文件在規定時間內撤併學校的一些鄉村，只好編造數字上報。結果不少邊遠貧困山區的農村中小學，在上級政府的統計資料中已經被撤併，而事實上這些學校還依然存在，只是原來的公辦教育變成了沒有編制、沒有工資、沒有文憑的代課教師，原來多多少少還可以分得教育資源一杯羹的艱苦辦學變成了連粉筆、三角板也難以為繼的苦苦支撐辦學，而且這種狀況還因為長期被掩蓋而使上級政府及外界很難知曉，長期下去，邊遠貧困山區農村的教育落後狀況無疑將會進一步加大。

（三）布局調整遭遇教師危機

農村中小學合理布局的目的是通過合理配置教育資源，實現教育資源利用效率和教育品質的提高，而教育品質提升的關鍵在於師資條件的改善。學校布局調整不僅是對教育有形的物質資源的整合，更重要的是學校人力資源的整合，它對農村中小學布局調整能否順利推進具有決定性的意義。但從調研情況看，目前農村中小學教師隊伍建設儘管已取得了較好的效果，但還遠遠不適應布局調整後農村教育發展的需要。

首先，優秀教師大量減少和流失。由於農村中小學教師工資水準低，並且存在不能按時發放的現象，嚴重影響了農村教師隊伍的穩定與工作積極性，造成農村優秀教師大量減少和流失。一方面名牌學校的畢業生不願意到邊遠貧困地區當教師，另一方面當地培養的優秀教師又不斷流失。因此，現在在一些農村地區，學校都不敢讓教師去參加學科競賽，只要獲了

獎，出了名，要麼被縣城的學校挖走，要麼自己找門路調走。這種反向流動，造成城鄉教師分佈失衡，農村中小學教師越來越緊張，城鎮的教師越來越富餘，幾乎成為農村中小學布局調整後一種普遍現象。

第二，教師年齡老化現象嚴重。調查發現，農村中小學教師隊伍嚴重老化是一種普遍現象，並且學段越低，學校越偏遠，老化的程度越嚴重。之所以出現這種現象，主要原因在於農村中小學師資隊伍缺乏年輕教師的補充。由於農村中小學學生數量的減少，對教師的需求在不斷下降，加上不少縣由於財力不足，難以支付教師工資，長期處於有編不補的狀態，所以多年來一直沒有新教師補充到農村中小學教師隊伍中來。

第三，教師數量和學科結構不能滿足需要。農村地區的中小學由於地域廣、校點多、規模小，所有學生按區域分散在不同學校上學，所以相同數量的城鄉學生在農村就讀的學校數要多於城鎮，所需要的教師應多於城鎮。在調研過程中，絕大部分地區的教育管理者和中小學教師都反映，農村中小學教師編制過緊。農村中小學教師不僅在數量上短缺，而且還存在著嚴重的結構性短缺，缺編主要學科為英語、音樂、體育、美術、電腦等。與此同時，農村中小學還突出存在骨幹教師和學科帶頭人嚴重短缺的問題。無論是骨幹教師還是學科帶頭人，幾乎都分佈在城市學校，個別會在城鎮學校，鄉村中小學幾乎沒有，即使有也很快就被城鎮學校挖走。

第四，專職生活教師普遍缺乏。農村中小學布局調整之後，寄宿制學校大量增加，也導致教師編制不足。農村中小學實行寄宿制之後，由於學校缺少甚至沒有專職生活教師、保安人員的編制，導致農村教師除了教學任務之外，還要承擔學生的生活管理、學校的治安工作。

綜上所述，中國大陸農村中小學布局調整遇到這樣或那樣的問題，其中的原因固然很多，但缺乏科學合理的規劃和相應的政策保障機制，以及農村教師隊伍建設滿足不了布局調整後農村中小學教育發展的需要，是較為根本的原因。

五、合理實施農村中小學布局調整的對策思路

農村中小學布局調整不是一個靜止的過程，而是一個動態的過程。農村中小學布局是否合理，不僅關係到教育資源的合理配置，而且直接涉及到廣大農村中小學學生、家長和教師的切身利益，關係到農村教育能否可持續發展。因此，必須採取切實可行的措施，解決農村中小學布局調整過程中出現的問題，確保農村中小學布局調整的順利進行和農村教育的發展。

（一）科學制定農村中小學布局調整規劃

農村中小學布局調整規劃，是指國家、地區為農村中小學合理布局而做出的具有全局性、長遠性和根本性的謀劃與決策。農村中小學布局調整規劃的制定和執行必須嚴肅、準確和科學。當前中國大陸正處於人口變動的社會歷史時期，人口增長的速度和城鄉人口分佈較以往有很大的不同，因此準確預測學齡人口變動趨勢是科學制定農村中小學布局調整規劃的前提。

從現有的預測分析來看，中國大陸未來義務教育學齡人口和在校生數呈下降趨勢。據段成榮等人的預測，21世紀上半葉，中國大陸小學適齡人口規模將會較大幅度減少，2050年小學適齡人口數將減少到1.02億人，比2000年減少24%（段成榮等，2000）。

根據這一預測分析，未來中國大陸義務教育學齡兒童總數將不斷減少，這主要表現在：小學和初中階段適齡人口總數會大幅下降，農村義務教育階段學生數繼續減少，同時，由於人口流動和城鎮化程度的提高，城鎮小學階段學生數將有所提高。因此，農村學校布局的調整要考慮兩個問題：一是便於學生入學，二是有利於提高教育資源利用效率。但現實生活中，這二者似乎存在著矛盾：從學生入學的方便考慮學校越分散越好；從提高效益看，學校應具有一定的規模，過小的學校應當撤並。這樣，農村中小學布局調整往往便會遇到經典的公共政策目標的權衡問題，即公平與

效率該如何取捨。在公平與效率之間，義務教育階段應是公平優先基礎上兼顧效率。學校布局調整必須在公平與效率之間尋求一種動態的平衡。

（二）切實保證邊遠貧困地區的孩子能夠公平地享受優質教育

農村中小學布局調整後，由於政府加強了鄉鎮中心學校和縣城學校的建設，這些學校的教學品質、教學設施和教學環境都比原來分散在下面村屯的教學點要好得多，促使更多的家長願意把孩子送到城鎮的學校就讀。學校布局調整並不意味著完全消除小規模學校和「教學點」，考慮到未來學齡人口的波動與學生入學的實際困難，對我國廣大的農村地區，尤其是學生居住較為分散的地區而言，村小和教學點這種辦學模式仍是有效的。針對當前農村村小和教學點存在的問題，我們認為，關鍵是要做好以下幾方面的工作：

首先，正確認識農村村小和教學點的作用，慎重對待村小和教學點的撤留問題。從當前及今後一段時間來看，在偏遠農村地區，村小和教學點仍然是一種有效的教學組織形式。從教育教學方面看，村小和教學點學校和班級規模小，教師容易根據學生的特點因材施教，對學生的輔導時間較多，有利於教學活動的順利開展。從學生生活方面講，村小和教學點確實有助於解決學生上學難的問題。偏遠農村學生大多家庭貧困，他們最關心的是自己的上學成本問題，就近入學能節省相當數量的交通費和食宿費。因此，村小和教學點為改善山區、邊遠地區兒童接受基礎教育困難的狀況提供了條件。所以，在對待村小和教學點的撤留問題上，不能根據單一的標準來判定其去留，主要應考慮這樣幾個因素：位於偏遠地區、山區學生轉到其他學校上學確實不方便的不能撤；中心校或完小如果不能解決學生的寄宿問題，其所轄的村小或教學點不能撤；對於村民及家長都不同意撤銷的村小和教學點，應該遵從群眾的意願不能強行撤並。

第二，理順關係，對保留下來的村小和教學點給予適當支持。農村義務教育新機制實行以後，農村學校維持運轉主要靠上級政府下撥的公用經

費和免除學生雜費資金。現在的問題在於，村小和教學點所需經費由中心校掌握，而中心校運轉經費短缺，雙方在爭取經費方面形成博弈。所以，有必要在此基礎上對當前的投入和管理機制進行改革，比如，制定投入標準要求中心校對保留下來的村小和教學點予以支持，建立強有力的監督機制或問責制保證中心校對村小和教學點的投入；如有可能，可將村小和教學點的經費由縣級教育行政部門統一管理，專款專用。

第三，加強師資隊伍建設，提高村小和教學點的教育品質。由於農村教育經費短缺，師生比的限制以及缺乏有效的教師流動機制，農村教師整體上結構性短缺，老齡化問題嚴重，這些問題不可避免地波及到村小和教學點，而且目前村小和教學點教師數量少、年齡大、知識陳舊，處於青黃不接的狀態。因此，要改善村小和教學點的師資狀況，首先要適當放寬農村中小學教師編制，因為村小和教學點學生數量少是客觀事實，幾個或十幾個學生需要兩到三位元教師是合理的也是必需的。其次，對進入村小和教學點工作的優秀青年教師實行優惠政策，如崗位津貼、評聘調配優先等，且必須及時兌現以形成長效機制。再次，實行教師走教，在中國大陸很多偏遠農村地區，教師走教是解決部分學科師資不足問題的重要途徑之一。

（三）大力加強農村中小學師資隊伍建設

中國教育的根本問題是農村教育問題，農村教育問題的關鍵是教師問題。沒有一支數量充足和素質優良的教師隊伍，就談不上農村教育的發展。經過布局調整，農村中小學教師雖相對集中，但從現狀來看，其整體水準遠遠不能適應農村教育發展的需要。因此，可以說優化教師隊伍，提高教師素質，是鞏固農村中小學布局調整成果的根本所在。為此需要：

第一，建立農村中小學教師保障制度。眾所周知，農村學校教師緊缺，特別是邊遠山區學校教師嚴重不足，這些學校的教師工作量特別大，任務繁重，每天工作時間很長。一些村小或教學點的教師要包一個班甚至兩個班，所有的課程都是一個人任教，每天在學校從早忙到晚，回家還要

批改作業。但目前給學校教師定編制都是按學生人數定，農村中小學人數少，這樣教師編制就少，而學校開設的課程並不少。政府及教育主管部門對農村中小學教師在編制方面應制定特殊政策進行傾斜，讓農村教師也有充裕的時間研究教材教法。

第二，建立農村中小學教師激勵制度。按《教師法》規定，在待遇上建立面向農村、邊遠和艱苦地區中小學教師優惠制度。可參照國家對農林、衛生等行業的優惠政策，設立農村、邊遠和艱苦地區中小學教師特殊津貼制度，以吸引和穩定教師在該地區任教。目前的當務之急是，鑒於農村地區中小學骨幹教師流失問題嚴重，政府和教育主管部門應儘快出臺骨幹教師的優待政策，解決待遇低的問題。按縣、市骨幹教師級別和學校邊遠程度，每月分別向骨幹教師足額發放骨幹教師等級津貼和交通費用補助，使農村骨幹教師的工資收入比城鎮同等的骨幹教師高，從而使他們在農村安心工作，不再嚮往城裏學校，確保農村教師隊伍穩定和留住骨幹教師。

第三，建立教師定期交流輪崗制度。交流重點是由城市向農村、由強校向弱校、由超編校向缺編校定期流動。在部分地區已經探索的基礎上，可進一步探索建立一定數量的流動編制以保障教師流動任教；按照《國務院關於進一步加強農村教育工作的決定》儘快建立城鎮教師到農村任教服務期制度，並以此作為教師職務晉升和評優的重要條件；鼓勵城鎮教師到農村支教，鼓勵他們當中的優秀者去最艱苦的地區工作；對支教教師給予必要的交通、食宿等補貼。此外，可根據需要推行政府購買教師崗位，讓新補充教師先到最需要的農村學校工作；實施大學畢業生服務農村教育和大學畢業生青年志願者行動計畫，鼓勵大學畢業生到基層、到農村任教、支教；推進高等學校留校青年教師、各級黨政機關新進公務員到農村學校支教服務。

第四，完善農村中小學教師管理與培訓制度。要抓住當前中小學教師供求關係正在發生變化和農村中小學布局調整的契機，加大農村中小學人事制度改革，優化、調整農村教師隊伍結構。要按照「凡進必考」原則，實行新任教師公開招聘制度和教師資格認定制度，嚴把新聘教師入口關，

杜絕不具備教師資格的人員進入教師隊伍。在當前要充分利用近些年高校畢業生充裕的有利時機，力爭經過若干年的努力，使農村小學教師大專學歷占主導地位，初中教師本科學歷成為主體，同時應通過擴大實施農村中小學教師教育碩士培養計畫等多種方式，為農村學校補充一批具有較高素質、較高學歷的青年教師。

　　第五，改善農村中小學的教學與生活條件。要想讓教師在農村學校任教，必須保障其教學與生活條件。一些農村地區學校教師生活條件十分艱苦。大部分學校無宿舍、無食堂，外地教師均寄住在由教室改建成的集體宿舍中，生活配套設施缺乏，教師吃飯洗澡十分不便。要穩定農村教師隊伍，政府和教育主管部門就必須著重改善農村教師的生活條件。如興建教工宿舍，完善用水、用電和娛樂等生活配套設施，使教師有良好舒適的生活環境。此外，還應大力改善農村中小學的辦學條件，如添置電腦、建立多媒體教室和語言室等，縮小農村中小學與城市中小學的差距，這也將極大地提高教師教學的積極性，有助於穩定農村教師隊伍。

（四）千方百計加大對農村貧困地區學生資助的力度

　　2005年12月，國務院印發了《關於深化農村義務教育經費保障機制改革的通知》，一項中國教育史上惠及人口最多的改革自西而東在神州大地上迅速推進。2007年春季新學期，繼中國西部和中部試點地區義務教育階段免交學雜費後，中東部地區農村中小學生也開始享受這一政策，至此，所有農村孩子上學都不用再交費了。這是一項被認為在中國教育史上具有里程碑意義的改革。但是，即使如此，根據我們的調查，農村地區仍然有數量不少的學生完成九年義務教育面臨著經費困難。這是因為，現在所免除的教育費用在整個家庭教育開支中僅占一部份。據我們瞭解，現在一個農村中小學生如果住校每年的教育開支大約是1500—2000元，而實行新機制後按2007年調整的標準計算，每個小學生年均減負最多為730—770元（包括免雜費140—180元，免費教科書90元，部分家庭經濟困難寄宿生生活補助500元），而一般小學生年均減負僅為230—270元；初中生年均減

負最多為1290—1340元（包括免雜費180—230元，免費教科書180元，部分家庭經濟困難寄宿生生活補助750元），而一般初中生年均減負僅為360—410元。照此計算，免除學雜費後一般家庭每年還要負擔1000元以上的教育支出。對於農村富裕家庭來講，負擔這筆開支是沒有問題的，但對於貧困家庭而言，仍然是非常沉重的負擔。因此，針對邊遠貧困地區和少數民族地區農民家庭貧困的現實和農村中小學布局調整後家長負擔加重的實際情況，我們認為，隨著義務教育新機制在中國廣大農村地區的全面實行，應進一步加大對農村貧困學生資助的力度，對這些學生從實行全免學雜費和教科書費過渡到「義務教育全免費」，即不僅完全免收學雜費和免費給這些學生提供教科書，而且還應擴大義務教育階段家庭經濟困難寄宿生生活補助的範圍，免費給這些學生提供伙食、校服、交通補助等，以解決義務教育階段農村貧困家庭學生面臨的經費困難問題，保證他們公平接受教育。

（五）切實加強農村寄宿制學校建設

農村中小學布局調整後，學生上學路程太遠已經成為一個突出的問題。從各地的經驗來看，要解決這一問題，保證農村中小學布局調整順利實施，搞好農村寄宿制學校建設不失為一種好的選擇。因此，在當前中小學布局調整過程中，要結合「農村中小學危房改造工程」、「國家貧困地區義務教育工程」等專案的實施，在有條件且必要的地方改擴建一批農村中小學寄宿制學校，同時加強對寄宿制學校教學、生活、安全方面的管理，以充分發揮學校教育的主體作用，幫助農村孩子克服農村中小學布局調整後面臨的各種困難。為此：

第一，加大對農村寄宿學校建設的投入力度。由於社會經濟發展相對落後，中西部地區絕大多數農村縣市政府財政困難，難以承擔寄宿學校的財政投入，因此，各級政府應制定農村寄宿制學校建設標準，加大對寄宿制學校建設投入的力度，按比例給農村寄宿制學校建設提供經費支援，給寄宿制學校建設在用地及收費等各方面實行減免等優惠政策，為寄宿制學

校建設創造條件，使確需寄宿的農村中小學生能進入具備基本辦學條件的寄宿制學校學習。

第二，適當放寬農村寄宿制學校教師的編制。根據中小學生（主要是小學低年級學生）年齡小、生活自理能力差的特點，應按一定比例（小學低年級最好按1：30、1：40的比例）給寄宿制學校配備專門的生活教師和適當數量的後勤人員，並對生活教師和其他相關後勤人員的素質提出相應要求。生活教師的職責不僅僅是照顧孩子的飲食起居，還應樹立「保教結合」意識，身體力行、言傳身教，擔負起對孩子的教養責任。學校其他相關後勤人員也應從「服務育人」的宗旨出發，注重自身品德修養，克服不良生活、衛生習慣，給孩子一個好的行為榜樣。

第三，千方百計改善農村寄宿制學校的條件。農村寄宿制學校要在政府的支持下，大力完善學校的基礎設施建設，要從最基本的改水、建廁、建食堂和澡堂等工作做起，搞好基本生活設施配套建設，切實保障學生和教師的基本生活。具體來講，一是要改善學生住宿條件，使床鋪結實，有安全保障，住得舒心。同時，要配備相應數量的浴室、洗衣池，保證學生能吃得上飯，有水喝，有熱水洗澡；二是要配置一定數量的課桌椅、圖書、實驗設備和體育器械等，滿足學生學習、生活和運動的需要，讓學生學得開心，玩得開心，得到全面發展，以吸引村民將他們的孩子寄宿在學校，從而加強對農村中小學寄宿生的管護。

第四，加強寄宿制學校的日常管理。學校要依據法律法規制定各種規章制度，作為學校日常管理的重要依據。在學生日常管理上，一是要安排教師全天值班。寄宿生全天都在學校裡生活，課餘時間多，學生一起玩耍，容易發生安全事故，必須安排教師值班；二是要建立陪護制度。生活指導教師應與寄宿生同睡，並負責處理突發事件，與家長電話聯繫等，保證學生夜間住宿安全；三是強化衛生管理。要嚴格衛生制度，防止流行性疾病發生，配好學校醫務人員；四是辦好食堂。學校食堂要辦好伙食，注意營養搭配，保證成長發育中孩子的營養健康；五是要定期排查安全隱患。對校內外環境定時檢查，及時排除隱患。同時還要對學生進行安全知識教育，提高他們的安全意識。

　　第五，開展豐富多彩、有益身心的活動。學校應從寄宿的特點出發，開展豐富多彩的活動來滿足寄宿生的需要。一是晚自習除了完成當天的作業外，可組織學生看電視、讀書看報、下棋、進行各種體育比賽等；二是可以根據學生的愛好特長，由專門的教師對學生進行特長培養，如組織藝術團、科普活動小組、各種興趣小組等；三是開展主題班會、聯誼會、道德法制講座等活動，讓寄宿生充分感受到來自學校大家庭的溫暖。為此，學校應提供更多適合兒童的圖書、報紙雜誌等讀物，並且增加兒童的體育娛樂設施，增添兒童精神上的慰藉及生活上的樂趣。

　　第六，重視寄宿生的心理諮詢與輔導。建立寄宿生心理發展檔案，設立「心理健康諮詢室」，安排有經驗的教師擔任心理醫生，及時發現和診治寄宿生出現的心理健康問題，幫助解決他們心理上的困惑。

　　總之，農村中小學布局調整，既涉及教育資源能否合理配置和農村中小學布局是否合理，又關涉農村義務教育的發展和品質提高，如果不採取有效措施，其問題將會變得更加複雜，解決的難度將會更大。這些問題的解決是一個系統工程，但只要各級政府高度重視，社會各方共同努力，從一點一滴做起，問題就不難解決。

六、農村中小學合理布局的設計

　　由於農村中小學布局調整能夠形成規模效益，有利於教育資源的合理配置和教育資源利用效率的提高，因此，實施農村中小學布局調整是十分必要的。但由於中西部地區農村中小學教育存在嚴重的發展不均衡現象，表現為縣域所在學校與鄉村學校、鄉鎮中心學校與其他學校、教學點與非教學點在辦學條件、教師水準、教育品質方面存在嚴重的不均衡，學校之間差異極為顯著，要使農村中小學布局合理，就必須統籌規劃和精心設計。

（一）關於農村小學合理布局的設計

　　農村小學布局調整應在堅持學生就近入學的前提下，重點調整村小和教學點。要打破村村辦學的「小而全」的辦學方式，除交通十分不便的地區繼續保留必要的低年級教學點外，應有計劃、有步驟地撤並一些村小和教學點，積極推動村與村按學區聯合辦完全小學，發展鄉鎮示範性中心小學。平原和交通方便的地區，要盡可能擴大小學的規模，山區和其他交通不便的地區要積極創造條件，在考慮群眾經濟承受能力的前提下，興辦寄宿制小學。通過布局調整，平原地區小學的服務半徑一般為2－2.5公里，最遠不應超過3.5公里；在偏遠貧困山區，服務半徑原則上為1.5－2公里，最遠不應超過3公里。當然，不同類型的學校，其覆蓋範圍、服務半徑、服務人口、學校規模應該有所區別。具體來講：

1. 山區走讀小學，服務半徑以1.5－2公里為宜，最遠不應超過3公里；服務人口2500－5000人左右；學校規模為200－400人左右，班級規模30－40人為宜，每所學校設6－12個班。

2. 山區寄宿小學，山區寄宿小學的重點服務物件應為小學高年級學生，其服務半徑可適當擴大，為3－6公里為宜，最遠不應超過7公里；服務人口為6000－10000人左右；學校規模360－600人，班級規模30－40人為宜，每所學校設12－18個班。

3. 丘陵平原小學，服務半徑一般為2－2.5公里，最遠不應超過3.5公里；服務人口為6500－12000人；學校規模360－600人，班級規模30－40人為宜，每所學校設12－18個班；丘陵地區如實行寄宿制可參考山區寄宿小學的標準或以各指標的上限為准，平原地區人口相對稠密，人口居住較為集中，原則上不興辦寄宿制學校，但考慮到一些地方農民外出務工的較多，形成大量的「留守兒童」，為了這些孩子的健康成長，也可考慮興辦寄宿制學校。

4. 教學點或初小，在那些交通十分不便的偏遠貧困地區保留一些教學點或初小是十分必要的，它對於保證九年制義務教育的全面實施，保證農村孩子能夠接受起碼的教育發揮著不可替代的作用。並且我

們在調查中觀察到，教學點和初小也不完全是低質教育的代名詞，不少教學點和初小的教育品質還是比較高的。只要有關部門切實重視和加以扶植，教學點或初小的教育品質是能夠得到保障的。因此，教學點或初小的保留是十分必要的。具體來講，當鄰近的學校都覆蓋不到，或者該地小學低年級學生上學距離超過3公里，上學時間超過50分鐘時，應保留或設立教學點、初小等來解決學生上學的問題。教學點的規模一般保持在10－30人左右，如果人數不足可考慮隔年招生的方式來解決。

農村小學合理布局的設計首先依據的是聚類分析所獲得的各類小學的實際資料，山區寄宿小學是307人，山區走讀小學是258人，丘陵平原小學是281人，平均是295人。調查資料表明，學校教職工認為的小學合理規模大約是460人，教育行政人員認為的小學合理規模大約是539人。據此判斷，目前小學的規模仍偏小，有擴大的餘地。但必須考慮家長和學生的合理利益，以及今後一段時間學齡人口的下降和小班化教學的發展趨勢，小學規模也不宜過於擴大，以增加100－200人為宜。因此，可以把山區寄宿小學和丘陵平原小學設定為360－600人，山區走讀小學設定為200－400人。根據現代教育發展規律和小班化教學發展趨勢，小學的班級人數設定為每班35人左右比較理想。對服務人口的設定，主要是根據聚類分析資料計算得到的學校服務人口與學校規模之間的比例關係，即山區寄宿小學為21.5：1，山區走讀小學為13.2：1，丘陵平原小學為16.7：1，然後根據合理學校規模把學校服務人口分別設定為2500－5500人、6000－10000人、6500－12000人。同時根據學校服務人口與服務距離的關係，並照顧學生上學的需要而設定了各類別小學的合理服務半徑。

（二）關於農村初中合理布局的設計

農村初中布局調整要充分考慮城鎮化進程，以滿足城鎮人口增長對初中入學的需要。初中的布局調整主要是進一步擴大初中規模，加大對初中

的基本建設投入，重點扶持規模較大、條件較好、品質較高的初中。按新的鄉鎮建設規劃，原則上一個鄉鎮舉辦一所初中，人口特別多的地方可增辦一所初中，人口稀少的地方由縣按學區統籌布點，也可舉辦九年一貫制學校。要有計劃、有步驟地撤並規模小、品質低、效益差的初中，擴大鄉鎮所在地的初中辦學規模，對於規模小於12個班、條件差、潛力小的初中，有條件的可進一步擴大規模，滿足適齡少年高峰期入學需要；交通不便地區的農村初中要積極創造條件，實行寄宿制；對初中適齡人口下降較快的地區和沒有發展潛力的初中，應逐步撤並。具體來講：

1. 山區初中，服務半徑為7.5－15公里以內為宜；服務人口為13000－25000人；學校規模700－1100人，班級規模保持45人左右為宜，每所學校設15－24個班。考慮到山區初中有相當部分學生要寄宿，在條件允許的情況下，其服務範圍和服務人口可相應擴大。

2. 丘陵平原初中，服務半徑10公里左右為宜；丘陵初中服務人口20000－30000人，平原初中服務人口20000－40000人為宜；學校規模800－1300人，班級規模45人左右為宜，每所學校設18－27個班。同理，對寄宿的初中，其服務範圍可相應擴大。

3. 九年一貫制學校，主要在人口稀少的地方設立，由小學和初中組合而成，其服務半徑、服務範圍、學校規模，可將小學與初中分開，分別參考小學和初中的有關資料確定。

農村初中合理布局指標確定的依據是根據聚類分析獲得的各類初中的實際資料，山區初中為742人，丘陵平原初中為793人。調查資料表明：學校教職工認為，初中合理規模大約是887人；教育行政人員認為，初中合理規模大約是997人，參考本研究所瞭解的大多數人的意見以及其他相關研究獲得的結論，目前的初中學校平均規模已經達到或超過理想規模，因此初中合理布局指標應該維持這一規模，有條件的地方甚至可以適當減小規模。但考慮到初中大多實行寄宿制，因此把合理規模區間適度擴大，將山區初中設定為700－1100人，丘陵平原初中設定為800－1300人，我們認為是適宜的。目前初中的平均班級規模已超過60人，絕大多數教師與學生

認為班級規模過大，所以本研究認為初中班級規模定為45人左右比較適宜，並由此來設定每班人數和班級數。根據聚類分析資料計算出的學校服務人口與學校規模之間存在的比例關係是：山區初中為23.6：1，丘陵平原初中為22.6：1，考慮到平原地區交通條件更便利，服務人口可以適當增加，由此設計的山區初中服務人口區間為15000－25000人，丘陵初中服務人口區間為20000－30000人，平原初中服務人口區間為20000－40000人。同時根據學校服務人口與服務範圍的關係，並照顧學生上學的需要而設定了各類別初中的合理服務範圍。

（三）農村普通高中的合理布局設計

　　普通高中教育的對象是15歲至17歲左右的青少年，他們逐漸走向成熟，學習自覺性增強，參與社會生活的能力也在提高。目前普通高中不屬於義務教育，普通高中不僅要在義務教育的基礎上進一步提高學生的思想品德、科學文化、勞動技術和身體、心理素質，為他們今後的學習和工作打下良好的基礎，還要根據高中畢業生將要進入高等學校和社會的特點，為學生「分流」或個人特長、愛好的發展打下良好的基礎。

　　普通高中的布局可以參照普通初中的布局，所不同的是，目前高中不是義務教育，可以適當收取學費，而且初中升高中的升學率正在逐年提高，普通高中布局一定要達到最佳規模，以提高教育資源的利用效率。

　　由於農村高中人口居住不集中而普遍實行寄宿制，因此城鎮和農村普通高中規模設置差異不大，一般都設在經濟較發達、交通便利的縣鎮，以保證實現最佳規模。所以普通高中布局調整，首先考慮的仍是人口，其次考慮的是初中升高中的升學率，一所普通高中的服務人口可用下面的公式求得：

　　一所普通高中的服務人口數

$$= \frac{最佳規模在校生數}{15\text{-}17歲人口占總人口比重 \times 初中升普高的升學率}$$

設最佳規模在校生人數為1800-2100人（36-42個班，每班50人），其中農村初中畢業生升入普通高中的升學率為40%（2005年中國大陸初中畢業生升入高中階段學校的比例達到69.7%），考慮今後一段時間內初中升入高中階段的學校的比例預計會達到80%，其中農村初中畢業生升入普通高中的比重達到40%。根據第五次人口普查所揭示的一般人口結構，15-17歲人口占總人口的比例為6.34669%，那麼根據上式所得的一所農村普通高中的服務人口數為：

$$農村普通高中服務人口數 = \frac{1800 \rightarrow 2100}{6.34669\% \times 40\%} \approx 71000 \rightarrow 83000（人）$$

即農村人口在71000-84000人左右時，設置一所普通高中是合理的。考慮到2000年第五次人口普查時高中年齡段人口正值高峰期，而現時高中階段學齡人口正逐步下降，我們認為，在農村地區按每10萬人口設置一所普通高中是適宜的。

總之，農村中小學布局是否合理，涉及到學校服務人口數量、學生上學距離、學校規模等諸多因素。從實際調研中，我們深深感到上述諸多因素又受到其他許多因素的制約。以學校規模為例，它既要受人口數量、經濟發展水準的制約，又要受交通情況、氣候特點等諸多因素的影響。一般來講，在人口密度大、交通便利、經濟發達的城鎮和平原地區，學校分佈與學校規模之間並不存在矛盾。在這些地區，按人口分佈密度設置學校，既有利於實現學生就近入學，又能保證適度的規模效益，只要合理規劃，就能保證學校布局與學校規模統一，使教育資源得以充分利用。而在地廣人稀、居住分散或經濟落後、交通不便、自然條件差的山區及偏遠地區，學校布局和學校規模之間，則出現了相互矛盾的狀況。如果過分強調學校要有一定規模，則會因為受客觀和主觀因素的影響，無法保證所有適齡兒童入學，接受義務教育；但如果不考慮學校要有一定規模，則會造成教育資源浪費，而且影響教育教學品質的提高。因此，根據城鎮、鄉村或山區、平原等不同地域，根據人口、經濟、交通等不同情況，從實際出發，採取靈活多樣的辦學模式，分散與集中辦學相結合，正確處理學校布局、

學校規模與就近入學的關係。在農村教育資源優化重組的過程中可按學區採用「中心小學＋片完小＋初小（教學點）」或「中心小學＋片完小」、「中心小學＋初小（教學點）」、「九年一貫制中學＋初小（教學點）」等模式。在區域面積大、人口密度小、地理環境複雜、交通不便的鄉鎮，推行「中心小學＋片完小＋初小（教學點）」的模式，採取聯大並小，大幅度撤銷完小，增設教學點，而增設教學點的目的就是解決邊遠山區兒童上學難的問題。

●●● 參考文獻 ●●●

張克儉等 (2000)。農村基礎教育投入保障機制問題——基於陝西省相關調研的思考。**教育發展研究究**，8(18)。

張新光 (2006)。農村稅費改革後的鄉鎮政府體制改革。**開放導報**，5(24)。

宋洲 (2004)。農村中小學布局調整之癢。**時代潮**，7(15)。

段成榮等 (2000)。21 世紀上半葉我國各級學校適齡人口數量變動趨勢分析。**人口與經濟**，4(23)。

17 中國經濟結構調整下二階段勞動力移轉之機遇與挑戰

施正屏

（國立台灣師範大學國際人力資源發展研究所專任副教授）

目次

一、前言

　　中國自2001年11月加入WTO之後，實現與國際經貿體系高速接軌的經貿增長發展戰略；堅定持續經濟改革與開放市場的努力，不但吸引外資大量湧入，對外貿易發展每年更以超過10 %以上的高速增長，成為世界經濟發展的火車頭。2008年中國外匯儲備突破1.94兆美元，成為全球第一大外匯儲備國與全球第三大貿易國家；由新制度學派觀點分析，制度的良窳不但影響社會與國家的生產成本，進一步決定了社會的交易成本，更將影響其經濟成就[1]。不同於台灣經濟發展採取產業結構調整模式。中國透過制度調適效率的提昇，大幅降低交易成本，快速提昇中國經濟成就。經濟崛起已為中國帶來前所未有的巨大效益，在不斷的引進國際資本投入和積極參與區域合作，中國憑藉廣大的市場及廉價的勞工，成為跨國企業競相投資的巨大的磁鐵，中國透過制度變遷作為主要的改革發展途徑，「和平崛起」的發展戰略扮演起推動亞洲區域經濟整合的關鍵角色[2]。

　　但另一方面，中國加入世界貿易組織後，農業正面臨著國際經貿環境丕變的嚴峻挑戰；農業改革與市場化改革，造成城鄉關係激烈變遷、土地產權缺乏合理保障、農村治理與農民生計皆出現結構性的高度動盪與衝擊。據中國官方統計，自1978年改革開放迄今已有超過一千一百四十萬農民離鄉背井到城市打工，這還不含四千萬的家屬；中國官方預言到2020年，農民工人數將達三億人，並最終超過五億[3]。中國農民出走的速度和人數，舉世罕見；中國政府為了加速達成現代化，積極鼓勵農民進城、以

1　道格拉斯・諾斯著，（Douglas C.North）（1990），劉瑞華譯（1999）《制度、制度變遷與經濟成就》（*Institutions , Institutional Change and Economic Performance*），台北：時報文化，頁10。

2　2003年11月3日，中共中央黨校原常務副校長、中國改革開放論壇理事長鄭必堅同志在博鰲亞洲論壇年會主會場發表了題為《中國和平崛起新道路和亞洲的未來》的講演，在國內外產生了很大迴響。「中國和平崛起」這一論題，受到國際國內社會的廣泛關注。胡錦濤總書記去年12月26日在紀念毛澤東誕辰110週年座談會上的講話中明確提出，堅持中國特色社會主義道路，就要堅持走和平崛起的發展道路。

3　於慧堅，「鋤口逾億農工海嘯般湧進城」，中國時報，2004年9月13日。

提供發展所需要的廉價勞動力。然而由於配套措施不足，農民工往往淪為城市邊緣人，不僅在城市裡沒有戶口，醫療保健和子女教育等基本權益也都付之闕如[4]。

由於中國12.5億人口中，約有3.3億人直接從事於農業生產，1.6億勞動力從事於第二級產業及1.7億從事第三級產業。90年代起，中國流動人口數量從1993年的7000萬爆增至2008年的1.5億[5]。中國人口流動的主要原因是地區發展差距持續擴大，造成農村剩餘勞動力大量移轉至薪資所得與就業機會較高的二、三級產業[6]。受制於二元經濟結構的束縛，中國農村勞動力移轉市場機能受到嚴重的扭曲，造成中國地區不平衡經濟發展、不平等市場競爭與不公平資源分配的主要因素[7]。

中共總體經濟結構戰略佈局之調整，不但攸關其經濟改革之成敗，亦將衝擊全球之經濟穩定。2008年全球金融風暴，中國面對人民幣升值、出口萎縮、產業結構調整與新勞動合同法的實施等衝擊，造成中國東部地區以出口為主的中小企業大量倒閉，更近一步惡化中國農村勞動力向二、三級產業移轉之難度。農村剩餘勞動力是否能透過擴大內需發展戰略，轉向城鎮和非農產業就業已引起國際經濟學家普遍之重視[8]。過去數年，中外學者與國際經濟組織雖曾對勞動力移轉做出相關之研究，如Borjas（2000,

---

[4]　楊重光，「中國城市現代化戰略思考」，中國國務院發展研究中心信息網，2004年2月10日。

[5]　中國流動人口分佈集聚，中國發展門戶網：www.chinagate.com.cn，2008年10月24日。

[6]　Abowd, John M., and Richard B. Freeman, eds. Immigration, Trade, and the Labor Market. Chicago: University of Chicago Press, 1991.

[7]　胡鞍鋼、王紹光、康曉光，「中國地區差距報告」，致良出版社，1996年，頁20。

[8]　Dale Belman and Thea M. Lee, 1996, "International Trade and the performance of U.S. Labor Markets", U.S. Trade Policy and Global Growth, New Directions in the International Economy, Economic Policy Institute, 61-107.

1994, 1992, 1990）[9]、Chiswick（1988）[10]、Hamermesh（1998）[11]、Parsons（1997）[12]、Smith（1997）[13]，惟多數研究未能針對中國城鄉協調發展與勞動力之移轉問題在統一的理論基礎作整合性探討，亦欠缺對勞動力之移轉之可預測量化分析研究。因此，無法對此一課題作進一步深入之分析探討；更未見以量化模型分析東、中、西部地區各省勞動力移轉預測。鑒於中國各省在經濟發展與城市發展差異極大，而區域間產業分工與整合問題又極為複雜，客觀之計量模型除有助於決策者，精確掌握各省份之勞動力之移轉問題，並進一步訂定出未來具體可行之人力資源規劃工作；透過本研究所建立之勞動力移轉機率矩陣模型，可掌握中國在2020年前勞動力在產業結構調的變化趨勢，研擬具體可行之產業及城鄉協調發展策略，是本文主要之目的。本文分為五部分：一、前言；二、戰略結構調整與路徑選擇；三、研究方法；四、勞動力移轉機率矩陣分析及預測；五、結論與政策建議。

---

[9]　Borjas, George. "The Economics of Immigration. "Journal of Economic Literature 32, no. 4 (Decomber 1994): 1667-1717.

-----. Friends or Strangers. New York: Basic Books, 1990.

-----. International Differences in the Labor Market Performance of Immigrants, Kalamazoo, Mich,: W. E. Upjohn Institute for Employment Research, 1988.

Borjas, George J., and Richard B. Freeman, eds. Immigrants and the Work Force. Chicago: University of Chicago Press, 1992.

Borjas, George J., ed. Issues in the Economics of Immigration. Chicago: University of Chicago Press, 2000.

[10]　Chiswick, Barry. Illegal Aliens: Their Employment and Employers. Kalamazoo, Mich.: W. e. Upjohn Institute for Employment Research, 1988.

-----. "Illegal Immigration and Immigration Control." Journal of Economic Perspectives 2, no. 3 (Summer 1988): 101-115.

[11]　Hamermesh, Daniel S,. and Frank D. Bean, eds. Help or Hindrance? The Economic Implications of Immigration for African Americans. New York: Russell Sage Foundation, 1998.

[12]　Parsons, Donald O. "Models of Labor Market Turnover: A Theoretical and and Empirical Survey." In Research in Labor Economics, vol.1, ed. Ronald Ehrenberg. Greenwich, Conn., JAI Press,1997. pp.185-223

[13]　Smith, James P., and Barry Edmonston, eds. The New Americans: Economic, Demographic, and Fiscal Effects of Immigration, Washington, D.C.: National Academy Press, 1997.

二、戰略結構調整與路徑選擇

　　觀察中國城鄉協調發展問題之本質，即是所謂的「三農問題」也是「城鎮化問題」。中共新一代領導清楚認識農業部門發展的滯後，對其他經濟部門所產生的雙向關聯約制與衝擊，企圖以城鎮化戰略克服農業結構對總體經濟發展的約制[14]。面對經貿全球一體化高速發展，中國經濟增長風險，主要源自於中國經濟結構長期處於農工失衡、城鄉失衡狀態，產業結構失衡導致投資過熱與產能過剩，為解決產能過剩採取出口拉動策略；出口高速擴張帶來外匯儲備大量積累，引發人民幣預期升值效應與基礎貨幣被動釋出的現象；預期升值效應進一步加速國際熱錢湧入中國進行投機操作、基礎貨幣被動釋出造成流動性過剩與資產泡沫風險大幅提高。

　　對中共而言，龐大勞動力雖有利於總體經濟之發展，但伴隨著經濟高速發展所帶來的就業問題與勞動力移轉問題，無疑是攸關其政治、經濟及社會穩定的重要國家安全因素。就業問題與勞動力移轉問題未解決，將迫使中國經濟發達地區與經濟落後地區長期處於緊張的對立狀態[15]。2001年中共正式加入世界貿易組織，如中共城鎮化發展戰略政策若無法有效解決農業部門之高失業率，順利將農業剩餘勞動力移轉至第二或第三產業，中國就有可能出現嚴重社會問題，影響國家穩定[16]。

　　不同於台灣以產業結構轉變為主，中國經濟轉型係以經濟體制變革為主要的發展動力，透過制度調適效率的大幅提升，奠定了中國高速經濟增長的驚人成就。面對中國當前通貨膨漲、人民幣升值、金融風險與能源安

---

[14] 農村市場發育嚴重滯後，農產品商品率低下；產供銷體系沒有建立，資源配置無法優化；農村人口眾多，勞動力嚴重過剩；農村經濟蕭條，城鄉居民收入差距擴大；城鄉居民在經濟、政治、社會、文化上兩極分化嚴重，形成城鄉二元社會經濟結構，造成城鄉居民在基本權利和根本利益上的巨大差別；農村教育水平低下，社會保障制度沒有建立，幹群關係緊張，影響農村社會穩定，均係中國農業部門嚴重約制總體經濟發展的關鍵因素。

[15] 施正屏，「加入WTO後中共農業戰略調整與我因應策略之研究」，行政院大陸委員會專題研究報告，2000年11月。

[16] Judith Banister, 1996, "The PRC: End of Century Population Dynamics", PRC Tomorrow : Development under the Ninth Five-年 Plan, (National Sun Yat-Sen University Press), 63-89.

全四大經濟發展問題，台商在中國應如何因應與開展國際佈局，已成為台商普遍焦慮與關切的重大問題。首先，台商須深入了解中國區域發展與現代化發展戰略，才能有目標、有方法、有層次、有步驟的順勢配合中國經濟結構調整，迅速進行轉型與升級並進行全球佈局。

　　區域經濟發展理論是研究生產資源在一定空間區域優化配置和組合，以獲得最大產出的學說。由於生產資源是有限的，但有限的資源在區域內進行優化組合，可以獲得盡可能多的產出。由於不同理論，對區域內之結構轉變資源配置的重點和佈局主張不同、配置方式與選擇亦有極大差異，形成了十大理論派別[17]。熊彼德（Schumpeter, Joseph A）的創新理論架構中，經濟研究的核心問題不是均衡，而是經濟發展結構的轉變[18]。回顧中國改革開放以來，經濟改革之歷程可分為二個不同的發展階段，分別是：**工業化出口導向的高速經濟增長發展階段與工業化與城鎮化二元進口替代穩定經濟發展階段**。自改革開放以來，針對二階段的經濟戰略結構調整，中共中央與國務院共計公布了11份有關三農問題的「一號文件」，茲分析如下：

　　第一階段、工業化出口導向的高速經濟增長發展階段：改革開放過程中，中國積極以工業化作為中國經濟現代化的一條主要路徑選擇，80年代中國鄉鎮企業的崛起，上億農民以低成本的方式進入了工業部門，成為中國經濟增長第一波的推動力。中國現代化發展歷程受到改革初期資源稟賦的約制，第一階段現代化選擇了以低價工業化發展路徑，透過價格雙軌制，壓低生產成本與交易成本，以獲得經濟發展所需要的啟動資本。在此階段中國需處理之三農問題主要圍繞在農村土地產權制度變遷下剩餘勞動力移轉為主，企圖解決農村隱藏性與結構性失業問題。自1982年起至1986

17　區域內資源配置的重點和佈局主張不同，以及對資源配置方式選擇不同，形成了不同的十大理論派別，分別是：一、平衡發展理論，二、不平衡發展理論，三、區域分工貿易理論，四、梯度轉移理論，五、增長極理論，六、點軸開發理論，七、網路開發理論，八、累積因果理論，九、中心—週邊理論，十、城市圈域經濟理論。

18　Schumpeter, Joseph A. The Theory of Economic Development: An Inquiry into Profits, Capital, Interest and the Business Cycle. Cambridge: Harvard University Press. 1934. PP. 145-270.

年止，中共中央與國務院針對三農問題，連續公佈了五份一號文件[19]。

在此一階段，台商赴中國大陸投資以勞力密集型產業為主；集中於深圳、東莞等珠三角地帶，主要係以降低成本「防禦型」為投資目的，以確保台商出口市場並鞏固國際市場地位。此一發展模式配合中國經濟結構的轉型，解決了一部分中國農村隱藏性與結構性的失業問題。

第二階段、工業化與城鎮化進口替代穩定經濟發展階段：面對90年代大量外國直接投資企業的發展以及沿海地區外向型產業模式的基本形成，外資成為中國經濟增長第二波推動力。1998年係中國城鄉發展路徑選擇的重要分水嶺，大規模投資基礎建設對國內經濟結構調整產生了重要的累積效應。最明顯的標誌是過去單一工業化與一切為出口導向的高速經濟增長發展模式，轉變成為工業化與城鎮化進口替代的穩定經濟發展模式。

2003年1月20日中國科學院公布「中國現代化戰略進程構想」，以現代化發展理論體系為基礎，將中國現代化問題納入具有統一基礎的、可比較的與可預測的科學體系，明確勾勒出實現第三步發展戰略目標與路徑[20]。同年10月中共中央召開第十六屆三中全會，將中國經濟和社會發展面臨最為棘手的城鄉協調發展問題，列為主要經濟體制改革的重點工

---

[19] 1982年1月1日，中共中央發出第一個關於「三農」問題的「一號文件」，對迅速推開的農村改革進行了總結。文件明確指出包產到戶、包乾到戶或大包乾「都是社會主義生產責任制」，說明「不同於合作化以前的小私有的個體經濟，是社會主義農業經濟的組成部分」。1982年「一號文件」與之後的連續4個中央關於農村政策的「一號文件」在中國農村改革史上成為專用名詞「五個一號文件」。1983年1月，第二個中央「一號文件」《當前農村經濟政策的若干問題》正式頒布。從理論上說明了家庭聯產承包責任制。1984年1月1日，中共中央發出《關於一九八四年農村工作的通知》，即第三個「一號文件」。強調要繼續穩定和完善聯產承包責任制，規定土地承包期一般應在15年以上。1985年1月，中共中央、國務院發出《關於進一步活躍農村經濟的十項政策》，即第四個「一號文件」。取消了30年來農副產品統購派購的制度，對糧、棉等少數重要產品採取國家計劃合同收購的新政策。1986年1月1日，中國中央、國務院下發了《關於一九八六年農村工作的部署》，即第五個「一號文件」。文件肯定了農村改革的方針政策是正確的，必須繼續貫徹執行。

[20] 現代化是一個動態的概念。傳統意義的現代化，是指從農業經濟社會向工業經濟社會轉變的過程。今天的現代化概念，對發達國家來說，主要是指從工業經濟社會向知識經濟社會演化的過程；對於發展中國家，則主要是指其加快發展，追趕發達國家的過程。鄧小平在領導中國進行四個現代化建設時指出：「科學技術要走在前面」，「四個現代化，關鍵是科學技術的現代化」。

作[21]，把「全面發展、協調發展、可持續發展」具體落實到政府施政工作項目[22]。在此階段，三農問題圍繞在農民所得增產不增收、城鄉貧富差距惡化與農業經濟凋敝問題為主。2004年至2009年中共中央與國務院針對三農問題連續公佈了六份一號文件[23]，中共最高當局對三農問題的高度重視，顯示三農問題的嚴峻情勢。

在第二階段，台商赴中國大陸投資以資本與技術密集型產業為主；集中於崑山、蘇州等長三角地帶，主要係以擴大市場佔有率「擴張型」為投資目的，以鞏固台商在中國投資網路關係、提升台商在中國國內市場地位所進行的卡位戰。此一發展模式配合中國經濟結構的轉型，解決了一部分中國「全面發展、協調發展、可持續發展」問題。

值得重視的是：在進一步深化改革開放政策導引下，中國邁入市場經濟後，嚴重低估的生產成本與交易成本開始上漲，各種要素價格迅速恢復到市場均衡價格，使得第二階段中國現代化過程，面臨了高價城鎮化的路徑相依，埋下中國未來經濟可持續發展的高度風險。中國經濟和社會未來發展是否能具體落實「全面發展、協調發展、可持續發展」不容樂觀。面

21　韓俊、謝伏瞻、劉世錦，「完善社會主義市場經濟體制」，國務院發展研究中心課題組，中國經濟時報，2003年7月22日。

22　中國十六屆三中全會提出「統籌城鄉發展、統籌區域發展、統籌經濟社會發展、統籌人與自然和諧發展、統籌國內發展和對外開放」的五大工作要點，。

23　2004年1月，針對近年來全國農民人均純收入連續增長緩慢的情況，中央下發《中共中央國務院關於促進農民增加收入若干政策的意見》，成為改革開放以來中央的第六個「一號文件」。2005年1月30日，《中共中央國務院關於進一步加強農村工作提高農業綜合生產能力若干政策的意見》，即第七個「一號文件」公佈。文件要求，堅持「多予少取放活」的方針，穩定、完善和強化各項支農政策。2006年2月，中共中央，國務院下發《中共中央、國務院關於推進社會主義新農村建設的若干意見》，顯示中共十六屆五中全會提出的建設社會主義新農村的重大歷史任務。2007年1月30日中國新華網公佈《中共中央、國務院關於積極發展現代農業扎實推進社會主義新農村建設的若干意見》。一號文件關注的焦點在「積極發展現代農業」。2008年中共中央下發《中央 國務院關於切實加強農業基礎建設進一步促進農業發展農民增收的若干意見》，發農業和農村工作的總體要求是：全面貫徹黨的十七大精神，高舉中國特色社會主義偉大旗幟，以鄧小平理論和「三個代表」重要思想為指導，深入貫徹落實科學發展觀，按照形成城鄉經濟社會發展一體化新格局的要求，突出加強農業基礎建設，積極促進農業穩定發展、農民持續增收，努力保障主要農產品基本供給，切實解決農村民生問題，扎實推進社會主義新農村建設。

對全球經濟一體化的影響，中國一旦失去土地與勞動力價格競爭優勢，中國將面臨極長的經濟結構調整期，值得密切觀察。

三、勞動力移轉機率矩陣研究方法

（一）　資料來源及資料分析

改革開放以後，隨著梯度開發理論的引入和發展，中國以陳棟生為代表的區域經濟學者提出了東中西三大經濟地帶的劃分，並被作為中國政府組織國民經濟活動的一種重要的地域依託。本文研究之東部地區包括：北京、天津、河北、遼寧、上海、江蘇、浙江、福建、山東、廣東、廣西和海南等12個省市；中部地區包括：山西、內蒙古自治區、吉林、黑龍江、安徽、江西、河南、湖北和湖南等9個省市；西部地區包括：重慶、四川、貴州、雲南、西藏自治區、陝西、甘肅、青海、寧夏回族自治區、新疆維吾爾自治區10個省市。在地帶的劃分中，關於廣西、海南、陝西和四川的劃分仍有爭議，但是地帶劃分本身是基本上被接受的。2004年中國實施西部大開發戰略，把廣西和內蒙古兩個民族自製區劃分到國家大開發的西部地區。

在本章中，將討論用以分析農業部門勞動釋出之方法論，並且測量經濟成長影響農業利潤之模型。為了滿足第一個目的，我們將使用馬柯夫鏈模型（Markov Chain Model）來界定在經濟增長下，台灣與中國大陸各經濟部門間勞動就業彼此間之轉變，特別是農業就業份額相對於製造部門、服務部門以及其他產業份額之變化。我們使用總體部門就業資料估計可轉換機率矩陣（Transition Probability Matrix）。

若一個既定試驗的結果僅取決於馬上進行實驗之結果，並且，這個依存關係在所有之階段都是一樣的，則這個固定的過程就稱為馬柯夫過程。而馬柯夫過程若伴隨著個體（如工作者）在不同產業部門間之移動，則稱為馬柯夫鏈。而描述勞動在不同經濟部門間之移動，我們可以將之視為馬

柯夫鏈的一種。

　　本文數據資料來自歷年中國各省出版之統計年鑑，研究期間自1978至2007年。中國各省統計年鑑將中國勞動力按從業之性質劃分為一級產業、二級產業及三級產業。其中一級產業包括：農業、林業、漁業及畜牧業；二級產業包括：機械、電子、鋼鐵、紡織、礦業及食品加工業；三級產業包括：旅館、餐飲、汽車修理、健康醫療及法律服務務業等。

　　令P_{ij}為表示一勞動者由i部門至j部門移動之機率，且滿足$P_{ij} \geq 0$及$\sum_{j=1} P_{ij} = 1$。為了分析農業就業至其他部門的移動，將應用那些反應個人就業移動之時間序列資料。而每一個就業者工作改變之紀錄，將使用來估算其移動機率，此機率的計算是以研究期間內，此個別就業者由部門移至部門之數目，除上先前時期部門之就業人口數目之比率。然而這類資料並不完備，故引用一替代的方式，即以總和資料來顯示部門就業者之數目並參考Lee、Judge以及Zellner（1977）所提出之方法來估算移動機率。

　　基本之馬柯夫關係可表示如下：

$$x_{tj} = \sum_{i=1}^{r} x_{t-1,i} p_{ij} \qquad [1]$$

　　其中x_{ij}及$x_{t-1,i}$表示一個就業者在 t 時期 j 部門及t-1時期i部門工作之絕對機率，而x_{ij}及$x_{t-1,i}$之絕對機率可一併由相對之 t 時期及t-1時期各經濟相對部門工作者之比率求出。現於[1]式中加入一誤差項u_j，則可觀察之比率之模型$y_{tj} = x_{tj} + u_{tj}$可以寫成下式：

$$y_{tj} = \sum_{i=1}^{r} x_{t-1,i} p_{ij} + u_{tj} \qquad [2]$$

　　此成為一統計估計方程式，用以供估算未知參數P_{ij}, i,j=1,2,...,r。應用一般習慣性之向量的寫法，可寫成

$$y_j = X_j p_j + u_j \qquad [3]$$

　　其中y_j為 t 時期 j 部門可觀察比之觀察值（T×1）向量，X_j為t-1時期

可觀察比率之（T×r）之矩陣，而P_j為須估計之未知移轉參數之$(r×1)$向量，且u_j為一隨機干擾項，其滿足 $E(u_j)＝0$ 及 $E(u_ju_j')＝\sigma_j{}^2W_{jj}$，其中$W_{jj}$為一（T×T）之矩陣。

　　為了估計參數向量P_j，j=1,2,...r，此 r 方程式(或此例中之4條方程式)可能要再次定義為近似不相關之型式。而在估計此參數時將使用為二次程式之不等限制之最小平方程序（Inequality Restricted Least Square）。勞動移動之移動機率估算後，則未來部門間就業份額可以加以預測，並可算出其長期均衡值。勞動力停留在相同部門之機率亦如其在部門間之移動，亦可以用來與勞動移動加以比較。本文以馬柯夫鍵模型[24]（Markov Chain Model）應用在總體勞動力在部門間之移轉數據，估算中國勞動力在一級產業、二級產業及三級產業部門間之移轉機率矩陣，並進一步預測至2020 年前中國各省及區域之農村勞動力移轉趨勢。

（二） 勞動力移轉機率矩陣分析及預測

　　表17-1至表17-3顯示中國三級產業佔從業勞動力份額之變化。茲將三級產業之勞動力移轉之特點摘要如下：

1. 表17-1顯示全國一級產業勞動力占全體勞動力之份額均呈現下降趨勢；全國年增率為 -1.70%；其中，東、中、西地區年增率分別為-2.75%、-1.41%與-1.23%。受到中共經濟政策採取傾斜發展戰略之影響，東部沿海省份一級產業之勞動力占全體勞動力份額下降之速度普遍高於中、西部之內陸省份。

2. 1985-1990年的勞動力份額下降速度，受到1988年嚴重通貨膨脹及1989年爆發天安門事件之影響，比1980-1985年與1990-1995年二個階段勞動力份額下降的速度為慢，可看出勞動力移轉速度與中共採取之經濟發展政策有極為密切之關聯；此外，中國受到亞太金融風

24　Kemeny, John G., Hazleton Mirkil, J. Laurie Snell, Gerald L. Thompson, *Finite Mathematical Structures*, 1960.

暴的影響一級產業勞動力移轉在1995-2000年出現第二次遲滯現象，但隨後在2001年11月加入世貿組織後，多數省份在2000-2005年期間之農村勞動力佔全體勞動力份額出現快速下滑的現象。顯示加入世貿組織有利於吸納農村剩餘勞動力移轉至二、三級產業。

3. 表17-2顯示全國二級產業勞動力占全體勞動力之份額年增率為1.16%，其中東、中、西地區年增率分別為 1.29%、1.05%與0.68%，可看出東部地區工業部門就業機會高於中、西部地區；二級產業勞動力占全體勞動力之份額呈現上升之趨勢，顯示工業化為一級產業中剩餘勞動力帶來新的就業機會呈現增加的趨勢；

4. 值得注意的是北京、天津、遼寧、上海、內蒙古、吉林、黑龍江、貴州、青海省市，二級產業勞動力占全體勞動力之份額呈現下降之趨勢；但由各省經濟結構發展程度不同，因此各省二級產業就業份額下降原因並不相同。其中，由於北京、天津、上海三城市由於產業發達程度與速度較高，經濟結構已朝向三級產業傾斜，因此二級產業勞動力占全體勞動力之份額呈現下降之趨勢，符合經濟發展理論；但就遼寧、內蒙古、吉林、黑龍江、貴州、青海等六省二級產業勞動力占全體勞動力之份額呈現下降之趨勢，則顯示該等省份由於工業化程度低下，因此二級產業勞動力占全體勞動力之份額呈現停滯之現象，上述省份在區域中之競爭力明顯不足，因此無法提供就業機會。

5. 表17-3顯示中國各省三級產業占全體勞動力之份額，全部呈現高速增長之現象。全國三級產業勞動力占全體勞動力之份額年增率為3.54 %，其中東、中、西地區年增率分別為 4.20%、3.74%與3.81%，可看出東部地區三級產業就業機會上升幅度高於中、西部地區；

6. 比較一、二、三級產業之年增率可發現，在改革開放的過程中服務業部門提供了大量就業機會並吸收了大量農業部門廉價勞動力。

四、模型估計結果

　　本文以馬柯夫鍵模型（Markov Chain Model）應用在總體勞動力在部門間之移轉數據，估算中國勞動力在一級產業、二級產業及三級產業部門間之移轉機率矩陣，數據資料來自歷年中國各省出版之統計年鑑，研究期間分為二階段進行比較分析，第一階段自1978至1992年；第二階段自1993年至2007年。

　　表4至表6比較第一階段與第二階段之東中西部地區勞動力移轉機率矩陣。其中，Pii 表示勞動力留在自身產業部門之機率；Pij 勞動力由i產業流入j產業部門之機率；例如：P22表示勞動力留在二級產業部門之機率，P13勞動力由一級產業流入三級產業部門之機率。由估計結果顯示，中國二階段勞動力移轉機率矩陣發現之重點有七項，茲分析如下：

（一）由第一產業部門觀察，工業化程度較高之省市農業勞動力留在農業部門之機率（P11）較工業化程度較低之省份為低。換言之，在經濟發展過程中，工業化程度較高之省市其農業與非農部門之工資差距較大，受到比較利益之影響，將使農業勞動力移轉至投資報酬率較高之非農業部門；此外，都會地區非農部門所提供大量工作機會，將提供足夠之誘因使農村剩餘勞動生產力移轉至非農業部門。因此，北京、天津、上海等現代化城市之農業勞動力留在農業部門之機率較其餘省份低。

（二）較為突出之現象是，除工業化程度較高之城市外，以農業生產為主的中部省份勞動力由第一產業部門移轉至二級（P12）、三級（P13）產業部門之機率普遍偏低。若移轉機率值為0則表示勞動力在該省勞動力無法直接移轉。此一現象係由於中國農業生產效率低下，直接影響農民收入並間接造成廣大農業勞動力教育程度低下，致使中國在經濟高速發轉過程中，農業勞動力無法迅速移轉至第二及第三級產業。一般而言，發展中國家一級產業之勞動力，通常需接受就業輔導與職業轉化訓練才能順利移轉至二及三級產業。因此，中國未來之職業教育與就業訓練，在人力資源規劃中將扮演極

為重要的角色。

（三）由第二產業部門觀察，東部地區的福建、山東、廣東；中部地區的山西、江西；與西部地區的四川、貴州、雲南、西藏、甘肅、寧夏、新疆等12省，勞動力由二級產業部門移轉至一級（P21）、三級（P23）產業部門之機率較高。而造成上述12省勞動力移轉機率較高之原因，在於近年來中共採取區域經濟發展戰略之佈局，使總體資源大量湧入中西部暨沿海地區，因此二級產業之勞動力開始移往三級產業之現象。若移轉機率值為0則表示勞動力在該省勞動力無法直接移轉。

（四）由第三產業部門觀察，多數省市勞動力留在三級產業部門之機率（P33）較高；如北京、天津、上海、江蘇、山東、廣西、海南、重慶、雲南、陝西、寧夏與新疆等省市勞動力留在三級產業部門之機率（P33）均在98%以上。顯示第三產業部門勞動力移轉之流動機率較低。

（五）觀察多數省份之SSE均小於0.01，顯示標準差小，模擬結果良好。惟受限於篇幅限制，中國農業部門勞動力至2020年前將持續向第二級產業、第三級產業移轉；其中農業部門勞動力移轉至第二級及第三級產業之就業總量將高達7524萬人；第二產業部門勞動力移轉量，將增加799萬人；第三產業部門勞動力至2020年前將增加6613萬人。

（六）表4顯示以全中國三級產業勞動力轉觀察，中國勞動力移轉機率矩陣在第二階段Chi2值為412.30，大於第一階段的233.05；換言之，全中國第二階段經濟結構調整過程中，產業結構由勞力密集產業轉向資本與技術密集產業時，中國勞動力移轉顯示有加速的趨勢。

（七）分析比較二階段經濟結構調整下勞動力移轉機率矩陣之Chi2值，顯示三種變化情形：

1. 第一階段（1993至2007年）與第二階段（1978至1992年）Chi2值均小於13.28，顯示勞動力移轉在面對經濟結構調整下，第一階段與第二階段勞動力移轉至非農部門之移轉機率均不顯著。相關省份包

括：東部地區的天津、遼寧與海南；西部地區的青海、新疆。

2. 第一階段Chi2值小於13.28，但第二階段（1978至 1992年）Chi2值高於13.28，顯示在經濟結構調整之下，第二階段勞動力移轉至非農部門，的確有顯著不同；換言之，第二階段勞動力移轉較第一階段顯著，表示勞動力移轉至非農部門有加速移轉的趨勢，相關省份包括：東部地區的北京、上海、福建；中部地區的吉林；西部地區的雲南、西藏、寧夏。

3. 第一階段Chi2值大於13.28，但第二階段（1978至 1992年）Chi2值小於13.28，顯示在經濟結構調整之下，第一階段勞動力移轉至非農部門，的確有顯著差異；換言之，第二階段勞動力移轉較第一階段不顯著，表示勞動力移轉至非農部門開始顯現減速移轉的趨勢。相關省份包括：中部地區的內蒙古、黑龍江、湖北；西部地區的重慶。

五、結論與政策建議

面對全球金融風暴下的挑戰，中國仍能保持穩定經濟增長，得益於90年代中後期，進行的產業結構調整的累積效應，中國推動城鎮化和出口導向的工業化是經濟發展的兩大主推動力。雙引擎的含義不僅是投資配置，更重要的是非農就業的雙重配置，即工業化過程的農村勞動力轉移和城鎮化過程中的服務就業。當前的非農就業中服務業就業比重遠高於工業就業，因此，工業化和城鎮化的雙重非農就業方案是邁向現代化的關鍵因素。

由總體經濟發展角度觀察農村剩餘勞動力移轉政策，對中國城鎮化發展戰略所產生的影響有三項優點：第一、農村剩餘勞動力移轉以年輕人口占絕大多數，在勞動力質量上為二、三級產業提供充足的廉價勞動力；第二、大量人口流入城市，在勞動力數量上為城市部門二、三級產業提供充沛的基礎勞動力，為城市建築、商業、飲食、環衛等行業的發展和城市發

展有極大的貢獻；第三、農村勞動力在流入地務工經商獲得的收入，成為農村和農業發展的重要資金來源，有力地促進了農村地區的經濟發展和農民脫貧致富。流動人口在務工經商的過程中，獲得各種新知識、新技能、新觀念，為農村地區培養和儲備了人才。

相反的，農村剩餘勞動力移轉對城市化發展戰略亦會產生三項缺點：第一、人口的流動存在著一定的盲目性和無序性。由於流動人口的受教育水平仍然偏低，多數人只能從事一些重體力、低收入甚至危險高的工作；第二、相應的法律保障和服務措施不健全，使合法權益容易受到侵害，可能淪為新的貧困群體。大量青壯年勞動力流出，會對農村和農業的發展產生一定負面影響；第三、大量農村勞動力湧入城市，進一步加劇了城市就業競爭，導致了更多城市勞動力失業。

城鎮化的推進以及與之相應的資源配置方式的變化將中國經濟帶入了新一輪的景氣週期，但高價城鎮化以及資本形成過程中政府過度參與所導致的種種問題（價格扭曲、結構、效率等問題）也給經濟的持續增長帶來挑戰。此外，從增長必須伴隨結構調整，而貫穿結構調整的主旨是非農就業來看，如何有效地擴大非農就業將是未來的更大挑戰。對中國新一代領導針對處理三農問題時，所面對的挑戰不但來自共黨內部的既得利益，更嚴厲的挑戰其實是中國新一代領導畏懼中國未來分裂的動力將源起於廣大基層農民對經濟上貧富差距的擴大和機會不均等的不平與不滿。

為解決中國城鄉之間的差距，中國新一代領導階層必將增加鄉村地區教育及健保支出，在內陸及鄉村地區推出更多公共工程以平衡城鄉差距。中國需快速修正有關農民的稅制結構及調整農業及農村發展策略，方能有效提升農民所得並穩定農村經濟。對中國內部而言：若中共能具順利將擴大內需與經濟結構戰略調整、深化經濟體制改革及增加就業結合成功；本文發現中國農業部門勞動力至2020年前將持續向第二級產業、第三級產業移轉；其中農業部門勞動力移轉至第二級及第三級產業之就業總量將高達7524萬人；然而，中國政策擬定之目標卻預計能在2020年消化農村1.7億剩餘勞動力，顯然將造成嚴峻的挑戰。

中國未來實現經濟結構轉軌與可持續發展政策目標，順利推動城鎮化

發展戰略的核心關鍵有三：第一、政策取向需注重農村發展和農民問題的解決，促進城鄉協調發展；第二、政策取向是幫助落後地區發展，促進地區協調；第三、政策取向是注重解決社會問題，實現經濟和社會的協調發展。勞動力移轉與擴大就業是城鎮化戰略核心政策[25]。

　　相反的，若中共當局在擴大內需與經濟結構戰略調整、深化經濟體制改革及增加就業之過程中，無法保證持續高速增長，當其國內經濟出現內需不足或經濟呈現停滯性成長時，大量農業剩餘勞動力將立即衝擊中共政權的穩定性，亦將衝擊亞太地區經濟之穩定發展。中國現階段的二元經濟社會已處於一個非常重要的轉折時期，中國是否能在未來順利完成城鎮化發展戰略與農村剩餘勞動力移轉等相關問題，值得持續關注。台灣針對中國現代化進程之發展問題，應以全球化的觀點訂定經濟安全政策基調；如何透過制度化協商管道，以經濟合作與經濟安全等全球性議題來緩和兩岸關係，協助中國解決農業穩定的發展、振興農村經濟與輔導農民轉業等三大問題。以人性化觀點化解兩岸政治與軍事長期對立與對抗，應是海峽兩岸雙方在未來談判過程中，可積極規畫的新興課題，共創互惠雙贏的兩岸新局。

---

[25] 王夢奎，國務院發展研究中心主任，「實現新的發展觀需要五個政策取向」，上海證券報，2004年4月15日。

表 17-1 中國各省一級產業占從業勞動力份額

單位：百分比

省 分	1980	1985	1990	1995	2000	2005	年增率
全國	69	62	60	52	50	45	-1.70
東部地區							-2.75
北京	24	17	15	11	12	7	-4.81
天津	N.A	22	20	16	17	15	-1.90
河北	75	63	62	53	50	44	-2.11
遼寧	41	36	34	31	33	34	-0.75
上海	29	16	11	10	11	8	-5.02
江蘇	70	53	57	47	43	32	-3.08
浙江	N.A	55	53	44	36	25	-3.87
福建	73	62	58	50	47	38	-2.58
山東	79	69	64	54	53	40	-2.69
廣東	71	60	53	38	40	32	-3.14
廣西	83	80	77	66	61	56	-1.56
海南	79	74	70	61	61	55	-1.44
中部地區							-1.41
山西	61	50	48	44	48	43	-1.39
內蒙古	66	60	56	52	52	54	-0.80
吉林	46	45	48	45	50	46	0.00
黑龍江	58	56	54	51	50	46	-0.92
安徽	81	72	69	61	59	49	-1.99
江西	78	67	66	51	47	40	-2.64
河南	81	73	69	62	64	55	-1.54
湖北	73	62	61	52	48	48	-1.66
湖南	77	71	69	60	59	49	-1.79
西部地區							-1.23
重慶	N.A	73	70	60	56	49	-1.97
四川	81	76	73	65	57	52	-1.76
貴州	83	76	78	75	70	75	-0.40
雲南	85	79	80	77	74	69	-0.83
西藏	82	81	81	78	73	60	-1.24
陝西	72	64	64	60	56	48	-1.61
甘肅	73	72	70	64	60	64	-0.52
青海	69	61	60	56	56	50	-1.28
寧夏	70	65	62	60	58	48	-1.50
新疆	70	64	61	57	58	52	-1.18

資料來源：中國各省統計年鑑。

表 17-2　中國各省二級產業占從業勞動力份額

單位：百分比

省份	1980	1985	1990	1995	2000	2005	年增率
全國	18	21	21	23	22	24	1.16
東部地區							1.29
北京	43	44	45	41	34	26	-1.99
天津	N.A.	50	49	48	46	42	-0.87
河北	15	22	23	27	26	29	2.67
遼寧	39	41	41	39	32	28	-1.32
上海	49	57	59	55	44	45	-0.34
江蘇	19	33	29	32	30	34	2.35
浙江	N.A.	32	30	34	35	45	1.72
福建	14	19	21	24	25	31	3.23
山東	12	20	23	25	24	31	3.87
廣東	18	21	27	39	28	38	3.03
廣西	8	8	10	12	11	12	1.64
海南	7	9	9	12	9	10	1.44
中部地區							1.05
山西	25	29	29	30	25	26	0.16
內蒙古	19	20	22	22	17	16	-0.69
吉林	32	31	29	27	19	19	-2.06
黑龍江	22	22	24	24	22	21	-0.19
安徽	10	15	16	18	17	21	3.01
江西	12	20	20	25	24	27	3.30
河南	10	15	16	21	18	22	3.20
湖北	16	22	21	23	21	20	0.90
湖南	14	17	18	22	24	22	1.82
西部地區							0.68
重慶	N.A.	16	17	18	17	19	0.86
四川	10	13	14	16	19	20	2.81
貴州	9	14	10	10	12	7	-1.00
雲南	8	10	10	10	9	10	0.90
西藏	6	4	4	5	6	10	2.06
陝西	17	20	19	19	16	17	0.00
甘肅	14	16	14	19	19	15	0.28
青海	18	20	19	17	13	17	-0.23
寧夏	18	18	18	19	18	22	0.81
新疆	15	16	17	18	14	16	0.26

資料來源：中國各省統計年鑑。

表 17-3 中國各省三級產業占從業勞動力份額

單位：百分比

省份	1980	1985	1990	1995	2000	2005	年增率
全國	13	17	19	25	27	31	3.54
東部地區							4.20
北京	33	39	41	49	55	67	2.87
天津	N.A	28	31	36	38	43	2.17
河北	10	15	15	20	24	27	4.05
遼寧	19	23	25	30	35	38	2.81
上海	22	26	30	36	45	47	3.08
江蘇	10	14	15	21	27	34	5.02
浙江	N.A.	13	17	22	29	30	4.27
福建	14	19	21	26	29	31	3.23
山東	9	12	13	21	23	29	4.79
廣東	12	19	20	23	32	30	3.73
廣西	7	11	14	22	28	32	6.27
海南	13	17	21	27	30	35	4.04
中部地區							3.74
山西	14	21	22	26	27	32	3.36
內蒙古	15	19	22	26	31	31	2.95
吉林	22	26	23	28	31	36	1.99
黑龍江	20	22	21	26	28	33	2.02
安徽	8	13	15	21	25	30	5.43
江西	10	13	14	24	29	33	4.89
河南	8	12	14	17	19	22	4.13
湖北	12	16	18	24	31	32	4.00
湖南	9	12	14	18	17	30	4.93
西部地區							3.81
重慶	N.A.	12	13	22	27	32	5.03
四川	10	11	14	19	25	29	4.35
貴州	8	10	12	15	18	18	3.30
雲南	7	10	10	13	17	21	4.49
西藏	12	14	15	17	21	30	3.73
陝西	11	16	17	21	28	33	4.49
甘肅	13	12	16	18	21	22	2.13
青海	13	19	21	27	32	33	3.80
寧夏	12	17	20	21	24	29	3.59
新疆	15	20	21	24	29	33	3.20

資料來源：中國各省統計年鑑。

表 17-4　中國 1978-1992 年　東部地區各省勞動移轉機率

機率	全國	北京	天津	河北	遼寧	上海	江蘇	浙江	福建	山東	廣東	廣西	海南
P_{11}	.9643	.7385	.7205	.9607	.8591	.8997	.9243	.3719	.9261	.7668	.9707	.9765	.9883
P_{12}	.0251	.2615	.2794	.0111	.1396	.1003	.0568	.5344	.0674	.0000	.0159	.0102	.0113
P_{13}	.0105	.0000	.0000	.0282	.0013	.0000	.0190	.0937	.0065	.2332	.0133	.0133	.0004
P_{21}	.0718	.0000	.0000	.0771	.1103	.0000	.0000	1.000	.0000	.0000	.0000	.1546	.0000
P_{22}	.9282	.6520	.7009	.7693	.7909	.9823	.8979	.0000	.4900	.7078	.7968	.8454	.6030
P_{23}	.0000	.3480	.2991	.1536	.0987	.0177	.1021	.0000	.5100	.2922	.2032	.0000	.3970
P_{31}	.0000	.0832	.1738	.0000	.0000	.0078	.2638	.0000	.1702	.0109	.0000	.0000	.0000
P_{32}	.0086	.2849	.2975	.3231	.1528	.0000	.0000	.2646	.3393	.0453	.2598	.0579	.1606
P_{33}	.9914	.6318	.5287	.6769	.8472	.9922	.7362	.7354	.4905	.9438	.7402	.9421	.8394
Chi2	233.05	11.986	.2275	77.49	10.2202	4.157	211.49	71.69	10.52	129.7	43.83	27.997	2.907
SSE	.0015	.0059	.0001	.0093	.0022	.0014	.0227	.0078	.0024	.0068	.0042	.0029	.0024

註：北京、天津資料自 1985 至 1997 年。
SSE is sum of squared errors of forecasts.
資料來源：研究所得。

（續）表 17-4　中國 1993-2007 年　東部地區各省勞動移轉機率

機率	全國	北京	天津	河北	遼寧	上海	江蘇	浙江	福建	山東	廣東	廣西	海南
P_{11}	.9489	.7011	.7822	.9587	.6999	.7021	.9615	.9486	.9724	.8227	.9631	.9700	.9604
P_{12}	.0000	.2988	.0000	.0412	.0000	.0000	.0284	.0000	.0000	.0000	.0005	.0036	.0286
P_{13}	.0511	.0000	.2178	.0000	.3000	.2979	.0101	.0514	.0276	.1773	.0364	.0264	.0110
P_{21}	.0653	.0761	.0604	.0343	.0838	.0631	.0000	.0000	.0000	.0000	.0000	.0679	.1677
P_{22}	.9347	.8701	.9396	.6869	.9162	.8979	.9392	.8889	.5917	.5833	.8734	.9321	.8251
P_{23}	.0000	.0538	.0000	.2787	.0000	.0390	.0608	.1111	.4083	.4167	.1266	.0000	.0072
P_{31}	.0000	.0000	.0140	.0000	.2157	.0000	.0000	.0000	.0019	.0000	.0000	.0000	.0000
P_{32}	.0635	.0000	.0570	.2900	.0523	.0955	.0401	.1873	.3864	.0449	.1759	.0236	.0000
P_{33}	.9365	1.000	.9289	.7099	.7320	.9045	.9599	.8127	.6136	.9532	.8241	.9764	1.000
Chi2	412.30	23.35	3.154	31.23	12.56	16.28	22.16	66.02	30.98	19.67	216.68	15.19	1.743
SSE	.0020	.0106	.0022	.0033	.0021	.0056	.0017	.0081	.0053	.0005	.0175	.0019	.0016

註：北京、天津資料自 1985 至 1997 年。

表 17-5　1978-1992 **年中部地區各省勞動移轉機率**

機率	山西	內蒙古	吉林	黑龍江	安徽	江西	河南	湖北	湖南
P_{11}	.8998	.9663	.8063	.8733	.9796	.9656	.9831	.9500	.9777
P_{12}	.1002	.0337	.1199	.1052	.0186	.0000	.0083	.0346	.0223
P_{13}	.0000	.0000	.0738	.0214	.0018	.0344	.0086	.0154	.0000
P_{21}	.1548	.0000	.0791	.1282	.0421	.0882	.0342	.0000	.0478
P_{22}	.4625	.7740	.8054	.8714	.7210	.6946	.7015	.6409	.7577
P_{23}	.3827	.2259	.1166	.0004	.2369	.2172	.2643	.3591	.1945
P_{31}	.0000	.0590	.2917	.0000	.0000	.0000	.0000	.1498	.0092
P_{32}	.5014	.1445	.0000	.0000	.2283	.4670	.3214	.3210	.2331
P_{33}	.4986	.7965	.7083	1.000	.7717	.5330	.6786	.5292	.7577
Chi2	64.3909	14.5743	10.6983	21.755	38.6177	40.446	75.226	68.008	16.91
SSE	.0209	.0052	.0038	.0047	.0040	.0070	.0052	.0082	.0016

（續）表 17-5　**中國** 1993-2007 **年中部地區各省勞動移轉機率**

機率	山西	內蒙古	吉林	黑龍江	安徽	江西	河南	湖北	湖南
P_{11}	.9307	.8225	.9172	.8636	.9801	.4937	.9760	.8413	.8616
P_{12}	.0000	.0292	.0536	.0994	.0015	.1974	.0000	.1587	.1384
P_{13}	.0693	.1482	.0293	.0370	.0184	.3088	.0240	.0000	.0000
P_{21}	.0994	.1082	.1022	.2761	.0000	.7970	.0000	.1510	.2734
P_{22}	.8989	.8918	.8479	.7239	.9147	.2030	.7348	.6017	.4781
P_{23}	.0016	.0000	.0499	.0000	.0853	.0000	.2652	.2473	.2485
P_{31}	.0000	.2553	.0508	.0000	.0000	.1369	.0000	.1371	.0314
P_{32}	.0895	.0000	.0023	.0338	.0736	.3334	.3058	.0185	.1811
P_{33}	.9105	.7447	.9469	.9662	.9264	.5297	.6942	.8444	.7875
Chi2	19.7005	10.3487	18.5533	12.559	38.796	393.635	166.892	8.089	284.16
SSE	.0046	.0031	.0051	.0025	.0036	.0580	.0096	.0007	.0217

表 17-6　中國 1978-1992 年西部地區各省勞動移轉機率

機率	重慶	四川	貴州	雲南	西藏	陝西	甘肅*	青海	寧夏	新疆
P_{11}	.9716	.9876	.9564	.9619	.9762	.9452	.8136	.9292	.9607	.9673
P_{12}	.0284	.0098	.0259	.0230	.0192	.0382	.1864	.0708	.0234	.0327
P_{13}	.0000	.0026	.0178	.0151	.0047	.0166	.0000	.0000	.0159	.0000
P_{21}	.0466	.0168	.3048	.2918	.3649	.1721	.0000	.1324	.1129	.0799
P_{22}	.8966	.8665	.6820	.7082	.6351	.7453	.0615	.6733	.8871	.7061
P_{23}	.0568	.1168	.0132	.0000	.0000	.0826	.9385	.1943	.0000	.2140
P_{31}	.0000	.0000	.0000	.0000	.0000	.0000	.7827	.0827	.0000	.0000
P_{32}	.0000	.1003	.1275	.1019	.0000	.1490	.1261	.0835	.0299	.1464
P_{33}	1.000	.8997	.8725	.8981	1.000	.8510	.0912	.8338	.9701	.8536
Chi2	22.785	50.910	39.673	6.778	8.945	24.449	22.179	2.429	12.446	1.056
SSE	.0035	.0026	.0047	.0008	.0016	.0054	.0041	.0037	.0022	.0005

註：甘肅資料自 1985-1997 年。

（續）表 17-6　1993-2007 年西部地區各省勞動移轉機率

機率	重慶	四川	貴州	雲南	西藏	陝西	甘肅*	青海	寧夏	新疆
P_{11}	.8976	.9675	.8927	.9197	.9803	.9518	.9146	.9637	.9471	.9519
P_{12}	.0407	.0306	.0000	.0555	.0000	.0118	.0316	.0000	.0000	.0481
P_{13}	.0617	.0019	.1073	.0248	.0197	.0364	.0538	.0363	.0529	.0000
P_{21}	.2292	.0000	.4680	.4998	.0000	.0673	.0782	.0000	.3019	.1228
P_{22}	.7708	.8282	.5320	.5002	.3638	.9327	.8737	.8656	.4257	.8152
P_{23}	.0000	.1718	.0000	.0000	.6362	.0000	.0481	.1344	.2724	.0620
P_{31}	.0122	.0000	.2086	.0000	.0000	.0000	.1797	.0000	.0000	.0000
P_{32}	.0760	.0675	.2492	.0581	.1953	.0149	.0000	.1150	.2231	.0000
P_{33}	.9118	.9325	.5423	.9419	.8047	.9851	.8203	.8850	.7769	1.000
Chi2	7.455	166.64	208.11	42.485	27.426	31.777	22.097	12.257	1846.2	12.41
SSE	.0013	.0081	.0234	.0042	.0041	.0040	.0047	.0131	.1146	.0033

SSE is sum of squared errors of forecasts.
資料來源：研究所得。

國家圖書館出版品預行編目資料

兩岸鄉村發展與農村治理／王振寰. 王瑞琦,
　陳永生主編. 一初版. 一臺北市：五南,
　2010.05
　　面；　公分.

ISBN 978-957-11-5924-9（平裝）

1.鄉村　2.農村　3.兩岸關係

545.5　　　　　　　　　　　　　99003014

4P28

兩岸鄉村發展與農村治理

主　　編 ― 王振寰、王瑞琦、陳永生

作　　者 ― 丁文郁、于有慧、仝志輝、李金珊、林寶安、施正屏、
　　　　　　施育曉、高向軍、畢天雲、郭　虹、湯京平、黃坤山、
　　　　　　黃詩涵、楊　團、溫鐵軍、董建宏、劉志偉、範先佐、
　　　　　　顏愛靜

發 行 人 ― 楊榮川

總 編 輯 ― 龐君豪

主　　編 ― 劉靜芬　林振煌

責任編輯 ― 李奇蓁

封面設計 ― 佳慈創意設計

出 版 者 ― 五南圖書出版股份有限公司

地　　址：106台北市大安區和平東路二段339號4樓

電　　話：(02)2705-5066　傳　　真：(02)2706-6100

網　　址：http://www.wunan.com.tw

電子郵件：wunan@wunan.com.tw

劃撥帳號：01068953

戶　　名：五南圖書出版股份有限公司

台中市駐區辦公室/台中市中區中山路6號

電　　話：(04)2223-0891　傳　　真：(04)2223-3549

高雄市駐區辦公室/高雄市新興區中山一路290號

電　　話：(07)2358-702　傳　　真：(07)2350-236

法律顧問　元貞聯合法律事務所　張澤平律師

出版日期　2010年5月初版一刷

定　　價　新臺幣580元